全国高等院校“十三五”规划教材

国际贸易地理

International Trade Geography

（第二版）

傅龙海　石少雄　主编

对外经济贸易大学出版社
中国·北京

图书在版编目（CIP）数据

国际贸易地理 / 傅龙海，石少雄主编．—2 版．—
北京：对外经济贸易大学出版社，2016.10（2023.3 重印）
全国高等院校“十三五”规划教材
ISBN 978-7-5663-1670-7

Ⅰ．①国… Ⅱ．①傅… ②石… Ⅲ．①国际贸易-商
业地理-高等学校-教材 Ⅳ．①F742

中国版本图书馆 CIP 数据核字（2016）第 213847 号

国际贸易地理（第二版）

傅龙海 石少雄 **主编**
责任编辑：张俊娟

对 外 经 济 贸 易 大 学 出 版 社
北京市朝阳区惠新东街 10 号 邮政编码：100029
邮购电话：010-64492338 发行部电话：010-64492342
网址：http://www.uibep.com E-mail：uibep@ 126.com

北京时代华都印刷有限公司印装 新华书店经销
成品尺寸：185mm×260mm 20.25 印张 468 千字
2017 年 1 月北京第 2 版 2023 年 3 月第 7 次印刷

ISBN 978-7-5663-1670-7
印数：15 501-17 500 册 定价：39.00 元

序

国际贸易地理学是一门融合国际贸易学、地理学、历史学、经济学、哲学等诸多学科的边缘学科。随着中国对外开放步伐的加快，为了培养更多的国际贸易人才，本书编委会专门组织相关专业人员一起编写出版了《国际贸易地理》一书。在众多的相类似教材当中，本书突出以下特色：

一、新颖性。内容较为新颖。

二、突出性。全书的编写按特定的思想突出主线，即按照“从中国的角度看世界”来组织全书的架构、“从国际贸易发展情况中找重点”来安排书中主要的学习章节。

三、实用性。书中讲述了中国主要贸易伙伴的国情及文化背景，方便外贸人士在工作中对相关国家文化礼节的应用。

四、趣味性。书中穿插了一些案例，有不少是用生动有趣的语言来阐述的，有利于师生间的教与学，有助于学生的思与想。

全书分上篇基础理论与实践和下篇国际贸易地理分论两大部分，力图从整体和局部分别论述国际贸易地理的研究对象与学科内涵。

作为第二版，本书增加了最新国际贸易统计数据，并增加了对中国最新外贸形势的分析，还增加了亚投行、“一带一路”、自贸区建设等最新外贸发展的内容，以丰富国际贸易相关知识。

再版前言

本书出版以后受到广大高校师生的喜爱和欢迎，在短时间内不断加印，大有供不应求之势。之所以受到全国读者的青睐，一方面是因为本书作者在我国外贸第一线有几十年工作的实践经历，十分了解作为一个外贸从业人员最需要掌握的国际贸易地理知识有哪些，在策划本书时，这一实践经历和对知识的了解起到了画龙点睛的作用。另一方面，也是更重要的，是本书的编写过程始终坚持“人才是第一资源”“为党育人、为国育才”的指导，将其有机融入学科知识体系中。党的二十大报告强调，实施科教兴国战略，强化现代化建设人才支撑。教育、科技、人才是全面建设社会主义现代化国家的基础性、战略性支撑。必须坚持科技是第一生产力、人才是第一资源、创新是第一动力，深入实施科教兴国战略、人才强国战略、创新驱动发展战略，开辟发展新领域新赛道，不断塑造发展新动能新优势。要坚持教育优先发展、科技自立自强、人才引领驱动，加快建设教育强国、科技强国、人才强国，坚持为党育人、为国育才，全面提高人才自主培养质量，着力造就拔尖创新人才，聚天下英才而用之。

国际贸易学离不开地理学，国际贸易学与地理学的结合便形成了一个新的学科——国际贸易地理学。在近现代学科快速发展、融合的过程中，国际贸易地理学逐渐发展成为一门成熟的学科。

国际贸易地理学是研究世界各国（地区）商品生产的区域分工、商品交换的地域分布和地理格局的特征及其发展变化规律的科学，是经济地理学的一个分支。

国际贸易地理学的研究对象是世界各国（地区）在世界商品生产和交换中的作用和地位，分析其形成、发展和变化的各种规律。其中，国际贸易中商品（包括有形的实物与无形的服务）的地理分布情况及所在国家（地区）贸易发展的过去、现状与未来趋势，是国际贸易地理学最根本的研究对象。

国际贸易地理学属于社会科学，它是介于国际贸易学和地理学之间的边缘学科。边缘学科（又称交叉学科）是在两个或两个以上不同学科的边缘交叉领域生成的新学科的统称。按边缘学科的生成情况，准确地说，国际贸易地理学是主要运用地理学学科的方法来研究国际贸易内容所形成的新学科。

国际贸易地理学同时与国际贸易学、地理学等多个学科相关，因此综合性、区域性和实践性是其突出特点。

本书上篇主要介绍了世界的人文环境、地理环境以及与国际贸易密切相关的大宗商品的地区分布、国际贸易的流向、国际市场的趋势，这些是开展国际贸易业务不可或缺的知识。本书下篇主要介绍了中国及与中国有关的贸易伙伴、在国际上有一定经济影响力的国家（地区）的人文地理情况以及主要的商品贸易方向，帮助以立足国际市场为目标的外贸人员具备相关的知识素养和眼光。作者从多年的外贸实践工作中，遴选了作为一个外贸人员所必须具备的国际贸易地理方面的知识。本书具有如下特点：相比目前同类书籍较为详细、全面地介绍了国际贸易地理的知识和各国概况；资料详细、内容新颖、可读性较强，而且还有很强的实用性，不仅可以丰富学生国际贸易的知识，而且可以作为外贸从业人员的工具书和操作指南。

本书编写分工如下：傅龙海先生对各章进行总体策划、审阅和修订，石少雄先生负责各章节相应内容增补，更新数据与案例。此外，在本书的编写过程中，詹小琦、林晓怡、傅瑞翔、傅丹妮、罗首瞻、袁碧芳、张永光、傅安妮、刘小华、周金铁、张秋蓉、张壁芬、黄海慧、倪昌源、刘建华、刘君、刘宝华、倪玮佳、叶卓丰等参与了本书的资料搜集、图表制作、内容整理和核对等工作，在此表示感谢。

编者

目　录

上篇　基础理论与实践部分

第一章　绪论 …………………………………………………………………………（3）
　第一节　国际贸易地理学的研究对象与学科特点 ………………………………（4）
　第二节　国际贸易地理学研究的内容、任务与方法 ……………………………（6）
第二章　地理环境与国际贸易 ……………………………………………………（11）
　第一节　自然地理环境与国际贸易 ………………………………………………（11）
　第二节　世界人文地理环境与国际贸易 …………………………………………（16）
第三章　国际贸易地理与大宗商品交易 …………………………………………（25）
　第一节　能源贸易地理 ……………………………………………………………（26）
　第二节　铁矿石贸易 ………………………………………………………………（30）
　第三节　大宗农产品贸易 …………………………………………………………（31）
第四章　世界区域经济贸易集团 …………………………………………………（45）
　第一节　区域经济贸易集团概述 …………………………………………………（45）
　第二节　世界区域经济贸易集团介绍 ……………………………………………（48）
　第三节　区域经济一体化与国际贸易 ……………………………………………（57）
　第四节　中国的区域经济合作新思路 ……………………………………………（61）
第五章　国际贸易运输 ……………………………………………………………（67）
　第一节　交通运输与国际贸易运输 ………………………………………………（67）
　第二节　水上运输 …………………………………………………………………（70）
　第三节　国际铁路与公路运输 ……………………………………………………（79）
　第四节　国际航空运输 ……………………………………………………………（83）
　第五节　集装箱运输 ………………………………………………………………（86）

下篇　国际贸易地理分论

第六章　中国 ………………………………………………………………………（93）
　第一节　总体概况 …………………………………………………………………（93）
　第二节　香港地区 …………………………………………………………………（113）
　第三节　台湾地区 …………………………………………………………………（121）
第七章　美国 ………………………………………………………………………（135）
第八章　欧洲西部主要国家 ………………………………………………………（159）
　第一节　英国 ………………………………………………………………………（160）
　第二节　德国 ………………………………………………………………………（173）

第三节　法国 …………………………………………………………………………（186）
第九章　日本 …………………………………………………………………………（199）
第十章　其他金砖国家 ……………………………………………………………（217）
第一节　俄罗斯 ………………………………………………………………………（217）
第二节　南非 …………………………………………………………………………（231）
第三节　印度 …………………………………………………………………………（242）
第四节　巴西 …………………………………………………………………………（252）
第十一章　韩国和新加坡 …………………………………………………………（265）
第一节　韩国 …………………………………………………………………………（265）
第二节　新加坡 ………………………………………………………………………（275）
第十二章　澳大利亚和加拿大 ……………………………………………………（289）
第一节　澳大利亚 ……………………………………………………………………（289）
第二节　加拿大 ………………………………………………………………………（300）
参考文献 ……………………………………………………………………………（311）
后记 …………………………………………………………………………………（312）

上　篇

基础理论与实践部分

第一章

绪　　论

国际贸易地理主要讲述地理环境对国际贸易的影响与各国和地区的国际贸易地理状况。通过对本章的学习，可以了解国际贸易地理学的研究对象以及国际贸易学、地理学之间的区别和联系。国际贸易地理学是交叉学科，目前国际上的许多著名高校，都很注重对这种交叉学科和边缘学科的研究。通过本章的学习，我们将了解国际贸易地理学的学科特点是什么，国际贸易地理学研究的内容、任务与方法分别是什么。

开篇故事

丝绸之路与国际贸易

公元前202年—公元8年西汉时，张骞出使西域，开辟了以长安（今西安）为起点，经甘肃、新疆，到中亚、西亚，并联结地中海各国的陆上通道。因为经这条路西运的货物中以丝绸制品的影响最大，故这条路被命名为“丝绸之路”。丝绸之路形成于两汉时期，包括南道、中道、北道三条路线。

① 南道由葱岭西行，翻越兴都库什山至阿富汗喀布尔后分两路：一路西行至赫拉特，与经兰氏城而来的中道相会，再西行穿巴格达、大马士革，抵地中海东岸西顿或贝鲁特，由海路转至罗马；另一路从白沙瓦南下抵南亚。

② 中道（汉北道）越过葱岭至兰氏城并向其西北行进，一条直接与南道交会，另一条过德黑兰与南道交会。

③ 北道也分两路：一路经钹汗（今费尔干纳）、康（今撒马尔罕）、安（今布哈拉）至木鹿与中道交会西行；　路经怛罗斯，沿锡尔河向西北行进，绕过咸海、里海北岸，至亚速海东岸的塔那，由水路转刻赤，抵君士坦丁堡（今伊斯坦布尔）。

陆上丝绸之路因为所经地区的政治、经济、环境及民族演变而时断时续。

海上丝绸之路起于秦汉，兴于隋唐，盛于宋元，明初达到顶峰，明中叶因海禁而衰落。海上丝绸之路的重要起点有番禺（后改称广州）、登州（今烟台）、扬州、明州（今宁波）、泉州、刘家港等。海上丝绸之路从中国各主要港口到日本、东南亚、南亚以及东非等地。

（资料来源：央视网《新丝绸之路》，内容有修改）

第一节 国际贸易地理学的研究对象与学科特点

国际贸易是指各个国家（地区）之间商品及服务的交换。关于古代国际贸易的记载，较为详细的是在古希腊与古罗马时期。当时，欧洲与北非已经在地中海沿岸开展了商品贸易。当然，中国汉朝时期的丝绸之路也是由于古代商贸往来需要而产生的。

当代国际贸易发展十分迅速，据统计，2000—2012 年世界货物贸易平均每年出口额增长率达到 10.17%，如果排除汇率及通货膨胀等因素，世界货物贸易平均每年的出口额增加达 4.69%（见表 1-1）。世界贸易的快速发展、国际市场的无限商机，让系统学习国际贸易相关课程成为培养高素质国际贸易人才的一项重要工作。

表 1-1　　2000—2012 年世界货物贸易情况统计

年份	货物贸易出口额			货物进口额/十亿美元
	金额/十亿美元	增长率/%	贸易量增长率*/%	
2000	6 454	12.8	10.4	6 725
2001	6 187	-4.1	-0.6	6 482
2002	6 487	4.8	3.5	6 742
2003	7 580	16.9	5.2	7 859
2004	9 210	21.6	9.5	9 559
2005	10 472	14.0	7.0	10 842
2006	12 083	16.0	8.5	12 413
2007	13 900	15.0	5.5	14 200
2008	16 116	15.9	3.8	16 520
2009	12 522	-22.3	-12.9	12 718
2010	15 289	22.1	13.9	15 504
2011	18 291	19.6	5.2	18 487
2012	18 323	0.01	2.0	18 567

* 扣除汇率和价格因素。

资料来源：世界贸易组织（WTO），2013 年统计，数据有整理。

地理学诞生的历史较国际贸易学更加久远，早在中国夏朝的《禹贡》一书中便有对地方地理情况的描述。国际贸易学离不开地理学，国际贸易学与地理学的结合便形成了一个新的学科——国际贸易地理学。在近现代学科的快速发展融合中，国际贸易地理学逐渐发展成为一门成熟的学科。为了更好地了解它、认识它，我们要先从它的概念、研究对象、学科特点等角度入手。

一、国际贸易地理学的概念及研究对象

目前，学术界比较一致认可的国际贸易地理学的概念是：国际贸易地理学是研究世界各国（地区）商品生产的区域分工、商品交换的地域分布和地理格局的特征及其发展变化规律的科学，是经济地理学的一个分支。

国际贸易地理学的研究对象是世界各国（地区）在世界商品生产和交换中的作用和地位及其形成、发展和变化的各种规律。其中，国际贸易商品（包括有形的实物与无形的服务）的地理分布情况及所在国家（地区）贸易发展的过去、现状与未来趋势，是国际贸易地理学最根本的研究对象。

二、国际贸易地理学的学科属性与特点

国际贸易地理学属于社会科学，是介于国际贸易学和地理学之间的边缘学科。边缘学科（又称交叉学科）是在两个或两个以上不同学科的边缘交叉领域生成的新学科的统称。按边缘学科的生成情况，准确地说，国际贸易地理学是主要运用地理学学科的方法来研究国际贸易内容所形成的新学科。

国际贸易地理学同时与国际贸易学、地理学等多个学科相关，因此，综合性、区域性和实践性是其突出特点。

（一）综合性

国际贸易地理学综合了经济学、地理学、国际贸易学、历史学、哲学、政治学和宗教学等诸多学科，共同研究国际贸易区域分布的差异及发展规律性等问题。在研究过程中，也综合应用了许多相关学科的知识与方法，如统计学的数理统计分析方法等。

（二）区域性

区域性一向被认为是地理学的主要出发点。地理学便是按照区域分别对特定地区的人文与自然地理情况进行分析，从而得出规律。区域有特定的内涵：一方面，区域表示的是一个特定的位置，比如美国阿拉斯加是北美洲西北部的寒冷山区地带，俄罗斯的西伯利亚是俄罗斯东边的亚洲部分；另一方面，区域也表示特定的范围，当然这个范围可能有确切的边界，也可能是界线模糊。比如，北京市的城区范围可能会有人说是六环路以内，而粤语方言的流行区域则很难给定一个确切的边界。当然区域之所以可以被划分是因为其特点在区域内部表现鲜明，而区域以外则与之有较为明显的区别。比如，中东地区可以根据石油产出的情况，分为原油生产国和以农业等非石油生产为主的国家，相比而言，石油生产国的经济条件明显优于非石油生产国。

（三）实践性

关于实践性有两种不同的理解思路。其一，国际贸易地理学是在人类不断认识世

界、改造世界的实践过程中逐渐形成和发展的。而且，随着人类社会的不断发展，国际贸易地理学具有动态发展、不断演变的特性，在一定程度上也是实践性的一种表现。其二，国际贸易地理学的学科研究方法也具有实践性特点。实地调查与应用、地理信息系统的应用也实践着国际贸易地理学的理论。

拓展阅读

表 1-2　　国际贸易学、地理学及国际贸易地理学的研究对象的区别

学科名称	研究对象
国际贸易学	主要研究决定贸易发展的贸易理论、政策与贸易措施；研究世界范围内商品、服务和生产要素国际流动的原因与方向；研究世界范围内商品生产的布局、贸易流向、贸易的商品结构；研究国家（地区）间的贸易商品结构、进出口商品价格和进出口商品数量、贸易条件、贸易总额、贸易政策和贸易摩擦等问题
地理学	主要研究地理环境，包括自然地理环境、人文地理环境（包括经济地理环境）
国际贸易地理学	主要研究世界贸易格局变化、世界贸易运输地理以及主要商品的世界分布以及形成原因和变化发展，研究国际贸易与地理环境相互间的关系

第二节　国际贸易地理学研究的内容、任务与方法

一、国际贸易地理学研究的内容

（一）地理环境与国际贸易的关系

地理环境大体分为自然地理环境与人文地理环境。从人文地理环境中又可以细分出经济地理环境（本书将经济地理环境归入人文地理环境部分）。

1. 自然地理环境

自然地理环境包括地理位置、地质地貌、气候条件、自然资源等。地理位置包括经纬度位置、海陆位置、交通位置和邻国位置，对一国贸易发展影响重大；地质地貌、气候条件对社会经济发展，尤其是农牧业的生产有较大的制约作用，以至于会影响整个国家与地区的经贸活动开展（比如，英国被称为“纯工业国”，种植业相对落后，与其气候相对寒冷，不适合多种农作物的种植有较大关系）；自然资源直接决定商品生产的基础，决定一国出口商品的种类，从世界范围内看，直接决定各类商品的分布。但自然地理环境对经贸发展的促进与制约因素不是决定性的，一国自然资源丰富并不意味着经济贸易必然是发达的。

案例思考

非洲——富裕而贫穷的大陆

非洲有着丰富的矿产资源，尤其是黄金、象牙、钻石等象征财富的资源，因而受到了欧洲殖民者的关注。由于欧洲海上新航线的开通，欧洲与非洲存在着巨大的实力差距，非洲经济资源受到了掠夺。在历史上，新大陆的发现引发了对非洲人口的掠夺，即开始了非洲的奴隶贸易，在一个多世纪的奴隶贸易中，非洲减少了一亿左右的人口。这些都使得非洲从一个有着丰富资源的大洲，变成了一个贫穷落后的大洲。根据2007年的统计资料，在已经独立的非洲53个国家当中，有26个国家经济发展缓慢，属于贫穷落后的国家，其中就包括刚果民主共和国、乌干达、索马里等国。按照2010年国内生产总值（GDP）计算，非洲总的GDP只占世界的2.7%，约合中国GDP的28.9%。

（资料来源：黄新南．丰富的非洲矿产资源．中国地理教学参考，2012（Z1）．材料有修改）

思考题：

（1）为什么非洲资源丰富，但相对贫穷？

（2）资源丰富但经济贫困，说明了环境决定论（即环境决定经济的发展）的错误在哪儿？

2. 人文地理环境

一国的人文地理环境包括人口、民族、教育文化水平、语言、宗教信仰、历史、政治等因素，其中人口的构成（数量、素质、密度等）是决定一个国家市场规模的基本因素。而宗教信仰、历史、政治等其他因素对市场规模及各国进出口的地理方向、商品结构等也有重要的制约作用。例如，政治因素会制约两个敌对国家或地区的贸易。

需要说明的是，人文地理环境虽不是人类自身生存和发展的物质基础，却影响了人们的观念和行为准则。随着生产要素的流动以及科学技术的进步，人类的生产、生活受自然条件的限制越来越小，而受人文因素的制约越来越大，国际贸易的过程也是国际文化交流的过程。

从人文地理环境中细分出来的经济地理环境，是包括一国的经济类型、经济发展水平、产业结构、消费水平、消费结构在内的全要素生产率（即是指产量与全部要素投入量之比，其来源包括技术进步、组织创新、专业化和生产创新等）。一国的经济发展水平决定了其在国际分工中所处的位置，分工位置的不同会影响一国进出口商品结构和贸易条件。消费水平及消费结构的差异也会影响进出口商品结构及地理流向。全要素生产率的提高，尤其是以高科技为核心的知识作为一种生产力要素会推动经济向更高层次发展，从而改变一国在国际分工中的地位。

（二）国际贸易地理格局的演变

研究国际贸易的地理分布、地区差异和全球格局演变，是国际贸易地理的核心与重点内容。对区域特点和差异的研究是地理学的传统研究方向，也是国际贸易地理学的主要研究内容。对全球贸易格局演变、世界贸易中心区域的形成与转移、区域经济一体化组织的形成与发展的研究，有利于我们进一步发现地理环境，尤其是科学技术、地理位置等环境对国际贸易格局演变的影响作用。

20 世纪 80 年代以来，主要经贸集团在国际贸易中的地位日益重要。各国对外贸易在世界贸易中的地位也发生了重大的变化。国际贸易地理应该研究各主要经贸集团及各国在国际贸易中所占的比重、特征、商品结构及地理方向。尤其是随着经济的区域一体化，欧盟、北美自由贸易区等重要的区域经济合作组织的出现与发展，在加强本地区经济合作的同时，也提高了本地区在世界经济中的地位。

（三）世界主要三大类商品贸易地理

能源、农产品、工业制成品被称为世界上主要的三大类商品。这些产品中，能源是国家发展的战略物资，农产品是国家发展的基础物资，工业制成品则种类多样，满足多种多样的生产、生活需求。

（四）国际货物运输地理

经济的实质是对资源的有效利用，而资源进行国际流动交换，形成资源的优化配置，就是靠国际货物运输完成其中的重要一环。由于国际商品及服务市场的规模取决于投入交换的商品数量、有支付能力的人口密度及交换的距离，因此除研究一国经济水平、人口等人文环境及自然资源丰裕程度外，还需要研究交换商品的距离，即各国外贸运输条件。在其他条件相同的情况下，一个国家和地区的运输条件越好，交换距离越近，运费越低，市场规模就越大，就越有利于一国对外贸易的发展。

（五）中国现有的主要贸易伙伴国地理状况及潜在的新兴贸易伙伴国地理状况

正如中国在改革开放时所提出的：“中国需要世界，世界也需要中国。”当前中国经济的对外依存度大大提升，中国外贸成为拉动中国经济的三驾马车之一。因而，学习国际贸易地理，研究中国主要贸易伙伴国的地理状况，了解新兴或潜在的贸易伙伴国地理，对外贸人今后开拓市场十分必要。

二、国际贸易地理学研究的任务

国际贸易地理研究的目的在于：对国际贸易起到更好的辅助决策作用，指导外贸活动实践，促进外贸人才的专业化培养与能力提升。具体研究任务如下：

（1）通过对世界主要经贸集团及主要国家贸易特征、贸易地位及对外贸易运输条件的研究，使学生掌握当今国际贸易地理新格局及发展方向，进一步了解各国在世界贸易中的地位、作用，从而借鉴各国的成功经验，为促进中国贸易持续发展服务。

（2）通过对各国自然及人文资源组合优势的分析，以及对各国经济发展水平的比较，对所要进入的市场环境进行调研，更加了解各国贸易的地理方向、贸易商品结构特征及其发展变化的规律，做到知己知彼，在掌握基本知识的基础上，提高综合分析各国商务活动特点的能力，为进一步拓展中国国际市场服务。

三、国际贸易地理学的学习和研究方法

（一）主要学习与研究的方法

国际贸易地理的学习、研究方法多种多样，这里按照从方法论到具体方法的逻辑顺序，列举了主要的学习与研究的方法。

1. 地理学方法论

方法论是人们认识世界、改造世界的一般方法，是指人们用什么样的方式、方法来观察事物和处理问题。地理学方法论是解决各类地理学如何学习问题的方法论。马克思主义的辩证唯物主义与历史唯物主义关于生产与交换的辩证关系、社会再生产的理论，是研究国际贸易地理的主要基础。

2. 对比分析法

比较是研究类似事物的常用方法，比较的目的在于寻找事物间的相同性与差异性。世界上国家种类多样，各国经济发展、贸易模式各异，通过比较能找出各国适宜的经济政策或发展模式。

例如，“休克疗法”是由美国经济学家杰弗里·萨克斯提出的，并最早用于玻利维亚。玻利维亚是南美一个经济落后的小国，由于长期政治局势动荡，政府经济政策不断失误，由此引发的经济问题大量累积且得不到解决，最终导致了一场严重的经济危机。1985 年玻利维亚政府的预算赤字达 485.9 万亿比索，约占国内生产总值（以下简称 GDP）的 1/3，通货膨胀率高达 24 000%，国民经济几乎到了崩溃的边缘。萨克斯临危受命，大胆地提出了一整套经济纲领和政策，其主要内容是：实行紧缩的金融和财政政策，压缩政府开支，取消补贴，放开价格，实行贸易自由化，通过货币贬值实现汇率稳定，进一步改革行政和税收制度，将部分公营部门和企业民营化，重新安排债务和接受外援，等等。由于这套经济纲领和政策的实施具有较强的冲击力，在短期内可能使社会的经济生活产生巨大的震荡，甚至导致出现“休克”状态，因此，人们借用医学上的名词，把萨克斯提出的这套稳定经济、治理通货膨胀的经济纲领和政策称为“休克疗法”。

该疗法实施不到一周，恶性通货膨胀便得到了强有力的遏制，物价从暴涨趋于稳定。几年后，国内生产总值稳中有升，玻利维亚的债务危机也得到消除。

1992 年，俄罗斯也使用了“休克疗法”，物价上充分放开、财政上增收节支、经济结构上推进私有化等一系列政策纷纷出台。然而，这种全盘照抄西方的做法，让俄罗斯的物价飞涨、货币贬值、企业效益下降、员工福利降低，最终俄罗斯政府只能放弃该疗

法。俄罗斯没有考虑到本国的经济体制传统、本国拥有的广阔国土及市场构成等一系列复杂的国情，盲目使用“休克疗法”，是其政策错误的重要根源之一。

3. 数理统计法

传统的国际贸易地理以及传统地理学往往侧重定性分析，而缺少定量分析成分。然而在评价国际贸易发展时，单纯的快慢、好坏等字眼无法准确描述。引入数理统计法，可以量化评价各类国际贸易数据或地理数据的多少，并找出规律，有助于具体分析各主要经贸集团及国家贸易发展的历史、现状和趋势。

4. 地图法

地图是一种表现地理空间直观形象的方式。无论是普通地图还是专业地图，在学习国际贸易地理时都可以利用地图对特定的信息形象进行具体的区域表述，这是单纯靠文字难以表达的。国际贸易地理在阐述某事物的区域布局时，往往需要使用地图，因而学会看图、用图分析、解决国际贸易地理的问题，是相关专业学生的一项基本技能。

5. 计算机协助法

计算机的应用已经深入社会经济、科学研究的方方面面。在国际贸易地理中，可以运用地理信息系统（GIS）及众多地理软件、统计软件，共同处理地图化、信息化的国际贸易地理的计量研究。尤其是在目前，通过计算机的协助，将地理信息以计算机模拟实验的方法展现，已经成为地理学深入研究的一种做法。

6. 实地考察法

多数情况下，大学生学习知识主要来源于理论学习，即第二手资料。也正是因为如此，大学生对于学习到的理论，联系实际消化、掌握所花费的时间少，理解程度不足。因而，在条件允许的情况下，开展实地考察，了解一个区域的国际贸易发展情况，应是深入学习国际贸易地理的有效方法。

（二）要避免的学习与研究方法

学习和研究国际贸易地理时，在方法论上一定要避免两个极端。一个是地理环境决定论，用单纯的自然规律替代社会规律，忽略了社会文化对环境的影响，忽视了人类的主观能力性。比如，认为环境资源的好坏直接对国家地区的发展产生重要的决定性影响。另一个是经济社会的“制度决定论”，主要是认为地理因素只是通过制度的影响而间接影响经济绩效，而制度尤其是产权制度和法律法规则对长期的经济发展有决定性作用。

思 考 题

1. 国际贸易地理的研究对象有哪些？与国际贸易学的研究对象相比有什么区别？
2. 地理环境与国际贸易之间有何种关系？
3. 国际贸易地理学的研究方法有哪些？

第二章

地理环境与国际贸易

国际贸易活动是离不开一定的地理环境的，地理环境（无论是政治经济地理，还是自然地理）对国际贸易有明显的影响。在科学技术发展日新月异、国际地域分工日益广泛和深化、国际竞争日益激烈的今天，地理环境各因素对国际贸易活动的影响，比过去任何时候都更加激烈和深刻。

积极开展地理环境对国际贸易活动的影响及其规律性的探索研究，对预测国际经济社会的发展趋势、国际贸易变化和做好对外经济援助工作等方面，均有重要的理论和现实意义。

开篇故事

特立尼达（Trinidad）的沥青湖

在特立尼达岛西南的拉布雷特丛林中，有一座举世闻名的沥青湖。该湖湖面黝黑，黑中透亮，像一个巨大而精致的黑色漆盆镶嵌在大地上。这个天然沥青湖的神奇之处在于它的沥青取之不尽，用之不竭。由于湖中有一片地方源源不断地喷涌沥青，因此自1870 年开采以来的 100 多年中，湖面几无下降。

目前已查明，该湖的形成是由于古代地壳变动，岩层破裂，地下石油和天然气涌溢而出，长期与泥沙等物化合而成沥青，后来在海床上逐渐堆积和硬化，形成了沥青湖。湖的面积为 47 公顷，最深处约 83 米，蕴藏沥青约 1 200 万吨，是世界上最大的天然沥青湖。这里的沥青质地优良，开采方便，而且只要稍经加工便可使用。它具有高度的机械稳定性和特别的黏合力，用它铺成的道路，被誉为“灰色闪光马路”，特别适合夜间车辆行驶。此外，天然沥青还可用于房屋建筑。目前，这座沥青湖年产量约为 70 万吨，绝大部分供出口，畅销世界各地，是特立尼达和多巴哥的一项重要外汇来源。

（资料来源：百度百科的“彼奇湖”词条，内容有改动）

第一节　自然地理环境与国际贸易

地理环境可以分为自然地理环境和人文地理环境两大部分。其中，自然地理环境包括地理位置、地质地貌、气候条件和自然资源等，它们是国际贸易的自然地理基础。

一、地理位置的影响

地理位置对国际贸易的影响，可以从经纬度位置、海陆位置、交通位置和邻国位置等方面反映出来。

（一）经纬度位置对国际贸易的影响

地球表面的热量、降水量等的分布是不平衡的，广大中纬度地区因其位置居中，致使这一地带四季分明，气候温和，降水适中，较适宜人类的生产、生活和贸易等活动，是人们生存、发展和交往等的理想环境。世人共知的世界四大文明古国——古中国、古印度、古埃及和古巴比伦，是古代文化、经济和贸易等发展最早、最繁荣的地区和国家。它们疆域的主要部分就位于中纬度的温带和亚热带范围内。我国汉代就开拓的沟通欧、亚、非三洲的古代“丝绸之路”，即是世界上著名的最早的国际贸易通道。同样，从世界地图上可以清楚地看出，当今地球上社会经济最繁荣、交往最密切、经贸活动最活跃的几个区域，也往往在北半球中纬度的北美洲、欧洲和亚洲三洲的沿海地区，其中包括北美洲五大湖区与大西洋沿岸区域、西欧地区、亚洲日本的“三湾一海”地区，以及中国的东部沿海地区等世界重要经贸区域。上述地区其土地面积只占地球陆地面积的 10%，而工农业总产值和进出口贸易总额却分别约占全球的 80% 和 70%。

与上述情况相反，国土辽阔的俄罗斯，虽然是世界上土地资源最丰富的国家，但是由于其国土的大部分处在高、中纬度，相当大的疆域特别是广阔的东北部地区（西伯利亚），自然条件严酷，冬季漫长，寒冷干燥，夏季短促，永久冰土带广布。以农业综合自然条件分析，俄罗斯远不如同纬度的西欧诸国和北美洲的美国、加拿大，故其农业土地的生物潜力可能性（生物在没有任何制约因子的最适宜环境中的可能繁衍能力）要比美国低 57%，比法国低 53%，比德国低 38%，比英国低 32%，不仅严重影响种植业的发展，而且给工业生产和城市建设以及交通运输与经贸活动等都带来不少困难。至于亚洲、欧洲和北美洲伸入北极圈和南极洲的那些地区，由于位处高纬度，气候更加严寒，对社会经济的制约作用更大，故至今仍然是地球上经济、贸易活动最不发达的地区。

（二）海陆位置对国际贸易的影响

无论濒临海洋还是深居内陆的位置，对于一个国家（或地区）的生产发展和贸易交往等亦会产生重要影响。沿海地区（尤其是开放地区）与内陆地区（特别是边远偏僻山区）相比，因为环境、交通和出海口等条件大不一样，使这些国家（或地区）之间及其内部的经贸状况会形成明显的差异。一般前者发展较快，成为发达地区；而后者则发展较慢，往往是比较闭塞和落后的地区。例如，我国东部沿海一带，因为紧临太平洋，海运的地理优势突出，加之沿海都市经济发达、交通便利、科技先进、实力雄厚（总人口不足全国的 8%，工业产值却占全国的 25% 左右，高等学校也占全国的 17% 多），又临近港澳地区和国际市场，侨商、侨眷众多，实行改革开放政策之后，先后开放了“5个特区”“14个沿海港口城市”和多个三角洲地带，形成了由南向北的沿海开放前沿地带，与全球170多个国家（或地区）建立了经济贸易往来，各个方面发展迅速，已成为我国经济腾飞的前沿阵地。相比之下，西部内陆地区则较为闭塞落后，与东部沿海地区存在很大差距。

全球有20多个内陆国家，除欧洲的8个属于发达国家外，其余都是发展中国家。地处欧洲的内陆国家之所以会比较发达，这与欧洲资本主义发展较早，现代化铁路、内河航运与航空运输等交通较方便，以及地理位置、气候条件等较好紧密相关。其他广大内陆国家之所以较贫困，经贸活动不够发达，有其经济、政治、文化和历史等复杂原因，而距离海洋较遥远、没有方便的出海口这一重要地理环境因素，是严重制约它们经贸发展速度的重要原因。众所周知，海运是当今国际经济贸易活动联系的主要手段，内陆国家只有取得通畅的出海口才有发展经济、繁荣贸易的现实可能，而要做到这点，首先必须与邻近的海运便利、经济又较发达的国家建立良好的双边关系。由于历史的原因，南美洲的玻利维亚100多年来一直是借道智利的港口进行对外贸易活动。又如非洲的赞比亚，其传统的出海口在南非，由于南非推行种族主义政策，赞比亚被迫又重开坦桑尼亚和莫桑比克道路，这才保证了其最重要的外贸物资——铜矿的正常外运出口，使开展经贸活动的愿望变成现实。

俄罗斯虽然被北冰洋、大西洋和太平洋所包围，但是，由于北冰洋长年封冻，成为天然障碍，太平洋岸仅有的港口距西部经贸重心地区遥远，交通很是不便，西部出海口被土耳其海峡所扼，北冰洋西部的摩尔曼斯克港，虽为不冻港，但航线需经北大西洋公约组织控制的挪威海峡，因政治原因，进出口甚为不便，所以俄罗斯虽濒临三大洋，但却酷似内陆国家，这在一定程度上制约着它的对外贸易的发展。

（三）交通位置对国际贸易的影响

交通位置对国家（或地区）的经济和对外贸易的影响也很大。交通运输条件既是生产力布局的重要内容与条件之一，又是经济发展的基础条件。例如，美国是个地跨太平洋与大西洋的“两洋国家”，在世界以北大西洋为经济贸易重心区的100多年时间里，它利用便捷的北大西洋航线开展对欧洲的经贸活动，使其东北部和东部大西洋沿岸地区的经济获得迅速发展，形成了世界上最大的经济贸易重心区，而整体的重心位于北美东部大西洋沿岸和五大湖地区。而今，利用日本、澳大利亚和中国等太平洋东部国家的迅猛崛起、世界经济重心从大西洋地区向太平洋地区转移的契机，美国通过其便利而发达的太平洋航运，使西部和南部“阳光地带”的经济繁荣发展起来，率先抢占了太平洋地区的市场。统计资料表明，目前，美国与亚太地区的贸易总额已超过其与欧洲的贸易总额，达到2 000多亿美元。这对缓解美国的经济矛盾和稳定国内政局都起了积极作用，充分显示了美国濒临世界两大海洋的交通地理位置优势。至于跨越亚非两大洲的埃及，在通往地中海与红海，扼亚、非、欧三大洲的交通要冲——苏伊士运河开通后，每年获得10多亿美元的运河船只通行费，极大地促进了本国经济、交通和贸易的发展。此外，由于拥有沟通两大海洋的重要通道和国际航线的要冲等优越的交通地理位置，新加坡、巴拿马等国家通过大量船舶过往、停靠及供养补给、维修保养，成为了周围国家与地区的物资转运点或集散中心，同时也繁荣了该地区自身的经济和贸易活动。

除此以外，因为临近或者毗连一些经济发达、经贸活动频繁的国家与地区，一些国家、地区也会因此得益，经济贸易得到一定的发展。例如墨西哥临近美国，得到了不少美国企业的投资，发展了廉价劳动力密集型产业。

二、地形条件的影响

这里的地形概念内容广泛，不仅包括类型、坡度，还包括地面的覆盖层等。地形对于经济和贸易活动的影响是多方面的。现将中国和美国的地形相关方面的比较用表 2-1 表示。

表 2-1　　中美两国地形条件的比较

国别	面积	地处纬度	地　形
中国	约 960 万平方千米	中纬度	山地 33%、盆地 19%、平原 12%、高原 26%、丘陵 10%
美国	约 962 万平方千米（美国统计数据）	中纬度	东部是阿巴拉契亚高地和沿海平原，占面积的 15%；中部中央平原占 50%；西部科迪勒拉山系占 35% 按海拔高度计，500 米以下的地区占全国面积的 56%，500~1 000 米占 15%，1 000~2 000 米占 18%，2 000 米以上占 11%

地形差异是造成中美间农业生产产量、种类差别的主要因素之一。美国的平原广布，占国土总面积比例高，使发展农牧业有了良好基础，为美国成为世界上规模最大的农业国家创造了条件。因而，美国农牧业生产发达，农产品不仅能满足本国需要，还可以有 30%~40% 的农产品用于出口。大量农产品的出口，不仅创造了占该国外汇总收入 20% 的外汇，而且在繁荣国际贸易、改善美国的外汇收支和外贸平衡等方面起了很大作用。

反之，若国家或地区所处地带地形破碎、沙漠戈壁遍地、崇山峻岭或险恶地形直逼沿海，则必然对其经济的发展尤其是农业生产产生严重影响，难以开展对外贸易。世界最大沙漠——撒哈拉大沙漠横亘于非洲偏北部的广大地区，此范围内的阿尔及利亚、利比亚、苏丹、埃及等国家的经济发展和贸易活动深受其影响。可见，地形条件对社会经济发展特别是农牧业生产的制约作用是很大的，以致影响整个国家与地区的经贸活动开展。

三、气候条件的影响

一般情况下，气候变化具有明显的规律性。正如一年四季——春夏秋冬，是一种气候在时间上分布的、有规律的表现形式。从赤道向南北两极延伸，气候带按热带、温带和寒带的顺序排列，由于这种排列与纬度相一致，也被称为纬度地带性。另外，还有从海洋到陆地，气候由湿润的海洋性气候变成干燥的大陆性气候，即是海陆地带性的表现；从高山山地的山脚到山顶，气候上的降水、气温的变化规律呈现出的海拔高度地带性，这些均可以当成是气候在地域上有规律分布的表现。这种气候的节律性和地带性，对多种产业的生产，尤其是农业生产产生着深刻影响，进而制约着经贸活动的开展。农产品的产量深受气候变化的影响。例如，哥本哈根气候变化大会就提出假设：如果全球平均气温升高1℃~3℃，高纬度地区的农作物产量可能会增加（取决于作物的种类），而一旦气温再升高，产量将会减少。在这种情况下，即使使用化肥施肥也得不到缓解。在低纬度地区，特别是季节性干旱热带地区，气温升高会产生致命影响。哪怕是气温升高一点点，作物产量就可能会减少，这将导致饥民越来越多。如果平均气温升高3℃以下，全球粮食产量可能会增加，但如果平均气温升高值超过3℃，粮食产量就会减少。旱灾、洪涝发生的频率增加，将对某些地区作物产量产生不利影响，尤其是位于低纬度的欠发达地区。

此外，农作物的地域分布也受到气候的影响：工业原料的橡胶、剑麻、椰子、丁香以及生活物资咖啡、可可等饮料作物，是典型的热带经济作物，由于对热量要求非常严格，一般在温带及寒带难以生长。

气候条件也会对国际贸易活动产生直接影响。北半球的欧洲、亚洲和北美洲的部分地带已经伸入寒冷的北极圈范围内，因此，太平洋和北大西洋沿岸的一些位处高纬度的港口，气温太低，秋冬季节洋面封冰，致使不少港口一年中有半年因航船无法运行而被迫停用，国际贸易近乎瘫痪或停顿。自20世纪80年代以来，全球气候明显变暖，1990年地球出现了创纪录的高温，对国际贸易也产生了影响。由于近年来持续暖冬，我国销往加拿大和北欧等国家的滑雪手套等很不景气，客户纷纷减少订货量乃至解除合同，贸易量大减，造成我方货物积压，经济受损。灾害性天气（如寒潮、霜冻、风暴、干旱、洪涝、冰雹等），对于生产活动、经济发展和贸易往来等产生的破坏性影响更为直接和严重。例如，一些外贸船只往往因受到风暴袭击而被迫停航，如果不掌握气象资料，贸然远航，外贸船舶很可能会被风浪浸没，造成惨重的损失。自然界气象变化多端，可谓“天有不测风云”。因种种原因造成的全球性或区域性气候异常，经常干扰正常的工农业生产和经贸活动。

小知识：天气与气候的区别

天气是指短时间的阴晴、冷暖、风雨等大气状况，具有多变性。相比而言，气候是一个地区多年天气的平均状况，具有一定的稳定性。当然，全球气候异常，也会引起天气的异常。而且，全球的变暖趋势，会使一些地区热的时候更热，而冷的时候更冷。

对于外贸决策者，及时了解气候变化态势，熟悉气候条件对国际贸易的影响，从中掌握世界市场动向，可以更加积极主动地采取措施，搞好进出口贸易，这已成为世界各国、各地区政府和经贸界人士的一项基础工作。

四、自然环境影响综述

自然环境的差异引发了初始的国际贸易，形成了不同地区特产的交换，如中国的丝绸、茶叶，欧洲的玻璃、钟表等手工工艺品，非洲的象牙、黄金等。然而，自然环境的急剧变化也可能对国际贸易产生反面的影响。例如，2010 年全球气候异常导致了俄罗斯大部分地区干旱，甚至引发森林大火，而不久后位于南半球的澳大利亚北部则发生了百年一遇的大水灾等一系列灾难。事件的影响是：俄罗斯政府下令禁止一年的小麦出口，澳大利亚小麦总量减产，世界出现粮食危机，粮价进一步走高。

可以看到，人类活动在自然环境改变的过程中扮演的角色越来越重要。多数学者认为，人类社会在工业化时期向大气环境中排放过量二氧化碳等温室气体，导致了从 20 世纪末开始全球平均气温以每年 1℃ 的速度增高。全球温室效应及其产生的海平面上升、低洼地区淹没、全球大气环流的异常、极端天气的频繁出现等现象，已经越来越受到更多政府与民众的关注。国际上关于控制与治理全球温室效应的会议（如哥本哈根会议等）中，发达国家与发展中国家就相关议题开展了协商，但由于发达国家与发展中国家在目标分配、发展中国家应该获取多少技术与资金支持等方面有着较大异议，双方达成的共识十分有限。

同时，全球温室效应等现象的出现，又为国际贸易的发展创造了新的机遇。清洁发展机制的（CDM）运作及因环境保护需要而诞生的国际间碳排放量的交易，得到了有力的推动。可以预见，在 21 世纪，与环境保护相关的技术、设备以及碳交易等国际贸易会日益频繁。

知识链接

清洁发展机制（CDM）是《联合国气候变化框架公约》第三次缔约方大会（COP3，京都会议）通过的附件 I，它是缔约方在境外实现部分减排承诺的一种履约机制。其目的是协助未列入附件 I 的缔约方实现可持续发展和有益于《公约》的最终目标，并协助附件 I 所列缔约方实现遵守第三条规定的量化的限制和减少排放二氧化碳（CO_2）为代表的温室气体的承诺。清洁发展机制的核心是允许发达国家和发展中国家进行项目级的减排量抵销额的转让与获得，从而诞生了世界性的碳交易市场。

（资料来源：科普知识：清洁发展机制．能源与环境，2016（1）：101）

第二节　世界人文地理环境与国际贸易

人文环境是人们在社会生产和生活中与周围社会人文诸因素之间的联系，包括人口、民族、语言、宗教、历史、政治及风俗习惯等。

一、人口的数量与结构

人口作为社会生产力的要素和生产关系的体现者，是社会生产行为以至全部社会经济活动的主体。人口的数量变动、密度分布乃至结构、素质、民族成分等，都会对世界经贸活动产生明显的影响。

（一）世界人口的增长

人类历史已有几百万年，但直至公元前15000年的原始社会阶段，全世界人口仍只有300万（估计值），增长极其缓慢。随后的奴隶社会和封建社会时期，人口增长仍然缓慢，到公元1000年前后，全球人口估计仅为2.65亿。

随着生产力的发展，尤其是进入资本主义时期后，每次大的科技革命都促使生产迅速进步，同时也促进了全世界人口的迅猛增长。从1650年到20世纪80年代，世界人口增长近9倍。1987年7月11日，全世界人口已超过50亿；1999年10月12日，世界人口达到60亿；2011年10月31日，世界人口突破70亿（见图2-1）。但世界人口分布不均，而且各地区间人口增长率有较大差异。

截至2014年年底，全世界共有12个国家人口过亿。其中中国人口最多，达到13.69亿，其次为人口12.5亿的印度。其他人口过亿的国家依次为美国、印度尼西亚、巴西、巴基斯坦、孟加拉国、尼日利亚、俄罗斯、日本、墨西哥和菲律宾。

当前，世界各国人口增长可分为三种不同类型：一是亚非拉大多数发展中国家，人口再生产处于高出生率、低死亡率、高自然增长率阶段，属高速增长型；二是大多数发达国家人口再生产处于低出生率、低死亡率、低自然增长率阶段，属低速增长型；三是欧洲的捷克、德国、卢森堡、奥地利、英国、比利时、荷兰、丹麦、匈牙利、挪威、瑞典、瑞士等国，人口出生率与死亡率大体相抵，属于零增长型。

公元前8000年—公元2008年的世界人口增长情况如图2-1所示。

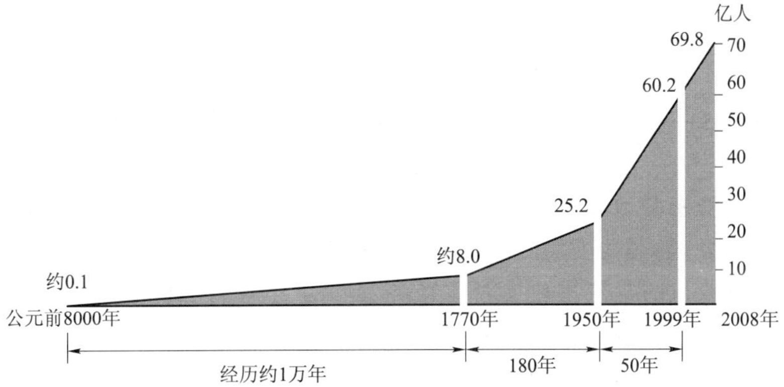

图2-1　公元前8000年—公元2008年世界人口的增长情况

资料来源：高中地理（人教版）第二册，1.1人口增长与人口问题，数据有整理。

（二）世界人口的生态地理分布

人口分布是人口数量变动过程和人口迁移过程在空间上的表现，是一种复杂的社会经济现象。从人口分布与经济发展关系的一般规律看，人口分布稠密地区一般也是世界经济发达的地区，如地球上北纬20°~40°、40°~60°地带，分别拥有世界总人口的50%和30%，究其原因除了这些地带人口资源承载力的潜力外，主要是由于它们巨大的人口经济承载力。

从人口的经济情况上看，全世界最贫穷的人口（25亿人日收入不足2美元，主要分布在非洲和拉丁美洲）约占世界总人口的40%，他们的收入仅占全球收入的5%。作为世界上人口最多的两个国家——中国和印度，虽然经济发展迅速，但人均GDP仍属于“中低层次水平”行列（2014年，中国和印度的排名分别为第84名和第144名），与高收入国家有明显的差距（见表2-2）。

表2-2　2014年世界人均GDP前十名排名情况表

单位：美元

排名序号	国家和地区	人均GDP
1	卢森堡	110 424
2	挪威	100 318
3	卡塔尔	100 260
4	中国澳门	87 306
5	瑞士	81 342
6	澳大利亚	64 863
7	丹麦	59 191
8	瑞典	57 909
9	新加坡	54 766
10	美国	53 101

数据来源：各国的官方统计。

世界上人口稠密的地区有四个：一是东亚、东南亚；二是南亚；三是欧洲（不包括北欧和东北欧）；四是北美大西洋沿岸及五大湖地区。在东亚，人口密度自沿海向内陆递减，由于其人口的集聚主要受农业经济发展的影响，因此人口具有沿大江大河分布，聚集于沿岸平原、河谷、盆地地区的趋向。

沿大江大河形成人口分布轴线，这是东方农业社会的人口分布模式。在欧洲则不同，其人口分布轴线沿煤田地带展布，这是西方工业社会的人口分布模式。

另外，北非的尼罗河三角洲和地中海沿岸、西非的几内亚湾沿岸、东非的坦噶尼喀湖与维多利亚湖之间的地区、北美美国西南岸、南美巴西东南部及拉普拉塔河河口地区、澳大利亚东南部等，人口也较密集。中东沙漠和我国西北内陆等地的绿洲，是人口的点状密集区。

世界上还有大面积的人口分布稀疏地区，主要分布在：（1）北半球北部包括亚欧大陆北部（西起挪威海岸，东至堪察加半岛）和北美洲北部（西起阿拉斯加，经加拿大北部至格陵兰，南伸至美国西部大沙漠以至墨西哥北部）；（2）亚非荒漠旷地，西起北非的西海岸沙漠地带，经撒哈拉沙漠、中东沙漠、中亚、中国西北至蒙古国；（3）赤道地区的刚果丛林地区和亚马孙丛林地区；（4）南半球荒漠地区，包括非洲西南部沙漠、澳大利亚中西部沙漠和南美洲南端巴塔哥尼亚高原；（5）南极洲。这些地区或因高纬严寒，或因低纬潮湿，或因干旱缺水，都不适宜人类大规模定居，可称之为生态障限区。与此相应，上述人口密集区主要分布于温带、亚热带和热带季风区，适宜人口大规模定居，可称之为生态适宜区。其他人口呈点状或串珠状分布的地区，可视为生态适宜区与生态障限区之间的过渡地区。

二、人口因素对国际贸易的影响

人口，即生活在特定社会制度、特定地域内的有生命的人的总称。人口因素包括人的数量、质量、构成、分布等因素及其变化发展状况，是社会物质生活条件之一。人口包含自然属性和社会属性，前者指作为生物学上有生命的肉体组织的个体的总和，后者指作为处于一定社会关系中的社会成员的人的总和，人口是这两种属性的统一。人口因素综合起来构成影响一个国家市场容量的基本因素。

（一）人口数量

人既是生产者，又是消费者。从供给方面分析，人口数量大、密度大的国家和地区必然劳动力丰富，有利于发展劳动密集型产业，以生产和出口劳动密集型产品为主。从需求方面分析，人口众多，必然对商品需求量大，导致市场容量大。而人口数量少的国家，国内市场小，在一定程度上会影响到贸易发展。

一个国家人口总量直接影响到消费水平并制约消费结构。在社会消费资料总量确定的前提下，平均消费水平与人口总量及增长速度成反比，即人口总量越大、增长速度越快，消费水平和消费结构层次越低。

（二）人口素质

人口素质指人口文化教育水平、劳动技能、身体健康状况等方面的综合体现。作为生产者，较高的人口素质有利于发展知识技术密集型产业，可供给世界各国档次高、质量好、附加值高的产品，从而获得更多的贸易利益。例如菲律宾女佣，以做事干净、英语流利、遵守礼仪而著称，人称“世界级女佣”，至少有250万合法的菲律宾女佣在海外（主要集中在中国香港、新加坡、美国等）工作，每年汇入本国的侨汇额度非常可观。

人口素质高的地区，消费者侧重购买质量好、科技含量高的产品，对新产品的鉴别能力及接受能力强，购买时理性程度高。消费者追求智力投资，讲究革新；追求形象优美、包装高雅、造型新颖的产品。总之，消费者的购买价值观念已上升到商品的艺术层次上。相反，人口素质低、经济不发达的地区，消费水平一般停留在基本生活用品需求上，强调产品的坚固耐用、价格低廉等。

总之，人口文化素质的高低与购买行为有着密切的联系。

（三）人口结构

人口结构包括年龄、性别、职业、民族等。

人口的年龄及性别构成不同，决定着购买动机的差异，从而形成不同层次及各种特殊的消费群体，于是产生了各种特殊的细分商品市场，如婴儿市场、妇女市场、老年市场等。在意大利、日本等发达国家，老龄化人口比重较大，老年市场（如家政照顾、医药健身、健康食品等）需求较大。

职业结构也会影响到出口商品的构成。如一个国家第一产业劳动力人口比重很大，则说明产业结构层次低，出口商品多为农产品和其他初级产品。如从事第二、三产业的劳动力比重很大，则说明该国产业结构优化、经济发达，出口以工业制成品或高科技产品为主，且服务业发达。

（四）人口迁移及地区构成

世界上人口迁移的历史悠久，大规模的移民有多次，例如：

（1）公元7—11世纪，阿拉伯人移入北非以及后来突厥人的西迁，对亚洲及非洲地区的民族成分变化及经济发展影响很大。

（2）地理大发现后，西班牙人及葡萄牙人纷纷移居中美洲和南美洲各地，后来，英国人及法国人则移居北美洲地区，此后众多欧洲移民涌向美洲。此外，三百年罪恶的“奴隶贸易”，导致非洲人口大量减少，严重影响了非洲经济的发展进程。然而，也促进了美洲的开发，改变了美洲人口的地区构成，并为推动世界统一市场及国际贸易的形成打下了基础。另外，对拉丁美洲和北美洲许多地区语言及种族的改变和民族的分布、构成产生了重大影响。

（3）19世纪后半期，随着资本主义的发展，又有大批欧洲移民流入美洲，部分移居澳大利亚、新西兰、北非、南非，中国南部沿海的一些居民迁移到东南亚，对大洋洲的人口构成、美洲的发展和东南亚的经济贸易发展，产生了长期、重大的影响。

（4）第二次世界大战后，大批犹太人从世界各地迁入以色列，同时又有约数万阿拉伯人迁出以色列，使西亚地区的政治、经济和贸易发生了极大的变化。

（5）第二次世界大战后，由发展中国家流向北美洲、西欧及大洋洲的高素质人才，对发达国家及发展中国家的经济发展均有极大的影响。

总之，世界人口大规模迁移对世界经济、贸易发展影响重大。人口迁移导致人口地区构成复杂化，不同种族、不同民族的外籍人口聚集在一起，导致对商品需求的多样化，使该地区贸易商品构成发生变化。另外，有些地区因人口迁入、劳动力大增（例如美国、澳大利亚），特别是高科技人才的迁入，而加速了本地区的经济、贸易发展。

反之，由于人口迁出造成某些地区劳动力大量流失，特别是高素质人才的流失，因而会给该地区的经济贸易发展带来不利的影响。

三、民族对国际贸易的影响

世界民族的种类和数量尚无精确的统计，大约有 2 000 多个民族。其中人口超过一亿以上的民族有汉族、印度斯坦族、美利坚族、俄罗斯族、孟加拉族、大和民族、巴西族、阿拉伯族等。

民族是在长期历史中形成的社会统一体，是一种社会现象，属于历史范畴。目前，较公认的民族的定义，是由斯大林 1913 年在《马克思主义和民族问题》一书中给出的：民族是人们在历史上形成的一个有共同语言、共同地域、共同经济生活以及表现于共同文化上的共同心理素质的稳定共同体。

世界民族的成分受多种因素的影响，是在不断变化中的。如人口的增长、人口的迁移、民族的发展、结合与同化、民族的矛盾等，均可以影响民族的成分及民族分布的变化。

一些国家是多民族国家，如俄罗斯、中国等；而另一些国家的民族较单一，如日本、蒙古国、朝鲜等。多民族国家中，由于各民族语言不同，宗教分歧、风俗习惯差异与经济发展的不平衡，民族间的矛盾是客观存在的，如果有关当局处理方法不当，有可能造成民族间的冲突，势必影响经济与贸易的发展。同一地区的不同国家，有着共同的地域、共同的语言、共同的文化、共同的心理素质、共同的经济生活，这些对当地形成统一的大市场和经济贸易集团提供了有利的条件，对促进该地区的经济起飞、贸易扩大是非常有利的。如西欧就形成了统一的大市场，并发展成为欧盟这一世界上最大的经贸集团，就是一个很好的例证。欧盟处在一个共同的区域，语言同属于印欧语系，宗教信仰多为基督教，经济发展水平相近等，这些人文地理环境对欧盟的经济、贸易发展提供了十分有利的条件。

由于民族的共同生活，形成了共同的生活习惯。因而，在进入特定民族区域时要关注生活习惯对国际贸易的影响。如日本大和民族对樱花十分喜爱，却禁忌莲花。另外，由于菊花是天皇的标志，因而日本民间也禁用菊花（十六瓣菊）。

四、语言对国际贸易的影响

语言是人类特有的和最重要的交际工具，也是一个国家（地区）文化的缩影。语言与一个民族的生活、文化、社会、政治及经济贸易发展有着密切的联系。世界语言种类繁多，分类复杂。以语言亲疏远近关系可把语言划分为语系、语族、语支、语组或方言，世界主要语系的地理分布概况如下：

（1）印欧语系，是最大的语系，占世界总人口的 48%。下分印度、伊朗、日耳曼、拉丁、斯拉夫、波罗的等语族，主要分布在南亚、西亚部分地区及欧洲。

（2）汉藏语系，占世界人口的 25%，下分汉语、藏缅、壮侗、苗瑶等语族，主要分布在中国及东南亚部分地区。

（3）阿尔泰语系（含日语、朝鲜语），占世界人口的5%，下分突厥、蒙古、通古斯语族，主要分布在中国、哈萨克斯坦、俄罗斯、蒙古国交界的亚洲腹地。

（4）亚非语系（闪含语系），占世界人口的5%，下分闪语及含语语族，主要分布在西亚和北非。

（5）乌拉尔语系，下分芬兰及乌拉尔语族，主要分布在北欧及东欧部分地区。

（6）高加索语系，下分南语及东语语族，主要分布在高加索一带。

（7）马来—波利尼西亚语系（又称南岛语系），占世界人口的5%，分布在大洋洲各国及东南亚、印度尼西亚群岛及马来半岛。

（8）达罗毗荼语系，占世界人口的3%，主要分布在印度南部、斯里兰卡北部、巴基斯坦等地。

（9）尼日尔—刚果语系，占世界人口的6%，下分苏丹及刚果语族，主要分布在非洲西部的大西洋地区及撒哈拉以南的非洲地区。

（10）其他还有南亚语系、美洲的爱斯基摩—阿留申语系、印第安语系等。

一般而言，对长期共同生活在邻近地域、有较多经济文化交流的人群而言，不同种类的语言也会有许多的相似之处。例如，英语、德语、丹麦语同属于印欧语系的日耳曼语族，而法语、意大利语、葡萄牙语、西班牙语等同属于印欧语系的拉丁语族，有相近之处。相似的语言为组成地区经济、贸易集团创设了有利的条件。当然，人类也会根据政治、经济的需要，人为创造语言，比如世界语等。由于殖民历史等原因，英语目前已成为国际贸易中通用的语言。根据以英语作为母语的人口数计算（包括英国、美国、加拿大、新西兰、澳大利亚、爱尔兰等国家和地区），英语是世界上使用最广泛的第二语言。全世界说英语的国家和地区共有170多个。以英语作为官方语言的包括英国、澳大利亚、新西兰、南非、印度、中国香港、新加坡、巴基斯坦、尼日利亚等众多国家和地区。

语言对国际贸易发展有一定的制约作用。世界市场上，由于语言复杂多样，给商业行情、信息交流带来许多不便。为扩展海外市场，提高商品竞争能力，各国企业界纷纷研究国家之间的文化差异及语言特点，即研究“跨国文化”。在国际贸易中，只有认真研究东道国的文化及不同地区语言文字的差异，才能获得更多的贸易利益。美国可口可乐公司（Coca-Cola）的英文发音，其中文谐音曾被译成“啃蜡蝌蚪”，消费者无法理解，后该公司研究了众多中国字词，终于将其译成“可口可乐”这四个发音动听、意思完美的中国字。此后该商品成功地打入了中国市场，获得了丰厚的贸易利益。还有，在签订国际贸易合同时，要注意语言的特点（以英语为例），用词要重复以避免误解。英文国际贸易合同中一般通过重复使用名词，避免使用代词，以求指代关系明确。

五、宗教文化与国际贸易

宗教是一种社会意识形态，对人们的生活习惯、经济、文化、政治都有着深刻的影响。世界性的宗教包括佛教、伊斯兰教和基督教。

（一）世界的主要宗教

1. 佛教

佛教在世界上三大宗教中最为古老。它产生于公元前 6 世纪—公元前 5 世纪，由古印度迦毗罗王国王子释迦牟尼创立。在公元前 6 世纪—公元前 4 世纪中叶被称为原始佛教；在公元前 4 世纪中叶开始分裂，称十八部、二十部，后称部派佛教；公元 1 世纪大乘教兴起于印度南部；公元 2 世纪，佛教向古印度境外传播，并逐渐发展成为世界性的宗教，在许多国家形成各具民族特色的教派。

2. 基督教

公元 1—2 世纪，基督教形成于罗马帝国，后流传到东南欧一带，10 世纪前后几乎传播到整个欧洲，后又传播到美洲和大洋洲各国，是世界上传播最广的一种宗教。公元 1054 年，基督教分成东正教和天主教，16 世纪时，脱离天主教的各派系统称为新教。这里所说的基督教包括：

（1）天主教，又称“罗马公教”，主要分布在南欧、西欧和拉丁美洲，亚洲以天主教为国教的国家是菲律宾。

（2）东正教，也称“正教”，主要分布在东欧和东南欧各国。

（3）新教，俗称“耶稣教”，主要分布于英国、美国、德国、瑞士、北欧各国和澳大利亚、新西兰等国。

3. 伊斯兰教

伊斯兰教诞生于公元 7 世纪初的阿拉伯半岛西部，由阿拉伯人穆罕默德在麦加创立。在 7 世纪 30 年代逐渐发展成为阿拉伯半岛的统治性宗教，8 世纪初进一步发展成为跨欧、亚、非三洲的世界性宗教。“伊斯兰”是阿拉伯语 ISLAM 的音译，原词是和平和顺从的意思，是宗教名称，而信仰伊斯兰教的人称为穆斯林。伊斯兰教主要分布在北非、西亚、中亚、南亚和东南亚地区，约有信徒 9 亿人，占世界人口的 18.5%。其中，逊尼派（多数派）的人数最多，占穆斯林总人数的 80% 左右；什叶派人数少，在也门、叙利亚、伊拉克、阿富汗、伊朗影响很深，尤其是伊朗，什叶派的教徒占国民数量的 90%。

此外，信仰人数众多的民族性宗教还有犹太教、印度教和神道教等。

（二）宗教对国际贸易的影响

在国际贸易中，宗教信仰不仅深刻地影响着一些国家和地区人们的消费习惯和生活方式，同时也会对产品的种类、销售时间及购买周期变化产生影响。因此，在国际商务活动中需要关注以下几点：

1. 注意宗教节日的销售时间

许多宗教节日往往是一些节日商品的销售旺季。因此，可以说宗教节日影响着商品销售种类、物流配送。各国在对外贸易中应该重视节日需求的商品及特殊要求。

以美国为例，每年基督教的圣诞节前后，是全年最主要的销售旺季，仅圣诞节的销售额就占全年销售额的 1/3，有些商品销售额更大，如玩具销售额占全年玩具销售额的一半以上，所以经销商要提前签合同，按时运货到美国，以便在销售旺季获得更多的贸易机会及贸易利益。

2. 重视某些宗教的消费习惯及特殊的生活方式，经销商可能会发现新的商机

宗教所规范教众的行为，商家在开拓市场的过程中需要对此加以重视。例如，澳大利亚出口沙特等中东地区国家的牛肉，需要经过阿訇等伊斯兰教神职人员的仪式，以证明牛的屠宰活动符合伊斯兰教的规定，相应的牛肉才能出口。

3. 注意宗教禁忌

宗教禁忌影响教徒日常的学习、工作和生活。例如，印度教视牛如神，因此出口到印度的商品不能用牛做商标。商标是一种商业艺术，不能从单纯的美学角度出发，而要考虑宗教禁忌及民族的价值观念。

思　考　题

1. 人口的职业构成对区域市场产生什么影响？
2. 地理位置主要包括哪三类？它们对国际贸易会产生什么影响？
3. 宗教对国际贸易有着重要影响，我们在进行国际贸易时要注意哪些方面？

第三章

国际贸易地理与大宗商品交易

大宗商品（Bulk Stock）是指可进入流通领域但非零售环节，具有商品属性可用于工农业生产与消费使用的大批量买卖的物质商品。在金融投资市场，大宗商品指同质化、可交易、被广泛作为工业基础原材料的商品，如原油、有色金属、农产品、铁矿石、煤炭等。从大宗商品的分类上来看，包括3个类别，即能源商品（主要包括原油、取暖用油、无铅普通汽油、煤炭等）、基础原材料（包括铁矿等金属矿产）和农副产品（包括玉米、大豆、小麦、稻谷、燕麦、大麦、黑麦、猪腩、活猪、活牛、小牛、大豆粉、大豆油、可可、咖啡、棉花、羊毛、糖、橙汁、菜籽油等，其中大豆、玉米、小麦被称为三大农产品）。

开篇故事

利比亚——石油贸易的受益国与受害国

利比亚是世界上重要的石油生产和出口国，2011年已探明原油储量为464亿桶［原油中的桶，合158.98升，等于42加仑（美制）］，估计总储量可达1 000亿桶。其中一半属于高质量的低硫轻质石油。利比亚自20世纪50年代末发现并大力开发石油以来，从一个贫穷落后的小国一举成为世界上重要的石油输出国。丰富的石油资源也吸引了来自世界各国的公司到利比亚投资开发。由此，利比亚经济增长迅速，国力增强，人民生活得到大幅改善。

然而，利比亚的发展有明显的东西部差异。东部的班加西等城镇投入少，其发展速度明显慢于首都的黎波里；而且人民生活水平也存在明显的贫富悬殊现象，青年人的失业率较高，政府迟迟无法满足民众的发展愿望，最终导致东部地区的骚乱，进而波及全国。

［资料来源：于欢．石油巨头打响利比亚石油争夺战．中国能源报，2011-08-29(10)．内容有增减］

第一节 能源贸易地理

一、世界能源结构变化

在产业革命前，世界的主要能源供应是木材等传统生物质能源燃烧产生的热量，因此这个时代被称为薪炭时代。

两次产业革命后，能源结构发生了重大的调整，木材薪炭等主要能源的地位下降，而从第一次产业革命蒸汽机开始使用煤炭，到第二次产业革命利用电力过程中煤炭成为发电所需的主要能源，一个新的能源时代——煤炭时代随之到来。

20 世纪 60 年代后，汽油机和柴油机的推广使用，推动了能源结构中石油比重的快速上升，1960 年世界石油年产量突破 10 亿吨，这标志着石油成为第一大能源，也说明了石油时代的到来。

图 3-1 展示了 1860—2000 年世界主要能源结构的百分比变化。

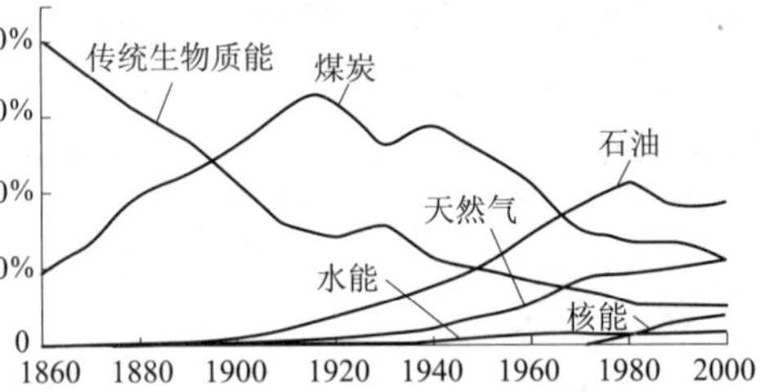

图 3-1 1860—2000 年世界主要能源结构百分比变化示意图

资料来源：2010 年黑龙江哈尔滨市高三第四次模拟历史卷（文综），数据图形有整理。

知识链接

后石油时代

一部分专家认为，后石油时代正在或即将到来。所谓后石油时代，是指新能源、可再生能源快速成长和发展时期，也是石油替代产品的培育、成长和发育时期。

这是因为当前石油供应安全面临三大挑战：一是石油需求不断增长使现有资源产量难以满足；二是矿物能源迟早要枯竭，目前没有替代能源能担当石油的角色；三是无节制地使用石油已对环境造成巨大的压力。石油供应的瓶颈问题，已经给世界经济的可持续发展造成巨大的压力。

中国也在加紧对新能源的利用，对“可再生能源发展预测、政策扶植”“加快生物质能转化与产业化”“太阳能、风能的产业化发展与市场开发”等热点课题进行深入研讨，为后石油时代中国能源产业的发展拓展新空间，助推我国新能源产业的健康快速发展。

（资料来源：冯连勇，胡燕．走进后石油时代．北京：科学出版社，2011）

二、世界石油贸易

（一）世界石油的分布情况

世界石油资源分布极不均衡，中东地区最多，其余依次为美洲、非洲、俄罗斯和亚太地区。从石油分布的国家来看，2014 年已探明石油储藏量最大的国家是委内瑞拉，其次分别是沙特阿拉伯、伊拉克、伊朗、俄罗斯，而美国、中国的石油储量也较大，但本国消费量更大。从全球角度来看，陆地上的石油资源分布在中东、北非、中国东部沿海、美国中部及墨西哥湾西部等北半球的中低纬地区。海底石油资源主要分布在北纬 30°至南纬 10°。

从 2004—2010 年全球石油消费情况来看，世界总体石油消费量约 40 亿吨，消费主要集中在发达国家，约占世界消费总量的 80%，其中美国、日本及以德国、法国为代表的欧盟国家消费量较大，美国是世界石油消费量最大的国家，消费量约占世界的 22%，而中国石油消费量增长快，目前是世界石油消费第二大国。

（二）世界的石油与天然气贸易

由于世界石油资源的分布集中在发展中国家，目前其剩余可采储量占世界总量的 85% 以上，按人均占有石油剩余可采储量计算，发展中国家也超过发达国家，其储采比对发达国家也占有明显的优势。中东、拉美、非洲是世界石油的最主要供应地。因此，石油贸易整体上是由发展中国家输往发达国家的。

目前，全世界 130 多个国家和地区需要进口石油，因此石油贸易的覆盖面极大，但从市场供需大格局来看，又具有相对集中的特点。图 3-2 列出了 2012 年世界十大石油消费国的原油消费量。石油输出国组织（OPEC）12 国、独联体、墨西哥、挪威等国家

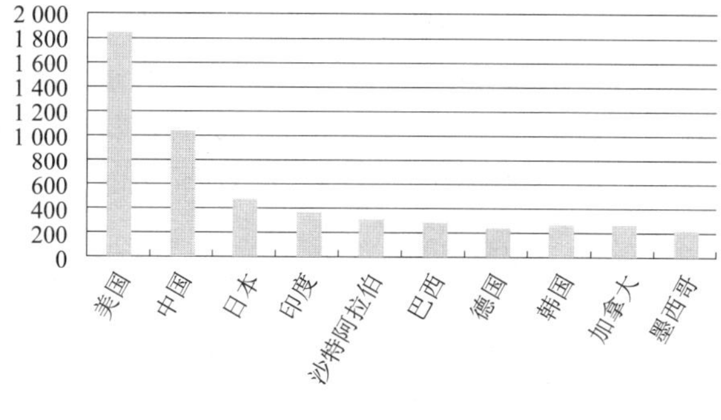

图 3-2　世界十大石油消费国原油消费量（2012 年，万桶/日）

注：桶为原油单位，体积为 42 加仑，合 158.98 升。

数据来源：2012 年石油消费量居世界前 60 位的国家或地区，

当代石油石化，2013 年 7 期，图为作者绘制。

和地区是世界上石油出口的主体，合计出口量占世界石油出口贸易量的80%左右。截至2013年年底，世界范围内石油储量达16 879亿桶，可供世界人口使用53.3年。OPEC成员国石油探明储量占世界总探明储量的71.9%。2014年世界十大石油生产国包括沙特阿拉伯、美国、俄罗斯、中国、伊朗、加拿大、阿联酋、墨西哥、巴西、科威特。而西欧、东亚和北美地区是世界石油进口的主体，合计进口量占世界石油进口贸易量的95%左右。

美国是世界上最大的石油消费国，其石油消费量近年来达到9亿吨，长期占世界石油消费量的1/4左右。迄今，每年除自产外，消费量的一半以上靠进口，是世界最大的石油进口国。进口的石油主要来自中东和非洲几内亚湾地区，约占石油进口量的2/3，另外，也从拉美的委内瑞拉和加拿大进口一部分。以日本、中国和亚洲"四小龙"为主体的亚太地区（包括印度），石油总进口量6亿多吨，进口石油70%来自中东，部分来自东南亚。西欧地区是世界最大的石油进口地区，每年需进口石油5亿多吨，其中以法国、意大利、德国进口量最大，进口的石油主要来自中东，其次有北海油田、北非和几内亚湾以及拉丁美洲，部分来自俄罗斯。

海上石油运输一般按照某条固定的航线进行。途中，油轮会遇到几处地理上的"咽喉"，即狭窄的水道，例如地处波斯湾的霍尔木兹海峡，连通印度洋和太平洋的马六甲海峡、联结太平洋和大西洋的巴拿马运河、位于黑海与地中海之间的博斯普鲁斯海峡、联通地中海与印度洋的苏伊士运河等。这些"咽喉"对于国际石油贸易而言是至关重要的，因为通过它们的石油运输量特别巨大，而它们却非常狭窄，随时会因突发事件而遭封锁，即使这种封锁可能只是短暂的。而且，油轮在通过这些狭窄通道时易遭遇海盗袭击和撞船事故。

根据国际独立油轮所有者协会（INTERTANKO）的统计数字，目前世界的油轮主要包括额定载重量超过30万吨的超级巨轮、20万~30万吨的大型油轮、12.5万~18万吨的"苏伊士型（Suezmax）"油轮、7.5万~12.5万吨的"非洲型（Aframax）"油轮、5万吨左右的"巴拿马型（Panamax）"油轮、3.5万吨左右的"便利型（Handymax）"油轮以及载重量2万~3万吨的"轻便型（Handy Size）"油轮。

不同的油运水道适合不同规模的油轮通过，这主要取决于水道的航程长短、航道宽窄以及吃水深浅。一般来说，采用大型油轮运输的优点要胜过其不利的方面，长距离运输油轮的桶油价格会比短距离的便宜。例如，中东的原油出口具有运量大、航程长的特点。因此，通常采用运载量超过30万吨/航次的巨型油轮运输。

海运是世界石油进出口运输的主要方式，当今世界海上石油运输航线主要有三条：

（1）波斯湾—好望角—西欧、北美航线。此航线约承担输往西欧石油的70%和输往美国石油的45%，是西欧、北美消费区主要供油运输线，年运输量达6亿吨。

（2）波斯湾—龙目海峡—望加锡海峡—远东航线。此航线是世界第二大海上石油运输线，日本进口石油的80%以上经这条航线运输，年运量约3亿吨。

（3）波斯湾—苏伊士运河—地中海—西欧、北美航线。苏伊士运河经历过多次扩建，可以通行满载25万吨的油轮，因此，此航线在国际石油贸易运输中的地位亦非常重要。

相对于石油贸易，目前的天然气贸易相对集中在发达国家之间，这主要是因为生产主要分布于发达国家。如加拿大输往美国，俄罗斯输往西欧、荷兰，挪威输往邻近国家等。发展中国家天然气的开发和出口也方兴未艾，如阿尔及利亚、阿联酋、叙利亚三国出口的天然气最高达250亿立方米，占世界天然气销售量的31%，阿尔及利亚是OPEC的第一大天然气出口国。此外，中东、北非、东南亚和拉美发展中国家都正在大力兴建液化天然气厂，以期扩大向西欧、日本出口天然气。

三、世界煤炭贸易

（一）世界煤炭资源分布

目前，在常规能源中，煤炭是仅次于石油的第二大能源。从统计数据看，其无论是生产量还是消费量、销售量，均居第二位，地位重要。煤炭在人类的生产生活中使用广泛，几乎遍及各个经济领域。其使用现状是：发电用煤的增长很快，炼焦用煤相对稳定，工业、交通和居民用煤则呈下降趋势。

世界煤炭资源十分丰富。根据世界能源统计年鉴（2014）的统计数据，2013年年底世界煤炭探明储量8 915亿吨，可供世界范围人口使用113年。

与其他能源一样，煤炭资源的地区分布是很不平衡的。从全球范围看，既广泛散布，又相对集中在一些地带。全世界拥有煤炭资源的国家约为80个，它们主要集中在中纬度地带。其中，又以北半球居多，约占92%。北半球有两个煤炭资源明显集中区域：一个是从亚洲的中国起，向西横越独联体、波兰、德国，直到英国；另一个是北美洲中部地带，主要是美国和加拿大。澳大利亚和南非则是南半球煤炭集中储藏区域。各大洲的分布情况是：亚洲最为丰富，居世界第一位，其次是北美洲，非洲和南美洲数量很少。就国家而论，储量最多的是美国，其次是俄罗斯、中国、印度、澳大利亚。这五个国家的煤炭储量占世界总储量的73%以上。巴西、哈萨克斯坦、乌克兰、波兰和南非等，也是世界煤炭资源储藏量比较丰富的国家。长期的地质勘探发现全世界有大小煤田（即储煤盆地）2 300多个，其中地质储量在5 000亿吨以上的特大煤田有7个。目前一些国家（如智利、日本等国）的浅海也是煤田主要分布区。

世界煤炭资源地区分布上的不平衡性，决定了其生产地域上的差异性。目前，世界上进行煤炭开采、生产原煤的国家和地区约50个，中国、美国和俄罗斯，分列世界第一、二、三位，年产量均在6亿吨以上。年产量超过1亿吨的，还有德国、波兰、英国、捷克、斯洛伐克、南非、印度和澳大利亚等8国。以上10个国家生产的原煤合计占世界煤炭总产量的90%左右，原煤生产高度集中。加拿大、朝鲜、保加利亚、罗马尼亚、西班牙、匈牙利、希腊、法国和土耳其等国家的原煤产量都在2 000万吨以上。如以洲为单元，煤炭生产的集中性尤为明显：欧洲生产量最多，约占世界煤炭总产量的50%；亚洲次之，约占世界的23%；南、北美洲合计约占20%，非洲和大洋洲的煤炭生产量都不多，南极洲至今尚未正式开采。

（二）世界煤炭贸易

由于煤炭系散装货物，不太适宜长距离运输，因此，国际贸易量不大，近些年来虽有所发展，但仍只占硬煤总产量的10%上下，规模不大，大约为2亿~3亿吨。至于褐煤，因其发热量低，世界上几乎没有褐煤的国际贸易。世界煤炭主要输出国有美国、澳大利亚、波兰、南非和俄罗斯，年出口量都在2 000万吨以上。其中，美国是世界最大的煤炭出口国，约提供了世界贸易量的30%。位居第二、第三位的是澳大利亚和南非，它们的出口历史虽然不长，但因煤质好、成本低，竞争力较强，发展相当迅速。年出口量在1 000万吨以上的，有加拿大、德国和中国等。中国从20世纪末开始呈现能源纯进口的趋势。日本和西欧地区是世界煤炭的主要进口国家和地区，前者的进口量约占世界煤炭贸易量的30%，后者则要占50%左右。

焦煤是钢铁工业的重要辅料，消费普遍，加上炼焦煤的生产具有高度集中的特点，因此，它的进出口量较大，约占世界煤炭国际贸易量的50%以上，即有近2亿吨。炼焦煤最大出口国是澳大利亚，一般出口量占世界的50%，其次是美国、加拿大、俄罗斯、印度尼西亚和蒙古国等国。日本是世界上最大的炼焦煤进口国，年进口量约4 600万吨，达到世界炼焦煤贸易量的22%以上，中国、欧盟、印度等国家次之，东欧和一些亚洲国家也需要进口一定数量的炼焦煤。据世界煤炭协会（WCI）预测，到2030年全球煤炭产量将达到70亿吨（其中增量的一半来自中国），其中动力煤将达到52亿吨，炼焦煤达6.24亿吨，褐煤将达12亿吨。

第二节　铁矿石贸易

最近十多年来，铁矿石贸易活跃，其贸易量一度达到其产量的52%，是次于石油、煤等能源的主要大宗商品。

一、铁矿石的分布

（一）铁矿石储量丰富

由于铁（Fe）元素是地壳上的主要元素，因此全球铁矿石资源相当丰富，据估计地质储量在8 000亿吨以上，而探明储量为4 000多亿吨。按现有生产水平，可供开采400年。铁矿资源探明储量的90%分布在10个国家和地区，依次是澳大利亚、巴西、俄罗斯、中国、乌克兰、加拿大、印度、美国、委内瑞拉和瑞典。

但铁矿石的品位①在各国有较大差距，其中南非铁矿石品位高，可达到65%，印度达到64%，而中国仅有31.3%。因而，中国铁矿石如果就其中的含铁当量来换算，其储量在俄罗斯、澳大利亚、巴西之后，排在世界第四位。

（二）世界铁矿石产量集中的国家

目前，中国是全球最大的铁矿石开采国，年度产量为13亿吨，占全球总产量的43.33%；澳大利亚与巴西铁矿石产量分别居世界第二、三位。上述三国的铁矿石总产

① 品位（T），地质学术语，是指矿石中有用元素或它的化合物含量的百分率。含量的百分率越大，品位越高，据此判定矿石为富矿或贫矿。

量达到全球的73%以上。

二、铁矿石贸易状况

（一）进口

世界上铁矿石的主要进口国及地区，除了欧盟、日本、韩国等缺乏铁矿石的钢铁生产大国以外，还有中国、美国等铁矿石生产大国，由于自身的需求量过大，也需要大量进口。其中，中国是全球铁矿石最主要的进口国。

近年来，随着中国粗钢产量的快速增长，世界铁矿石贸易量增加明显。但考虑到经济的波动性，世界市场目前较疲软，铁矿石贸易量增速会放缓，甚至出现负增长。

（二）出口

从世界范围来看，世界铁矿石出口仍然集中在少数几个国家。澳大利亚、巴西、南非、印度、俄罗斯和加拿大是主要的铁矿石出口国，澳大利亚、巴西、印度三国合计出口量，约占世界铁矿石出口总量的70%以上。

从企业来看，巴西的淡水河谷和澳大利亚的力拓、必和必拓是全球最大的几家矿产资源公司，2013年其铁矿出口量占世界的比例超过60%。

2010年全球铁矿石出口量快速增长的主要原因是：多数国家经济逐步恢复，铁矿石需求增长。不过，很多国家铁矿石的进口尚未恢复至2008年金融危机前的水平。

三、粗钢产量与铁矿石需求的关系

铁矿石是炼铁的主要原料。由于世界粗钢产量的快速增长（尤其是中国的钢铁生产需求增大），铁矿石的需求量增幅很大，从而使得铁矿石产量出现较大增幅。

世界上主要的铁矿石生产出口公司集中在澳大利亚、巴西、印度和南非等国。这些国家的铁矿石生产往往掌握在少数集团公司手中，而这些集团公司多数与中国的粗钢生产商商务关系密切。

整体上看，影响铁矿石国际贸易的主要有三大公司：巴西淡水河谷矿业公司、澳大利亚的力拓公司和必和必拓矿业公司。三大公司掌握国际市场铁矿石贸易供应量的75%，其中，仅巴西淡水河谷矿业公司就占国际市场铁矿石贸易供应量的三分之一，可以说，国际市场铁矿石贸易是一个卖方垄断的市场。

第三节　大宗农产品贸易

一、世界农业概述

农业为本，农业是国民经济的“基础”。但就世界整体而言，农业又是一个比较落后的部门。在大多数国家（地区）里，农业是与“不发达”联系在一起的。农业部门中贫困人口的比重比其他部门高得多。简单而言，农业就是栽培植物和饲养动物以取得产品的社会生产部门。具体的农业又可细分为农（种植业）、林、牧、副、渔等部门，而发达国家还可以包括农业加工、储存与销售等部门。

世界农业人口高于工业及其他产业从业人口，但其对 GDP 的贡献度较小。尽管有一半以上的劳动力在生产人类吃、穿所需的基本资料，但仍有十分之一以上人口的饥饿问题尚未解决。

粮食生产是农业中最基本的生产内容。“民以食为天”，粮食是人类最基本的生活资料。现在，世界上绝大多数国家和地区仍以粮食作为主食。林业和渔业的发展也离不开粮食，畜牧业的发展更是主要依靠粮食作为饲料。现有世界耕地中，粮食作物的播种面积占用 50% 多。发展中国家农民中大多数是从事粮食生产的，也就是说，粮食生产是他们的主要生产任务，但其生产效率较低。每年均有发展中国家遭遇到严重的粮食短缺问题。

世界各国农业发展情况是不同的。发达国家和发展中国家情况有所不同，发展中国家之间的农业情况也有所不同，发达国家之间的情况也有所不同。

1. 发达国家和发展中国家农业比较

（1）从劳动生产率看。发达国家劳动生产率高，农业人口比重小，而发展中国家则相反。如美国一个农业劳动力能养活超过 100 人，且有大量的农产品出口，而我国一个农业劳动力平均能养活 3~5 人。

（2）从技术水平看。发达国家农业生产技术先进，而发展中国家依靠传统农业，技术较落后。在发达国家农业基本上实现了机械化、化学化、集约化，并使用农药、化肥以及改良品种，使得产量大大提高；而发展中国家则多以传统的手工农业为主，技术落后，产量较低。发展中国家农用机械使用率只相当于发达国家的七分之一，而农业劳动力则比发达国家多 7 倍，耕地多一半，但产值差不多。

（3）从农业部门构成看。发达国家畜牧业产值一般高于耕作业，而发展中国家则以种植业为主。

（4）从产品种类和消费看。发达国家肉类产量较大，消费量也较大，而发展中国家则农业原料、热带农产品产量大，但粮食不能自给，粮食消费量较大。

2. 发展中国家之间的比较

在发展中国家之间，它们的差别也较大。阿根廷、巴西等一些新垦区，农业发展较快，机械化水平较高，农畜产品出口较多；在东南亚和南亚稻米产区，因人多地少，现代化水平低，劳动生产率不高；在热带地区一些国家，有规模较大的企业种植园，产品的商品率较高，如马来西亚的天然橡胶，印度尼西亚的橡胶、甘蔗、奎宁，印度和斯里兰卡的茶叶，巴西的咖啡，加纳的可可，中美洲的橡胶，古巴的蔗糖等。但这些产品的价格为资本主义国家垄断金融集团控制，价格波动往往使这些国家的经济受到严重影响。如近几年来，农产品价格下降，而其所需的工业品价格又不断上升，这些国家因而蒙受了巨大的经济损失。

3. 发达国家之间的比较

（1）以美国、加拿大、澳大利亚等国为代表的农业。美国、加拿大、澳大利亚等国，国土广阔，劳动力不足，农业现代化侧重于高度机械化方面，农业机械向大型、宽幅、高速、联合作业方面发展。大中型机器上普遍采用电子技术和自动控制等先进技术，近年还使用了飞机作业。

（2）以日本为代表的农业。日本则地少人多、地形复杂、农场规模小，农业现代化侧重于生物技术和水利的发展，如推广良种、普遍使用化肥、加强农田基本建设，农业机械则发展适宜于小地块、水田用的小型农业机具，单位面积上投入较多劳动力，单产较高。

（3）以法国、德国、丹麦、荷兰等国为代表的农业。法国、德国、丹麦、荷兰等国耕地与劳动力都不足，所以对机械化和生物技术都很重视。

二、世界粮食生产和贸易

（一）粮食生产、贸易的特点与趋势

世界粮食生产的总趋势是不断增长，尤其是第二次世界大战以后，世界粮食生产发展较快。从全世界讲，粮食总量的增长速度超过了人口的增长速度。

近些年来粮食生产的特点如下：

1. 世界小麦生产变动趋势

世界小麦生产增速较快，但增长地区不同，增长国与减少国各占小麦生产主要国家总数量的一半左右。其中，近年来，中亚地区的国家小麦生产增速居前，尤其是土库曼斯坦。

2. 世界玉米生产变动趋势

1990—2007 年，136 个玉米主要生产国中，按各国增减比例的算术平均计算，总体人均产量增加 69.17%。人均产量增加的国家是 79 个，占比 58.09%，平均增产幅度 139.63%。人均玉米产量减少的国家有 45 个，占 49.47%，平均减产幅度为 36.08%。产量不增不减的国家有 12 个，占 8.82%。南美和东欧的几个国家玉米生产增长幅度领先全球，增长最多的阿根廷，2005—2007 年比 1990—1992 年人均增产 242 千克。

3. 世界大豆生产变动趋势

1990—2007 年，在联合国粮农组织统计的全世界 47 个大豆主产国中，按各国增减比例的算术平均计算，总体人均大豆产量增加 172.92%。人均大豆产量增加的国家共有 27 个，占 57.45%，平均增产幅度 330.67%。人均大豆产量减少的国家有 15 个，占 31.91%，平均减产幅度为 53.39%。同期产量无变化的国家有 5 个，占 10.64%。全球人均大豆产量大幅度增长的国家主要集中在南美洲，阿根廷 2005—2007 年比 1990—1992 年人均大豆产量增加 745 千克。

4. 世界稻米生产变动趋势

1990—2007 年，在联合国粮农组织统计的全球 94 个稻米主产国中，按各国增减比例的算术平均计算，总体人均稻米产量增加 22.90%。人均稻米产量增加的国家共有 43 个，占 45.74%，平均增产幅度 77.14%。人均稻米产量减少的国家有 39 个，占

41.49%，平均减产幅度为29.87%。人均稻米产量无变化的国家有12个，占12.77%。全球人均稻米产量大幅度增长的国家主要集中在南美洲和东南亚，圭亚那2005—2007年比1990—1992年人均稻米产量增加190千克。

与此同时，中国稻米的人均产量呈现下降趋势，中国人均稻米产量在1990—1992年及2005—2007年，分别为108千克和93千克，2005—2007年比1990—1992年减少13.89%。

而近年来粮食的生产又呈现出一些新的趋势，主要表现为粮食减产明显、粮价上涨。这主要是由于近年来美国燃料粮食需求爆炸性增长的驱动以及世界气候异常（全球主要产粮国遭到了干旱、洪涝等一系列灾害），粮食生产受到极大损失。

世界粮食贸易的整体特点：1990—2007年，联合国粮农组织统计的全球176个国家中，粮食净进口的国家远远多于净出口国家。

世界粮食作物的种类颇多，其中最重要的是小麦、稻谷和玉米。小麦、稻谷和玉米合计占世界全部粮食作物收获面积的70%和总产量的80%，被誉为世界的“三大主粮”。其他的粮食作物种类还有大麦、燕麦、黑麦、粟类以及薯类等，但其播种面积和产量均不大。

（二）小麦的生产与贸易

小麦是世界粮食作物中最重要的一种。据统计，全世界有将近30%的人口是以小麦为主食的。小麦的贸易量经常约占世界粮食总贸易量的50%，小麦有“世界性粮食作物”的美称。

小麦的产量增长较快。世界小麦的年平均产量1948—1952年约为1.7亿吨，1962年增至2.4亿吨，1980年达4.44亿吨。30多年来，小麦的产量增长近2倍，其间可以分为两个阶段：20世纪50年代，主要是靠扩大种植面积来增加产量；20世纪60年代以后，则主要依靠提高单位面积产量。可以断言，提高单位面积产量将是世界小麦生产的基本发展趋势。2007年，美国农业部统计世界小麦产量达到近6亿吨。

种植广泛，相对集中，这是世界小麦生产地区分布的基本特点。除南极大陆外，小麦生产遍布世界各大洲；生产的地区集中性又明显，大多集中于温带草原地区。从南北半球看，北半球是其集中地区，尤其是北纬25°~55°地带；南半球较少，仅较集中于南纬25°~40°的地带。具体来说，全世界的小麦生产，主要集中分布在四大地带，其中三个在北半球，一个在南半球。北半球的三大地带是：其一，自西欧平原到中欧平原、东欧平原的南部，至西伯利亚平原的南部，再向东，到中国的东北平原、华北平原和长江中下游平原；其二，西起地中海沿岸，向东经土耳其、伊朗，至印度河与恒河平原；其三，北美洲中部的大平原。这三大地带的小麦产量约占世界小麦总产量的90%。南半球的小麦带是一个不连续生产带，起自南非，向东经澳大利亚的南部，至南美洲的阿根廷、圭亚那和巴西南部的潘帕斯平原。小麦在世界范围内的生产分布极为广泛，从各大洲的情况看，产地主要集中在欧洲、北美和亚洲；从国别看，世界小麦主要生产于中国、印度、美国、俄罗斯、加拿大、澳大利亚和阿根廷等国家，这7个国家小麦产量占世界总产量的57%。世界小麦的出口相对集中，阿根廷、美国和欧盟25国是小麦出口市场的主力军，乌克兰和哈萨克斯坦的出口提高，将为出口国带来越来越大的竞争压力。

与出口相反，小麦的消费和进口比较分散，小麦贸易呈现量大、贸易范围广和参与国家多等特点。中国是全球小麦生产和消费最大的国家，除了食用以外，小麦也多用于酿酒及食品加工工业。我国进口小麦多来自于澳大利亚和加拿大。此外，西班牙、埃及、巴西、日本等国的小麦进口量也较大。

（三）稻谷的生产与贸易

稻谷是仅次于小麦的世界第二大粮食作物，种植面积约占世界粮食作物种植总面积的20%，产量则约占世界粮食总产量的25%。

1. 世界稻谷生产与分布的特点

（1）世界稻谷生产与分布既广泛又集中。稻谷原产于热带和亚热带地区，后经人类的长期栽种培育，对环境的适应性逐步得到加强，故世界各大洲除南极洲外目前均有种植，分布相当广泛。但是，喜温耐热、喜水耐湿毕竟是其基本生态特性之一，所以，高温多雨、雨热同季、人口稠密的东亚、东南亚和南亚等地区乃是世界稻谷生产的集中地区。有资料表明，亚洲的稻谷播种面积占全球的近90%，产量占全球的91%。中国是世界最大的稻谷生产国，其次是印度，两国合计要占世界稻谷总产量的50%以上。印度尼西亚、孟加拉国、越南、泰国、缅甸、菲律宾、巴西和日本等也是世界稻谷的重要生产国。除亚洲外，地球上还有两个稻谷生产地区：一个是地中海沿岸的意大利、法国和西班牙等国家，其种植面积虽然不大，但单位面积产量较高；另一个在美洲地区，包括北美洲的美国和南美洲的巴西，它们是除亚洲国家以外，世界上稻谷生产最多的两个国家。

（2）产量增长较快。据统计，全球水稻生产自1961年至2006年，由于复种指数提高，面积增长32%，年均增长0.61%，单产提高1.21倍，年均增长1.82%，单产提高主要依靠矮秆品种和杂交稻及其配套栽培技术的推广、灌溉设施改善和化肥施用，总产增长1.92倍，年均增长2.46%。水稻总产量增长中，面积增长贡献27%，单产提高贡献73%。技术的提升越来越成为水稻产量的关键性影响因素。

（3）世界稻谷生产的总产量虽然较大，但作为商品粮销售的比例颇小，一般只占世界粮食贸易总量的5%~6%。多数国家或地区生产的稻米是为了满足本地消费的。例如，从近年的平均数据来看，中国稻谷年产量占世界稻谷总产量的35%左右，居世界首位。但基本上是本国消费的，作为贸易出口的数量极少。而美国等国的稻谷生产，则部分作为宠物食品。

稻谷经过加工后得到大米和米糠。大米是多数亚洲国家和地区人民的主食，同时也是一些食品加工业的原料；米糠中含有较多的粗脂肪、粗蛋白及无氮抽出物，可以用来榨糠油、制作糠饼等。近年来，世界稻谷消费量逐年增加。

世界稻谷的主要消费地区也集中在亚洲，据美国农业部统计，近年来世界稻谷消费量排名前五位的国家分别是中国、印度、印度尼西亚、越南和菲律宾。除泰国以外，世界稻谷消费国的排名与生产国的排名基本一致，目前泰国是世界稻谷的最大出口国。

2. 世界稻谷库存

世界稻谷库存主要集中在稻谷主产国和消费国，中国的产量、消费与库存都位居世界第一。其他稻谷库存较多的国家主要有印度、菲律宾、印度尼西亚、泰国、日本和越南。

3. 世界稻谷进出口贸易

世界稻谷的出口国主要是泰国、越南、印度、巴基斯坦、美国、中国和埃及，这 7 个国家的稻谷出口量占世界出口量的 98% 左右。2013 年，印度是世界最大的稻谷出口国，其年出口量占世界出口量的 25% 以上，其次是泰国和越南。而中国虽然稻谷产量较大，但由于人口压力，进口量也在持续增长。

世界大米贸易集中在亚洲，进口国主要有日本、伊朗、中国等，非洲、中东和拉美的一些国家也进口少量大米。2014 年，中国、尼日利亚、伊朗、沙特、菲律宾是前 5 大进口国。大米进口比较分散，前 5 国的进口量占全球的 28.4%。

（四）玉米

由于玉米生长时对环境条件要求不严，因此玉米成为世界上种植最广泛的作物之一。它的产量较高，特别是第二次世界大战以后，科学试验取得突破性进展，杂交及转基因玉米出现，单产提高也很快。以 1981 年为例，世界小麦的平均亩产仅 128 千克，而玉米的平均亩产达 225 千克，平均每亩要比小麦多产近 100 千克。随着世界畜牧业的迅速发展，玉米作为饲料的需求量大增，此后美国出现了生物质汽油，玉米的需求量进一步提升。因此，世界各地普遍重视玉米的栽培种植，使它的产量较第二次世界大战前增长近 3 倍，生产发展迅速，成为世界三大主粮之一。玉米贸易量在世界上仅次于小麦居第二位，每年约 0.7 亿吨，占世界农产品贸易总量的 1/4 以上。

产地广布、相对集中，是玉米生产分布的基本特点。夏季高温多雨，全年生长期较长的区域是玉米生长的理想地带。目前，世界上的玉米有三大集中产区：其一，美国玉米带，即美国的谷物饲料与牲畜产区，位于该国北纬 40°~45°，是世界著名的玉米专业化生产地带，产量约占全世界玉米总产量的 40%；其二，中国玉米生产区，主要位于华北平原和东北平原；其三，欧洲南部平原地带，西起法国，经意大利、塞尔维亚、匈牙利，到罗马尼亚，延伸范围较广。若以国家为单元，美国、中国、巴西、墨西哥、罗马尼亚、南非、俄罗斯、法国、匈牙利和意大利等国家，是世界上最重要的玉米生产国，合计产量占到全世界玉米总产量的 70% 以上，其中尤以美国为最多。

玉米作为商品粮食进入国际贸易市场，时间晚于小麦和稻米等粮食品种，但其增长速度较快，贸易地位亦逐年有所提高。世界玉米的主要生产国家和地区包括美国、中国、欧盟国家（27 国）、巴西、墨西哥、阿根廷等。目前美国的玉米产量占世界的 42% 左右，中国占世界的 19% 左右。同时，美国是世界最大的玉米输出国，占世界总出口量的 60% 以上。

世界粮食消费量存在着地区差异性。亚洲是粮食消费量最大的地区，约占世界粮食消费总量的 40%。其次是欧洲（包括俄罗斯的欧洲部分），粮食消费量约占世界的

30%。北美洲居第三位，约占世界粮食总消费量的 20%。非洲和拉丁美洲的消费量较小，各占世界的 5%～6%。大洋洲最少，粮食消费量仅占世界的 1%以上。造成世界各大洲和各个地区粮食消费量多少不一、差异巨大的基本原因有三个方面：一是人口的多寡；二是消费水平不同；三是生活发展水平有异。美国是世界上最大的玉米消耗国。2009 年，美国虽然是世界第一玉米出口大国，不过随着美国燃料乙醇的玉米用量快速增长，其玉米出口数量出现下降，而南美和乌克兰等随着生产的发展，在全球玉米贸易中的地位将上升。

进口玉米相对较多的国家和地区主要集中在亚洲。2009 年，玉米的主要进口国包括日本、韩国、墨西哥、埃及以及印度尼西亚、马来西亚、菲律宾、中国台湾等东南亚国家和地区。其中，日本进口量最大，约占全球玉米进口总量的 20%；其次是韩国，约占 10%；墨西哥、埃及等进口也较多。但近两年墨西哥进口增加，进口量名列第二位，韩国进口减少，退居第三位。2007—2008 年度，全球玉米进口量为 9 840 万吨，其中日本 1 660 万吨，占全球玉米贸易量的 16.9%，墨西哥 960 万吨，占 9.7%，韩国 930 万吨，占 9.5%。2008—2009 年度全球玉米进口大幅减少，进口总量 7 692 万吨，同比下降 21.8%。

此外，其他粮食包括燕麦、高粱等。

燕麦：主要分布于北半球温带地区，北纬 41°～43°是燕麦生长的黄金地带。目前全球燕麦产量约为 3 000 万吨，约占全球粮食总产量的 1.6%。随着人类食用需求的不断增长，全球燕麦消费预计将逐步从饲用转向食用。全球燕麦贸易以北美洲为主导，美国是世界最大的燕麦进口国，加拿大则是世界最大的燕麦出口国。加拿大预计将继续是美国、亚洲和拉丁美洲燕麦进口的主要供应国。过去数年中，欧盟燕麦出口量每年为 10 万～80 万吨。

高粱：饲用高粱是美国生产的第三大谷类作物，是世界第五大谷类作物。美国是世界上最大的饲用高粱生产国，其次是印度和尼日利亚。在非洲，高粱是一种重要的谷类作物；在印度，高粱是一种重要的食品来源。依据美国农业部的预测，2014—2015 年度全球高粱贸易中，中国进口了世界三分之二的高粱，而美国、澳大利亚、阿根廷则是主要出口国。

从总体上讲，第二次世界大战后世界粮食消费水平是有所提高的。各个国家、地区之间的人均消费水平差距也有一定的缩小。但是，直到目前，这种消费差距依然颇大：最高的北美洲，人均年消费量达到 800 多千克，而最少的非洲大陆，人均年消费量仅约 200 千克，前者竟是后者的 4 倍还多。以个别国家论，差异更为悬殊，北美的加拿大是世界之冠，人均粮食年消费量有 1 000 多千克，中非地区是人年均粮食消费量世界最低地区，仅 100 多千克。

20 多年来，世界的人均粮食消费水平有了长足的进步，大约提高 30%以上。但是，各大洲和各个地区的增长幅度是不一致的，欧洲提高最快，其次是大洋洲、亚洲、非洲和拉丁美洲。广大的亚非拉地区，粮食消费量的增加是有限的，仅使那里较普遍的饥饿与营养不良状况有所缓和而已；欧洲和大洋洲的澳大利亚等，其粮食消费量的提高，则主要是由于居民的食物构成发生变化所致，即动物性食品大为增加，那就要求这些发达国家大量增加饲料谷物的进口，以便努力发展畜牧业生产。

就全球范围讲，各国、各地区生产的粮食，绝大部分是满足国内消费的，投放于国际贸易市场的数量与比重是不大的。世界粮食贸易量变大，反映了世界粮食消费量与日俱增，一些国家（主要是发展中国家）对国际粮食市场依赖性不断增强。世界粮食贸易中，净进口粮食的国家为数众多，而净出口粮食的国家却很少。根据统计，前者约占全世界国家和地区总数的近 90%，即 150 个左右，后者只有 10 多个，其中能大量出口粮食、在世界粮食出口中占有相当地位的国家则为数更少。目前，每年出口粮食在 1 000 万吨以上的，只有美国、加拿大、法国、澳大利亚和阿根廷等少数几个国家。

三、世界非粮农产品生产和贸易

此处所涉及的非粮农产品主要是指除粮食作物、饲料作物和绿肥作物以外的经济作物农产品和林木产品、畜牧产品与渔业产品。

（一）经济作物

经济作物的地理分布与粮食作物几乎恰恰相反。粮食作物分布较为广泛和普遍，并且同人口分布基本一致，而经济作物大多较为集中地分布在少数地区。投放于世界市场的粮食数量仅占世界粮食总产量的 10% ~15%，商品性较低，主要粮食出口国基本上全系发达国家，高蛋白食物的肉、乳和蛋的生产与进出口更是集中在少数几个发达国家。而经济作物的商品率较高，其中的大多数则又集中在发展中国家，热带作物几乎全部聚集在发展中国家，发达国家仅仅是几种温带农业原料作物（如甜菜、大豆等）和某些油料作物与少数几种亚热带作物（如棉花、葡萄等）占有一定比例。经济作物的地理分布与人口分布也不完全一致。

世界一些重要经济作物在地区分布上的相对集中性是由四个原因造成的。第一，大多数经济作物在栽种过程中，对周围环境要求均较为特殊，对自然条件的适应性较差。第二，经济作物的商品率较高，价值规律和竞争机制对它们的作用相当明显，激烈的竞争使它们很自然地逐步集中于各种条件较为优越且适应它们的少数地区。第三，许多经济作物栽种时，需要较为充裕的劳动力资源，且又不大适宜实行机械化生产，因此，往往使它们趋向于分布在人口较为密集、劳动力又较为价廉的一些地区，即少数发展中国家和地区。第四，殖民主义和帝国主义的长期掠夺和控制，使得一些发展中国家与地区形成了只生产一种或几种农业原料作物的单一经济结构。发达国家在农业原料作物生产方面之所以不占重要地位，除了自然条件的限制，劳动力较昂贵以及其他一些社会和历史等因素外，还因为那里蔬菜、鲜奶等消费量庞大，社会很大一部分劳动力已被上述这些不宜保管和不适宜长途运输的农牧产品的生产吸引与抢占了。

世界上几种主要经济作物的生产和销售等情况是各不相同的。

1. 纤维作物

第二次世界大战以后，由于人造纤维与合成纤维的积极发展，尽管天然纤维在纺织工业原料中的比重日趋下降，但当今天然纤维在纺织工业原料结构中的比重仍然占60%左右。其中，棉花是主体，约占50%；羊毛和其他天然纤维合计占10%左右。

棉花是喜光喜温、需要一定水分和肥料的亚热带、热带、温带作物，主要产于北纬20°~40°的广大地区。棉花生产要求精耕细作和较多劳力；棉花栽培上的机械化生产起步迟、发展较其他作物晚；棉花经过压轧，去除棉籽以后的皮棉的运输成本并不高于其成品——棉纱与棉布，运输的难易程度也相仿。以上这些因素对棉花生产和棉纺织工业的布局都产生了巨大影响。随着科学技术和生活水平的日益提高，棉花灌溉技术不断取得进步，人们对于棉纱的质量要求亦与日俱增。因此，第二次世界大战后棉花生产出现了日益向具有灌溉条件的干旱地区集中的趋势。

第二次世界大战以后，世界棉花种植面积和产量均有较大的增长。1985年，世界棉田面积达3 200万公顷，同年，世界皮棉产量为1 700多万吨，比20世纪40年代末增长1.4倍。根据美国农业部的统计，2009年世界棉花种植面积为3 047万公顷，世界棉花产量达2 210.9万吨。目前，全世界的棉花种植主要集中在四大地区。第一大产区在亚洲的南半部，包括中亚、外高加索、中国、印度和巴基斯坦等国家与地区。除此以外，还包括近些年迅速发展起来的土耳其、伊朗和叙利亚等一些亚洲西部国家。这个产区生产的棉花约占世界棉花总产量的60%，是世界上最大的棉花产区。第二大产区在美国，是包括东起大西洋沿岸，西至得克萨斯州的美国东南部老棉区和由得克萨斯、新墨西哥、亚利桑那和加利福尼亚等州组成的美国西部新棉区。这个棉区是在奴隶劳动的基础上发展起来的，一度是世界上最大的棉花出口区，其产量变化也很大。第二次世界大战前，这里的棉花产量占世界总产量的40%，第二次世界大战后发展缓慢，其产量比重已下降到20%左右。拉丁美洲是第三大产区，主要分布在墨西哥、巴西、阿根廷、哥伦比亚和中美洲地区，产量约占世界的10%。第四大产区是非洲，其中以东非为主，以东北部的埃及和苏丹的长绒棉最为著名。欧洲和大洋洲的棉花产量很少。以国家论，世界主要产棉国有中国、美国、巴基斯坦、印度、乌兹别克斯坦、埃及和巴西等。

第二次世界大战以后，发展中国家的民族棉纺织工业有了长足的发展，发达国家占世界棉纺织工业的比重相应地比第二次世界大战前降低了许多。但是，截至当前，发达国家棉花消费总量仍然大大超过发展中国家。除了美国和澳大利亚等少数几国自给有余外，其他所有发达国家所需要的棉花几乎全部依赖进口。发展中国家所产的棉花，估计有25%是输往发达国家的，日本、德国、法国和意大利等是世界上棉花的主要进口国家。近年来，由于印度、巴西等发展中国家的国内棉纺织工业的发展，内需量增加迅速，其棉花出口量大大减少。

除棉花以外，天然纤维作物主要有黄麻、亚麻、剑麻和马尼拉麻等多种。其中，除亚麻主要产于俄罗斯、法国之外，其余各类纤维作物几乎都产于发展中国家。黄麻，大约60%分布在南亚的孟加拉国和印度。剑麻主要产于拉丁美洲的巴西、墨西哥和非洲的坦桑尼亚。马尼拉麻则几乎全部产于菲律宾。以上这些天然纤维作物大部分出口到西欧和北美，还有相当一部分则加工成绳索、麻袋和其他麻制品后，运销发达国家。

2. 油料作物

油料作物的品种颇多，有大豆、花生、油菜籽、芝麻、向日葵、棉籽、亚麻籽、大麻籽、油橄榄、油棕、油桐和椰子等。其中，以一年生草本作物（如大豆、花生、油菜籽等）为主，约占油料作物总产量的 80% 以上，多年生的木本油料作物的产量仅占 20% 左右。油料作物的地区分布与粮食作物相似，世界人口密集地区大都产油料作物，不过，一些油料作物由于自然环境的限制，地区分布上具有相对集中的特点。大豆的主要生产国是美国（约占总产量的 50%）、巴西和中国等。欧盟是世界上最大的大豆市场和压榨能力最强地区，而货源主要来自美国和巴西。日本也是重要的大豆进口国。花生主要生产国是印度（约占世界总产量的 30%）、中国、美国和尼日利亚等。花生进口国几乎都是发达国家。油菜籽主要生产国家是中国（约占世界总产量的 30%）、加拿大和欧盟。棉籽生产国与棉花生产国是一致的，即主要是中国、俄罗斯、美国和印度等。葵花籽产量较多的国家是俄罗斯、美国和阿根廷等，欧洲的不少国家和亚洲的土耳其等均有广泛种植。芝麻和亚麻籽的总产量不多，前者的主要生产国有中国、印度、墨西哥和苏丹等，后者主要产于俄罗斯等欧洲国家。发展中国家在世界多种油料作物生产上都拥有重要地位：花生和芝麻占 80%，亚麻籽占 60%，大麻籽占 70%，油菜籽占 30%，大豆占 25%。发展中国家的油料生产按人口平均计算并不高，但是由于地区分布比较集中，加之消费量较低，因此油料作物是不少发展中国家的重要出口商品。西欧和日本则是世界最大的油料进口国家与地区。

3. 糖料作物

甘蔗和甜菜是世界两大主要糖料作物。据一些分析研究，甜叶菊是一种很有发展前途的新型糖料作物。世界近年的食品中的用糖，近 70% 是蔗糖，30% 是甜菜糖。它们两者的栽培种植、生产加工和食用消费等方面，在地域分布上存在着明显的差异。

甘蔗喜在高温湿润、强光肥土条件下生长，是热带作物。它的主要生产地区有四个。拉丁美洲是最大产区，产量约占世界总产量的 50%，巴西、古巴、墨西哥、哥伦比亚和阿根廷、多米尼加等是主要生产国家。第二个是亚洲，约占世界总产量的 25%，主要生产国是印度、中国、菲律宾、印度尼西亚和泰国等。第三个是南部非洲，如南非（阿扎尼亚）和毛里求斯等国家。第四个是大洋洲的澳大利亚。此外，美国的产量也相当可观。从国家角度来看，产量最大的包括巴西（近年年平均种植面积占世界的四分之一）、印度和中国。

世界的甘蔗生产比较粗放，不少国家进行的是单一种植，有一些国家、地区的甘蔗生产甚至还受到外国垄断资本的控制。另外，一些蔗糖生产国按人口平均计算，产糖量是很高的，如古巴和毛里求斯等国，均超过半吨，但是，它们的人均消费量却是很低的，因为所产原糖大部分是供出口的。全世界每年生产的蔗糖约有 30% 投放于国际贸易市场，其中，发展中国家每年净出口原糖 1 000 多万吨，几乎全部输往发达国家。发达国家食糖消费量很大，大大高于发展中国家，大致为 3 倍。尽管发达国家的人口只及发展中国家的 40%，糖产量已是发展中国家的 50% 多，但是每年仍然要从国外进口大量原糖。

甜菜原产于西亚和地中海沿岸的凉冷地区，经引种栽培，现已较广泛地分布于温带范围内。目前，甜菜主要是两大产区，都在温带范围内，且大多分布于发达国家。欧洲是世界上最主要的甜菜糖生产区，产量约占世界甜菜糖产量的80%以上。它主要分布于欧洲中部地带，西起英国，向东经荷兰、比利时、法国、德国、波兰、捷克、斯洛伐克、匈牙利、罗马尼亚，一直延伸到乌克兰、意大利北部和俄罗斯等许多平原地区与河谷地带。这些地区均盛产甜菜，甜菜几乎遍布于欧洲所有国家。世界第二大甜菜产区是北美，其产量约为欧洲的10%多。以国家论，甜菜糖产量较多的国家是俄罗斯、法国、德国、意大利、波兰、英国和土耳其等，年产糖均在100万吨以上。甜菜糖生产、消费、销售的特点是：单产较高，主要供国内消费；消费量大于生产量，生产国一般都要进口原糖；投放于国际贸易市场的甜菜糖数量有限，每年只有200万~300万吨，贸易区域亦基本限于欧洲范围。

4. 饮料作物

咖啡、可可和茶叶合称世界三大饮料作物，生产的地区分布相对集中是它们的共同特点。除日本和俄罗斯尚生产一定数量的茶叶以外，主要饮料作物几乎全部分布在发展中国家。

咖啡的主要产地是拉丁美洲，其中以巴西和哥伦比亚为最多，巴西有“咖啡之国”的美称，其产量约占世界的1/8，第二位是哥伦比亚，第三位是印度尼西亚，而近年来越南的咖啡产量增长也十分迅速。此外，咖啡主产国也包括非洲的一些国家，如科特迪瓦、坦桑尼亚、乌干达和肯尼亚等。

可可主要产于南美的巴西、委内瑞拉和西非的加纳、科特迪瓦、尼日利亚和喀麦隆等国家，此外印度尼西亚的产量也十分巨大。

茶叶主要分布于气候温暖、降水丰富、排水良好的热带、亚热带低山丘陵地区。世界茶叶主要集中于南亚、东亚、东南亚。印度、中国和斯里兰卡为世界三大茶叶生产国。其中，印度和斯里兰卡是红茶的主产地，而中国是绿茶的主产国。

然而，世界上80%以上的咖啡、70%以上的可可和40%以上的茶叶，都是出口输往人口仅占世界总人口25%的发达资本主义国家。而人口占世界总人口50%以上的发展中国家，咖啡和可可的消费量还不到全世界的20%。整体上看，饮料作物的生产与饮料食品的消费，在地区分布上是严重脱节的。

知识窗

咖啡王国：巴西

巴西地处西半球拉丁美洲地区，位于南美洲东部、大西洋西岸。陆上除厄瓜多尔和智利以外，与南美大陆上的所有国家接壤；领土绝大部分位于赤道和南回归线之间，是世界上热带范围最广的国家。境内1/3属热带雨林气候，2/3属热带草原气候，优越的热带自然条件非常适宜热带经济作物——咖啡的生长与生产。

巴西充分利用了热带的地理环境，重视咖啡的生产与销售，使咖啡的产量、出口量、人均消费量多年来一直雄踞世界榜首，被世人誉为“咖啡王国”。但是咖啡的故乡却不在巴西，而是在非洲的埃塞俄比亚咖法省，“咖啡”一名就是由“咖法”地名演变而来的。早在4000年前，居住在埃塞俄比亚的阿高族人，就从事着咖啡的种植。16世纪初，在中东已广泛种植。此后相继传到拉丁美洲、东南亚和非洲其他地区。而巴西是当前世界上最大的咖啡生产国和出口国。

［资料来源：丹丹．咖啡王国——巴西．中外食品，2007（4）］

5. 烟草

烟草是一种适应性较强的喜温需水作物，分布较为广泛，但主要集中在中纬度的温带地区。世界生产烟草的国家约130个，就世界范围而言，主要有四个产区：最大产区是亚洲，约占世界总产量的50%，以中国、印度、土耳其、日本、印度尼西亚和菲律宾等国产量为多；第二个是北美洲的南部，其中以美国为主，约占世界总产量的20%；第三个是欧洲的中、南部，主要分布在中欧的波兰与俄罗斯，南欧的保加利亚、希腊、意大利等国家；第四个是拉丁美洲，巴西、智利、古巴和墨西哥等是主要生产国家。非洲的产量不多，非洲南部地区的津巴布韦和马拉维等国有一定的生产规模。烟草的栽种需要较多的劳动力，又不大适宜使用机械种植，故除在劳动力较便宜的美国南部有可观的生产外，其他发达国家烟草产量均较少。世界烟草种植主要集中于发展中国家，占世界总产量的60%左右，出口量也大，约占世界出口总量的50%以上。发达国家的烟草产量不多，消耗量却很大。发达国家每年的烟草进口量要占世界总量的70%左右，仅西欧地区的进口量即占世界的50%以上。如果以国家为单位，世界烟草的主要生产国有中国、印度、美国、巴西、俄罗斯、土耳其、意大利、保加利亚和希腊等，中国是目前世界上最大的烟草生产国，年产量达230万吨左右，约占世界总产量的25%以上。烟草的主要出口国有美国、巴西、土耳其、印度、意大利、津巴布韦、希腊、保加利亚、马拉维等。烟草的主要进口国有英国、德国、日本、法国等。

（二）林木产品

林木产品资源是农业资源的重要组成部分。它主要包括森林资源和特种林产品两大类。

全球森林覆盖率约为30%，总面积约是700亿亩，其中1/3是针叶林，2/3是阔叶林。森林资源中，用材林居多，约占森林总面积的50%以上。用材林分布的基本特点是：几乎全球广布，但又相对集中。北美洲、俄罗斯和拉丁美洲地区集中了全世界50%左右的用材林。世界木林总蓄积量约为3 000亿立方米，针、阔叶林大致各占一半。亚欧大陆北部诸国（如俄罗斯、挪威、瑞典、芬兰等国）和北美洲的加拿大与美国等，集中了世界大部分针叶林资源；阔叶林资源则主要产于巴西、印度尼西亚和扎伊尔等亚非拉地区的发展中国家。

全世界每年生产的木材中，针叶林约占40%，阔叶林约占60%。这些原木中，约有50%为工业所用，其余几乎全部当薪柴。原木的主要出口国家为俄罗斯、新西兰、巴布亚新几内亚、所罗门群岛、美国、加蓬、澳大利亚等，原木的主要进口国家是中国、德国、波兰、土耳其等。2008年世界林产品进口总额（含木材及纸浆等）为2 440

亿美元，其中位居前5位的国家是中国、美国、印度尼西亚、德国和日本。整体上，发展中国家的伐木量增长速度快于发达国家，在世界原木产量中所占比重已由第二次世界大战前的30%上升到目前的60%左右，原木出口量亦占世界的50%左右，其中的80%以上输往发达国家。

欧美等工业发达国家生产的原木虽然不到世界产量的50%，但在木材加工工业方面却几乎占据垄断地位。世界每年加工的木材，大约50%用于生产锯木，其余大部分用来做纸浆、纸张和纸板，很小一部分用于生产胶合板、纤维板和刨花板以及用于水解等林产化学工业。美国、俄罗斯、加拿大、芬兰、瑞典、日本和奥地利7个国家生产了世界60%以上的工业用材与80%以上的锯材、纸张和纸板。美国、日本、俄罗斯和加拿大4国生产了世界90%的胶合板。北美和欧洲生产了世界80%以上的纤维板，欧洲和美国生产了世界90%的刨花板。木材化学工业也几乎全部集中于欧洲和北美。

世界纸张、纸浆和胶合板、纤维板与刨花板贸易基本是在发达国家之间进行的，主要出口者是北欧、加拿大和俄罗斯等国家和地区，而主要进口者则是中南欧、美国和日本等地区与国家。发展中国家虽然有大量原木出口，但同时却又要从发达国家进口相当数量的纸张和其他林木产品，足见广大亚非拉发展中国家森林资源的综合利用较差，林木产品加工工业不够发达。近些年来，许多发展中国家都致力于本国民族经济的发展，木材加工业也随之得到了一定的发展。

一些热带地区的特种林木及其利用，近些年来也得到了一定程度的发展。今后，发展中国家在世界木材生产和林木产品加工方面的地位和作用将会不断提高。

天然橡胶既是重要的工业原料，又是重要的战略物资，其地位和作用相当突出。近些时期以来，合成化学工业得到了很好发展，世界橡胶消费结构中，天然橡胶的比重日趋降低。同时，由于大搞科学试验，改良品种，加强管理，改善经营，天然橡胶的生产成本不断降低，至今，天然橡胶在世界橡胶消费结构中，仍然占到30%以上，不失为一重要原料作物。天然橡胶原产于亚马孙河流域，属热带乔木，其生长对环境条件要求严格，需要充足的光照、颇高的气温和丰沛的降水。因此，天然橡胶主要分布于北纬17°以南的地区，东南亚和西非几内亚湾一带是理想的生长地带。这里高温多雨，太阳辐射强烈，又是雨热同季，而且人口密集，劳动力充足。马来西亚、印度尼西亚和泰国等是世界上最重要的产胶国，马来西亚更有“橡胶王国”之称。另外，斯里兰卡、印度、中国、利比里亚、巴西等国家，均是世界重要的天然橡胶生产国家。据统计，东南亚天然橡胶的种植面积和产量均占世界的80%以上。中国是世界上唯一在北纬18°~24°地区大面积种植橡胶的国家。从产量上看，泰国是世界上最大的天然橡胶生产国，天然橡胶生产国协会的统计资料表明，2014年其产量为400万吨，而全球的天然橡胶的产量为1 200万吨。世界天然橡胶的消费国家主要有中国、印度、美国、日本、韩国、马来西亚、法国、德国等。发展中国家生产的大量天然橡胶主要输往发达国家。

木本油料作物的产区集中，且大多分布于发展中国家，如油棕和椰子全部产于发展中国家。油棕和棕榈油的主要生产国和出口国是印度尼西亚（2008年油棕产量达1 920万吨、棕榈油产量也超过1 700万吨）、马来西亚（2008年油棕产量达1 770万吨）、尼日利亚等；椰子和椰油的主要生产国和出口国是菲律宾、马来西亚、巴布亚新几内亚等；油桐的生产国是中国、阿根廷、巴拉圭和马拉维等。

思 考 题

1. 世界海上石油运输航线主要有哪三条？
2. 为何说小麦是世界性粮食？其种植特征有哪些？
3. 世界稻谷生产与分布特点有哪些？
4. 论述世界铁矿石的分布情况。
5. 中国作为世界主要的石油进口国，面对进口数量日渐增长、原油需求越来越大的趋势，未来在能源利用方面可以采取的主要对策有哪些？

第四章

世界区域经济贸易集团

世界经济一体化与区域经济合作是同时进行的，世界上主要的区域经济贸易集团类型多样，而且数目日渐增多，反映了不同国家和地区间经济联系的日益密切和世界经济区的国际分工日益细化。

开篇故事

亚投行的故事

亚洲基础设施投资银行（以下简称“亚投行”，Asian Infrastructure Investment Bank，AIIB）是一个政府间性质的亚洲区域多边开发机构，重点支持基础设施建设，总部设在北京。截至2015年4月15日，亚投行意向创始成员国确定为57个，其中域内国家37个，域外国家20个，涵盖了除美国之外的主要西方国家，以及亚欧区域的大部分国家，成员遍及五大洲。而其他国家和地区仍在考虑加入亚投行，未来亚投行影响力将进一步增强。亚投行的建立，不仅表明了中国经济的世界影响力增强，也反映了世界各国间经济联系与合作不断加强的趋势。

[资料来源：李拴民，欧任国．浅论亚投行的战略意义．商，2015（7）．资料有整理]

第一节　区域经济贸易集团概述

区域经济一体化是指一个地理区域内的两个或两个以上的国家或地区，为了维护共同的经济和政治利益，通过签订某种政府间条约或协定、制定共同的经济贸易政策等措施，甚至通过建立起各国政府有一定授权的共同机构，实行长期而稳定的超国家的经济调节，形成一个超国家的、经济贸易高度协调统一的整体。

一、区域经济贸易集团化的概念与分类

区域经济贸易集团可以概括为一种地域经贸促进的组织机构，凡是参与区域经贸安排的成员（国家或地区）之间相互给予的贸易优惠待遇，可以不受其与区外成员签署

的双边或者多边的最惠国待遇的制约，无须对区外国家或地区实行同样的待遇。其分类可以从以下角度考虑。

（一）按贸易壁垒强弱的程度划分

贸易壁垒从弱到强可分为以下几种：

1. 特惠贸易协定（Preferential Trade Arrangements）

它是指在实行特惠贸易安排的成员方之间，通过协定或其他形式，对全部或部分商品规定特别的关税优惠。这是经济一体化的最松散和较低级的一种形式。

2. 自由贸易区（Free Trade Area）

它是指由签订自由贸易协定的两个或两个以上的国家或地区组成的贸易区域。自由贸易区内逐渐减免甚至取消关税与进口数量限制，同时，保留成员方各自的相对独立的对区外国家的关税结构和其他贸易保护措施。20 世纪 90 年代以来，自由贸易区发展十分迅速，几乎遍及全世界的各个地区，其中最具有代表性的是北美自由贸易区（NAFTA）。

3. 关税同盟（Customs Union）

它是指两个或两个以上的国家（或地区），通过签订条约或协定取消区域内关税或其他进口限制，并对非同盟国家（或地区）实行统一的关税率而缔结的同盟。它在一体化程度上比自由贸易区更进一步。其特点是：在关税同盟内部，成员之间不仅相互减免关税，消除贸易壁垒，而且实行统一的对外关税政策（CFT）。一般来讲，关税同盟对外实行贸易保护主义，对内实行减免关税的统一政策。其最高目标是在同盟内部实现对外关税政策统一。欧盟的前身——欧洲经济共同体（EEOC）的核心就是这样的一个关税同盟。

4. 共同市场（Common Market）

它是指除了在成员方内完全废除关税与数量限制并建立对非成员方的共同关税外，还取消了对各种生产要素流动的限制，允许劳动、资本、商品等在成员方之间自由流动。在商品自由流动方面，它既有对外的统一关税，又有协调间接税制度、产品标准化制度；在资本的自由流动方面，有协调筹资制度；在劳动力的自由流动方面，附带有学历和技术等级的相互承认制度等。共同市场下经济调节的超国家性质比关税同盟更进一步。欧洲经济共同体在 1970 年已接近这一形式。

5. 经济同盟（Economic Union）

它是共同市场和经济共同体向超国家一体化的宏观协调机制发展的具体步骤，是一种较高层次的区域经济一体化组织形式。其特点是：在实行关税、贸易和市场一体化的基础上，进一步协调成员之间的经济政策和社会政策，包括货币、财政、经济发展和社会福利政策以及有关贸易和生产要素的流动政策，并拥有一个制定这些政策的超国家的共同机构，例如 1991 年的欧洲经济共同体、1991 年解散的由前苏联与东欧一些国家组成的经济互助委员会。

6. 完全的经济一体化（Complete Economic Integration）

这是经济一体化的最高级形式，即成员之间从经济政策到一些政治政策的统一。一般情况下，在区域经济一体化发展到一定程度的同时，政治一体化就会得到相应的发展。政治一体化涉及面同样很广，各种形态常常相伴而生、渐进发展，但至2010年，世界上还没有出现这一类型的一体化组织。

从区域经济一体化的形态来看，第2—6种都可以是区域经济一体化的形成形式。

（二）按区域经济一体化的范围划分

1. 部门经济一体化（Sectoral Economic Integration）

部门经济一体化是指区域内各成员的一个或几个部门（或商品，或产业），达成共同的经济联合协定而产生的区域经济一体化组织。比较典型的如欧佩克（OPEC）——世界石油输出国组织，其宗旨是协调和统一各成员的石油政策，并确定以最适宜的手段来维护它们各自和共同的利益。

2. 全盘经济一体化（Overall Economic Integration）

全盘经济一体化是指区域内各成员的所有经济部门加以一体化的形态。欧洲经济共同体和已经解散的经济互助委员会属于这种形态。

（三）按参加国家和地区的经济发展水平划分

1. 水平经济一体化（Horizontal Economic Integration）

水平经济一体化，又称横向经济一体化，它是指由经济发展水平大致相同或相近的国家所组成的经济一体化组织，如欧盟、东盟自由贸易区。

2. 垂直经济一体化（Vertical Economic Integration）

垂直经济一体化，又称纵向经济一体化，它是指由经济发展水平不同的国家所组成的区域经济一体化组织，如北美自由贸易区。

二、区域经济一体化的发展进程与成因

（一）区域经济一体化的发展进程

区域经济一体化的雏形可以追溯到1921年，当时的比利时与卢森堡结成经济同盟，后来荷兰加入，组成比荷卢经济同盟。1932年，英国与英联邦成员国组成英帝国特惠区，成员国彼此之间相互减让关税，但对非英联邦成员国家仍维持着原来较高的关税，形成了一种特惠关税区。

经济一体化的迅速发展始于第二次世界大战后，并形成了三次较大的发展高潮。

第一次高潮发生在20世纪50年代至60年代，表现为欧盟雏形——欧洲煤钢共同体的形成。

第二次高潮发生在20世纪70年代至80年代后半期，逐渐形成几个大的经济集团。

第三次高潮出现在20世纪90年代至21世纪初，这时世界的区域经济一体化格局得到了迅速发展。以欧盟、北美自由贸易区等为代表的一批区域经济组织在国际贸易和世界经济发展中占有越来越重要的地位。在世界贸易组织（WTO）的144个成员方中，

近90%隶属于不同程度的区域经济组织。目前，区域集团内部贸易发展速度高于其对外贸易发展速度，区域内贸易额在世界贸易总额中所占比重日益提高，目前已达50%以上。亚太地区由于国家众多，经济发展水平差异较大，目前还没有形成大的经济一体化集团。但近年来区域性经济集团化有了较大的发展：东盟在1995年接纳越南为成员方，到1998年最后接纳柬埔寨为成员止，完成了10国大东盟的计划；中国与东盟在2001年11月约定在10年之内建成中国—东盟自由贸易区；非洲各国决定在巩固各地区次区域性经济合作组织的基础上，共建非洲共同体，向统一的非洲大市场迈进一步；拉美国家经济集体化经过20世纪80年代的发展，逐渐连成一片，于1996年4月成立拉美国家共同体筹建委员会；苏联解体后，东欧和独联体为了适应世界经济集团化的形势，也开始寻找建立经济集团的合作伙伴。

经济全球化进程的推进使经济资源跨国界的流动和配置日益增强，各国经济体间相互开放和融合的程度大大加深。由于各国在生产力水平、经济结构等方面存在着很大差异，因此达到完全的经济一体化还需要较长的发展过程。在这个过程中，一些地理相近的国家或地区间通过加强合作，建立共同的商品贸易市场和生产要素贸易市场或是两者兼备的综合性贸易市场，实现商品价格和生产要素价格的均等，并协调各国的对外贸易政策及宏观经济政策，制定相对区域外国家更加优惠的贸易、投资政策，为谋求风险成本和机会成本的最小化和利益的最大化，形成了一体化程度较高的区域组织或国家集团。

（二）区域经济一体化发展的主要原因

（1）联合一致，抗衡外部强大势力，是区域经济一体化的直接动因。

（2）第二次世界大战后，科学技术和社会生产力的高速发展，是区域经济一体化的客观基础。

（3）维护、发展民族经济利益及其政治利益是地区经济一体化形成与发展的内在动因。无论是发达国家的经济一体化，还是发展中国家的经济一体化，其根本原因都在于维护自身的经济、贸易利益，为本国经济的发展和综合国力的提高创造更加良好的外部环境。

（4）贸易与投资自由化是区域经济一体化产生并持续发展的经济源泉。

（5）贸易创造等各种积极的经济效应，是区域经济一体化产生并持续发展的重要原因。

第二节　世界区域经济贸易集团介绍

目前，世界范围内主要的区域经济贸易集团包括北美自由贸易区、欧洲联盟、亚太经济合作组织、东南亚联盟、南方共同市场以及其他经济贸易联合体。

一、三大经济集团的介绍

20世纪90年代以来，由于国际市场竞争加剧和贸易保护主义抬头，世界各地区域性经济集团又出现迅猛发展的势头，形成一股势不可挡的潮流，并逐渐形成了以北美自由贸易区、欧洲联盟和亚太经济合作组织为代表的三大区域经济集团，在经济贸易集团中最具代表性。

（一）北美自由贸易区（NAFTA）

北美自由贸易区（North American Free Trade Agreement，NAFTA）是由美国、加拿大和墨西哥于1992年8月12日达成协议、1994年1月1日生效而成立的，是世界上第一个由发达国家和发展中国家组成的区域经济集团。北美自由贸易区的成立，一方面在拉美国家引起了强烈的反响，许多拉美国家试图通过墨西哥同北美自由贸易区连在一起，改变了对美国的态度，在时任美国总统克林顿的倡议下，1994年12月美洲34个国家首脑在迈阿密集会，决定2005年为建立北起阿拉斯加南至火地岛的美洲自由贸易区的谈判最后期限；另一方面也为成员国带来了好处。对美国和加拿大来说，北美自由贸易区的建立，有利于来自墨西哥廉价、稳定的石油产品及其他消费品的进口，有利于满足国内广大的消费市场的需要，并保证其石油进口的多元化，将墨西哥潜力巨大的投资市场及消费市场纳入自己的势力范围，对加强向中美和南美的渗透，实现美国的美洲经济一体化梦想，进而保持在世界经济格局中的主导权，具有重大意义。对于墨西哥来说，主要益处在于产品广泛、稳定地进入北美大市场后，可扩大规模经济效益、降低生产成本，创造更多的就业机会，获得美国和加拿大的先进技术和设备，利用两国的投资发展本国的经济。

北美自由贸易协定自签订至今对成员国的经济发展产生了积极的影响。

第一，取消了关税和非关税壁垒，使区域内贸易获得了迅速的发展。根据协定规定，成员国应在10~15年内逐步取消相互之间的贸易壁垒，实现地区贸易的自由化。自1994年1月1日起，三国之间贸易所涉及的9 000多种商品中已有65%立即取消了关税。至2005年，北美自由贸易区区内基本实现零关税。据美国贸易代表办公室统计，2006年区内贸易总额为8 830亿美元。2008年，美国对区域内贸易伙伴的出口额为4 180亿美元，几乎是1993年的3倍。

第二，投资和金融自由化规定的实施，刺激了区域内投资增长和资金流动。北美自由贸易协定对投资者的保护做了明确的规定，建立了争端解决机制，规定了投资者“国民待遇”的原则。同时，各国又根据本国的实际情况采取了吸引外资的政策。这样促进了成员国之间相互投资的增加，也使这一地区成为对外资具有吸引力的地区。例如，1994年以来，墨西哥共得到1 240亿美元的外国投资，每年平均吸纳120亿美元的国外直接投资（FDI），这比墨西哥在1984—1994年所得到的FDI高出4倍以上。与此同时，美国和墨西哥相互投资增长迅速。1994—2002年，美国在墨西哥的FDI从161亿美元增加到581亿美元，增长了259%。墨西哥在美国的FDI从23亿美元上升到79

亿美元，增长了244%。墨西哥成为除中国以外吸引外资最多的发展中国家。在墨西哥吸引的外资中，美国占有较大的优势，主要集中在汽车行业，此外是加拿大，吸引的外资主要投资于矿山。

第三，贸易的增长为三国创造了可观的就业。北美自由贸易协定生效以来为三国创造了很多的就业机会。据统计，1994—1998年，美国的就业增长了7%，新增加的就业岗位达到1 280万个。同时，加拿大、墨西哥的就业率也有大幅提升。

第四，北美自由贸易协定的签订，提高了北美地区在全球经济中的地位。从客观效果来看，北美自由贸易协定的签订，不仅是贸易、投资的增加，更重要的是提高了北美地区的国际地位和实现了美国的战略目的，使美国拥有了自己的战略根据地，为其对外战略的实施奠定了基础。

其不利影响则表现为：第一，技术性不强的消费品工业从美国转移至墨西哥，减少了美国相关产业的就业人数。第二，为改善墨西哥与美国边境环境条件，美国要付出60亿~100亿美元的经济和社会费用。第三，关税削减使美国减少大笔收入，加重了美国的负担。

（二）欧洲联盟

欧洲联盟（以下简称“欧盟”，英文缩写“EU”）的前身是欧洲经济共同体，成立于1957年，是世界各区域经济集团中成立最早的。自成立以来，就致力于区域内的经济发展，并取得了很大的成就。1993年11月1日，即《马斯特里赫特条约》生效之日，改名为欧洲联盟。欧盟成立后，就积极准备实施区域内的统一货币，1995年在马德里首脑会议上，正式决定实施欧洲单一货币，定名为欧元。1997年欧盟在阿姆斯特丹首脑会议上，重申建立欧洲货币联盟计划，决定在1999年1月正式启动，在欧盟区域内实行单一货币——欧元。到2002年，欧盟各国（英国、瑞典、丹麦等部分国家除外）货币完全停止流通，由欧元完全替代。

欧元的启动标志着欧洲经济货币联盟统一大市场的形成，使欧盟在21世纪的世界经济格局中占有有利的地位。在国际货币市场上，欧元也成为美元的一个强有力的竞争对手。

欧盟的宗旨是“通过建立无内部边界的空间，加强经济、社会的协调发展和建立最终实行统一货币的经济货币联盟，促进成员国经济和社会的均衡发展”，“通过实行共同外交和安全政策，在国际舞台上弘扬联盟的个性”。

截至2015年，欧盟有28个成员国，包括英国、法国、德国、意大利、荷兰、比利时、卢森堡、丹麦、爱尔兰、希腊、葡萄牙、西班牙、奥地利、瑞典、芬兰、马耳他、塞浦路斯、波兰、匈牙利、捷克、斯洛伐克、斯洛文尼亚、爱沙尼亚、拉脱维亚、立陶宛、罗马尼亚、保加利亚、克罗地亚。另外有准备入盟的候选国土耳其。2014年，欧盟地区人口约5亿。根据国际货币基金组织的统计，2014年欧盟名义GDP为13.92万亿美元。

（三）亚太经济合作组织（APEC）

亚太经济合作组织（以下简称“亚太经合组织”）是由发达成员和发展中成员共同组成的区域经济集团，具有论坛性质。相比于北美自由贸易区与欧盟等区域组织而言，它是一个较为松散的区域经济集团。

亚太经合组织是亚太国家和地区加强区域经济合作的重要国际组织之一。亚太经济合作组织是一个幅员广阔、情况复杂的区域经济一体化组织，社会经济制度、政治趋向差异很大。

在澳大利亚的倡议下，亚太经合组织于1990年成立。到2002年，已拥有21个成员：美国、日本、加拿大、澳大利亚、新西兰、韩国、马来西亚、泰国、新加坡、菲律宾、印度尼西亚、文莱、中国、中国台湾、中国香港、墨西哥、巴布亚新几内亚、智利、秘鲁、俄罗斯和越南。

1991年通过了《汉城宣言》，正式确立亚太经合组织的宗旨和目标为“相互依存，共同利益，坚持开放性多边贸易体制和减少区域贸易壁垒”。

1994年发表了《茂物宣言》，确定发达成员在2010年前，发展中成员在2020年前实现区域内贸易和投资自由化。

2001年10月在上海举行了亚太经合组织第13届部长级会议，这次会议围绕“新世纪、新挑战：参与、合作，促进共同繁荣”的主题，就推动贸易与投资、从全球化和新经济中受益以及促进可持续经济增长等议题进行了深入讨论，达成了广泛共识，会议通过了《经济技术合作行动计划》，部长们一致肯定它对推动亚太经合组织经济技术合作、促进亚太经合组织平衡发展的作用。

亚太经合组织存在的最大问题是经济技术合作明显滞后于贸易投资自由化。其原因主要有：第一，一些发达成员对经济技术合作态度消极。第二，亚太经合组织成员的多样性特征既为合作提供了前提，另外也包含着合作的障碍因素。第三，缺少一个操作性强、切实可行的机制，缺少必要的资金、技术和人员，合作项目缺乏足够的启动资金。

二、其他区域组织介绍

（一）亚洲

1. 东南亚联盟

东南亚联盟（简称“东盟”，ASEAN）是一个全部由发展中国家组成的南南合作的典型。

1967年8月8日马来西亚、菲律宾、泰国、新加坡、印度尼西亚5国发表《东南亚国家联盟宣言》（《曼谷宣言》），正式组建东盟。

20世纪80—90年代又有文莱、越南、缅甸、老挝和柬埔寨相继加入，目前共有10个成员。

东盟自由贸易区自2002年1月正式启动，目标是实现区域内贸易的零关税。到

2010 年，东盟 6 个成员国（马来西亚、菲律宾、泰国、新加坡、印度尼西亚、文莱）率先实现互免关税，而到 2015 年，东盟所有成员国都实现贸易自由化。

2. 南亚区域合作联盟

南亚区域合作联盟（简称“南盟”）是在 1985 年 12 月成立的，成员有印度、孟加拉、巴基斯坦、斯里兰卡、马尔代夫、尼泊尔、不丹等 7 个国家。1993 年 4 月，南盟就七国间优惠贸易安排达成了协议，以此作为之后贸易谈判的基础。1994 年 11 月起，实施了 1993 年 4 月形成的优惠贸易安排。南盟成立后的 30 多年来，区域经济合作进展不大，其主要原因是成员之间存在着严重的政治分歧和边界争端，加上印度和巴基斯坦两个南亚大国之间在该地区禁止核武器问题上存有不可调和的矛盾，这也从一个方面说明，政治关系是影响区域经济一体化发展的一个重要因素。

3. 海湾合作委员会

该组织于 1965 年成立，成员国有沙特阿拉伯、科威特、巴林、阿曼、卡塔尔、阿联酋 6 国。1992 年年底，海湾合作委员会宣布，从 1993 年 3 月起建立共同市场，统一进口关税，以保证进口货物在 6 国间自由流动。

4. 伊斯兰经济合作组织

该组织于 1964 年成立，成员国有伊朗、巴基斯坦、土耳其。1992 年又增加了 7 个国家：阿富汗、阿塞拜疆、哈萨克斯坦、乌兹别克斯坦、吉尔吉斯斯坦、土库曼斯坦、塔吉克斯坦。伊斯兰经济合作组织在 1993 年制订了行动计划，确定了 2000 年前经济合作目标——最终建立伊斯兰共同市场。

5. 中国—东盟自由贸易区（CAFTA）

2002 年 11 月，中国国家领导人与东盟十国领导人共同签署了《中国—东盟全面经济合作框架协议》，中国—东盟自由贸易区将包括货物贸易、服务贸易、投资和经济合作等内容，其中货物贸易是自由贸易区的核心内容。《中国—东盟全面经济合作框架协议》规定中国和东盟双方从 2005 年开始正常产品的降税。

2004 年 11 月召开第 8 次中国—东盟领导人会议期间，中国商务部部长与东盟十国经贸部长分别代表各自政府签署了中国—东盟自由贸易区《货物贸易协议》和《争端解决机制协议》。

《货物贸易协议》规定中国和东盟中的 6 个老成员在 2010 年把绝大多数正常产品的关税降为零。

《争端解决机制协议》是规范中国与东盟双方在自由贸易区框架下处理有关贸易争端的法律文件。

（二）欧洲

1. 独联体经济联盟

由于苏联、东欧剧变，“经互会①”于 1991 年 6 月 28 日解散。以俄罗斯为首的 12

---

① 经互会，即经济互助委员会，是由前苏联组织建立的一个由社会主义国家组成的政治经济合作组织，于 1949 年成立，1991 年 6 月 28 日解散。

国组成了独联体经济联盟。起初是俄罗斯、乌克兰和白俄罗斯 3 国在 1991 年 12 月 8 日首先签署经济联盟条约，之后在 1992 年 9 月 24 日又有 9 国签署了经济联盟条约。由于独联体 12 国经济在转轨过程中很长时间没有走出低谷，尤其是影响大的俄罗斯在 20 世纪 90 年代末出现经济大滑坡，自身难保，无力顾及其他成员国，尽管 1994 年 12 国首脑会议强调要加强各国的经贸往来，但由于各国都缺少资金，而投资环境又不太理想，国外投资甚少，经济恢复缺少活力。

2. 黑海经济合作组织

该组织是 1992 年 6 月在伊斯坦布尔签署《黑海经济合作宣言》而成立的。该宣言表明，参加国之间将通过双边或多边合作网，逐步加强成员国间经济合作，取消或削减不利于扩大贸易和投资的一切障碍，为商品、劳务和资金的自由流动创造条件。目前，该组织共有 11 个正式成员国：罗马尼亚、保加利亚、土耳其、阿尔巴尼亚、希腊、俄罗斯、亚美尼亚、摩尔多瓦、格鲁吉亚、乌克兰、阿塞拜疆。1999 年 5 月 1 日《黑海经济合作组织章程》正式生效，标志着该组织正式诞生。

（三）拉丁美洲

1. 南方共同市场

1991 年 3 月 26 日，阿根廷、巴西、乌拉圭、巴拉圭 4 国总统在巴拉圭首都亚松森签署了《亚松森条约》，决定建立由 4 国参加的南方共同市场。经过近四年的艰苦谈判，于 1994 年 12 月 17 日签署了《黑金城议定书》，宣布 1995 年 1 月 1 日南方共同市场正式启动运转。2012 年 7 月底，委内瑞拉成为南方共同市场正式成员国。2015 年 7 月，该组织批准玻利维亚为正式成员国。

南方共同市场主要有以下几方面特点：（1）成员国内部贸易相互免税。从 1995 年 1 月 1 日起，确定 9 000 种产品中的 85% 内部关税为零，其余 15% 的产品到 1999 年逐步降为零。对那些敏感性产品，包括资本货物、机械设备、电子计算机和通信设备的关税将分别过渡到 2001 年至 2006 年再决定增减税率。（2）实施共同对外关税政策。从 1995 年 1 月 1 日起，共同对外关税制度开始生效，对来自第三国的占总数约 85% 的一般商品，实行共同对外关税，税率在 20% 以内。考虑到成员国间发展水平的差异，允许成员各保留一定数量的商品作为例外，直到 2001 年前暂不实行共同对外关税，巴拉圭则推迟到 2006 年。（3）关于原产地规则的规定。享有区域内优惠关税的非资本品，其当地成分不低于 60%（巴拉圭为 50%），资本货物为 80%。此外，还包括取消一切非关税措施，建立贸易委员会和技术与政策工作组，以及鼓励出口、解决争端和保障行动方面的措施。

2. 中美洲共同市场

中美洲共同市场的前身是根据 1956 年《中美洲自由贸易协议》而成立的中美洲自由贸易区。1962 年 8 月，中美洲的危地马拉、萨尔瓦多、洪都拉斯、尼加拉瓜和哥斯达黎加 5 国在尼加拉瓜首都马那瓜共同签署了《中美洲经济一体化条约》，成立中美洲共同市场。进入 20 世纪 80 年代后，由于 5 国经济状况恶化，加之政治动荡和内战不断，特别是债务负担异常沉重，成员之间又重新构筑了非关税壁垒，致使关税取消所带来的贸易利益被一定程度地抵消。为抑制区内贸易保护主义和确保共同市场取得的已有成果，1993 年 5 国达成“最终多边协议”，给共同市场的发展重新注入了活力，并建立了关税同盟。另外，中美洲共同市场在 1993 年与哥伦比亚、墨西哥、委内瑞拉就自由贸易签订了《加拉加斯协议》。巴拿马也已表示了加入中美洲共同市场的意向。

3. 安第斯共同体

1966 年，玻利维亚、智利、哥伦比亚、厄瓜多尔、秘鲁 5 国签订了《安第斯条约》，以开展自由贸易和加强成员国之间的经济合作。1973 年委内瑞拉加入，1976 年智利退出。《安第斯条约》规定，成员国之间在 1980 年前建立自由贸易区，并实施共同对外关税政策，为最终建立关税同盟创造条件。但这些原定的时间表并未实现。1990 年 11 月，集团首脑在玻利维亚拉巴斯决定，1992 年年初建立自由贸易区和 1993 年建立共同关税同盟。自由贸易区按时生效运转，但在实施共同对外关税政策时遇到困难。秘鲁要求保持 15% 的平均关税，而其他成员国则各有不同的目标。迫于分歧，秘鲁从 1992 年 8 月中止了其《安第斯条约》成员资格。直至 1996 年，秘鲁才重新加入。1994 年，《安第斯条约》成员就四级（5%、10%、15%、20%）共同对外关税结构达成一致，并于 1995 年 1 月正式对外实施。

4. 拉美一体化联盟

拉美一体化联盟的前身是拉美自由贸易联盟。1960 年 2 月，阿根廷、玻利维亚、巴西、智利、墨西哥、巴拉圭、秘鲁、乌拉圭 8 国在乌拉圭签订了《蒙得维的亚条约》，成立了拉美自由贸易联盟。以后哥伦比亚、厄瓜多尔和委内瑞拉相继加入了该联盟，成员发展到 11 个。该联盟计划在 12 年内实现贸易自由化，但目标未能实现。1980 年 6 月签订了新的《蒙得维的亚条约》，对原有的机构进行改革，建立了“拉美一体化联盟”，以推动这一地区的经济一体化进程。新条约的目标是：通过分别签订双边和多边协议，促进新联盟成员国之间及其与第三国的贸易增长。在新联盟的框架下，成员之间的贸易自由化在部门基础上通过以下两个途径来实现：一是“区域范围协议”，即在区域内全部成员之间相互给予优惠贸易待遇；二是“小组范围协议”，即新联盟成员中愿意签署本协议的国家之间相互提供优惠贸易待遇。

（四）非洲

1. 西非国家经济共同体

1975 年 5 月，15 个西非国家在尼日利亚首都拉各斯举行首脑会议，签署了《拉各斯条约》，成立了西非国家经济共同体，成员国有贝宁、科特迪瓦（象牙海岸）、几内亚、布基纳法索（上沃尔特）、马里、毛里塔尼亚、尼日尔、塞内加尔、多哥、冈比亚、尼日利亚、加纳、利比里亚、塞拉利昂、几内亚比绍。1977 年佛得角加入，现为 16 国。它是目前非洲最大的区域性经济组织。共同体的目标是：在条约生效后 15 年内分阶段消除成员国之间的关税及其他一些贸易障碍，建立关税同盟。1993 年 7 月，在共同体第 16 届首脑会议上签订了《西非国家经济共同体修正条约》。条约规定：（1）建立共同体超国家机构，如共同体的经济和社会委员会、仲裁法院等；（2）实现货币一体化，决定成立西非货币局，由该机构负责实现西非统一货币。

2. 西非经济货币联盟

西非经济货币联盟是西非法语国家的经济合作组织，其前身是1959年成立的西非货币联盟。1959年，贝宁、科特迪瓦、马里、毛里塔尼亚、尼日尔、塞内加尔、布基纳法索共同签署了一项关于建立“西非国家关税同盟”的公约。该公约6个成员（除马里外）拥有共同的中央银行和实行同样的货币，货物在成员间自由流动。该组织事实上保留了成员独立时就存在的一个次区域安排问题，即对从第三国征收关税所得如何进行分配的问题。经过谈判，最后同意采取平均分配的办法。从西非经济货币联盟生效运转的实践来看，它从未全面实施。1994年1月10日，贝宁等上述七国成立西非经济货币联盟，后有几内亚比绍加入该组织。该组织在建设联盟共同市场、联盟内部立法、协调内部宏观经济政策、航空合作等方面发挥了重要作用。

3. 南部非洲发展共同体

该组织前身是南部非洲发展协调会议，成立于1980年4月。其成员有安哥拉、博茨瓦纳、莱索托、马拉维、莫桑比克、纳米比亚、坦桑尼亚、赞比亚、斯威士兰、津巴布韦共10国。1992年8月，举行成员国首脑会议，将协调会议改组为南部非洲发展共同体，目的是在平等、互利和均衡的基础上，建立开放型经济，打破关税壁垒，促进相互投资、贸易、人员、货物和劳务的自由往来，逐步统一货币，最终实现区域经济一体化。该共同体近年来在发展区域经济合作方面取得了一些进展。1993年7月31日，它通过决议，准许本地区的公民不需要签证就可自由出入各成员边境。1996年8月24日，南部非洲发展共同体在莱索托的首都马塞卢举行首脑会议，签署了争取在8年内实现地区贸易自由化的重要文件，并同意南非、毛里求斯两国加入该组织。后来，刚果（金）、塞舌尔、马达加斯加加入该组织。现在，该组织有15个成员国。

4. 阿拉伯马格里布①联盟

该组织由北非5国（阿尔及利亚、利比亚、毛里塔尼亚、摩洛哥和突尼斯）在1989年2月成立。其目标是到1995年建成关税联盟，到2000年建立一个共同市场。自联盟成立以来，在建立马格里布农业共同市场、实现粮食自给方面做了一些工作，但在其他方面未取得实质性进展。这主要是由于成员国之间在经济政策，如对外贸易安排方面分歧较大。阿拉伯马格里布联盟与法国、意大利、西班牙、葡萄牙、马耳他5国有专门的对话机制，共同维护西地中海的和平与安全。

（五）大洋洲

澳新自由贸易区是在1965年由澳大利亚和新西兰两国政府签署了自由贸易协议后建立的。该自由贸易协议生效运转了近20年后，于1983年被“澳新紧密经济关系协议”所取代。这样，澳新区域经济合作进入了一个空前的发展阶段。1965年协议被取代的原因是，贸易自由化的产品范围不符合“实质上所有贸易”的要求，协议只涉及关税减让，而未就非关税措施问题做出规定。这样的自由贸易区促进两国贸易发展的作

① 马格里布，欧洲国家对阿尔及利亚、摩洛哥、突尼斯的统称。

用是极其有限的。从紧密经济关系协议的主要内容看，该协议不仅包括了所有贸易产品，而且规定在 1990 年 7 月 1 日前，所有关税及非关税措施全部取消，并对反倾销、反补贴等做了规定。1992 年，澳大利亚和新西兰两国对协议又做了修改，双方对协调统一商业法规和竞争政策做出承诺，使双方产品相互免除反倾销行动。所以说，澳新自由贸易区是当前众多自由贸易区中贸易自由化程度最高、最彻底的一个。

（六）其他组织

1. 跨太平洋伙伴关系协定

跨太平洋伙伴关系协定（Trans-Pacific Partnership Agreement，以下简称“TPP”），是由亚太经济合作会议成员发起、从 2002 年开始酝酿的一组多边关系的自由贸易协定，旨在促进亚太地区的贸易自由化。跨太平洋经济伙伴关系协定第一条一款三项规定：“本组织支持亚太经济合作会议，促进自由化进程，达成自由开放贸易之目的。”TPP 是于 2005 年 5 月 28 日，由文莱、智利、新西兰及新加坡 4 国协议发起成立的。此后，澳大利亚、马来西亚、秘鲁、美国、越南和日本分别加入。泛太平洋伙伴关系整合亚太的两大经济区域合作组织（亚太经济合作会议和东南亚国家协会）重叠的主要成员，成为亚太区域内的小型世界贸易组织。有学者认为 TPP 是《北美自由贸易协议》的扩大版，不单单是贸易自由化，而且资金流动也更自由。

2. 大阿拉伯自由贸易区

阿拉伯国家联盟（以下简称“阿盟”）经济一体化委员会与阿拉伯各国财政部长、海关关长共同签订《大阿拉伯自由贸易区协议》，于 2005 年 1 月 1 日起实施。该协议规定：自 1998 年 1 月 1 日起，阿拉伯各国海关对阿拉伯国家本地生产的产品征收的关税每年降低 10%，并逐步取消非关税贸易障碍；2008 年阿拉伯国家间实现零关税。目前 22 个阿拉伯联盟国家中已有 17 个同意全面执行这个减税计划，它们是：约旦、阿联酋、苏丹、伊拉克、阿曼、沙特阿拉伯、巴勒斯坦、卡塔尔、叙利亚、巴林、突尼斯、科威特、埃及、摩洛哥、也门、利比亚、黎巴嫩。这 17 国相互间贸易超过阿拉伯国家间商品贸易总额的 80%。阿盟的金融机构和阿拉伯伊斯兰开发银行也从金融上大力支持该协议，并帮助一些不发达的阿盟国家发展民族经济。阿拉伯信贷贸易管理委员会计划由阿拉伯国家金融机构每年拿出 3 亿美元，为阿拉伯国家间的贸易提供信贷支持。

知识链接

跨太平洋伙伴关系协定

跨太平洋伙伴关系协定（TPP）是由亚太经济合作会议成员中的新西兰、新加坡、智利和文莱 4 国发起，从 2002 年开始酝酿的一组多边关系的自由贸易协定，原名亚太自由贸易区，旨在促进亚太地区的贸易自由化。2011 年 11 月 10 日，日本正式决定加入 TPP 谈判，而中国没有申请参与 TPP 谈判。2013 年 9 月 10 日，韩国宣布加入 TPP 谈判。

2015年10月5日，TPP的12个成员国在美国佐治亚州亚特兰大市举行的部长会议上达成基本协议，同意进行自由贸易，并在投资及知识产权等广泛领域统一规范。其成员包括美国、日本、新加坡、新西兰、加拿大、墨西哥、秘鲁、智利、马来西亚、文莱和澳大利亚等国，其经济产值合计占到全球的40%，贸易额合计占到全球的约1/4。其建立的目的是让各成员自由开展贸易，主张贸易和服务自由、货币自由兑换、税制公平、国企私有化、保护劳工权益、保护知识产权、保护环境资源、信息自由，不允许国家对内补贴、对外设立门槛。

其主张的货币自由兑换、国企私有化，以及环境保护条款、劳工权益条款、知识产权条款中的要求，与其他贸易协定相比更严格，对于中国等从计划经济向完全市场经济转型的国家来说，加入TPP难度不小。而TPP作为一个“禁止中国入内”的大型俱乐部，其经济实力、市场容量不可忽视。在TPP未来的经济政策中，可能会对未加入TPP的国家或地区的经济增长产生影响，这引发了学者的广泛争议。

部分学者认为中国未加入TPP，未来打入美国市场的产品的关税、商务等成本较之TPP成员会更高，中国未来的对美国贸易顺差额度将逐年递减，并影响中国未来的外汇储备数量。也有学者认为TPP对于中国的影响，只是让外贸数据变得“难看”，但不至于会让中国经济伤筋动骨。毕竟中国对日本、澳大利亚、加拿大等国的贸易逆差较多，TPP对于中国与除美国外的其他成员的贸易产生的影响较小。而且，中国正在利用“一带一路”计划，开拓一个更大规模的市场，让世界分享中国成长的优势。

[资料来源：吴涧生，曲凤杰．跨太平洋伙伴关系协定（TPP）：趋势、影响及战略对策．国际经济评论，2014（1）．有删改]

第三节 区域经济一体化与国际贸易

一、区域经济一体化对国际贸易的影响

区域经济一体化的根本特征是“对内自由贸易，对外保护贸易”，因此，它对多边贸易体制和全球经济的影响必然是双重的，既有一定的积极影响，同时又具有一定的消极影响。随着经济全球化的不断发展，区域经济一体化的消极影响将会变得越来越突出。

（一）区域经济一体化的积极影响

1. 促进了区域经济一体化组织内部贸易的增长

区域经济一体化组织通过削减关税或免除关税，取消贸易的数量限制，削减非关税壁垒形成区域性的统一市场，加深了成员在经济上的相互依赖程度，同时经济一体化组织内部的国际分工使销售渠道稳定，这就促进了区域内成员间贸易的迅速发展。

2. 促进区域经济一体化组织内部的国际分工和技术合作

区域经济一体化组织内部市场扩大了，于是各国的资源配置发生变化，各自生产在

一体化区域内具有优势的产品，促进生产格局乃至国际分工的格局发生变化，使成员的国际分工更为密切和精细。

成员在许多单纯依靠本国力量难以胜任的重大科研项目，如原子能利用、大型电子计算机等高精尖技术领域可以进行合作。1985 年 6 月，欧洲理事会通过了关于“朝着欧洲技术共同目标奋斗”的备忘录，同时制定了内部实行“尤里卡”（西欧的尖端技术合作计划，内容包括在计算机、自动装置、通信联络等领域进行重点技术攻关）等一系列科技计划。

3. 提高了经济一体化国家和地区的整体贸易地位

原来一些经济力量比较薄弱的国家（地区）以整个集团的形式出现在世界经济舞台上，地位上升了，竞争能力加强了，也加重了这些国家（地区）在国际贸易谈判桌上的分量，在一定程度上维护了本身的贸易利益。例如，区域经济一体化使区内投资增加，而区外投资减少。

（二）区域经济一体化的消极影响

（1）区域性经济一体化组织都实行对内自由贸易、对外保护贸易的贸易政策，这种“内外有别”的政策明显背离了多边贸易体制的非歧视原则，形成保护主义的贸易壁垒。

（2）区域经济一体化组织都具有不同程度的“贸易转移效应”，背离了比较优势原则，对区域外的国家（地区）造成损害，往往导致区域内外的贸易摩擦和冲突，使 WTO 经常处于“救急”状态。

（3）区域经济一体化组织增加了国际市场上的垄断力量，抑制了竞争，削弱了 WTO 体制的作用。

（4）区域经济一体化组织把各国和地区追求自由贸易的目标由多边贸易协定转向区域性一体化组织安排，不利于 WTO 体制发挥作用和进一步发展。

二、目前区域经济合作发展的主要途径与特点

（一）区域经济合作发展的主要途径

全球范围内区域经济一体化迅速发展主要依靠三条途径：一是深化、升级现有形式；二是扩展现有集团成员；三是缔结新的区域贸易协议或重新启动沉寂多年的区域经济合作谈判。

东亚合作是区域经济一体化在亚洲的亮点。从 1992 年东南亚国家联盟（以下简称“东盟”）签署建立自由贸易区协议（即在 2008 年通过实施有效优惠关税建成东盟自由贸易区）开始，1997 年年底又举行首届东盟与中日韩三国领导人非正式会晤（即建立“10+3”合作机制），将合作从东盟扩展至东亚地区，从而正式启动东亚合作进程。2002 年，中国与东盟达成在 2010 年 1 月 1 日建立自由贸易区的框架协议，“10+1”模式业已形成。

其他大洲的区域经济一体化趋势也日益明显。南部非洲发展协调会议成员国首脑会议于 1992 年签署关于建立南部非洲发展共同体的条约、宣言和议定书三个文件，正式将该组织更名为“南部非洲发展共同体”；“东部和南部非洲优惠贸易区”首脑会议于 1994 年批准把优惠贸易区转变为共同市场的条约，宣布东部和南部非洲共同市场（简称“东南非共同市场”）正式成立。欧盟的诞生、欧元的启动以及欧盟实现历史上规模最大的一次扩大，使得欧洲区域经济一体化格外引人注目。“北美自由贸易区”于 1994 年正式成立以来，美国设想将其范围扩展到拉美，以形成一个覆盖整个南北美地区的世界最大自由贸易区。不过，2005 年阿根廷第四届美洲国家首脑会议关于此项动议的谈判无果而终。澳大利亚、新西兰及东盟的贸易部长也于 2001 年签署促进贸易、投资和经济一体化的政府间框架协议，并于 2002 年正式签约。

（二）区域经济合作发展的主要特点

区域经济一体化覆盖大多数国家和地区。据世界银行统计，至 2004 年年底，全球只有 12 个岛国和公国没有参与任何区域贸易协议（RTA），174 个国家和地区至少参加了一个（最多达 29 个）区域贸易协议，平均每个国家或地区参加了 5 个。当然，各地区之间的差别很大，发展程度也不相同。WTO 全体成员同时又是各区域经济组织成员，有的具有多重区域经济一体化组织成员的身份。全世界近 150 个国家和地区拥有多边贸易体制和区域经济一体化的“双重成员资格”。发达国家签署的区域贸易协议最多，平均每个国家为 13 个。相当数量的发展中国家已与发达国家签署了双边优惠贸易协议。多数协议发生在东欧、北非和拉美，东亚各国签署的协议少一些，而南亚各国与发达国家签署的协议更少。

区域经济一体化内容广泛深入。新一轮的区域协议涵盖的范围大大扩展，不仅包括货物贸易自由化，而且包括服务贸易自由化，具体有农产品贸易自由化、投资自由化、贸易争端解决机制、统一的竞争政策、知识产权保护标准、共同的环境标准、劳工标准，甚至提出要具备共同的民主理念等。比如，北美、欧盟以及其他一些区域一体化协议中，很多都涉及标准、物流、海关合作、服务、知识产权、投资、争端解决机制、劳工权益和竞争政策等条款。

形式与机制灵活多样。一是大多数区域经济集团对成员资格采取开放式态度，以加速扩大。除一些明确由双方构成的区域经济（如美加自由贸易协议、澳新紧密经济关系协议等）之外，一般区域经济大都经历了成员由少到多的过程。比如，欧盟历经 6 次扩大，现有成员国 28 个。亚太经济合作组织 20 余年来也经历了 4 次扩大，达到 20 多个成员。二是合作形式和层次由低级向高级发展。许多国家放弃或基于原有贸易优惠安排而成立自由贸易区或关税同盟，有的从关税同盟发展成为共同市场。比如，1995 年 1 月，南方四国（阿根廷、巴西、乌拉圭、巴拉圭）根据 1994 年签署的《黑金城议定书》的规定，将自由贸易区提升为关税同盟，并正式开始运转，从而成为世界上仅次于欧盟的第二大关税同盟。

跨洲、跨区域经济合作兴起和发展。20 世纪 90 年代以来，区域经济合作的构成基础发生了较大变化，打破了狭义的地域相邻概念，出现了跨洲、跨洋的区域合作组织。

比如，日本相继与墨西哥、新加坡签署了自由贸易协议。不同区域经济集团之间也展开了连横合作。南方共同市场与其第二大贸易伙伴欧盟开始探讨建立自由贸易区，而东盟与欧盟外长会议之间就政治、经济领域内广泛的问题进行探讨业已制度化。北美自由贸易区也有意与南方共同市场合作，建立从阿拉斯加到阿根廷的整个美洲范围内的自由贸易区。突尼斯、摩洛哥等成员先后与欧盟谈判建立“欧盟与地中海自由贸易区”，并成为欧盟的伙伴国和联系国。南非则在与印度、澳大利亚、马来西亚等国积极筹建“印度洋经济圈”。

三、区域经济一体化反映了世界多极化的趋势

总体看来，从20世纪80年代开始的全球范围内的区域经济一体化浪潮的兴起和发展同整个世界经济和政治格局的多极化是相一致的，换句话说，当前区域经济一体化反映了世界经济多极化和世界政治多极化。

区域经济一体化的新浪潮折射出世界经济多极化的大势。从发达国家来看，由于此轮区域一体化以经济全球化为背景，一方面，全球化伴随着科技进步和生产力巨大发展的要求，生产体系和市场体系在全球范围内不断扩张，而充当其中载体和推动力量的是跨国公司。另一方面，由于民族国家和利益的存在，全球竞争不断加剧；与此同时，在经济发展不平衡规律的作用下，美国经济在20世纪中叶的独霸局面已经不复存在，从而形成了今日世界经济“一超多强”的格局。因此，发达国家期望通过建立区域经济组织来保证自己生产体系和市场规模的扩大，以增强自身的竞争实力，确保在更多获利的过程中立于不败之地。

从发展中国家来看，随着经济全球化的深入，新兴工业化国家和发展中国家的经济，已经逐步在世界经济中各自占据一席之地。在这种态势下，作为世界经济中的“一极”，这些国家参与国际竞争和经济一体化的愿望更加强烈，要求同发达国家平等互利、实现共赢的呼声更加高涨。然而，发展中国家作为单个经济体仍显弱小，因此希望通过参加区域经济组织来维护自身的经济利益和经济安全。尽管这些区域经济组织往往都由大国主导，并且明知大国主导也是出于其“私利”动机，但是，发展中国家仍可能从参与区域经济一体化中获得自己的利益。

由此可见，区域经济一体化的实质就是世界经济的多极化。其含义包括：一是在经济发展不平衡规律的作用下，当今世界经济正在摆脱超级大国的控制，有利于平等合作、公平竞争；二是经济全球化背景下的区域经济组织不仅是竞争的产物，更是大势所趋。

区域经济一体化的新浪潮也反映了世界政治多极化的大势。一方面，自20世纪80年代末90年代初开始，世界政治多极化趋势加强。东欧剧变、苏联解体，宣告美苏两极格局瓦解；美国虽然成为冷战后唯一的超级大国，拥有经济、科技、军事以及国际影响力等方面的绝对优势，但已无力建立由美国主宰的单极世界；欧洲国家积极推进内部合作，并努力朝着政治、军事一体化的方向发展；日本仍然保持世界经济大国的地位，并试图成为军事、政治大国；俄罗斯资源、能源丰富，科研基础也颇具优势，加上同为

核大国，正力图重振大国雄风；中国自改革开放以来，经济迅速发展，在国际政治舞台上发挥着日益重要的作用。在世界政治多极化趋势不断加强的大背景下，区域经济一体化发展顺理成章。另一方面，经济是政治的基础和前提，政治上的国际联盟也需要相应的经济联盟做保障。如前所述，多数区域合作或者自由贸易安排都有着明显的政治含义。欧洲合作的目的是通过经济合作走向政治联合，实现欧洲的长久稳定和安全。美国是利用自由贸易协议实现政治目的的典型国家。2006 年 5 月古巴、委内瑞拉和玻利维亚 3 国首脑签署的“人民贸易协定”就是区域政治一体化的体现，因为它不仅反映了拉美政坛的新变化，而且表明了拉美左派政府试图以此取代由美国主导和倡议的美洲自由贸易区。东南亚的合作进程，从一开始就具有很强的政治推动力。中国与东盟于 2003 年确立了战略伙伴关系，双方政治关系得到了显著改善。日本在中国—东盟启动自由贸易区进程之后，也紧锣密鼓地加快与东盟国家进行自由贸易区谈判的步伐，其政治意图也是明显的。

可以预见，随着世界多极化的发展，区域经济一体化的趋势将会进一步加强。从某种意义上说，区域经济一体化体现了国际经济与政治正朝着平等、民主方向发展的趋势，有利于推动建立公正合理的国际新秩序，有利于促进国际关系民主化。

第四节　中国的区域经济合作新思路

面对国际形势的风云变化，中国相关的外贸政策更加灵活，开放程度也更加彻底。其中，“一带一路”建设是中国最新的区域经济合作新思路。2013 年 9 月和 10 月由中国国家主席习近平分别提出建设“丝绸之路经济带”和“21 世纪海上丝绸之路”的战略构想，此后此建议得到了国际社会的高度关注和有关国家的积极响应。2015 年 3 月 28 日，国家发展改革委员会、外交部、商务部联合发布了《推动共建丝绸之路经济带和 21 世纪海上丝绸之路的愿景与行动》（简称“一带一路规划”），标志着中国开始全面推进与陆上丝绸之路、海上丝绸之路沿线国家的合作共建与互利共赢。

一、“一带一路”的含义

“一带一路”（“One Belt And One Road”，简称“OBAOR”；或“One Belt One Road”，简称“OBOR”；或“Belt And Road”，简称“BAR”）是“丝绸之路经济带”和“21 世纪海上丝绸之路”的简称。

“一带一路”不是一个实体或一种机制，而是合作发展的理念和倡议，是依靠中国与有关国家既有的双多边机制，借助既有的、行之有效的区域合作平台，旨在借用古代“丝绸之路”的历史符号，高举和平发展的旗帜，主动发展与沿线国家的经济合作伙伴关系，共同打造政治互信、经济融合、文化包容的利益共同体、命运共同体和责任共同体。

“一带一路”倡议，对于世界最大的魅力，体现在增加了投资和利润，同时，更重要的是它能够给世界带来一股新的潮流，让平等合作、文化交流、经济繁荣，而非军事霸权，成为未来世界秩序的另一条主轴。

二、“一带一路”倡议提出的背景

面对经济增长放缓、产能过剩、外汇资产过剩，中国需要向外输出资本与过剩商品，解决当前的危机。面对中国油气资源、矿产资源对国外的高依存度，中国需要从海外得到更稳定的能源、矿产供应渠道。中国的工业和基础设施集中于沿海，如果遇到外部打击，容易失去核心设施，中国需要更大程度地刺激中西部地区发展。而“一带一路”倡议无疑是解决上述问题的良方。

除国内背景外，“一带一路”建设还有着深刻的国际背景。当前，国际金融危机深层次影响继续显现，世界经济缓慢复苏、发展、分化，国际投资贸易格局和多边投资贸易规则酝酿深刻调整，各国面临的发展问题依然严峻。共建“一带一路”，顺应世界多极化、经济全球化、文化多样化、社会信息化的潮流，秉持开放的区域合作精神，致力于维护全球自由贸易体系和开放型世界经济。共建“一带一路”，旨在促进经济要素有序自由流动、资源高效配置和市场深度融合，推动沿线各国实现经济政策协调，开展更大范围、更高水平、更深层次的区域合作，共同打造开放、包容、均衡、普惠的区域经济合作架构。共建“一带一路”，符合国际社会的根本利益，彰显人类社会共同理想和美好追求，是国际合作以及全球治理新模式的积极探索，将为世界和平发展增添新的正能量。

三、“一带一路”涉及的省份

“一带一路”建设在“一带一路规划”中主要涉及的省份达 19 个，具体涵盖了新疆、陕西、甘肃、宁夏、青海、内蒙古等西北 6 省份，黑龙江、吉林、辽宁等东北 3 省份，广西、云南、西藏等西南 3 省份，上海、福建、广东、浙江、海南等 5 省份，内陆地区则是重庆、河南 2 省份。

各省份针对自己在“一带一路规划”中的作用，确定了各自的定位。例如，新疆被定位为“丝绸之路经济带核心区”。福建则被定位为“21 世纪海上丝绸之路核心区”。广西的定位是“21 世纪海上丝绸之路”与“丝绸之路经济带”有机衔接的重要门户。云南的定位是面向南亚、东南亚的辐射中心。对上海、南京、宁波、广州、深圳、海口等沿海诸市的定位是“一带一路”特别是“21 世纪海上丝绸之路”建设的排头兵和主力军。对陕西、甘肃、宁夏、青海四地的定位是形成面向中亚、南亚、西亚国家的通道、商贸物流枢纽、重要产业和人文交流基地。对内蒙古、黑龙江、吉林、辽宁、北京的定位是建设向北开放的重要窗口。各省份还就“一带一路规划”制定了本省份的实施方案。如福建省的实施方案主要内容有：福建将发挥福州、厦门、泉州、漳州、莆田、宁德等沿海城市的港口优势，完善集疏运体系和口岸通关功能，积极打造海上合作战略支点，支持泉州市建设“21 世纪海上丝绸之路”先行区，支持福州市设立福州新区，加快平潭综合实验区等开放合作重点功能区建设。

四、“一带一路规划”涉及沿线国家主要发展合作的重点

根据国家发展改革委、外交部、商务部联合发布的《推动共建丝绸之路经济带和21世纪海上丝绸之路的愿景与行动》，“一带一路规划”建设主要从以下几个方面来总结。

1. 政策沟通

加强政策沟通是“一带一路”建设的重要保障。加强政府间合作，积极构建多层次政府间宏观政策沟通交流机制，深化利益融合，促进政治互信，达成合作新共识。沿线各国可以就经济发展战略和对策进行充分交流对接，共同制定推进区域合作的规划和措施，协商解决合作中的问题，共同为务实合作及大型项目实施提供政策支持。

2. 设施联通

基础设施互联互通是“一带一路”建设的优先领域。在尊重相关国家主权和安全关切的基础上，沿线国家宜加强基础设施建设规划、技术标准体系的对接，共同推进国际骨干通道建设，逐步形成联结亚洲各次区域以及亚欧非之间的基础设施网络。强化基础设施绿色低碳化建设和运营管理，在建设中充分考虑气候变化的影响。

3. 抓住关键

抓住关键尤其要建设交通基础设施的关键通道、关键节点和重点工程，优先打通缺失路段，畅通瓶颈路段，配套完善道路安全防护设施和交通管理设施设备，提升道路通达水平。推进建立统一的全程运输协调机制，促进国际通关、换装、多式联运有机衔接，逐步形成兼容规范的运输规则，实现国际运输便利化。推动口岸基础设施建设，畅通水陆联运通道，推进港口合作建设，增加海上航线和班次，加强海上物流信息化合作。拓展建立民航全面合作的平台和机制，加快提升航空基础设施水平。

4. 保证贸易畅通

投资贸易合作是“一带一路”建设的重点内容，宜着力研究解决投资贸易便利化问题，消除投资和贸易壁垒，构建区域内和各国良好的营商环境，积极同沿线国家和地区共同商建自由贸易区，激发合作潜力，形成合作实力。

“一带一路规划”意味着中国愿意融入世界，与世界分享中国改革开放的成果，可以预计在不远的将来，“一带一路”建设会采用更加开放包容的态度，欢迎各国参与到各项合作中来。

五、“一带一路规划”的合作机制

“一带一路规划”的合作机制也是开放的。它强调促进双边合作，开展多层次、多渠道沟通磋商，推动双边关系全面发展。推动签署合作备忘录或合作规划，建设一批双边合作示范区。建立并完善双边联合工作机制，研究推进“一带一路”建设的实施方案、行动路线图。充分发挥现有联合委员会（如中国与巴基斯坦经济走廊远景形成的

中巴联合委员会）、经贸混委会（如中欧商务部门联合举办的经贸混委会会议）、协调委员会（如一些国内地市在各部门基础上构建的“一带一路”协调委员会）、指导委员会、管理委员会等双边机制作用，协调推动合作项目实施。

强化多边合作机制作用，发挥上海合作组织（SCO）、中国—东盟（“10+1”，“ASEAN+1”）、亚太经合组织（APEC）、亚欧会议（ASEM）、亚洲合作对话（ACD）、亚信会议（CICA）、中阿合作论坛、中国—海合会战略对话、大湄公河次区域（GMS）经济合作、中亚区域经济合作（CAREC）等现有多边合作机制的作用，相关国家加强沟通，让更多国家和地区参与“一带一路”建设。

继续发挥沿线各国区域、次区域相关国际论坛、展会以及博鳌亚洲论坛、中国—东盟博览会、中国—亚欧博览会、欧亚经济论坛、中国国际投资贸易洽谈会，以及中国—南亚博览会、中国—阿拉伯博览会、中国西部国际博览会、中国—俄罗斯博览会、前海合作论坛等平台的建设性作用。支持沿线国家地方、民间挖掘“一带一路”历史文化遗产，联合举办专项投资、贸易、文化交流活动，办好丝绸之路（敦煌）国际文化博览会、丝绸之路国际电影节和图书展。倡议建立“一带一路”国际高峰论坛。

为了保障“一带一路规划”的开展，中国政府除了利用现有的国内政策性银行国家——开发银行和中国进出口银行加强投入以外，还联合了海外多国提出的亚洲地区基础设施建设的保障计划，即提议设立亚投行。

相关链接

亚 投 行

亚洲基础设施投资银行（Asian Infrastructure Investment Bank，简称亚投行，AIIB）是一个政府间性质的亚洲区域多边开发机构，重点支持基础设施建设，旨在促进亚洲区域建设互联互通化和经济一体化的进程，并且加强中国和其他亚洲国家、地区的合作。总部设在北京。亚投行法定资本 1 000 亿美元，中国作为出资的最大股东，出资额占 50%。

其设立的背景主要有两方面：其一，中国的资金富余，已成为世界第三大对外投资国，且中国的制造业较强，已经基本拥有了基础设施建设所需的设备与技术。其二，亚洲经济占全球经济总量的 1/3，是当今世界最具经济活力和增长潜力的地区，拥有全球 60% 的人口。但因建设资金有限，一些国家铁路、公路、桥梁、港口、机场和通信等基础设施建设严重不足，虽有世界银行、亚洲开发银行等组织投入基础设施建设，但仍不能满足其需求，而基础设施的薄弱在一定程度上还限制了该区域的经济发展。

2013 年 10 月 2 日，中华人民共和国主席习近平在雅加达同印度尼西亚总统苏西洛举行会谈。习近平倡议筹建亚洲基础设施投资银行，促进本地区互联互通建设和经济一体化进程，向包括东盟国家在内的本地区发展中国家基础设施建设提供资金支持。新的亚洲基础设施投资银行将同域外现有多边开发银行合作，相互补充，共同促进亚洲经济持续稳定发展，得到了印度尼西亚方面的积极回应。此后，国务院总理李克强在出访东南亚国家时也提出了相关倡议。

2014 年 10 月 24 日，包括中国、印度、新加坡等在内的 21 个首批意向创始成员国的财长和授权代表在北京正式签署《筹建亚投行备忘录》，共同决定成立亚洲基础设施投资银行（AIIB），标志着这一中国倡议设立的亚洲区域新多边开发机构的筹建工作将进入新阶段。

2015 年 6 月 29 日，《亚洲基础设施投资银行协定》（以下简称《协定》）签署仪式在北京举行，亚投行 57 个意向创始成员国财长或授权代表出席了签署仪式，其中已通过国内审批程序的 50 个国家正式签署《协定》。各方商定将于 2015 年年底之前，经合法数量的国家批准后，《协定》即告生效，亚投行正式成立。50 个成员分别是：澳大利亚、奥地利、阿塞拜疆、孟加拉国、巴西、柬埔寨、文莱、中国、埃及、芬兰、法国、格鲁吉亚、德国、冰岛、印度、印度尼西亚、伊朗、意大利、以色列、约旦、哈萨克斯坦、韩国、吉尔吉斯斯坦、老挝、卢森堡、马尔代夫、马耳他、蒙古国、缅甸、尼泊尔、荷兰、新西兰、挪威、阿曼、巴基斯坦、葡萄牙、卡塔尔、俄罗斯、沙特、新加坡、西班牙、斯里兰卡、瑞典、瑞士、塔吉克斯坦、土耳其、阿联酋、英国、乌兹别克斯坦、越南。

［资料来源：周强武．亚投行：机遇与挑战并存．中国财政，2016（3）］

思 考 题

1. 区域经济一体化的含义是什么？都有哪些形式？
2. 区域经济一体化形成与发展的内外部影响因素是什么？
3. 结合所学知识，分析区域经济一体化对成员国的经济影响。
4. 北美自由贸易区对成员经济的积极影响包括哪些？
5. 欧盟建立的宗旨是什么？
6. “一带一路”是指什么？它会促进中国与哪些国家在什么领域密切经济联系？

第五章

国际贸易运输

国际贸易中的产品、人员、原材料等资源，只有通过运输，才能真正实现有效利用。因此，国际运输在国际贸易中极其重要，起着桥梁和纽带的作用，直接关系着对外贸易的经济效益。国际贸易运输地理主要介绍国际运输及国际物流的特点，对国际运输中重要的海运航线、港口、铁路干线、航空线、公路网、河道和管道运输线等进行相应的介绍与归纳。

开篇故事

巴伦支海的由来

公元 1596 年至 1598 年，一名荷兰船长叫巴伦支，他试图找到从欧洲北面到达亚洲的路线。他经过了三文雅（一个俄罗斯的岛屿），但是被冰封的海面困住了。

三文雅地处北极圈之内，巴伦支船长和 17 名荷兰水手在这里度过了 8 个月的漫长冬季。他们拆掉了船上的甲板做燃料，以便在零下 40 度的严寒中保持体温；他们靠打猎勉强求生。

在这样恶劣的险境中，8 个人死去了。但荷兰商人却做了一件令人难以想象的事情，他们丝毫未动别人委托给他们的货物，而这些货物中就有可以挽救他们生命的衣物和药品。

冬去春来，幸存的商人终于把货物几乎完好无损地带回荷兰，送到委托人手中。他们用生命作代价，守望信念，创造了传之后世的经商法则。在当时，这样的做法也给荷兰商人带来显而易见的好处，那就是赢得了海运贸易的世界市场。

（资料来源：中国中央电视台《大国崛起——荷兰》）

第一节　交通运输与国际贸易运输

一、交通运输与交通运输业及物流

交通运输是指利用各种运输工具和运输方式，使人或物发生空间位置的移动，从而增加被运送物品的价值并实现其使用价值的生产活动。

而交通运输业是在国民经济中从事运送商品和旅客的社会生产部门，包括铁路运输、水上运输、公路运输、管道运输和航空运输五种交通运输方式。与工业、农业、采掘业相比，交通运输业并不创造新的物质产品，只是使客、货产生位移，变动空间位置，从而把国民经济的各个部门、各个地区联结在一起，把世界各贸易地区联结在一起。

交通运输与贸易活动关系密切。交通运输的安全性、价格直接影响贸易活动的正常开展。例如，在中世纪的欧洲，冬季牲畜因为没有足够的饲料而大量死亡，因而会选在入冬前宰杀，当时没有冰箱，只好用香料腌制的方法保存。香料的数量就意味着食品的储存量。而香料只产于热带地区（如印度、东南亚等地），路途遥远加上当时的航运或陆路运输的危险性大，因而香料贵如黄金也就不稀奇了。而运输费用加上原产地的产品价格会影响产品最终价格，即运输成本要计入最终的产品价格，运费的多少通过影响产品最终价格从而影响贸易活动。在2010年年底，中国许多城市的菜价上涨，一些甚至超过同等重量猪肉价格。分析其原因，就包括了城市周边的菜地减少，新鲜蔬菜要从较远的郊区或外地调入，而不断上涨的汽油价格又推动蔬菜价格进一步上涨。

当代交通运输的研究与商品物流紧密联系。物流是供应链活动的一部分，是为了满足客户需要，而对商品、服务以及相关信息，从产地到消费地的高效、低成本流动和储存进行的规划、实施与控制的过程。它是研究如何根据产品服务的性质，选择适合的交通运输种类，从而实施高效、低价的市场运作策略。

二、影响交通运输发展的因素

1. 工农业生产的发展水平和空间布局决定了交通运输的发展规模与水平

封建社会时代，全世界超过百万人口的特大城市极少，其原因是当时工农业较为落后，空间布局较分散，整体交通运输保障能力有限，无法保障大量人口有足够的给养。

2. 科技进步是推动交通运输发展的动力

科技进步使交通运输出现新的方式与工具的升级，尤其是产业革命之后，交通运输工具先后出现了火车、轮船、汽车、飞机、宇宙飞船等，各类交通运输工具变得更安全、更快捷，而交通运输由单一运输方式向组合、集装箱和多式联运方式发展。

3. 人口的数量和分布影响交通运输

人口数量众多、人口密度大的地区，一般也是经济较为发达的地方，客货运输量大，运输线路较多、运输工具的数量较大。此外，因为政治、军事（如政局动荡、战争引发的难民）、宗教（如伊斯兰教的朝觐之旅）、风俗（如中国春节期间的返乡过年）均会引起人口的季节性移动。

4. 地形、气候和矿产资源的开发会影响交通运输投资规模、线路走向、密度高低和经营管理

平原地区的地形简单，适合陆路建设，投资量小，工程量小，工期较短，运营管理较简单。而山区因为地形复杂，有时地质方面也存在较多不适合施工的不利条件（如

断层较多、坡度起伏大、地基松软等），同样里程、同一级别的陆路投资量较大、工期较长，工程量亦大。最典型的案例是中国墨脱县的墨脱公路。作为中国最后一条通县公路，国家全额投资达 9.5 亿元。墨脱公路创造了中国的多个之最，即经过地区地形起伏最大、自然坡降最大、降雨量最大、地震烈度最大、地质灾害最多、地质条件最复杂。

气候上的过于寒冷、降水过多、风沙过大等特点也会对交通运输布局产生负面影响，尤其是高寒之地。例如，在世界屋脊的青藏高原，地下冻土层的存在使青藏铁路的修建难度大大提升，而且青藏铁路运营过程中采用的机车也要完全适合高寒、缺氧的高原环境，运营成本也大大增加。

矿产资源的开发，会使相应的交通线路向矿区延伸。例如，四川攀枝花市，原先是长江边上的一个无名峡谷，自从发现了大量的优质铁矿，公路加快建设，移民数量迅速增长，城市获得了很大的发展。

三、交通运输在社会经济生活中的作用

从日常所见到的“一通百通”“要致富，先修路”等标语中，我们可以感受到交通运输的重要价值。交通运输是经济发展中的大动脉，是联系国与国、地区与地区间的人、财、物等多种资源的纽带。

（一）对社会发展的作用

（1）交通运输有利于增加就业率，提高地区的社会稳定程度。交通运输的发展，从开工建设到日常维护与运营，都要用到许多劳动力，从而可以带动就业率的提高。例如美国在 1931 年经济大萧条时期，加强铁路等基础设施建设，大西洋铁路等铁路干线的建设提供了众多有效就业机会，降低了失业率。

（2）有利于增进国家之间、地区之间、民族之间的交流，增进和谐、促进发展。

（3）有助于各国、各民族间文化的交流。例如，古丝绸之路在东西方文化的交流方面起到的重要作用，让西方人对东方文化充满了好奇，包括瓷器、丝绸、茶叶等中国文化产品在西方受到了上层人士的好评与追捧。

（二）对经济发展的作用

（1）便利的交通运输可以在更大地域范围内寻找廉价资源，降低成本，进而促进区域分工，形成各具特色的经济区。

（2）便捷有效的交通环境有利于降低交易成本、节约物资交换的时间。例如，位于上海南边的大小洋山岛，曾经是一个不知名的小渔村，但是由于跨海大桥的修建以及港口的开发，大小洋山岛的经济发展速度加快。目前，地处小洋山岛的上海国际航运中心洋山深水港区北港区主体工程已经全面建成，周边的大洋山岛也逐渐建设演化成为小洋山岛的配套基地，大小洋山岛的港口建设见证了上海市与浙江省大团结、大联合、大协作的建设成就。

第二节 水上运输

水上运输包括海洋运输和内河航运。水运具有投资少、成本低、货运量大、占地少等优点，好的航道通过能力几乎可不受限制，通用性好，可作为大型、笨重和大宗长途货运的主要承担者。内河航运建设与防洪、排涝、灌溉、发电、渔业、旅游等统筹规划，可收到综合开发利用自然资源之效。但水运受自然条件影响大，如某些内河航道和海港由于冬季结冰而只能停航，有些内河航道的走向往往与运输的经济要求不一致，有些内河航道水位洪水期、枯水期季节变化大，影响了航运利益的充分实现。

一、海洋运输

相比内河运输，海洋运输在水上运输中的地位更加重要。由于地球表面的海洋面积占了70%，而且各个海洋相通，加上海洋运输与其他运输方式相比所具备的优点（运量大、通过能力大、运费低、对货物的适应性强等），使海洋运输在沿海各国之间的贸易往来中发挥着十分重要的作用。当前，综合运输已成为世界交通运输发展的大趋势，现代化综合运输网的建设，为充分发挥水运优势创造了条件。海洋运输是各国对外贸易的主要运输方式，目前，在国际货物运输总量中，80%的货物是通过海上运输完成的。其中，位于世界首位的美国海运贸易量占其货物贸易总量的比例达95%，中国为85%。

海洋运输的结构模式是"港口—航线—港口"，通过国际航线和大洋航线联结世界各地的港口，其所形成的运输网络，对区域经济的世界化和世界范围内的经济联系发挥着极其重要的作用。

（一）世界海运业特点

1. 各大洋的海运业发展不平衡

在四大洋中，大西洋以港口数量多、货物吞吐量大而著称。大西洋两岸的美国、加拿大、西欧诸国是世界上主要的发达国家，经济往来频繁，从而使海上运输变得繁忙。太平洋的港口数量和货物吞吐量高于大西洋，尤其是亚太地区经济日益繁荣，中、日、韩及一些东南亚国家在世界贸易所占的地位日益提高，其货物吞吐量也在日益增加。由于中东地区的波斯湾位于印度洋，因而在印度洋的货物运输中，石油所占的比重较大，自波斯湾出发的世界石油运输航线将霍尔木兹海峡等打造为世界石油运输中的重要海上通道。北冰洋是面积最小、温度最低的海洋，然而，由于近年来全球气温的不断升高，尤其是北半球夏季，北极附近的冰面融化到北纬80°附近，跨越极地将北美、亚、欧等大洲相联系的"西北航道"在世界航运中的作用受到越来越多的关注，目前美国、加拿大、俄罗斯、丹麦等诸国在争夺北冰洋权益问题上的纠纷越来越多。

整体上看，国际航运市场的重心正向亚太地区转移。20世纪初，大西洋独占全球海运量的3/4，直到80年代，这一状况才开始出现较大改变，随着东亚经济的崛起，国际航运市场明显东移。至21世纪初，环太平洋地区已控制着世界船队主要运力的

40%，其中东亚港口集装箱装运量在 1985 年时为 1 617.9 万箱，占世界的 29%，而 1994 年已增加到 5 373.3 万箱，占世界的比重猛增至 43%。

2. 方便旗船[①]日趋增多

在方便旗船的构成中，日本、希腊、美国等发达国家拥有的吨位占绝对优势。

世界上主要的拥有商船的国家和地区中，方便旗船的比重多达到或超过一半。世界著名的方便旗船国家有利比里亚、巴拿马、塞浦路斯、马耳他、巴哈马等国。利比里亚原为世界最大的方便旗船国家，近年因国内政局不稳，地位有所下降。巴拿马已取代利比里亚成为世界最大的方便旗船国，其船队规模已达 1 亿吨左右。

方便旗船可以减少船主的税负，在第二次世界大战后颇为盛行。然而，方便旗船也存在着许多隐患，例如无法保证船员的收益与安全、资产流失、船舶技术条件较差、海运欺诈经常发生等。2009 年 2 月，一艘遭俄罗斯扣押的“中国货船”因私自离开俄国港口，激怒了俄军方，致使载有 16 名船员的中国货船在返航途中下沉，导致 1 人死亡，8 人失踪。而这艘“中国货船”因为悬挂塞拉利昂国旗，使中国政府没有该船主权，因而只能对此表示关注与遗憾。

（二）世界主要海运航线

世界主要海运航线可以根据航行的范围划分为太平洋航线、大西洋航线、印度洋航线、北冰洋航线（有学者将北冰洋航线列入，但考虑北冰洋范围较小，且有季节性浮冰的影响，因此学术界对此有争议）。

1. 太平洋航线

它是指位于广袤的太平洋上，联结亚太两岸的航线。由于联结的是亚太地区，包括了美国、加拿大、日本、澳大利亚、新西兰等发达国家，也涵盖了亚洲地区主要的经济体及新兴工业国家或地区（如中国、韩国、新加坡、中国香港、中国台湾等地），经济贸易发展迅速，带动了这条航线的发展。

（1）远东—北美西海岸航线。该航线包括从中国、朝鲜、日本、俄罗斯远东海港最终抵达加拿大、美国、墨西哥等北美西海岸各港的贸易运输线。从中国的沿海各港口出发，偏南的经大隅海峡出东海，偏北的经对马海峡穿日本海后，或经清津海峡进入太平洋，或经宗谷海峡，穿过鄂霍茨克海进入北太平洋。

（2）远东—加勒比、北美东海岸航线。该航线经夏威夷群岛至巴拿马运河后到达。从中国北方沿海港口出发的船只多半经大隅海峡或经琉球庵美大岛出东海。

（3）远东—南美西海岸航线。从中国北方沿海各港出发的船只多经琉球庵美大岛、硫黄列岛、威克岛、夏威夷群岛之南的莱恩群岛，穿越赤道进入南太平洋，至南美西海岸各港。

（4）远东—东南亚航线。该航线是中国、韩国、日本货船去东南亚各港，以及经马六甲海峡去印度洋、大西洋沿岸各港的主要航线。东海、台湾海峡、巴士海峡、南海

① 方便旗船（Ship of Flag of Convenience）：就是在船舶登记开放或者宽松的国家进行登记，从而取得该国国籍，并悬挂该国国旗的船舶。

是该航线船只的必经之路，航线繁忙。

（5）远东—澳大利亚、新西兰航线。远东至澳大利亚东南海岸，分两条航线。中国北方沿海港口经朝鲜、日本到澳大利亚东海岸和新西兰港口的船只，需走琉球久米岛、加罗林群岛的雅浦岛进入所罗门海、珊瑚湖；中澳之间的集装箱船需在中国香港加载或转船后经南海、苏拉威西海、班达海、阿拉弗拉海，后经托雷斯海峡进入珊瑚海。中国、日本去澳大利亚西海岸的航线经菲律宾的民都洛海峡、望加锡海峡以及龙目海峡进入印度洋。

（6）澳新—北美东西海岸航线。由澳大利亚或新西兰出发，船只多经苏瓦、火奴鲁鲁等太平洋上重要航站到达北美西海岸。或取道社会群岛中的帕皮提，过巴拿马运河到达北美东海岸。

2. 大西洋航线

大西洋两侧是世界主要经济体北美自由贸易区和欧盟，是世界发达国家所在区域和国际贸易主体区域，因此大西洋航线素有世界上最繁忙航线之称。

（1）西北欧—北美东海岸航线。该航线是西欧、北美两个世界工业最发达地区之间原料、燃料和产品交换的运输线，两岸拥有世界上 1/5 的重要港口，运输极为繁忙，船舶大多走偏北大圆航线。该航区冬季风浪大，并有浓雾、冰山，对航行安全有威胁。

（2）西北欧、北美东海岸—加勒比航线。西北欧—加勒比航线多半出英吉利海峡后横渡北大西洋。它同北美东海岸各港出发的船舶一起，一般都经莫纳、向风海峡进入加勒比海。除去加勒比海沿岸各港外，还可经巴拿马运河到达美洲太平洋岸港口。

（3）西北欧、北美东海岸—地中海—苏伊士运河—亚太航线。西北欧、北美东海岸—地中海—苏伊士航线属世界最繁忙的航段，它是北美、西北欧与亚太海湾地区间贸易往来的捷径。该航线一般途经亚速尔、马德拉群岛上的航站。其中从欧洲经地中海到达远东的航线，是世界上最古老的海运定期航线，现多由高速的集装箱货轮组成的大型国际航运集团开展运输。

（4）西北欧、地中海—南美东海岸航线。该航线一般经西非大西洋岛屿—加纳利、佛得角群岛上的航站。

（5）西北欧、北美东海岸—好望角—远东航线。该航线一般是巨型油轮的油航线。佛得角群岛、加那利群岛是过往船只停靠的主要航站。

（6）南美东海岸—好望角—远东航线。这是一条以石油、矿石为主的运输线。该航线处在西风漂流海域，风浪较大。一般西航偏北行，东航偏南行。

3. 印度洋航线

印度洋航线包括了中东地区及苏伊士运河、红海等区域，因石油运输而著名，主要运往日本、韩国等地，同时也是不少大宗货物（农矿产品）的过境运输地。

（1）中东海湾—远东各国港口航线。这条航线东行都以石油为主，主要是运往日本、韩国的石油运输，西行以工业品、食品居多。

（2）中东海湾—欧洲、北美东海岸港口航线。这条航线的超级油轮都经莫桑比克海峡、好望角绕行。由于苏伊士运河的不断开拓，通过运河的油轮日益增多，目前 25 万吨级满载轮已能安全通过。

（3）远东—苏伊士运河航线。这条航线由于联结远东与欧洲、地中海两大贸易区各港（如香港、上海、横滨及鹿特丹、伦敦、汉堡、马赛等港口），航船密度大，尤以集装箱船运输最为繁忙。

（4）澳大利亚—苏伊士运河—中东海湾航线。这条航线把澳大利亚、新西兰与西欧原有“宗主国”（英国）间传统贸易联结在一起，也通过此航线将海湾的石油与澳大利亚、新西兰的农牧产品进行交换。

（5）南非—远东航线。这条航线将巴西、南非的矿产输往日本、韩国和中国，同时也包括部分工业品回流。

（6）南非—澳新航线。这条航线联系南非与澳大利亚、新西兰的国际货运。相对而言，这条南印度洋横渡航线在印度洋中的航船货运量最小。

4. 北冰洋航线

北冰洋是欧、亚、北美三大洲的最北端，为联系三大洲的捷径。鉴于地理位置的特殊性，目前，北冰洋已开辟有从摩尔曼斯克经巴伦支海、喀拉海、拉普捷夫海、东西伯利亚海、楚科奇海、白令海峡至俄国远东港口的季节性航海线，以及从摩尔曼斯克直达斯瓦尔巴群岛、冰岛的雷克雅未克和英国的伦敦等航线。随着航海技术的进一步发展、全球温室效应和北冰洋地区经济的开发，北冰洋航线也将会有更大的发展。

（三）世界主要海港

1. 欧洲主要海港

（1）鹿特丹港（Rotterdam）。鹿特丹港位于荷兰西部北海沿岸、海牙市东南 30 千米处，在莱茵河与新马斯河汇合口附近，地处北海航运要冲，扼西欧内陆通海咽喉。这里不仅有 400 条海上航线通往国内和世界主要港口，并有多条高速公路、铁路与西欧稠密的陆上交通运输网相连，通过莱茵河和有关运河可与欧洲的主要河道相通。目前，莱茵河—美因—多瑙运河已经建成，货船由鹿特丹可沿运河直达黑海。四通八达的水陆运输联系，使鹿特丹的腹地范围广及西欧，并涉及北欧、中欧和东欧部分地区，成为欧洲大陆的门户和进出口货物的转运中心，素有“欧洲门户”之称。

鹿特丹这座城市拥有 700 多年的历史。第二次世界大战后，港口和城市得到恢复并加以重建。港区沿马斯河南岸大力向西推进，并在罗曾堡岛及其以西地区陆续建立了面积达 81.5 平方千米的 3 个新的港口工业区，使港口面貌焕然一新，并吸引了更多的工业建设和大宗的货流。到 1962 年，港口吞吐量超过 9 600 万吨，跃居世界第一大港。鹿特丹港的吞吐量居世界前列，年吞吐量曾达到 3 亿吨。该港在建港技术、管理水平、码头设备方面都较先进，港口现代化控制中心通过雷达导航站调度船舶，是世界上具有代表性的现代化港口之一。

鹿特丹港进出货物的 90% 以上属大宗货物。在海运货物构成中，原油及石油产品占 1/2 以上。鹿特丹港是欧洲重要的集装箱存放和转运中心。1995 年，其装卸的集装箱达 480 万标准箱，以重量计算则达 5 250 万吨。进入 21 世纪后，一系列集装箱码头建成并投入使用，从而使鹿特丹集装箱吞吐量达到 900 万标准箱。

鹿特丹港的进出口货物，有 60% 属过境贸易和转口货。比如，80% 的糠谷饲料会转口到欧洲。货物主要来自亚洲、欧洲，其次为南美洲和非洲。其中，欧洲的吞吐量占1/4以上，德国、英国、法国、意大利、比利时等国家是主要贸易对象。因此，大家又把鹿特丹称为西北欧货物的转运和分配中心，转运的货物主要是石油、煤炭。除公路、铁路和石油管线外，莱茵河是鹿特丹中转货运的大动脉，在由鹿特丹中转的货物中1/3靠莱茵河、斯海尔德河等运送。

在水运的推动下，鹿特丹已发展成为西欧的贸易中心和重要的工业基地。为了适应大宗货物过境、储存、转运和分销的需要，港口开辟了自由港。鹿特丹的工业以与港口有关的炼油、石油化工和机械工业为基础，利用大量输入的原油和其他工业原料，建成了5个大型炼油企业以及造船、汽车装配、电子、面粉加工、制糖、酿酒、玻璃、日化等轻、重工业，形成了以炼油、石油化工为中心，港口和工业相结合的强大“港口工业综合体”。

（2）安特卫普港（Antwerp）。安特卫普港是比利时第一大港，也是世界和欧洲设备先进、生产效率高、交通方便和经营管理科学性强的著名大港之一。它位于比利时北部斯海尔德河下游，距北海约90千米。

安特卫普港水域面积为1 800公顷，港口几乎完全建在斯海尔德河两岸人工挖掘的运河及许多“港汊”之中。整个港口既规模宏大，又井井有条。

安特卫普港现代化程度高，港区仓储设施十分完备。港区对不同的货物有不同的装卸和入仓的先进设备。安特卫普港不仅搬运设施先进，而且以生产效率高著称。

安特卫普港还承办海陆联运业务，把集装箱运往各地，成为西欧集装箱运输基地。因此，东、西欧大多数国家都通过该港口转运进出口商品。多年来，安特卫普港一直是欧洲钢铁产品的主要出口港。

（3）马赛港（Marseilles）。马赛是法国罗纳河口省的首府，位于地势较高的法国南部——地中海西北角的利翁湾。

马赛港是法国最大的港口，也是欧洲和世界的著名大港，有法国“南大门”之称。马赛港通过公路、铁路和罗纳河与法国腹地相联系。同时，马赛也是法国与非洲联系重要的航空中转站。

马赛港是马赛市发展的基础。现在的马赛港是由跨市镇的4大港区组成，即马赛港区、拉维拉港区、福斯港区和罗纳—圣路易港区，其中以福斯港区为最大。

目前，马赛港年吞吐量基本保持在1亿吨左右，港口装卸设备齐全，拥有大、中型起重机200多台，最大起重能力为135吨，而且导航设备也很先进。

（4）汉堡港（Hamburg）。汉堡港是德国第一大港，汉堡也是德国第二大城市。汉堡市位于易北河下游的右岸，距出海口100多千米。港区地处易北河以南地区。汉堡地处欧洲东西、南北交通要道，具有地理优势，多年来凭借港口、航运、外贸、金融、保险及造船等传统加工业的发展，成为德国重要的经济和贸易中心。

汉堡港正式开埠于1189年，数百年来汉堡港已发展成为欧洲和世界著名港口之一。汉堡港地处多发达地区的最东侧，在欧洲起“国际转盘”的作用，对北欧、奥地利、瑞士、捷克、匈牙利、波兰和其他东欧国家来说是很好的转口港。汉堡港作为远洋港口，在同东亚和东南亚国家的贸易中，历来具有重要的地位，在欧洲同远东的集装箱运输中，汉堡是最重要的集散地。

汉堡港在德国对外贸易中起联结作用，成为国际航运的枢纽，近几年来，德国对外贸易的10%以上是通过该港实现的。汉堡港是德国最大的港口，并愈益向高技术货物和集装箱运输的港口方向发展。现在，汉堡港吞吐的货物中，集装箱占比较高。

汉堡港是一个有着较好的自然、技术和设备条件的现代化港口。码头设有多种专用码头，10万吨级的海轮可直达码头。同时，还具备各种能适应所有转运系统及各种规格的装卸、仓库储存等设备。港口实行专业化作业，装卸效率大大提高，使汉堡港赢得“快速港”的荣誉。港口拥有欧洲一流的数据通信系统。随着集装箱运输技术的发展，汉堡港又发展成为欧洲港口同类设备中规模最大的集装箱运输中心，是世界十大集装箱港口之一。

（5）伦敦港（London）。伦敦位于英格兰的东南部，毗邻泰晤士河入海口，是英伦三岛的政治、经济和文化中心。优越的地理位置和自然条件，是伦敦形成和发展的基础，而港口的发展是伦敦兴盛的重要原因。

伦敦港位于泰晤士河下游，横跨河两岸，从坦丁到入海口的河段水深河宽，远洋航船可到市区的“伦敦桥”。同时，伦敦港不仅是经济最发达的东南英格兰地区以及不列颠群岛的物资集散地，而且扼大西洋航道要冲，是联结西欧与北美洲两大世界经济最发达地区的桥梁。在欧洲，伦敦港是“伯明翰—巴黎—鲁尔工业区”这一经济发达地带中最大的港口之一。

伦敦港是英国最大的海港，泰晤士河两岸有众多船坞、码头，各类码头日趋专业化，仓储设备和各种机械齐全。沿岸船坞可供装卸货物之用，共有3个船坞区，即印度与米勒活尔船坞区、皇家船坞区和提尔普里船坞区。沿岸有若干油轮码头，其中泰晤士港区可停靠20万吨级的油轮。另外，沿岸还有许多码头，主要装卸杂货。近年来，伦敦港年货物吞吐量在5 000万吨以上。港区有一些特殊规定：① 如无港口卫生当局及海关同意，活牲畜禁止上岸；② 对装有原油、化学品、爆炸品和其他危险品的船采取限制措施。

（6）圣彼得堡港（Petersburg）。圣彼得堡是俄罗斯重要的海港城市，位于芬兰湾东岸、涅瓦河入口处，市区分布在涅瓦河三角洲的42个岛屿上。港口入口需通过宽约106米、水深约9米的运河。运河两岸有港池和50多个泊位，可同时停泊几百艘海轮，与北欧、西欧有定期航班联系。圣彼得堡港可全年通航，但从11月至次年4月中下旬，需由破冰船引路。由圣彼得堡港可通往世界70多个国家的港口。

圣彼得堡港西北30千米处的科特林岛是俄罗斯波罗的海舰队基地，这里有深水航道直通圣彼得堡，可通大型水面舰只和潜艇。

2. 亚洲主要海港

（1）横滨港（Yokohama）。横滨市濒临太平洋，位于日本列岛中央、东京湾西岸、神奈川县东部沿海。横滨港在市区东面。这里海岸线异常曲折，港湾深入内地约5千米，水深港阔，很少受太平洋风浪的影响。它的北、西、南面丘陵环绕，东面有深水航道通向太平洋，是日本著名的天然良港之一。

横滨港以日本经济最发达的关东地区为腹地，是关东地区的海上门户，已发展成为日本最大的贸易港。第二次世界大战后，日本对横滨港进行了多次改造和扩建。目前，已形成北起鹤见、南至金泽的庞大港区。港内水域面积约为7.5平方千米，港区中部是商港区，以新港为中心，包括瑞穗、山内、大栈桥、山下和出田等大型码头十几个。港口南北两侧，主要是工业专用码头，最大的可停靠15万吨级的大型货船。横滨港拥有世界第一流的现代化设备，不仅港区内的导航设备先进，而且货物装卸实现了机械化。

横滨港贸易额居全国首位，是日本著名的国际贸易港，同世界100多个国家和地区的500多个港口有经贸往来。

横滨港的突出特色是以输出业务为主，出口额占全港贸易总额的75%以上。它不仅输出本地生产的工业品，而且输出整个京滨工业区生产的工业品。东京和川崎虽然也是港口，但大多数工业制成品都在横滨港输出。横滨港进口的物品主要是工业原料和燃料。

（2）大阪港（Osaka）。日本著名的港口城市大阪，地处本州岛西南部大阪湾畔，市区主体部分建在淀川和大和川三角洲地带。大阪港以输出钢铁、民用电器、电子设备等机械类为主，主要输往美国、韩国、澳大利亚、中国和印度尼西亚；输入多为铁矿石、原木、金属和煤，从美国、澳大利亚、加拿大、韩国和中国直接进口。

大阪港与世界100多个国家和地区的400多个港口有贸易往来，全港对外贸易额约占全国的1/10。

大阪港经改造、扩建，今日已跻身于日本和世界名港之列。大阪港导航设施完善，货物装卸高效，港区内设多种专用码头，如集装箱码头、滚装船码头、重量货物码头等。其中，设置于南港西侧的重量货物码头，是高效率装卸大型成套设备、大容积超重量集装箱的公共码头，现已成为大型作业区。而设置于南港东侧的集装箱码头，拥有高效率的装卸设备，每月接纳集装箱船数百艘，而且大多是新式的全集装箱船。

其他专用码头还有食品码头、化工产品码头和班轮码头等。为了确保日本与一些主要外贸国家间海上运输和装卸货物的便利，大阪港还专门为第一个定期航班国家设置各自的“优先码头”，并可以受到优先待遇。其中，中日海运航线的优先码头，位于港口大桥的西北侧。

（3）上海港（Shanghai）。上海是中国最大的港口，位居南北海岸线中点，扼长江入海之咽喉，地处长江东西运输通道与海上南北运输通道的交汇点，是我国沿海的主要枢纽港，是我国对外开放中参与国际经济大循环的重要口岸。上海市外贸物资的90%以上经由上海港进出，每年完成的外贸吞吐量占全国沿海主要港口吞吐量的20%左右。作为世界著名港口，上海港货物、集装箱吞吐量均位居世界前列。

考虑到黄浦江的泥沙淤积较为严重，运输量有限，可利用的岸线、土地基本上都已开发使用，20世纪70年代中期和80年代初期，上海海运局船舶供应基地、宝山钢铁总厂和上海石化总厂等单位，先后定点在长江南岸外高桥、石洞口和杭州湾北岸，新建了一批深水码头泊位，在罗泾、外高桥和金山嘴设立3个新港区。

（4）高雄港（Kaohsiung）。我国台湾省高雄港，位于台湾岛西南沿海的高雄市，濒临南海，隔台湾海峡与大陆福建省相望，扼台湾海峡与巴士海峡航运要道，为我国南北航线和环太平洋航运要冲，航运地理位置十分重要。

高雄港是台湾最大的港口，主要进出口货物有集装箱、石油、液化气、煤炭、矿石、化工产品、钢材、废钢铁、机械设备、食糖、加工食品、农副土特产品和文化用品等。目前，港口承担台湾进出口货物的一半以上，为台湾最大的对外开放门户和货物集散中心，是世界 20 大集装箱港口之一以及台湾第一大国际贸易港。

（5）釜山港（Bussan）。釜山港位于韩国东南沿海，东南濒朝鲜海峡，西临洛东江，与日本对马岛相峙，是韩国最大的港口，也是世界第五大集装箱港口。它始建于 1876 年，在 20 世纪初由于京釜铁路的通车而迅速发展起来。它是韩国海陆空交通的枢纽，又是金融和商业中心，在韩国的对外贸易中发挥着重要作用。韩国釜山港是世界主要的集装箱集散港，主要出口工业机械、水产品、电子产品、石化产品，进口原油、粮食、煤、焦炭、原棉、铝、原木等。

3. 美洲重要海港

（1）纽约港（New York）。纽约是美国最大、最繁华的港口城市，位于美国东北部的大西洋沿岸，正好处于哈得孙河马摩霍克走廊的南端，地理位置优越，海上交通十分方便。

纽约港区的自然条件十分优越。它有纵深的海湾，湾内具有深、宽、隐蔽、潮差小、冬季不冻的优点。港区一般水深 15~20 米，有的主航道深达 25 米左右，20 万吨的巨轮可以自由出入，5 万吨以下的轮船可以进入哈得孙河作业区。

纽约全部天然的岸线（包括哈得孙河和东河两岸）总长 850 多千米，已经利用的占 2/3 左右。港区建成许多现代化防波堤和凸堤码头，现有深水泊位 150 多个，还有 10 多处大型集装箱码头，纽约港区码头分为 3 种类型，即工业码头、杂货与散装货码头以及客运旅游码头。

纽约港近年来的货物年吞吐量约为 1 亿吨，占美国港口总吞吐量的 40% 以上。纽约的铁路与其他城市的铁路相连。港区的铁路专用线有上百条，每天有 300 多对列车与港区联系。纽约港集装箱运输居美国之冠。

（2）洛杉矶港（Los Angeles）。洛杉矶港位于美国加利福尼亚南部太平洋沿岸，是美国第二大集装箱港，是北美大陆桥重要的桥头堡，也是美国西部海岸的最大海港、制造业与贸易中心。

洛杉矶南面的圣佩德罗湾，有 3 段总长 10 多千米的防波堤，即圣佩德罗防波堤、中央防波堤和长滩防波堤。湾内拥有洛杉矶港和长滩港。

洛杉矶港位于西部，由外港和内港组成，是世界高度现代化的国际性大港，也是世界上主要集装箱吞吐港之一。

东部为长滩正常工作区，由内、中、外三大港区组成，有一条运河与洛杉矶港内相连。长滩港也是世界主要集装箱港口之一。集装箱码头设备先进，每艘货船的停靠装卸时间一般不超过两天。

长滩港与洛杉矶港通过横贯美国大陆的三大铁路干线，同美国中西部、南部和东部相连，是美国通往太平洋地区的首要门户。

港口的主要输出产品有石油、航空设备、海洋工程设备、精密机械、棉花、罐头、水果和谷物等。进口产品主要是亚洲太平洋地区的钢铁、小轿车、家电产品、原油、木材、天然橡胶、咖啡和各类矿产品等。

(3) 温哥华港（Vancouver）。温哥华地处加拿大沿岸平坦的弗雷塞河三角洲与伯雷德湾之间，是加拿大第二大城市。温哥华港是加拿大最大的港口。

温哥华港自然条件十分优越。它的港湾深邃，外围有温哥华岛作为屏障，潮差较小。由于受到阿拉斯加暖流和海岸山脉的影响，港口终年不冻。

港区海岸线长200多千米，以狮门大桥为界，外港为英吉利湾，水域面积广达500多平方千米，内港深水面积达130平方千米。南北两岸泊位众多，航道水深8~20米不等，可停泊超级巨轮。港湾两侧的码头设施全部现代化，可保持高效运转。

港区陆域交通发达，形成了以港口为绺的立体交通体系，内陆有多条天然气和石油管道通向这里。地面交通密如蛛网，向东直抵大西洋沿岸，向北可达北部的许多城市（如埃德蒙顿、乔治王子城等）和地区，向南则与美国的铁路、公路相通。空运也十分发达，坐落在里奇蒙德西部海岛上的温哥华国际机场，是世界上最繁忙的机场之一。

温哥华港一直是一个原料、燃料和初级产品的转运港。目前，它与世界许多港口有定期航线，特别是与美国、日本、英国的港口联系最为密切。为了加强与亚太地区的经济往来，加拿大已与日本、“亚洲四小龙”之间形成了加工贸易和原料的相互补充关系。

加拿大是发达的资本主义国家，但从温哥华进出口货物的构成来看，却颇有发展中国家的贸易特征。大部分出口商品为初级产品，主要有林产品、粮食、煤炭、硫黄、钾肥和铜砂等，温哥华港就是作为一个初级新产品输出港而发展起来的；进口多为机械、电器等高级产品，以及水泥、钢材、茶叶、糖等产品。

二、内河航运

内河航运一直被认为是环保、节能、经济的运输方式。在欧美等发达国家，内河航运是运输业的重要补充。就世界范围来看，国际性河流是内河航运的主航道。世界上的一些国际性河流流经许多国家，在水量充足、航道通畅的自然条件下，加上所经过地区经济较为发达、货物运输量大等经济条件，内河航运较为发达，如欧洲的多瑙河、亚洲的湄公河等。

（一）多瑙河

多瑙河在欧洲长度仅次于伏尔加河，是欧洲第二长河。它是一条著名的国际河流，发源于德国西南部黑林山的东坡，自西向东流经奥地利、斯洛伐克、匈牙利、克罗地亚、塞尔维亚、保加利亚、罗马尼亚、乌克兰，在乌克兰中南部注入黑海。它流经9个国家，是世界上干流流经国家最多的河流。支流延伸至瑞士、波兰、意大利、波斯尼亚和黑塞哥维那、捷克、斯洛文尼亚、摩尔多瓦等国，最后在罗马尼亚东部的苏利纳注入黑海，全长2 850千米。多瑙河沿途接纳了300多条大小支流，形成的流域面积达81.7万平方千米，比中国的黄河还要大。多瑙河年平均流量为6 430立方米/秒，入海水量为 2 030 亿立方米。

多瑙河两岸有许多美丽的城市，她们像一颗颗璀璨的明珠，镶嵌在这条蓝色的飘带上。

（二）湄公河

湄公河，干流全长约 4 500 千米，是亚洲最重要的国际性河流。它发源于中国青海省玉树藏族自治州杂多县，在越南胡志明市流入南海。

1957 年，在亚洲及远东经济委员会（简称亚远经委会，英文简称 ECAFE，1987 年改称亚太经委会，英文简称 ESCAP）的支持下，成立了由越南、老挝、柬埔寨、泰国 4 国参加的湄公河流域研究协调委员会。4 国又各自设立了本国湄公河委员会，对湄公河开发做了气象、水文等方面的前期工作。自 1963 年起，湄公河流域研究协调委员会开始进行大量的工程规划和可行性研究工作。在此前后，泰国、老挝和柬埔寨在本国分别修建了一批灌溉工程和水力发电工程。

湄公河流域虽然资源丰富，但由于沿岸各国大多经济发展落后，没有能力独立开发和利用这些宝贵的资源。另外，这一流域的开发综合性很强，涉及航运、水能、林业、矿业、农业、渔业、旅游、环境保护、贸易、投资、人力资源、禁毒等十多个领域，是一个庞大的系统工程。据估算，至少需要投入 2 000 多亿美元才能见效。

自 1992 年起，中国政府先后参加了由亚洲开发银行倡导的大湄公河次区域合作、由东盟倡导的东盟—湄公河流域开发合作及中国、老挝、缅甸、泰国四国毗邻地区的“黄金四角经济合作”等机制，还与湄公河研究协调委员会建立了对话关系。

在 2002 年 11 月的第一次大湄公河次区域经济合作领导人会议上，中国提出了推动合作的三项建议，即：平等协商、互利互惠；以项目为主、注重实效；突出重点、循序渐进，受到与会各国欢迎。中国正在成为该地区合作的主要倡导者和执行者。至 2012 年，该区域已经涵盖中国、缅甸、老挝、泰国、柬埔寨、越南等国，主要合作集中于电力设施、铁路路网建设等基础设施合作项目。

第三节　国际铁路与公路运输

一、国际铁路运输

（一）国际铁路运输的地位和特点

国际铁路运输是在国际贸易中仅次于海运的一种主要运输方式。

铁路运输是国家的经济大动脉，与其他运输工具相比较，它的特点有：

（1）铁路运输的准确性和连续性强。铁路运输几乎不受气候影响，一年四季可以不分昼夜地进行营运。

（2）铁路运输速度比较快。铁路货运速度每昼夜可达几百千米，一般货车可达 100 千米/小时，远远高于海上运输。

（3）运输量比较大。铁路一列货车一般能运送 3 000~5 000 吨货物，远远高于航空运输和汽车运输。

（4）铁路运输成本较低。铁路运输费用仅为汽车运输费用的几分之一到十几分之一；运输耗油约是汽车运输的 1/20。

（5）铁路运输安全可靠，风险远比海上运输小。

（6）初期投资大。铁路运输需要铺设轨道、建造桥梁和隧道，建路工程艰巨复杂；需要消耗大量钢材、木材；要占用土地，其初期投资大大超过其他运输方式。

另外，铁路运输由运输、机务、车辆、工务、电务等业务部门组成，要具备较强的准确性和连贯性，各业务部门之间必须协调一致，这就要求在运输指挥方面实行统筹安排、统一领导。

（二）国际铁路的发展历史与现状

世界上第一条铁路出现在 1825 年的英国，其后铁路建设迅速发展，到 19 世纪末，世界铁路总里程达 65 万千米，目前已超过 140 万千米。然而世界铁路分布很不平衡，其中欧洲、美洲各占世界铁路总长度的 1/3，而亚洲、非洲和大洋洲加在一起仅占 1/3 左右。世界上铁路总长度在 5 万千米以上的国家有：美国、俄罗斯、中国、印度和加拿大。西欧、北美各国间铁路相互衔接沟通。世界铁路发展的主要趋势是运输设备的现代化和运输管理自动化。从 20 世纪 40 年代中期起，世界各国尤其是美国和西欧极力发展内燃机车和电气机车，如瑞士铁路已全部实现电气化。德国、日本、法国等电气化比重高达 80% 以上。20 多年来，发达国家发展高速列车，其中客车最高速度可达 300 千米/小时，货车一般在 100 千米/小时。目前，西欧各国通力合作，兴建高速铁路系统。以北欧和苏格兰为两端起点，贯穿欧洲大陆，并与西班牙、意大利、希腊的铁路相衔接，全长 3 万千米。还有高速的磁悬浮列车已在发达资本主义国家投入营运。世界各国采用的铁路轨距不尽相同，其中以 1 435 毫米的最多，称标准轨距。大于标准轨的为宽轨，其轨距多为 1 520 毫米；小于标准轨的为窄轨，其轨距有 1 067 毫米和 1 000 毫米两种，如我国的台湾和海南岛铁路轨距为 1 067 毫米。

1. 国际铁路运输中的主要铁路干线

（1）亚欧大陆桥

① 第一亚欧大陆桥是西伯利亚大铁路，东起海参崴，途经伯力、赤塔、伊尔库茨克、新西伯利亚、鄂木斯克、车里雅宾斯克、古比雪夫，在莫斯科分两支：一支向西至斯摩棱斯克，最终通往西欧，它贯通亚洲北部，整个大陆桥共经过俄罗斯、中国、哈萨克斯坦、白俄罗斯、波兰、德国、荷兰 7 个国家，全长 13 000 千米左右；另一分支向南可接伊朗。中国与俄罗斯、东欧国家及伊朗之间的贸易，主要用此干线。

② 第二亚欧大陆桥是由中国陇海铁路和兰新铁路与哈萨克斯坦铁路接轨的新欧亚大陆桥。新欧亚大陆桥东起连云港和日照等港群，向西经陇海铁路的郑州、西安、天水等站，兰新铁路的兰州、嘉峪关、乌鲁木齐等站，经北疆铁路到达边境的阿拉山口进入哈萨克斯坦，经俄罗斯、白俄罗斯、波兰、德国，西至荷兰鹿特丹港，是目前亚欧大陆东西最为便捷的通道。与第一亚欧大陆桥相比，其主要优势有：地理位置和气候条件优

越，整个陆桥避开了高寒地区，港口无封冻期，自然条件好，吞吐能力大，可以常年作业；运输距离短，新亚欧大陆桥比西伯利亚大陆桥缩短陆上运距2 000~2 500千米，到中亚、西亚各国，优势更为突出。一般情况下，陆桥运输比海上运输运费节省20%~25%，而时间缩短一个月左右。新亚欧大陆桥辐射面广，对亚太地区吸引力大，中国、日本、韩国、东南亚各国，一些大洋洲国家以及中国的台湾、香港、澳门等地区，均可利用此线开展集装箱运输。

第二亚欧大陆桥跨越欧亚两大洲，联结太平洋和大西洋，全长约10 800千米，通向中国、中亚、西亚、东欧和西欧30多个国家和地区。已于1992年12月1日正式投入国际集装箱运输业务。新亚欧大陆桥的贯通不仅便利了中国东西交通与国外的联系，更重要的是对中国的经济发展产生了巨大的影响。

（2）加拿大联结东西两大洋的铁路

① 鲁珀特港—埃德蒙顿—温尼伯—魁北克（加拿大国家铁路）。它由加拿大国家铁路集团运营，加拿大国家铁路集团（简称CN）是一个集合了许多已营运多年的中小型铁路公司的现代联合企业，经营着加拿大第一条联结大西洋和太平洋海岸的铁路线。集团在北美的经营范围包括遍及北美大陆及各大港口的铁路服务，公司的铁路干线横跨北美，东起大西洋海岸，西至太平洋海岸，南达墨西哥湾，覆盖面在北美独一无二。这一四通八达的铁路网令人称羡，运营效率堪称一流。

② 温哥华—卡尔加里—温尼伯—散德贝—蒙特利尔—圣约翰—哈利法克斯（加拿大太平洋大铁路）。它是于19世纪80年代修筑的第一条横贯大陆的重要铁路干线。东起新不伦瑞克的圣约翰，西至太平洋岸的温哥华，全程约4 667千米。加拿大太平洋铁路（Canadian Pacific Railway）是加拿大的一级铁路之一，由加拿大太平洋铁路公司营运。其网络横跨西部温哥华至东部蒙特利尔，并设有跨境路线，通往美国的明尼阿波利斯、芝加哥、纽约市等大型城市。公司总部设于艾伯塔省卡尔加里。该铁路系统的前身是加拿大东部至不列颠哥伦比亚省之间的铁路线，于1881年至1885年兴建，用以连接渥太华谷及格鲁吉亚湾两地的既有铁路，兑现了不列颠哥伦比亚于1871年加入加拿大邦联的回报承诺。这条铁路也是加拿大首条越洲铁路，现时主要行驶货运列车，在之前曾有一段时间作为全加拿大唯一的长途客运运输工具，也为加拿大西部地区的发展带来贡献。铁路于1978年由VIA国铁（一家加拿大国家铁路客运服务公司）接收，并于1986年停止客运服务。

（3）美国联结东西两大洋的铁路

① 西雅图—斯波坎—俾斯麦—圣保罗—芝加哥—底特律（北太平洋铁路），它全长3 000多千米，穿越了整个北美大陆，是世界上第一条跨洲铁路，于1869年5月10日建成通车。

② 洛杉矶—阿尔布开克—堪萨斯城—圣路易斯—辛辛那提—华盛顿—巴尔的摩（圣菲铁路）—洛杉矶—图森—帕索—休斯敦—新奥尔良（南太平洋铁路）。

③ 旧金山—奥格登—奥马哈—芝加哥—匹兹堡—费城—纽约（联合太平洋铁路）。

（4）中东—欧洲铁路

从伊拉克的巴士拉，向西经巴格达、摩苏尔，叙利亚的穆斯林米亚，土耳其的阿达纳、科尼亚、厄斯基色希尔，至博斯普鲁斯海峡东岸的于斯屈达尔，过博斯普鲁斯大桥至伊斯坦布尔，接巴尔干铁路，向西经索非亚、贝尔格莱德、布达佩斯至维也纳，联结中、西欧铁路网。

2. 中国的国际铁路运输

中国的国际铁路运输大致上分为两种：一种是国际铁路联运，另一种是对港澳地区的铁路运输。

（1）国际铁路联运。国际铁路联运，发货人由始发站托运，使用一份铁路运单，铁路方面便根据运单将货物运往终点站交给收货人。在由一国铁路向另一国铁路移交货物时，不需收、发货人参加，亚欧各国按国际条约承担国际铁路联运的义务。中国通往欧洲的国际铁路联运线有两条：一条是利用俄罗斯的西伯利亚大陆桥贯通中东、欧洲各国；另一条是由江苏连云港经新疆与哈萨克斯坦铁路连接，贯通俄罗斯、波兰、德国至荷兰的鹿特丹。后者称为新亚欧大陆桥，运程比海运缩短 9 000 千米，比经由西伯利亚大陆桥缩短 3 000 千米，进一步推动了中国与欧亚各国的经贸往来，也促进了中国沿线地区的经济发展。

（2）对港澳地区的铁路运输。对港澳地区的铁路运输按国内运输办理，但又不同于一般的国内运输。货物由内地装车至深圳中转和香港卸车交货，为两票联运，由外运公司签发“货物承运收据”。京九铁路和沪港直达通车后，内地至香港的运输更为快捷。由于香港系自由港，因此货物在内地和香港间进出，需办理进出口报关手续。对澳门地区的铁路运输，是先将货物运抵广州南站再转船（或陆路经珠海）运至澳门。

二、国际公路运输

公路运输可以是一种单独运输方式，也可以是水运、空运、铁路运输的辅助手段。在现代物流中，公路运输可以满足门对门运输的需要。

国际公路运输是指国际人员、货物借助一定的运载工具，沿着公路做跨及两个或两个以上国家或地区的移动过程，它起着重要的衔接作用。

（一）国际公路货物运输的特点

国际公路货物运输，除了具有适应性强、机动灵活、直达性能好等特点之外，还具有以下特点：

（1）可以广泛参与国际多式联运。

（2）公路运输是邻国间边境贸易货物运输的主要方式。

（3）按有关国家之间的双边或多边公路货物运输协定或公约运作。

（4）公路运输的局限性：载重量小，不适宜装载重件、大件货物，不适宜长途运输，环境污染较大，运价通常较水路、铁路高。

（二）国际公路货物运输的作用

（1）公路运输的特点决定了它最适合于短途运输。它可以将两种或多种运输方式衔接起来，实现多种运输方式联合运输，做到进出口货物运输的“门到门”服务。

（2）公路运输可以配合船舶、火车、飞机等运输工具完成运输的全过程，是港口、车站、机场集散货物的重要手段。尤其是鲜活商品、集港疏港抢运，往往能够起到其他运输方式难以起到的作用。可以说，其他运输方式往往要依赖汽车运输来最终完成两端的运输任务。

（3）公路运输也是一种独立的运输体系，可以独立完成进出口货物运输的全过程。公路运输是欧洲大陆国家之间进出口货物运输的最重要的方式之一。我国的边境贸易运输、港澳货物运输，其中有相当一部分也是靠公路运输独立完成的。

（4）集装箱货物通过公路运输实现国际多式联运。集装箱由交货点通过公路运到港口装船，或者从港口卸货由公路运输。美国的陆桥运输、我国内地通过香港的多式联运，都可以通过公路运输来实现。

（三）公路运输服务的分类

（1）整车运输。托运人一次性托运的货物在3吨（含3吨）以上，或虽不足3吨，因为它的形状、体积、性质等要求需要一辆3吨以上汽车运输的，均为整车运输。

（2）零担运输。托运人一次性托运的货物不足3吨的属于零担运输。一般危险品，易破损、易污染、鲜活等物品除另有规定外，均不适合零担运输。

（3）特种车辆运输。由于货物性质、重量、体积等原因，需要用到40吨及其以上的大型汽车或挂车及容罐车、冷藏车、保温车等车辆运输的，属于特种车辆运输。

（4）集装箱运输。以集装箱为盛装容器的汽车运输。

（5）包车运输。由托运人包下汽车，按里程、重量计算运费的运输。

第四节 国际航空运输

一、航空运输、国际航空运输的概念

航空运输是一种现代化的运输方式，它与海洋运输、铁路运输相比，具有运输速度较快、货运质量高且不受地面条件的限制等优点。因此，它最适宜运送急需物资、鲜活商品、精密仪器和贵重物品。

国际航空运输，是指根据当事人订立的航空运输合同，无论运输有无间断或者有无转运，运输的出发地点、目的地或者约定的经停地点之一不在一国境内的运输。

二、国际航空运输的经营方式

国际航空运输的经营方式包括以下几种：

（1）班机运输。班机运输往往有固定始发站和目的站及途经站。

（2）包机运输。包括：① 整架包机，需要50%空放费，需要装货前一个月联系；② 部分包机，针对需要用飞机运输一吨以上但又不足整机的货物。

（3）集中托运。它是国际航空界中开展比较普遍，也是航空货运代理的主要业务之一。

（4）航空快递。它是目前国际航空运输中最快捷的运输方式，可分为三种形式：机场到机场；门到门；派专人送货。

（5）陆空陆联运。

（6）送交业务。它用于样品、目录、宣传资料书籍等。

（7）货到付款。它主要集中在西方发达国家的快递等业务中。

三、世界主要的航空港与航线

（一）世界主要的航空港

世界各大洲重要的航空港有：亚洲的北京、上海、香港、东京、马尼拉、曼谷、新加坡、加尔各答、孟买、卡拉奇、德黑兰、贝鲁特；欧洲的巴黎、伦敦、阿姆斯特丹、法兰克福、苏黎世、维也纳、柏林、雅典、罗马、哥本哈根和莫斯科；北美洲的纽约、华盛顿、芝加哥、亚特兰大、洛杉矶、圣弗朗西斯科、西雅图和蒙特利尔；拉丁美洲的墨西哥城、加拉加斯、里约热内卢、布宜诺斯艾利斯、圣地亚哥和利马；非洲的开罗、喀土穆、内罗毕、约翰内斯堡、布拉柴维尔、拉各斯、达喀尔和阿尔及尔；大洋洲和太平洋岛屿的悉尼、堪培拉、奥克兰、苏瓦和火奴鲁鲁等。其中，美国纽约的肯尼迪机场、法国巴黎的戴高乐机场、德国慕尼黑机场、荷兰阿姆斯特丹的史基浦机场、新加坡的樟宜机场、韩国的仁川机场是目前世界6大航空港。

相关链接

世界主要机场介绍

1. 新加坡樟宜国际机场

新加坡樟宜国际机场年均客流量4 650万人，它占地13平方千米，距离市区17.2千米。樟宜机场是新加坡主要的民用机场，也是亚洲重要的航空枢纽。并于2013年赢得了冠军，服务超过5 000万人次，樟宜机场由新加坡民航局营运，是新加坡航空、新加坡航空货运、捷达航空货运、欣丰虎航、胜安航空、捷星亚洲航空和惠旅航空的主要运营基地。此外，它亦是加鲁达印尼航空公司的枢纽和澳洲航空的第二枢纽，其中后者利用新加坡作为中途站来营运欧澳两地的袋鼠航线，是樟宜机场最繁忙的外国航空公司。

2. 韩国仁川国际机场

韩国仁川国际机场年均客流量3 920万人，它是国际客运及货运的航空枢纽，是亚洲排名第6位的最繁忙的国际机场。仁川国际机场坐落在韩国著名的海滨度假城市仁川西部的永宗岛上。距离首尔市52千米，离仁川海岸15千米。周围又无噪音源影响，自然条件优越，绿化率30%以上，环境优美舒适，加上其整体设计、规划和工程都本着环保的宗旨，因而亦被誉为“绿色机场”。

3. 德国慕尼黑机场

德国慕尼黑机场年均客流量3 780万人，它位于德国慕尼黑东北28千米的埃尔丁沼泽，紧邻弗赖辛。它于1992年5月17日投入使用，以取代原本因周边密集的住宅而规模无法扩建的慕尼黑—里姆机场。慕尼黑机场是欧洲最大的航空枢纽之一，约100家航空运营商在此提供航班飞往全球69个国家的242个航点。对于汉莎航空和星空联盟成员而言，慕尼黑机场是一个重要的基地枢纽，其转机乘客量平均占机场总客运量37%的份额。慕尼黑机场也赢得了“中欧最佳机场”的称号。

4. 中国香港国际机场

中国香港国际机场年均客流量5 330万人，它位于香港新界大屿山赤鱲角，为香港现时唯一运作的民航飞机场。香港国际机场设有96个停机位，两条跑道，24小时全天候运作。香港国际机场被国际航空咨询机场Skytrax评为五星级飞机场，2001年至今一直跻身前三甲，其间8次被评级为全球最佳。香港国际机场4次被评级为“中国最佳机场”。在年客运量逾4 000万人次的机场类别中，被国际机场协会推选为全球最佳。

5. 荷兰阿姆斯特丹史基浦机场

荷兰阿姆斯特丹史基浦机场年均客流量4 980万人，史基浦机场是欧洲的主要航空港之一，在客运和货运吞吐量方面，与英国的伦敦希思罗机场、德国的法兰克福国际机场、法国的巴黎戴高乐机场和西班牙的马德里巴拉加斯国际机场相互竞争并闯入前三名，主要是因为高效自助服务。史基浦赢得了“欧洲最佳机场”和“西欧最高荣誉机场”的称号。

（资料来源：国际权威航空服务评估公司Skytrax发布的2014全球最佳十大机场排行，文字有整理）

（二）世界主要的空中航线

世界上最繁忙的国际航空线主要有：

（1）北大西洋航线。它是联结欧洲与北美最重要的国际航线。它集中分布于中纬地区的北大西洋上空，来往于欧洲的伦敦、巴黎、法兰克福、马德里、里斯本和北美的纽约、费城、波士顿、蒙特利尔等主要国际机场之间，是目前世界上最繁忙的国际航线。

（2）西欧、中东至远东航线。它是联结西欧与远东两个经济与旅游发达区域的往返航线，分为南北两支：北线为伦敦—巴黎—卡拉奇—乌鲁木齐—北京；南线为伦敦—巴黎—孟买—曼谷—香港—东京。

（3）北太平洋航线。它是联结北美和亚洲的重要航线。它穿越浩瀚的太平洋以及北美大陆，是世界上最长的航空线。它东起北美大陆东岸的蒙特利尔、纽约等地，横穿北美大陆后，从西海岸的温哥华、西雅图、旧金山、洛杉矶等地飞越太平洋，途中有位于太平洋当中的火奴鲁鲁等中继站，西到亚洲东部的东京、北京、上海、香港、曼谷、马尼拉等城市。太平洋中的火奴鲁鲁、苏瓦等国际航空港是这条航线上的重要中继站。航线分南北两支：北线为东京（或北京）安科雷奇—西雅图—纽约；南线为上海（或香港）东京—火奴鲁鲁（或苏瓦）圣弗朗西斯科—纽约。

（4）西欧、南美航线。该航线分东西两支：东线为伦敦—巴黎—里斯本—累西腓—里约热内卢—布宜诺斯艾利斯；西线为伦敦—达喀尔—巴黎—里斯本—加拉加斯—卡亚俄。

（5）北美至非洲航线。该航线主要为纽约—达喀尔—拉各斯。

此外，南北美洲之间、南美到非洲、西欧与非洲之间，亚、欧、美洲到大洋洲、北极等，也都有国际航线。

第五节　集装箱运输

集装箱运输由于它显著的优越性，现在已经成为国际贸易货物运输的一种主要形式，集装箱运输是国际贸易运输史上的一场革命，国际贸易运输的集装箱化是一个具有划时代意义的变革。目前，国际贸易的海上货物运输已经基本上采用了集装箱运输，国际上的主要港口也只接纳集装箱船。上海、新加坡、香港、鹿特丹、汉堡都成为世界上集装箱吞吐量最大的港口。

一、集装箱运输的定义

集装箱（Container）又称“货箱”“货柜”。按原文字面的含义，它是一种“容器”，必须具有一定的强度（现在集装箱多为钢制），是一种专供周转使用、便于机械操作的大型货物容器。

按照国际标准化组织（International Organization for Standardization，ISO）第104技术委员会的规定，集装箱应具备下列条件：（1）能长期反复使用，具有足够的强度。（2）途中转运不用移动箱内货物，就可以直接换装。（3）可以进行快速装卸，并可从一种运输工具直接方便地换装到另一种运输工具。（4）便于货物的装满和卸空。（5）具有1立方米（即35.315立方英尺）或以上的容积。满足上述5个条件的大型装货容器才能称为集装箱。

所谓集装箱运输，就是将一定数量的单件货物装入按标准规格特制的集装箱内，并以该箱作为运送单位的一种现代化的运输方式。它可适用于各种运输方式的单独运输和不同运输方式的联合运输。

二、集装箱的优势

（1）提高装卸率、缩短船舶周转周期。集装箱运输大大缩短了船舶装卸时间，提高了船舶的周转率，提高了港口泊位的利用率。

（2）保护商品。由于货物装在钢制密封的集装箱内，在货物的运输转运过程中减少了装卸程序，极大地保护了货物的安全，减少了货损、货差。

（3）节省费用。

（4）便于装卸、防盗。

（5）简化货运手续。

三、集装箱的种类、规格

（一）集装箱的种类

集装箱按使用的目的可分为：

（1）干货集装箱：它是目前用得最多的一种集装箱，除冷冻、活动物外几乎所有的货物都可以采用干货集装箱。

（2）散装集装箱：主要用于运输粮食、豆类、硼砂、啤酒、树脂等。

（3）通风集装箱：一般在左侧壁或端壁上设有通风口，适合于装载不需冷冻而需通风、防止潮湿的货物，如水果、蔬菜等。

（4）冷藏集装箱：这是一种附有冷冻机，并在内壁涂有泡沫苯乙烯等热传导率较低的材料，用于装载冷冻货物和特种化工品。在运输过程中可以启动冷冻机，在箱内保持较低的温度。

（5）开顶集装箱：这种集装箱顶部可以打开，适合于装载玻璃板、钢制板、机械设备等，使用起重机可以从顶部装卸。

（6）框架集装箱：省去箱顶和两侧，可以从箱子侧面进行装卸，适合装载超长超重的大件货物。

（7）动物集装箱：专门运输牲畜的集装箱。

（8）罐式集装箱：专门适合于装载酒类、油类或液状化工品的集装箱，集装箱内形同一个罐体。

（9）汽车集装箱：专门装运小轿车而设计的集装箱，这种集装箱无侧壁，只设有框架和箱底，可装载一层或两层小轿车。

（10）特种集装箱：包括各种专用集装箱，如衣架集装箱、折叠集装箱、子母集装箱等。

（二）集装箱的规格

目前在国际航运上使用的集装箱多为20英尺和40英尺集装箱。但近年来，集装箱向大型化方向发展，如美国总统轮船公司采用53英尺型集装箱。我国通常采用的规格为：

$8' \times 8' \times 20'$　20英尺集装箱（简称20尺柜）

$8' \times 8' \times 40'$　40英尺集装箱（简称40尺柜）

换算为公制为：

（1）20尺柜：长 5.925m×宽 2.34m×高 2.379m = $33m^3$

实际装箱时有效容积为 $25m^3$

箱门：宽 2.286m×高 2.278m

自重：1.9MT

载重：22.1MT

（2）40 尺柜：长 12.043m×宽 2.336m×高 2.379m = $67m^3$

实际装箱时有效容积为 $55m^3$

箱门：2.286m×2.278m

自重：3.48MT

最大载重：27.59MT

除了上述两种货柜外，其他规格还有：

45 尺高柜：内容积为 13.58m×2.34m×2.68m，配货毛重一般为 29MT，体积为 $86m^3$。

20 尺开顶柜：内容积为 5.89m×2.32m×2.31m，配货毛重 20MT，体积 $31.5m^3$。

40 尺开顶柜：内容积为 12.01m×2.33m×2.15m，配货毛重 30.4MT，体积 $65m^3$。

20 尺平底货柜：内容积 5.85m×2.23m×2.15m，配货毛重 23MT，体积 $28m^3$。

40 尺平底货柜：内容积 12.05m×2.12m×1.96m，配货毛重 36MT，体积 $50m^3$。

为了便于统计和计算，目前国际上都以 20 尺集装箱作为标准计算衡量单位，以 TEU（Twenty-food Equivalent Unit）表示，意即“相当于 20 尺单位”。在统计型号不同的集装箱时，按集装箱的长度一律换算成 20 尺单位（TEU）加以计算。

（三）集装箱运输货物的交接

1. 集装箱货物的分类

（1）整箱货（Full Container Load，FCL）。这种装箱方式是指货主自行将货物装满整箱后，以箱为单位向承运人进行托运。这种情况是货主有足以装满一个或几个整箱的货源时所采用的装箱方式。除有些较大集装箱的货主自己配备外，一般都是货主向承运人或集装箱租赁公司租用一定数量的集装箱，当空箱运到货主的工厂或仓库后，在海关人员的监督下，由货主把货物装入箱内，加锁铅封后交给承运人并取得场站收据（Dock Receipt，D/R），凭以换取提单或运单。

（2）拼箱货（Less Than Container Load，LCL）。这种装箱方式是指承运人（或其代理人）接受货主托运的数量不足装满整箱的小票货运后，根据货物性质和目的地进行分类整理，把去同一目的地的货物，集中到一定数量，拼装入箱。由于箱内不同货主的货物拼装在一起，所以叫拼箱货。拼箱货的分类、整理、集中、装箱（拆箱）、交货等均由承运人在码头集装箱货运站或内陆集装箱转运站（Inland Container Depot）完成。

2. 集装箱货物的交接分类

（1）集装箱堆场（Container Yard；CY）：整箱货直接运交集装箱堆场集中待运。

（2）集装箱货运站（Container Freight Station；CFS）：是专门集中分拨拼箱货的场所。

所以上述 FCL/FCL 也可表述为 CY/CY。LCL/LCL 也可写成 CFS/CFS。前者意为在出口国装运港整箱装，在目的地整箱交；后者意为在出口国拼箱装，在目的地拼箱接。

四、集装箱运输的主要航线

（一）集装箱海运航线

当前，目前世界上规模最大的三条主要集装箱航线是：远东—北美航线；远东—欧洲、地中海航线；北美—欧洲、地中海航线。

1. 远东—北美航线

远东—北美航线习惯上也称为泛太平洋航线，该航线实际上可分为两条航线：远东—北美西岸航线、远东—北美东岸航线。

远东—北美西岸航线主要由远东—加利福尼亚航线和远东—西雅图、温哥华航线组成。主要港口有高雄、釜山、上海、香港、东京、神户、横滨等以及北美西岸的长滩、洛杉矶、西雅图、塔科马、奥克兰和温哥华等，涉及国家包括亚洲的中国、韩国、日本以及北美的美国和加拿大。

远东—北美东岸航线是美国轮船公司1970年11月开始经营的，涉及的北美东岸港口主要有纽约港、新泽西港、查尔斯顿港和新奥尔良港。

2. 远东—欧洲、地中海航线

远东—欧洲、地中海航线也被称为欧洲航线，该航线由远东—欧洲航线和远东—地中海航线组成。远东—欧洲航线中欧洲地区主要涉及的港口有荷兰的鹿特丹港、德国的汉堡港和不来梅港、比利时的安特卫普港和英国的费利克斯托港。远东—地中海航线主要涉及的港口有西班牙的阿尔赫西拉斯、意大利的焦亚陶罗和马耳他岛的马尔萨什洛克。

3. 北美—欧洲、地中海航线

该航线也被称为跨大西洋航线，实际包括三条航线：北美东岸、海湾—欧洲航线；北美东岸、海湾—地中海航线；北美西岸—欧洲、地中海航线。

（二）国际多式联运（International Multi-modal Transport）

国际多式联运是在集装箱运输的基础上发展起来的一种综合性的连贯运输方式，是把过去的那种海、陆、空、公路、江河等互不关联的单一运输有机地结合起来，以完成一票进口或出口货物的国际运输。

具体做法：由多式联运经营人（Multi-modal Transport Operator；MTO）根据多式联运合同以至少两种不同的运输方式，将货物从一国境内的接管地运至另一国境内指定交货地点。

特点：不管路途多么远、手续多复杂，货主只办理一次托运、支付一笔运费、取得一张联运单据，如货物在途中发生灭失、货损之类问题，只找一个经营人解决，经营人对全程负责（海运中联运提单只对第一程负责）。

多式联运分为海陆联运和海空联运。

（1）海陆联运，是指通过海运加上大陆桥运输（如亚欧大陆桥、美洲大陆桥等），或是由联运公司签署多式联运提单，组织货物在海上航线两端的陆上开展内陆运输。相关材料见铁路与公路运输部门内容。

（2）海空联运，是指采用海运加航空运输的方式进行联运。目前，国际海空联运线主要有：

① 远东—欧洲：目前，远东与欧洲间的航线有以温哥华、西雅图、洛杉矶为中转地，也有以香港、曼谷、符拉迪沃斯克（海参崴）为中转地的，还有以旧金山、新加坡为中转地的。

② 远东—中南美：近年来，远东至中南美的海空联运发展较快，因为此处港口和内陆运输不稳定，所以对海空运输的需求很大。该联运线以迈阿密、洛杉矶、温哥华为中转地。

③ 远东—中近东、非洲、大洋洲：这是以香港、曼谷为中转地至中近东、非洲的运输服务。在特殊情况下，还有经马赛至非洲、经曼谷至印度、经香港至大洋洲等联运线，但这些线路货运量较小。

总的来讲，运输距离越远，采用海空联运的优越性就越明显，因为与完全采用海运相比，海空联运运输时间更短。同直接采用空运相比，其费用更低。因此，把从远东出发至欧洲、中南美以及非洲的这些线路作为海空联运的主要市场是合适的。

思 考 题

1. 交通运输在社会经济中的作用有哪些？
2. 海运成为国际贸易主要运输方式的原因是什么？
3. 什么是集装箱运输？集装箱运输有何优势？
4. 什么是多式联运？与单纯海运相比，多式联运有什么优点？

下　篇

国际贸易地理分论

第六章

中　　国

国家名片

国名：中华人民共和国［The People's Republic of China（P. R. C.）］	人口数量：13.70亿（2010年）
首都：北京	国土面积：约960万平方千米
主要城市：上海、广州、深圳、天津、重庆、武汉、成都	GDP总计：10.36万亿美元（2014年）
国庆日：10月1日	人均GDP：7 545美元（2014年）
国歌：《义勇军进行曲》	官方语言：汉语普通话
主要宗教：佛教、道教、天主教、新教、伊斯兰教	货币：人民币
国花：未定	国石：未定

注：中国的国石评选中，选出了辽宁岫岩玉、福建寿山石、新疆和田玉、浙江昌化鸡血石、内蒙古巴林石、台湾红珊瑚、浙江青田石、福建华安玉、河南独山玉和湖北绿松石等十大候选石。其中寿山石是第一候选石。

中国陆地领土包括中国大陆及其沿海岛屿，台湾以及包括钓鱼岛在内的附属各岛，澎湖列岛、东沙群岛、西沙群岛、中沙群岛、南沙群岛，以及其他一切属于中国的岛屿（包括黄尾屿、赤尾屿），共约960万平方千米。

第一节　总体概况

一、中国自然地理

（一）地理位置

中国位于亚洲东部、太平洋西岸。陆上邻国14个，东邻朝鲜，东北面是俄罗斯、北面为蒙古国，西北和西南面同哈萨克斯坦、吉尔吉斯斯坦、塔吉克斯坦、阿富汗、巴基斯坦、印度、尼泊尔、不丹接壤，南接老挝、缅甸、越南。海上邻国有韩国、日本、菲律宾、马来西亚、文莱和印度尼西亚等国。领土的四端为：最东端在黑龙江和乌苏里江的主航道中心线的相交处（东经 135°多），最西端在帕米尔高原附近（东经 73°），东西跨经度 60°多，东西相距约 5 000 千米，最南端在曾母暗沙（北纬 4°）、最北端在漠河以北黑龙江主航道的中心线上（北纬 53°多），南北跨纬度约 50°，南北相距约 5 500 千米。

中国领土辽阔，陆地面积约 960 万平方千米，仅次于俄罗斯、加拿大，居世界第三位。

（二）地形

中国地形复杂多样，具备平原、高原、山地、丘陵、盆地五种地形，山区面积广大，约占全国面积的 2/3；地势西高东低，大致呈三级阶梯状分布。西南部的青藏高原，平均海拔在 4 000 米以上，为第一阶梯。大兴安岭—太行山—巫山—雪峰山一线为二、三级阶梯的分界线，此线以西为第二阶梯，海拔 1 000 ~ 2 000 米，主要为高原和盆地。此线以东、海平面以上的陆面为第三阶梯，海拔多在 500 米以下，主要为丘陵和平原。

由于位于环太平洋地震带与地中海—喜马拉雅地震带之间，受到太平洋板块与亚欧板块、印度洋板块的挤压作用，加之一些区域地质构造较为破碎，中国是一个地震多发的国家。最近的一次大地震是发生在 2008 年 5 月 12 日的汶川大地震，其震级达到 8.0 级，因灾遇难人数超过 6.9 万人，失踪近 1.8 万人。

（三）气候

中国气候有三大特点：显著的季风特点、明显的大陆性气候和多样的气候类型。

（1）显著的季风特点：中国可以根据受夏季风影响的强弱分为位于东南部的季风区和处于东北部的非季风区，其中季风区面积更大。在季风区内，一年中风向发生着规律性的季节更替，夏季风为偏南风，来自海洋，带来丰富的降水，受其影响的区域高温多雨；冬季风是偏北风，来自亚欧大陆深处，受其影响，气候寒冷干燥。

（2）明显的大陆性气候：这具体表现在，中国是世界同纬度地区冬季最冷的地方及夏季最热的地方。与同纬度其他地区相比，冬季中国是世界上同纬度最冷的国家，1 月平均气温东北地区比同纬度其他地区平均要偏低 15℃ ~ 20℃，黄淮流域较同纬度地区偏低 10℃ ~ 15℃，长江以南较同纬度地区偏低 6℃ ~ 10℃，华南沿海也相对偏低 5℃；夏季则是世界上同纬度平均最暖的国家（沙漠除外）。

（3）多样的气候类型：中国幅员辽阔，最北的漠河位于北纬 53°以北，属寒温带，最南的南沙群岛位于北纬 4°，属热带气候，而且山高谷深，丘陵盆地众多，青藏高原 4 500 米以上的地区四季常冬，南海诸岛终年皆夏，云南中部四季如春，其余绝大部分地区四季分明。

在气温分布上，中国冬夏气温分布差异很大，冬季气温普遍偏低，南热北冷，南北温差大，最大温差近 50℃；夏季全国大部分地区普遍高温（除青藏高原外），南北温差不大。而在降水分布上，从沿海向内陆，中国的降水量呈从东南向西北递减的趋势。

（四）河流与湖泊

中国多大江大河。其中东部多为外流河，而内流河集中于西北部。从长度上看，长江、黄河分别排在中国河流的第一和第二位。此外，雅鲁藏布江、澜沧江、黑龙江、珠江水量均较大。湖泊相对集中于长江中下游，如三大淡水湖：洞庭湖、鄱阳湖、太湖。另外，在青藏高原上，湖泊也较多，不过多为咸水湖，如青海湖、纳木措等。

（五）自然资源

从整体上看，中国的自然资源有丰富多样、潜力巨大的特点。

（1）土地资源。中国陆地面积约 960 万平方千米，占亚洲大陆土地面积的 22.1%，占全世界陆地面积的 6.4%，是世界上国土面积广阔的国家之一。

（2）能源资源。中国常规能源的资源品种齐全，是世界主要能源国家之一。煤炭资源丰富，远景储量 50 592 亿吨，至 1996 年年底探明的保有量达 10 025 亿吨，居世界前列；水力资源尤为丰富，理论蕴藏量 6.76 亿千瓦，居世界第一位；石油储量除已探明部分以外，全国陆上和海上远景储量都很乐观。不过，石油的开采量仍无法满足国内的需求，因而，中国是世界上主要的石油（原油）进口国。另外，天然气预测储量也达到 70 万亿立方米。

（3）矿产资源。中国是世界矿产种类多、分布广、储量大、大部分矿产资源能够自给的少数国家之一。根据国土资源部的统计，截至 2001 年年底，中国已探明有一定储量的矿种达 156 种。其中以有色金属居优势，钨、锑、锡、汞、钼、锌、铜、铋、钒、钛、稀土、锂等均居世界前列。如钨的储量为世界其他各国总储量的 3 倍多，稀土金属储量占世界总储量的一半以上，锑的储量占世界储量的 44%。铅、铁、银、锰、镍等的储量亦具世界意义。铁和锰的储量虽均占世界第三位，但贫矿多，富矿少；此外，还多伴生矿，如攀枝花铁矿中，有钒、钛、镍等伴生。非金属矿中的硫铁矿、菱镁矿亦居世界首位，磷矿居第二位，石棉等居世界前列。

（4）水资源。中国水资源初步估算为 27 115 亿立方米，其中河川平均年径流量相当于世界径流总量的 5.8%。但水资源的区域、年际、季节分配不均，严重影响各地区的经济发展。

（5）森林资源。中国现有森林面积 1.24 亿公顷，虽占世界第八位，但森林覆盖率仅为 12.98%，列世界第 121 位；森林蓄积量 91.41 亿立方米，居世界第五位，其中有多种材质优良、经济价值较高的树种。

（6）生物资源。中国生物资源非常丰富，仅种子植物即达 2.45 万种，次于马来西亚和巴西，居世界第三位。在种类繁多的植物中，经济植物（按单项用途一次一种计）即达 2 411 种，不仅提供各种食料、药材、纤维和其他多种工业原料，并可保护和改善自然环境条件。水产资源中有鱼类约 2 400 种，其中海洋鱼类约占 3/5，其余为淡水鱼类。此外尚有甲壳类、贝类和海藻类等。

需要指出的是，中国的自然资源具有总量大而人均占有量少的特点。例如：中国的矿产资源总量在世界排第三位，而人均占有量则为世界平均水平的3/5；耕地总面积世界第四位，而人均占有量为世界平均水平的1/3。

二、中国人文环境

（一）人口总数与结构

中国是世界上人口最多的国家，根据2010年第六次全国人口普查数据，中国（包括港澳台地区）总人口达到13.70亿人。其中汉族人占91.51%，而包括壮族、回族、满族、维吾尔族、藏族、蒙古族在内的55个少数民族人口占8.49%。

总人口性别比（以女性为100，男性对女性的比例）为105.20。人口呈现老龄化的趋势，老龄人口（年龄在60周岁以上的）占13.26%。在国际贸易中，中国一直是以“世界工厂”的形象而著名。而“世界工厂”的最大优势就是有廉价的劳动力，而现在中国劳动力老化现象越来越严重，很可能导致未来“用工荒”与社会养老问题更加凸显。

（二）语言

汉语普通话，是现代汉族共同的语言，是全国各民族通用的语言。但在汉族的不同地区有着种类众多的方言，其发音与普通话有或多或少的差异。其中，粤语（在广东省、港澳地区及海外流行）、闽南话（福建省南部及台湾省）有较高知名度。另外，各个少数民族也有本民族用语。

（三）宗教

中国主要有佛教、伊斯兰教、道教、天主教、新教等。其中，汉族人信仰佛教、道教、新教等；而少数民族的宗教信仰有明显的区域差异，西北少数民族多信仰伊斯兰教，西南的藏族信仰藏传佛教。

三、中国的经济发展

自中国政府实施改革开放以来，中国经济保持着高速增长的态势。从1978年到2007年的30年时间里，中国GDP的年平均增速为9.76%，而在“十一五”期间，中国的年平均GDP增速更是高达11.2%。国家统计局的统计资料表明，2015年GDP 676 708亿元，按可比价格计算，比上年增长6.9%。2010年中国社会消费品零售总额300 931亿元，比上年增长10.7%。

2010年，中国超越了日本，成为仅次于美国的世界第二大经济体。

根据联合国的统计，在2013年世界主要的经济大国中，中国以7.6%的GDP增长率位居第一（见表6-1）。

表 6-1　**2013 年世界 10 个大国 GDP 及增长率比较**

排名	国家	2013 年 GDP 总量/万亿美元	2013 年 GDP 增长率/%
1	美国（United States）	16.57	2.50
2	中国（China）	9.40	7.60
3	日本（Japan）	4.70	2.70
4	德国（Germany）	3.45	0.40
5	法国（France）	2.70	0.50
6	英国（United Kingdom）	2.65	1.90
7	巴西（Brazil）	2.50	2.35
8	俄罗斯（Russia）	2.20	2.50
9	意大利（Italy）	2.05	-1.00
10	印度（India）	1.90	5.00

数据来源：各国官方统计（2014 年）。

在经济发展的过程中，中国的产业结构不够合理，而且经济发展也存在明显的区域差异。

从各次产业产值在 GDP 中所占比重来看，2008 年，第一产业（主要是农业）占 11.3%，第二产业（主要是工业）占 48.6%，第三产业（主要是服务业）占 40.1%。整体上，中国处于工业化初期阶段，未来一段时期，中国第二产业的比重会上升到 50%，甚至更多，但中国的第三产业相对滞后。

中国大陆按经济发达程度，划分为三大地带，即东部地带、中部地带和西部地带。上述地区经济发展、交通环境、人口分布情况差异较大（见表 6-2）。

表 6-2　**中国三大经济地带的发展比较**

经济地带名		东部经济地带	中部经济地带	西部经济地带
包括省份		辽、冀、京、津、鲁、苏、沪、浙、闽、粤、桂、琼 12 个沿海的省级行政区	黑、吉、内蒙古、晋、豫、皖、赣、鄂、湘 9 个省级行政区	甘、青、宁、陕、新、川、渝、贵、滇、藏 10 个省级行政区
经济差异	发展速度	最快	较快	较慢
	发展水平	最发达	较发达	较落后

资料来源：中学地理，资料有修改。

四、中国的农业

农业是中国经济的重要基础。农业为国家提供了粮食、副食品、工业原材料，同时也是占中国人口近半数的农民的主要经济收入来源。

改革开放以来，随着家庭联产承包责任制的推广，社会生产力迅速提升，农业生产持续稳定增长。1999 年，中国粮食产量 5.08 亿吨，比 1978 年增加两亿多吨，生产能力已稳定在 5 亿吨以上，成为世界最大产粮国。1978 年以来，畜产品和水产品产量每年都以超过 10% 的速度增长。1999 年，肉类产量 5 953 万吨，蛋类产量 2 080 万吨，奶类产量 790 万吨，分别是 1978 年的 5 倍、7 倍和 8 倍；水产品产量 4 100 万吨，是 1978 年的 8 倍多。目前，中国人均粮食、棉花、油料蔬菜、肉类、禽蛋、水产品产量，已达到或超过世界平均水平。中国除了部分农产品（如橡胶等）存在较多进口以外，大部分农产品能够自给自足。

在中国的一些沿海区域，农产品的对外贸易活跃，尤其是在山东半岛、太湖平原、闽南三角地区（厦门、漳州、泉州）、珠江三角洲等地区，花卉、蔬菜、水果、鱼、禽畜生产商品化、规模化程度高，多出口日本、韩国等国。

当前，我国农业也存在着一些问题。第一，农业内部结构不合理。根据对于 2009 年中国农业内部结构的统计，中国农业中种植业占 50.71%，畜牧业占 32.25%，渔业占 9.32%，林业仅占 3.9%。种植业比重大，林业、渔业比重明显较小。第二，农业产业化层次低。在中国，小农经济依然占有较大比例，农业商品化程度与发达国家相比有明显差距。第三，农民的负担较重、收入不高。考虑农业本身受到气候条件、季节周期等因素制约，相比于工业而言，农业产量不高且不稳定，附加值不高，农民在投入极大的体力与精力之后，收获有限，农业收入明显低于农村进城务工人员的工资水平。

五、中国的工业

（一）新中国工业的发展史

新中国成立后，中国在一穷二白的基础上发展了本国的工业，具体可分为四个阶段。

第一阶段为 1949—1957 年，国民经济恢复和“一五”时期。这期间是新中国历史上经济发展比较快的时期。一方面，仅用 3 年的时间就恢复了国民经济，工业生产迅速增长。1949—1952 年，工业总产值由 140 亿元增加到 343 亿元，同比增长 1.45 倍，年均增长 34.8%。同时，在整个“一五”期间，中国工业生产取得了巨大成就。其中最突出的标志是新中国建设了以“156 项”为核心的近千个工业项目。在这些骨干项目的带动下，工业体系快速建立起来。“一五”期间，中国工业增加值年均增长 19.8%。这些项目的建成投产，带动了一系列新工业部门的建立，在中国大地上史无前例地形成了独立自主的工业体系雏形，初步奠定了社会主义工业化的基础。

第二阶段为 1958—1965 年，“大跃进”和国民经济调整时期。由于新中国成立后国民经济恢复和第一个五年计划顺利完成，主观主义、急于求成的情绪蔓延滋长起来，指导思想上出现“左”的倾向，导致重大比例关系严重失调，工业生产难以持续发展。1958—1960 年，工业增加值 3 年增长 1.1 倍，随后大幅度下降。1961 年，我国被迫实行“调整、巩固、充实、提高”的八字方针，对国民经济发展进行为期3年的综合治理，我国国民经济发展得到了较好的恢复。工业增长速度明显加快，1963—1965年工业增加值年均增长21.4%，比“二五”期间高18.7个百分点。

第三阶段为1966—1978年，工业经济大起大落时期。1966—1976年是“文化大革命”十年动乱时期，工业经济大起大落。1967年全国工业增加值比上年下降15.1%；1968年又比1967年下降8.2%；1969年、1970年增幅则在30%以上，1976年较上年又下降3.1%。1976年“四人帮”被粉碎，结束了十年内乱，中国历史出现了转机。

第四阶段为1978年改革开放以来，工业经济进入了腾飞期。1978年12月，中国共产党十一届三中全会召开，开启了改革开放的新时期，工业经济从此插上了腾飞的翅膀，获得了空前的发展。2008年全部工业增加值达129 112亿元，比1978年增长25.4倍（按可比价计算），年均增长11.5%。制造业大国地位初步确立，工业生产能力大幅提高。中国在能源、冶金、化工、建材、机械设备、电子通信设备制造和交通运输设备制造及各种消费品等工业主要领域，已形成了庞大的生产能力。一个具有一定技术水平的、门类比较齐全的、独立的工业体系已经建立起来。工业主导地位显著增强，实现了工业化初级阶段到工业化中级阶段的历史大跨越。

（二）工业部门

目前，中国是世界上少数工业部门齐全的国家之一，从与人民生活联系紧密的纺织、服装、食品等轻工业部门，到能源、钢铁、航空、机械、化学等重工业部门，一应俱全。

1. 能源工业

能源工业主要包括煤炭、石油与天然气、电力三个部门。中国是世界最大产煤国。煤炭在中国经济社会发展中占有极重要的地位，全国70%的工业燃料和动力、80%的民用商品能源、60%的化工原料是由煤炭提供的。产煤区相对集中于北部地区，尤其是以山西为中心，包括内蒙古东部与南部及陕西部分地区，其储量占全国的三分之一。在中国，年产千万吨以上的大型矿区有山西大同、西山、阳泉、晋城，河北开滦、峰峰，河南平顶山、义马，黑龙江鹤岗、鸡西、双鸭山，安徽淮北，江苏徐州，辽宁阜新、铁法，山东兖州。

中国的石油开采主要是开采石油及油页岩。中国的石油工业主要分布于中国北方，如黑龙江大庆，山东胜利，新疆克拉玛依、塔中塔北地区等。

电力工业是将煤炭、石油、天然气、核燃料、水能、海洋能、风能、太阳能、生物质能等一次能源经发电设施转换成电能，再通过输电、变电与配电系统供给用户作为能源的工业部门。电力工业主要包括5个生产环节：① 发电，包括火力发电、水力发电、核能和其他能源发电。中国火电主要集中分布在中国北方产煤区，以利用煤炭为主。水电主要集中分布于南方水能丰富的河源区。核电目前及规划的分布区域相对集中于沿海经济发达但又缺少能源的省份。② 输电，包括交流输电和直流输电。中国最大的输电工程有西电东送工程等。③ 变电。④ 配电。⑤ 用电。

2. 钢铁工业

钢铁工业是庞大的重工业部门。它的原料、燃料及辅助材料资源状况影响着钢铁工业规模、产品质量、经济效益和布局方向。如中国鞍山钢铁公司就是依托鞍山铁矿与本溪煤矿建立发展起来的，而上海宝山钢铁则是依靠进口铁矿与调动国内煤矿而发展壮大的。中国有十大钢铁基地，其中鞍山钢铁、宝山钢铁与武汉钢铁规模较大。2014 年，中国生产粗钢 8.227 亿吨，比上年略增 0.9%。但钢铁企业整体利润率较低。

3. 有色金属冶炼

中国的有色金属产业具有以下特点：种类多、储量大但分布偏僻；共生矿多；与能源资源分布同区位；开发技术较落后。除上海、沈阳为综合冶炼布局外，其他有色金属冶炼基地均属靠近矿区布局。2010 年，中国十种有色金属产量共计 3 153 万吨，同比增长 17.3%，增速加快 11.5 个百分点。其中，中国精炼铜产量为 479.3 万吨，同比增长 12.2%；原铝产量为 1 565 万吨，同比增长 19.9%；铅产量为 432 万吨，同比增长 9.8%。

4. 纺织工业

中国是最大棉花生产国、消费国、劳动力资源国，是传统意义的纺织业强国。中国棉花产量占世界的 1/4，而消费量仅为产量的约 30%。此外，在中国西北，毛纺织业较发达。2012 年，中国纺织工业的总体生产产值近 6 万亿元人民币，行业平均利润率达到 7%，其内部工业生产总值结构如表 6-3 所示。

表 6-3　　纺织品行业内部工业生产总值

单位：亿元人民币

年份＼行业	纺织全行业	棉纺行业	化纤行业	服装行业
2001 年	9 626	1 966	1 007	2 389
2005 年	20 632	5 301	2 608	4 975
2006 年	25 138	6 522	3 206	6 159
2009 年	37 980	10 077	3 925	10 435

数据来源：官方统计。

中国纺织品出口的最大优势是低廉的价格，但也应看到中国纺织业的劣势：

（1）纺织工业存在着结构性矛盾，粗放型经营方式已严重阻碍了纺织品出口的持续增长。纺织工业低水平的生产能力过剩，高水平的生产能力不足。目前，棉纺能力的 25%、毛纺能力的 15%、印染能力的 30% 属于淘汰的落后设备；先进的纺织机械如无梭织机、自动络筒机等设备严重不足。现在世界上无梭织机的比重已达 24% 以上，发达国家已超过 80%，而中国只有 5%。这在很大程度上抵消了中国劳动力成本低的优势，也制约了产品质量档次的提高和升级换代的步伐。

（2）在纺织品贸易中，中国企业所获取的利润是很有限的，更多的好处被美国的进口商、零售商所分享。中国卖出8亿件衬衫才能进口一架空客A380，这反映了纺织行业的微利状况。一架A380空中客车销售价格约为2.726亿至2.925亿美元，核算下来，加工每件衬衫的平均价格还不到0.4美元。而导致这一现象的原因之一，就是中国纺织品服装的设计认可度低，国际品牌不多。

5. 机械工业

机械工业的发展水平是衡量一个国家工业化程度的重要标志。机械工业按其服务对象，可分为工业设备、农业机械、交通运输机械制造业。

（1）工业设备制造业。工业设备制造业，是指生产装备工业本身的各种机器设备的企业。主要包括重型机械、通用机械、机床工具、仪器仪表、电器制造和轻纺工业设备等。目前，中国工业设备制造业很少有全国意义的大型企业，但各省区都普遍地建立了一批中小型企业，不断增加新品种，对地方的经济发展起到了积极作用。

（2）农业机械制造业。农业机械工业是建设现代农业必不可少的重要部分，包括农、林、牧、副、渔业生产所需要的各种机械生产。民族地区地域辽阔，长期以来又是农业生产占重要地位，对各种农业机械有着广泛的市场需求。在众多的农业机械中，拖拉机是最基本的农业机械。柳州是全国八大拖拉机生产基地之一，乌鲁木齐、西宁、银川、昆明、贵阳等地有各种类型的农机企业，内蒙古海拉尔是牧业机械主要产地，其他农具与配件生产则遍布各省、自治区。

（3）交通运输机械制造业。交通运输业是国民经济的重要组成部分。运输机械制造包括铁路机车车辆、汽车、飞机和船舶制造等。

① 汽车工业。中国汽车工业协会的数据显示，2010年我国汽车工业产销突破1 800万辆，超过美国车市的最高纪录1 700万辆，我国已成为世界第一汽车产销大国。知名厂家包括北京现代、上海通用、上海大众、一汽大众、郑州日产、广州本田、东风本田、天津丰田、四川丰田、重庆铃木等外资合资汽车厂家，还有浙江吉利、重庆力帆、奇瑞、江淮、比亚迪等民族汽车厂家。从小轿车、皮卡车、越野车、SUV到大中型巴士再到重型载重汽车，中国都可以生产。而且中国汽车也开始进军国际市场，整车出口以俄罗斯及非洲等国家或地区为主，零部件主要出口欧美等西方发达国家，但也经常受到贸易制裁。

② 飞机制造工业。在飞机制造领域，主要是一些大型的国有企业，尤其以中国航空工业集团为其中的主要代表。它将寓军于民、军民融合作为重要发展原则，以新理念、新思路、新举措大力发展军用和民用运输机产业，研制生产新舟60、新舟600、新舟700系列涡桨支线飞机，运-8飞机、运-12飞机，直-9直升机等多种机型，是ARJ21新支线客机的主要研制者和供应商，是大飞机重大专项的主力军。

③ 船舶工业。截至2008年年底，中国有规模以上级别船舶工业企业1 241家，其中造船企业600家，船舶配套企业368家。2008年全国船舶工业总产值4 143亿元人民币（单位下同），实现工业增加值1 180亿元，利润总额310亿元。2003—2008年，船舶产量的70%用于出口，出口国家和地区多达150多个。2008年，造船完工量2 881万吨，占世界的29.5%。新接订单5 818万吨，占世界的37.7%，手持订单2.05亿吨，占世界的35.5%，均居世界第二位。中国造船工业主要在散装船、油轮

及集装箱船上有优势，是世界第一大散装船生产国，油轮及集装箱船生产均居世界第二位。

6. 电子工业

中国电子工业属于新兴的高科技产业，是国家重点支持的产业类型。1995—2005年，中国电子工业的产量在世界电子工业生产总量中的比重，从3%提高到18%，接近当年世界第一生产大国——美国（19%），并很快超过美国成为世界第一生产大国。2008年中国电子工业进出口额达4 887亿美元。电子工业在中国相对集中在“两洲一湾”地区，即珠江三角洲、长江三角洲、环渤海湾三个大规模且配套齐全的电子产品制造加工基地，其中珠江三角洲与长江三角洲之间有福州—厦门电子制造带相连。在三大制造中心产能的聚集和辐射作用下，中国内陆逐渐形成了武汉、西安、成都所构成的三角地块与沿海三大制造中心遥相呼应的格局。

改革开放以来，中国的电子信息产业已成为国民经济的基础产业、支柱产业和先导产业。但是，中国电子信息产业核心技术长期受制于人，以粗放式经营追求速度，靠出口和投资拉动，并以低成本、低价格为竞争法宝，利润率偏低，因此中国电子信息产业大而不强，竞争力弱，效益低下。

六、中国的服务业

表6-4列出了2014年中国主要的服务业十强。

表6-4　　2014年中国主要的服务业十强

单位：万元人民币

序号	企业名称	营业收入
1	国家电网公司	204 980 014
2	中国工商银行股份有限公司	92 563 700
3	中国建设银行股份有限公司	77 099 800
4	中国农业银行股份有限公司	70 633 300
5	中国移动通信集团公司	66 186 053
6	中国银行股份有限公司	64 941 100
7	中国人寿保险（集团）公司	49 746 478
8	中国中化集团公司	46 690 480
9	中国南方电网有限责任公司	44 697 219
10	国家开发银行	43 895 400

资料来源：中国企业家协会、中国企业联合会。

当前，中国服务业的从业人员占从业总人口的30%，解决全国近60%的新增就业人口。2013年，中国服务业所占GDP比重达到46.1%，首次超过了第二产业。

中国服务业有四大特点：（1）范围广、行业多、投入产出率高，中国服务业包括金融服务、公共服务、餐饮、零售服务、物流运输服务等众多行业；（2）知识、技术密集型行业发展迅速；（3）地区经济发展不平衡，东部沿海地区明显强于西部内陆地区；（4）市场开放程度不断提高，现代服务业（金融保险、信息、科研等）增长速度开始强于传统服务业（餐饮等）。

而服务业也存在着不少问题：（1）传统服务部门仍占明显优势，现代服务部门发展相对滞后；（2）总体管理和服务水平不高；（3）与第一、第二产业的发展、增速不协调。

从服务业的对外贸易角度整体上来看，中国服务业进口大于出口，呈现贸易的逆差发展。这与加入世界贸易组织以来，服务业受到外商企业冲击有很大关系。

一些中国学者认为，中国在加入世界贸易组织以后，服务业受到的国际竞争压力加大，主要表现为：

（1）国内服务企业将面临国际上大型跨国公司竞争的压力，内资企业的生存空间会受到严重挤压，将丧失部分原有的市场份额。

（2）在扩大开放条件下，国内消费结构转换和第一、第二产业结构升级对中国第三产业增长的拉动效应将会减弱，在一定程度上，这种拉动效应可能转移出去，成为国外第三产业扩张的机遇。

（3）服务贸易逆差将会进一步加重，从而影响国际收支平衡。

（4）人才的竞争和流失，将使中国第三产业的发展和竞争力提高受到严重影响。

（5）加入世界贸易组织之后，中国第三产业面临体制不适应的严重挑战。

图 6-1 展示了 2007—2014 年 1—9 月中国服务贸易进出口总额及增速情况。

图 6-1　2007—2014 年 1—9 月中国服务贸易进出口总额及增速情况

数据来源：中国商务部服务贸易司。

从 2014 年前三个季度中国服务贸易的进出口情况来看，中国的服务贸易有如下特点：

（1）服务进出口占对外贸易比重持续提升。“十二五”以来，中国服务贸易在对外贸易（货物和服务进出口额之和）中的比重持续攀升，2011 年、2012 年和 2013 年的占比分别为 10.3%、10.8%和 11.5%。2014 年 1—9 月，中国服务进出口增速高于货物贸易增速 6.9 个百分点，服务贸易占对外贸易的比重呈现持续提升的势头，达到 12%，比上年同期提高 0.7 个百分点。

（2）服务贸易逆差进一步扩大。2014 年 1—9 月，中国服务贸易逆差同比扩大，累计逆差为 1 162 亿美元，同比增长 20%。其中，旅游贸易逆差为 772 亿美元，居各类服务之首；运输服务、专有权利使用费和特许费、保险服务逆差额分别为 444 亿美元、165 亿美元和 136 亿美元。2013 年，中国这四个服务贸易行业的逆差额分别为 769 亿美元、567 亿美元、202 亿美元和 181 亿美元。

（3）服务贸易结构继续优化。2014 年 1—9 月，中国金融、文化等新兴服务出口稳步增长，对服务贸易结构调整和优化起到重要推动作用。其中，金融服务增幅居首，出口增长 41.9%，出口额达 27.3 亿美元。电影音像出口增长 31.4%，金额为 1.2 亿美元。计算机和信息服务出口增长 17.4%。咨询出口增长 8.7%，出口额达 314 亿美元，占服务出口的比重为 20%，仅次于旅游出口。一些新兴服务进口也快速增长，其中计算机和信息服务、金融服务、广告宣传、通信服务进口增长显著，增幅分别为 46.4%、37.1%、27% 和 22.4%。新兴服务贸易快速增长，提高了中国服务贸易附加值，促进了知识技术密集型企业发展，为国内产业结构升级做出了积极贡献。对比之下，传统服务贸易发展势头远远逊色于新兴服务贸易。

（4）服务外包业务发展迅速。2014 年 1—9 月，中国服务外包业务保持快速增长势头。据商务部统计，2014 年 1—9 月，中国共签订服务外包合同 134 319 份，合同金额和执行金额分别为 733.9 亿美元和 545.2 亿美元，同比分别增长 26.3% 和 32%。其中，承接离岸服务外包合同金额和执行金额分别为 481.6 亿美元和 370.7 亿美元，同比分别增长 18.6% 和 27.6%；在岸服务外包合同金额和执行金额分别为 252.3 亿美元和 174.5 亿美元，同比分别增长 44.4% 和 42.6%。信息技术外包（ITO）仍占主导地位，知识产权研究、分析学和数据挖掘、医药和生物技术研发和测试等知识流程外包业务增长迅速。美国、欧盟和日本是购买中国服务的主要发包市场。

七、对外贸易

海关总署发布的数据显示，2014 年中国进出口总值 26.43 万亿元人民币，同比增长 2.3%。其中，出口 14.39 万亿元，同比增长 4.9%；进口 12.04 万亿元，同比下降 0.6%；贸易顺差 2.35 万亿元，扩大 45.9%。受到汇率波动影响，如果以美元计价，2014 年中国对外贸易进出口总值同比增长 3.4%，进口增长 6.1%，出口增长 0.4%。近几年中国对外贸易发展的特点如下：

2013 年中国进出口贸易较上年继续好转，总体特征可以用“低速波动，调整转型”来概括。海关总署公布的数据显示，2013 年 1—11 月，进出口总值 3.77 万亿美元，同比增长 7.7%。其中，出口 2 万亿美元，增长 8.3%；进口 1.77 万亿美元，增长 7.1%；贸易顺差 2 341.5 亿美元，扩大 18.3%。进出口增幅较 2012 年同期高出 1.9 个百分点，其中出口高 1 个百分点，进口高 3 个百分点。仅从数据来看，2013 年中国对外贸易的确存在着一些不尽如人意的问题，如年初的套利贸易导致广东、深圳等地的出口虚高，分别达到 70% 和 90%；季度进出口波动较大，一季度 13.5%，二季度 4.3%，三季度 6%，未形成稳定增长的态势；传统对外贸易大省、欧美日传统市场、外资企业、加工贸易等曾经支撑对外贸易高速增长的传统优势指标依然低迷。

但同时我们也注意到一些新的亮点与变化。较为突出的亮点主要表现在四个方面：一是出口规模继续扩大，市场份额持续提升。2013 年 11 月出口增速提升至两位数，达 12.7%，月度出口值达到 2 022.1 亿美元，首次突破 2 000 亿美元，成为中国对外贸易发展史上的又一个新里程碑。在全球贸易增长不足 3% 的背景下，中国对外贸易的国际市场份额将进一步上升。二是劳动密集型产品出口优势仍然保持。2013 年，纺织品、服装、箱包、鞋类、玩具、家具、塑料制品等 7 大类劳动密集型产品合计出口 4 181.7 亿美元，增长 11.1%，占出口总值的 18.8%。三是中西部地区出口持续活跃。江西、河南、湖北和新疆等省区的出口增速分别为 18.6%、17.9%、17.9% 和 11%。四是进口条件改善，能源资源性产品进口量增价减。其中，铁矿砂、煤、原油进口数量分别增长 10.9%、15.1% 和 3.2%，进口均价则分别下跌 0.7%、11.7% 和 4.7%。

突出的变化表现在三个方面，这些变化虽然在前几年已经逐渐显露，但在 2013 年表现得更为明显：一是由加工贸易主导型向一般贸易主导型转变。2013 年前 11 个月，中国加工贸易进出口仅增长 0.8%，低于外贸总体增速 6.9 个百分点，占中国对外贸易总值的比重已经降至 32.6%，较上年同期下降 2.3 个百分点。与此同时，一般贸易进出口则增长 9.2%，占中国对外贸易总值比重升至 52.8%，较上年同期提高 0.73 个百分点。一般贸易的上升不仅显示了中国对外贸易正由数量扩张型向质量效益型转变，同时也表明对外贸易发展对支撑宏观经济稳定运营方面的作用越来越大。二是外资拉动型向内资驱动型转变。中国对外贸易增长历史上主要依靠外资进出口拉动，2013 年外资进出口增幅仅为 0.9%，占中国对外贸易总值已经降至 46.2%，较上年同期下降 3.1 个百分点，而民营企业进出口增长 21.9%，高出对外贸易总体增速 14.2 个百分点，占中国对外贸易总值的 33.2%，较上年同期提高了 2.1 个百分点。三是贸易国别地区向多元化转变。与美欧日的贸易占中国贸易总值的比重为 33.42%，较上年同期减少了 2.01 个百分点，而与新兴市场和发展中国家的贸易则持续增长，与东盟和非洲的贸易占中国贸易总值的比重均超过了 10%。

鉴于以上变化，我们应对中国对外贸易当前低速增长态势予以客观评价，要认识到中国作为第一大出口国、第二大进口国已经很难维持大幅度的增长，经过调整后的对外贸易增长方式和贸易结构将更能真实地反映中国对外贸易目前的实际竞争力，经过转型后的中国对外贸易企业已经展现了一定的抗风险能力和潜在的竞争优势，这些变化正在逐渐成为中国对外贸易未来新的增长点。目前的关键是应加快改变市场环境，加快培育这些新增长点的竞争优势，形成和传统优势的相辅相成效应，则中国对外贸易仍有望保持可持续的增长能力。

从中国的贸易伙伴方面来看，欧美仍为主要贸易伙伴，与新兴市场国家贸易增势强劲。截至 2013 年年底，欧盟、美国、东盟依旧为中国前三大贸易伙伴。其中中欧、中美、中国与东盟间的贸易增长率为正数，而中日贸易关系自 2012 年 9 月爆发岛屿争端以来，持续下降，目前的发展情况还不如香港与内地间的对外贸易增长率（见图6-2）。

而中国与澳大利亚、巴西、俄罗斯等新兴市场国家的经贸往来关系则更加密切。

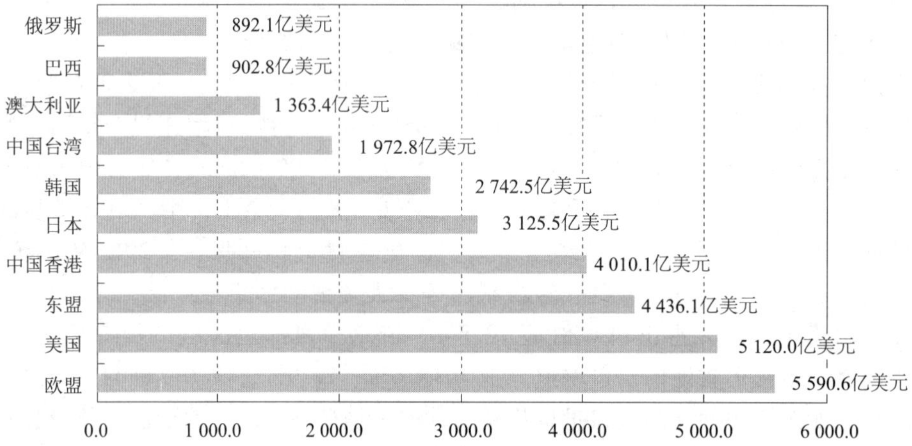

图 6-2　2013 年中国与主要贸易伙伴贸易发展情况

资料来源：海关总署统计。

当然，中国的对外贸易发展也存在着问题，尤其是出口的结构性问题。中国出口中的结构性问题主要表现在：自主知识产权和自有品牌少，低端产品多，缺乏核心竞争力；出口商品中仍存在高污染、高物耗、高能耗产品；机电产品和高新技术产品占出口比重不高；出口市场过于单一；出口厂商存在恶性竞争现象等。在中国庞大的对外贸易额中，加工贸易占到了半壁江山。无论是初级产品、一般工业制成品还是高新技术产品，出口商品均以劳动密集型为主。在外资企业的大规模出口中，中国获得的真实收益并不算高。由于外方控制了收益最高的设计、研发、品牌等环节，中方得到的只是份额很少的加工费。表 6-5 和表 6-6 列出了 2008—2014 年中国十大出口和进口商品结构。

表 6-5　　2008—2014 年中国十大出口商品结构

单位：亿美元

年份	2008	2009	2010	2011	2012	2013	2014
总值	14 306.93	12 016.12	15 777.54	18 983.81	20 487.14	22 100.19	16 970.89
初级产品	778.48	630.99	817.17	1 005.52	1 005.81	1 072.83	815.82
食品及活动物	327.64	326.03	411.53	504.97	520.80	557.29	421.08
饮料及烟类	15.30	16.41	19.06	22.76	25.90	26.08	20.21
非食用原料	113.46	81.56	116.02	149.78	143.41	145.70	116.85
矿物燃料、润滑油及有关原料	316.35	203.83	267.00	322.76	310.26	337.92	253.08
动、植物油脂及蜡	5.74	3.16	3.56	5.26	5.45	5.84	4.60
工业制成品	13 506.98	11 385.64	14 962.16	17 980.48	19 483.54	21 027.36	16 155.07

续表

年份	2008	2009	2010	2011	2012	2013	2014
化学品及有关产品	793.09	620.48	875.87	1 147.87	1 136.29	1 196.59	997.67
按原料分类的制成品	2 617.43	1 847.75	2 491.51	3 196.00	3 331.68	3 606.53	2 924.42
机械及运输设备	6 733.25	5 904.27	7 803.30	9 019.12	9 644.22	10 392.46	7 657.11
杂项制品	3 346.06	2 996.70	3 776.80	4 594.10	5 357.18	5 814.48	4 560.53
未分类的其他商品	17.15	16.45	14.68	23.39	14.17	17.29	15.34

注：2014 年为前三个季度，数据来源于商务部综合司的统计。

表 6-6　　2008—2014 年中国十大进口商品结构

单位：亿美元

年份	2008	2009	2010	2011	2012	2013	2014
总值	11 325.67	10 059.23	13 962.47	17 434.84	18 184.05	19 502.89	14 654.87
初级产品	3 627.76	2 892.02	4 325.56	6 043.76	6 346.05	6 576.01	5 012.94
食品及活动物	140.50	148.24	215.66	287.65	352.62	416.99	363.08
饮料及烟类	19.20	19.54	24.29	36.85	44.03	45.10	38.31
非食用原料	1 672.08	1 408.22	2 111.18	2 852.55	2 696.15	2 861.43	2 098.35
矿物燃料、润滑油及有关原料	1 691.09	1 239.63	1 887.04	2 755.60	3 127.97	3 149.06	2 445.98
动、植物油脂及蜡	104.88	76.39	87.40	111.11	125.27	103.42	67.22
工业制成品	7 703.11	7 163.53	9 622.72	11 390.82	11 832.21	12 926.87	9 641.93
化学品及有关产品	1 191.95	1 121.24	1 496.36	1 811.44	1 792.69	1 902.98	1 466.69
按原料分类的制成品	1 071.59	1 077.32	1 311.13	1 503.28	1 459.00	1 482.92	1 293.47
机械及运输设备	4 419.18	4 079.99	5 495.61	6 303.88	6 527.50	7 103.50	5 308.97
杂项制品	976.19	851.92	1 135.26	1 277.09	1 365.29	1 390.11	1 041.35
未分类的其他商品	44.20	33.06	184.37	495.13	687.74	1 047.36	531.44

注：2014 年为前三个季度，数据来源于商务部综合司的统计。

八、不断开放的中国

伴随着国际形势的发展，中国的经济增速呈现回落企稳的趋势，为了更好地促进中国经济转型发展，加快国外先进技术、资金的引进，中国政府出台了在全国试点自由贸易区的相关政策。

自由贸易区（自由贸易园区）有两种含义。其一是自贸区（Free Trade Zone，FTZ）是指由国家指定的交易贸易区，是比世界贸易组织相关规定更加优惠的贸易安排；在主权国家或地区的关境内外，划出特定的区域，准许外国商品豁免关税自由进出。实质上是采取自由港政策的关税隔离区。狭义仅指提供区内加工出口所需原料等货物的进口豁免关税的地区，类似出口加工区。广义还包括自由港和转口贸易区，中国设立的上海、广州、天津、福建四大自贸区均属于此类广义的含义。其二是自由贸易区（Free Trade Area，英文简称 FTA），指两个以上的国家根据世界贸易组织相关规则签署自由贸易协定所形成的区域，不仅包括货物贸易自由化，还涉及服务贸易、投资、政府采购、知识产权保护、标准化等更多领域的相互承诺，是一个国家实施多双边合作战略的手段。我国与东盟的 10+1 自贸区属于此类。

这里重点介绍上海自贸区、福建自贸区。

（一）上海自贸区

中国（上海）自由贸易试验区［China（Shanghai）Pilot Free Trade Zone］，简称上海自由贸易区或上海自贸区，是中国政府设立在上海的区域性自由贸易园区，位于浦东境内，属中国自由贸易区范畴。该试验区于 2013 年 8 月 22 日经中国国务院正式批准设立，于 9 月 29 日上午 10 时正式挂牌。2014 年 12 月，上海自贸区由原先的 28.78 平方千米扩至 120.72 平方千米。

上海自由贸易试验区范围涵盖上海市外高桥保税区、外高桥保税物流园区、洋山保税港区、上海浦东机场综合保税区、金桥出口加工区、张江高科技园区和陆家嘴金融贸易区七个区域。

1. 上海自贸区设立的意义

上海自贸区的设立意义非凡：一方面，它是中国深化改革开放的先行先试的试验田，标志着中国已经准备好进一步开放市场，在国际竞争中展现出自己更大的实力；另一方面，它为中国当前深化政府职能转变、行政政策调整提供试点，为构建与经济改革相适应的政府管理机制提供指引。

2. 上海自贸区的作用

上海自贸区获批推行，一方面带动了区域贸易的快速发展，另一方面对于上海及周边的航运、金融等方面也有明显的推动作用。

（1）使上海突破已有的条框，放宽税收、外汇使用等优惠政策，有利于跨国公司内部的全球调拨，使更多的金融机构在上海注册开业。

（2）自贸区的推进将使得海上保险等航运服务业务在上海得以培育和集中，解决航运中心建设中金融支持的问题，将使上海得到更多的制度红利。

（3）免税和自由港将有利于吸引高端制造业，而自贸区将有利于吸引更多的加工、制造、贸易和仓储物流企业聚集，推动中国的产业整合升级。因此，自贸区对于物流的集聚效应将更加显著。

3. 上海自贸区改革的新举措

上海自贸区改革的新举措主要有制定负面清单、画红线、促管理、制定实施《中国（上海）自由贸易试验区外商投资准入特别管理措施》。

4. 上海自贸区的开放范围

上海自贸区开放范围涉及金融服务、航运服务、商贸服务、专业服务、文化服务、社会服务等多个领域。外资进入上述领域开始逐步放开，允许其在自贸区设立相关机构。

（二）福建自贸区

2014 年 12 月 12 日，中国国务院决定设立中国（福建）自由贸易试验区［China (Fujian) Pilot Free Trade Zone］，简称福建自由贸易区或福建自贸区。福建自贸区包括了福州片区、厦门片区和平潭片区。福建自贸区着重进一步深化两岸经济合作。总面积 118.04 平方千米，包括福州片区 31.26 平方千米、厦门片区 43.78 平方千米、平潭片区 43 平方千米。2015 年 4 月 21 日上午，福建自贸区揭牌仪式在位于福州马尾的福建自贸区福州片区行政服务中心举行，这标志着福建自贸区的正式上马。

1. 福建自贸区的特色

与其他自贸区相比，福建自贸区的设立特色鲜明，意义突出。福建自贸区拟以“对台湾开放”和“全面合作”为方向，在投资准入政策、货物贸易便利化措施、扩大服务业开放等方面先行先试，率先实现区内货物贸易和服务贸易自由化。

由于地缘优势，福建成为中国重要的对台交流省份，在整体的区域经济格局中，中央对福建赋予了新的任务和角色。相对于台湾，福建拥有更加丰富的土地和劳动力资源，劳动密集型和部分科技密集型产业的转移会为台商带来更大的竞争力。特别值得注意的是，福建自贸区建设实施方案提到，要在厦门个案突破开展两岸双向贷款业务。在金融领域，两岸跨境人民币业务是厦门金融业发展的一大特色和未来方向。

2. 福建自贸区出台的改革措施

（1）对外商投资实行准入前国民待遇加负面清单的管理模式。负面清单以外领域的外商投资项目实行备案制，外商投资企业设立、变更及合同章程审批改为备案管理。（福州、厦门、平潭片区适用）

（2）率先推行电子营业执照，加盖登记机关电子印章，赋予企业“电子身份”，方便企业商务交易、办理行政事务手续。（福州、厦门、平潭片区适用）

（3）实施卡口智能化管理。对智能化卡口识别条形码系统进行改造，实现车辆过卡自动比对、自动识别、自动验放等智能化管理。（福州、厦门、平潭片区适用）

（4）在海关特殊监管区内企业可在自贸区内开展保税展示交易业务。（福州、厦门、平潭片区适用）

（5）对台湾地区输入区内的农产品、食品等产品试行快速检验检疫模式。（福州、厦门、平潭片区适用）

（6）发布福建自贸区第一批 18 项规范性文件。（福州、厦门、平潭片区适用）

（7）对整车进口口岸非中规车业务，实行“分类管理、验证改装、事后监管”的检验检疫监管模式。（福州片区适用）

（8）创新金融服务，发展跨境电子商务，拓展东盟水产品交易所功能。（福州片区适用）

（9）建设自贸区综合服务平台，为企业提供投资设立、工商变更、纳税服务、社保缴交、海关检验检疫登记、进出口经营权备案、“多规合一”申报、信用查询、公章刻制、报关、报检、金融服务等全方位、“一站式”服务。（厦门片区适用）

（10）打造两岸移动互联网联盟，创新两岸冷链物流市场合作机制。（厦门片区适用）

（11）创新监管模式，发展文化保税业务，建设文化保税展示交易中心和收藏品交流中心。（厦门片区适用）

（12）大力支持发展融资租赁、商业保理等非银行金融业务和对台离岸业务。（厦门片区适用）

（13）创新区域管理，推行“多规合一”城市治理体系。促进统筹城乡规划、土地利用总体规划、国民经济和社会发展规划，以及环境保护规划等基于自贸区内空间布局的衔接与协调。（厦门片区适用）

（14）在实施动植物检疫审批负面清单管理的基础上，授予福建检验检疫局审批平潭进口台湾水生动物检疫。（平潭片区适用）

（15）对原产于台湾的预包装食品、化妆品实施“快审快核”的标签审核模式。（平潭片区适用）

（16）对台湾进口水果实施“边抽样检验，边上架销售”的检验检疫模式。（平潭片区适用）

（17）创新台湾输大陆商品快速验放机制。除国家禁止、限制进口的商品、废物原料、危险化学品及其包装、大宗散装商品外，区内进口原产于台湾的工业品简化手续。对平潭与台湾之间进出口商品原则上不实施检验，检验检疫部门加强事后监管。（平潭片区适用）

（18）在“一表申报、一口受理、一照一号”的基础上，实行“一章审批、印章即刻、立等可取”的服务模式，进一步方便企业。（平潭片区适用）

（19）试行“先放行后报关”模式。允许企业借助新舱单系统数据向海关进行入境申报，海关对舱单审核、查验后直接放行货物，企业再报关、缴税。（平潭片区适用）

（20）对台小额商品交易市场内进口原产台湾的药品、化妆品、医疗器械简化审批手续，快验快放。（平潭片区适用）

（21）深化外债比例自律管理试点，区内中资企业借用外币外债资金可按规定结汇使用。（平潭片区适用）

（22）自贸区内外商直接投资项下外汇资本金意愿结汇。（福州、厦门、平潭片区

适用）

拓展阅读

自贸区对我们生活的影响

随着上海、广东、天津、福建中国四大自贸区的出现与发展，自贸区成为中国民生新的热点词汇。而自贸区又将如何影响我们老百姓日常的生活呢？

有媒体指出：自贸区将让我们的进口食品价更低，高端洋货现国门，国际医疗轻松享，出境旅游更方便。具体而言，影响主要包括以下几个方面。

1. 对于进口商品的影响

以上海自贸区为例，由于进口商品价格比市场便宜10%至30%，经常顾客“爆棚”。而广东、天津、福建自贸区今后也有望涌现这样的销售企业。

比如进口汽车，自贸区允许进口商直接从汽车原产地进口。这样一来，从自贸区购买同款进口汽车，将比传统4S店便宜15%至30%不等。就拿天津自贸区来说，临近韩日这两个汽车制造强国，本田、丰田、现代等品牌在中国口碑也不错，以后老百姓在天津自贸区买日系、韩系车将更便宜。

2. 对于国际医疗服务的影响

随着自贸区的成立，外资医院的设立将进一步放宽，外资进入医疗服务领域的门槛被大幅降低。这样一来，老百姓不出国门就可以体验外资医院的医疗服务。

由于自贸区的税费优惠，医院引进设备的成本将大大降低。而且，外资医院引进到自贸区的基本都是国际领先的医疗设备，这样国内老百姓花相同的钱，就能得到更好的服务。

3. 对于出境游的影响

首先从地缘上看，天津临近日韩，而广州、福建临近东南亚，本身就具备地理优势。其次，外资旅行社入驻自贸区，可享受自贸区的税收优惠，加上外资旅行社可以更便捷地获得出境游方面的资质，并且具有网络、管理、品牌、资金等方面的优势，推出的产品价格会更有优势，老百姓可选择的旅游线路也会更多。

4. 对于创业就业的影响

创业就业的优惠政策多，就业质量高，有望拿到“国际工资”。

比照目前上海自贸区的经验来看，在区内创业主要可享受三方面的优惠政策：一是办事流程简化；二是进出口税收政策优惠；三是未来多项金融政策的创新优势。

这样，既降低了注册门槛，又有后续的优惠扶持政策，许多大学生、新兴的互联网企业将自贸区视为创业的热土。如今，作为广东自贸区的重要组成部分，广州南沙新区片区正在迎来创新、创业的热潮。香港科技大学霍英东研究院的“红鸟创业苗圃”就在自贸区落户，香港科技大学的创业大赛也首次在南沙设置赛场。

除了创业，新设企业的大量增加，也给区外的求职者带来了更多的就业机会。广东自贸区的挂牌成立，就为香港货物北上和香港青年到内地创业提供了良好的机会。

而且，由于自贸区致力于营造国际化、法治化、市场化的营商环境，必然会对高层次的人才产生不小的需求，特别是在金融、物流和IT（信息技术）等领域，许多大学毕业生以及专业人才将有机会不出国门，就拿到远超同行业水平的“国际工资”。

5. 对于国人投资海外理财的影响

自贸区方便个人投资外国证券市场。自贸区推行金融制度创新，在自贸区内，个人可以开设自由贸易账户，区内境外个人也可以开设自由贸易账户。只要等相关配套细则出台，个人就可以通过自由贸易账户投资港股、美股等境外资本市场了。

不仅如此，自贸区探索的个人跨境投资业务还有两个特点：一是双向，即境内投资者可以投出去，境外投资者也可以投进来；二是多元，既包括实业投资，也包括证券、期货类的投资。这不，天津自贸区挂牌在即，外资融资租赁公司已经加速聚集。业内专家普遍认为，融资租赁或成天津自贸区的投资新蓝海。

今后随着自贸区政策日渐明朗，老百姓将能够获得更多与国际接轨的理财产品、更多的海外投资机会、更好的投资理财服务。与此同时，随着更多国外的银行进入自贸区与本地银行竞争，百姓还可以有更多的理财选择。

6. 对于娱乐的影响

上海自贸区轮番端上“文化大餐”，韩国“乱打秀”深受观众欢迎。

自贸区内能找到什么好玩的娱乐场所吗？答案显然是肯定的。而且，不仅能找到，消费者还将有机会体验很多原汁原味的国外娱乐项目。

按照规定，自贸区允许设立外商独资的娱乐场所，允许设立外商独资演出经纪机构。这可是外资文化巨头眼中的“香饽饽”！以上海自贸区为例，在2014年美国倪德伦环球娱乐公司入驻自贸区后，中国台湾导演赖声川的经纪公司、韩国知名演出公司等外资演艺公司也纷至沓来。

再来看以两岸经贸合作为核心的福建、与香港和东南亚有着地理之便的广东，自贸区政策一旦落地，来自台港澳甚至东南亚的一些文化企业和演艺名人自然会常来常驻，演出更方便。

自贸区让正版电子产品走入千家万户。“行货版”的微软XBOX ONE、索尼PS4等游戏机可以正常进入国门。按照规定，自贸区允许外资企业从事游戏游艺设备的生产和销售，这两款游戏机也已成功在中国上市。这意味着，国内巨大的游戏娱乐市场正逐步开放，更多的海外游戏产品可以通过正规渠道进入国内千家万户。

自贸区最主要的优势在于税收与许可证等方面的优惠政策。

以上海自贸区为例，目前入区货物免税免证，出口货物退税速度快，实行境内关外政策，使整个货物的清关时间缩短、清关成本降低。

而且现在自贸区实行了外汇和人民币间的自由兑换，这使得对国外投资也成为可能。

（资料来源：人民日报官方微博，内容有整理）

第二节 香港地区

香港是世界贸易中心和金融中心，是一座现代化城市。1840 年鸦片战争以后，英国殖民主义者凭借武力威胁，先后强迫清政府将香港割让和租借给英国。后经中国政府和英国政府多轮谈判，于 1984 年 12 月 19 日在北京签署《中英关于香港问题的联合声明》。中国政府在 1997 年 7 月 1 日对香港恢复行使主权。

一、香港自然地理

（一）地理位置

香港位于东经 114°15′、北纬 22°15′，地处中国华南沿岸，在中国广东省珠江口以东，由香港岛、九龙半岛、新界内陆地区以及 262 个大小岛屿（离岛）组成。香港北接广东省深圳市，南面是广东省珠海市万山群岛。香港与西边的澳门隔江相对，距离 61 千米，北距广州 130 千米、距上海 1 200 千米。

香港由三大部分组成，其中香港岛约 81 平方千米，九龙半岛约 47 平方千米，新界及 262 个离岛共约 976 平方千米，总面积约 1 104 平方千米，约为全中国面积的万分之一，土地和水域的管辖总面积 2 755. 03 平方千米，水域率 59. 9%。香港的已发展土地少于 25%，郊野公园及自然保护区的面积多达 40%。

（二）香港气候

香港属亚热带气候，全年的气温较高，年平均温度为 22. 8℃。夏天炎热且潮湿，温度约在 26℃ 至 30℃ 之间；冬天凉爽而干燥，但很少会降至 5℃ 以下。5 月至 9 月间多雨，有时雨势颇大。夏秋之间，时有台风吹袭，7 月至 9 月是香港台风较多的季节。香港全年平均雨量 2 214. 3 毫米，雨量最多月份是 8 月，雨量最少月份是 1 月。

香港位处北半球亚热带，背靠亚欧大陆、面向太平洋，形成海洋性亚热带季风气候，四季分明。此外，香港市区高楼集中而密布、人口极为稠密，所形成的微气候容易产生热岛效应，导致市区和郊区有明显的气温差别，高层大厦林立的市区让空气中的“悬浮粒子”较难吹散。

（三）自然资源

受自然环境的限制，香港自然资源匮乏。香港食用淡水的 60% 以上依靠广东省供给。矿藏有少量铁、铝、锌、钨、绿柱石、石墨等。香港邻近大陆架，洋面广阔，岛屿众多。有得天独厚的渔业生产的地理环境。香港有超过 150 种具有商业价值的海鱼，主要是红衫鱼、九棍鱼、大眼鱼、黄花鱼、黄肚鱼和鱿鱼。香港土地资源有限，林地占总面积的 20. 5%，草地和灌木地占 49. 8%，荒地占 4. 1%，沼泽和红树地占

0. 1%，耕地占 6. 7%，鱼塘占 2%，城郊区建设发展土地占 16. 8%。农业主要经营少量的蔬菜、花卉、水果和水稻，饲养猪、牛、家禽及淡水鱼，农副产品近半数需内地供应。

二、香港人文环境

（一）人口数量与结构

香港总人口 726. 4 万（2014 年），包括约 21 万名流动居民，人口密度为每平方千米 6 420 人，是世界上人口最稠密的城市之一，市区人口密度平均高达每平方千米 21 000 人。因其人多地少，填海造地成为香港扩展城市建设用地的重要方式之一。

香港的人口绝大多数为华人，大部分原籍广东，主要说广州话（粤语），但英语很流行，说潮州话和其他方言的人也不少。新界土著居民很多说客家话。近年普通话甚为流行，一般机关和机构也鼓励应用。居于香港的外籍人士数目相当多，共有约 517 560 人，排名前三位的国家是菲律宾（130 810 人）、印度尼西亚（114 020 人）和泰国（28 360 人）。大部分香港人都住在高楼大厦中，因此香港在具有高人口密度的同时，仍然能保留大量未开发的郊野土地。

从 20 世纪 90 年代中期至今，香港本地人口都是女多男少，且差距在逐渐拉大。

香港的出生率在全世界 225 个国家及地区中是最低的，20 世纪 90 年代以后，每 1 000 人中只有 6 至 7 个新生婴孩，每名香港妇女只生育 0. 91 个婴孩，再加上平均预期寿命的增长，人口将愈趋老化。估计到 2033 年，香港 65 岁及以上的人口将占 27%，这些状况将影响到香港政府今后的城市发展规划。

（二）宗教信仰

香港宗教种类众多，主流宗教包括佛教、天主教、基督教或新教、犹太教、道教、伊斯兰教、儒教及锡克教。其他较冷门的教派，如摩门教（即耶稣基督后期圣徒教会）、神道教、创价学会及拜火教，在港亦有信徒，部分信徒拥有庞大资产。因受儒家思想的强烈影响，崇拜祖先现象非常普遍，华人主要信仰佛教、道教，基督教信徒占香港人口超过一成，香港犹太教教徒主要是英国殖民地时代的英国犹太人，他们现今在香港的人数在五千人以上。

香港文化中西合璧，属多元文化。比如在香港节日中，有中国传统的春节，也有西方的圣诞节。中国的传统节日热闹、喜庆、吉利，当然不能错过；西方的节日新潮、刺激和有趣，更是令人兴奋。

三、香港的经济发展情况

香港立足于贸易政策优势，作为一个自由港，除了烟、烈酒和动力用的燃油（汽油、柴油等）之外，不对其他进口物品征收关税。香港是亚太地区乃至国际的金融中心、国际航运中心、地区贸易中心，拥有邻近很多国家和地区不可替代的优越地位。时至今日，香港已成为世界第 11 大贸易实体。同时，香港的港湾为深水良港，以吞吐量计算，香港的货柜（集装箱）港口更是全球最繁忙的货柜港口之一。以乘客量和国际货物处理量计算，香港国际机场是世界最繁忙的机场之一。以对外银行交易量计算，香港是世界第 15 大银行中心。以成交额计算，香港是世界第六大外汇交易市场。以市值计算，香港股票市场是亚洲第二大市场。

香港是亚太地区的交通、旅游中心之一。公共交通系统以铁路、小轮、公共汽车等组成的运输网，几乎伸展到港内每一角落。香港是重要的国际商港，航运业发达。目前已与 186 个国家和地区的 472 个港口有航运往来，形成了以香港为枢纽，航线通达五大洲、三大洋的完善的海上运输网络。从香港到世界各地有 28 条航线。香港也是进入内地经商和旅游的大门。

香港是国际金融中心之一，香港股票市场规模在亚洲排名第二。其中原因包括：政府的政策是维持和发展完善的法律架构、监管制度、基础设施及行政体制，为参与市场的人士提供公平的竞争环境，维持金融及货币体系稳定，使香港能有效地与其他主要金融中心竞争。香港地理位置优越，是联结北美洲与欧洲时差的桥梁，与内地和其他东南亚经济体联系紧密，又与世界各地建立了良好的通信网络，因此能够成为重要的国际金融中心。此外，资金可以自由流入和流出香港，也是一项重要的因素。

香港经济以服务业为主，服务业占 GDP 的九成以上。香港与内地及亚太其他地区关系密切。香港是国际公司设立地区办事处最多的亚洲城市，也是受旅客欢迎的旅游地点之一，还是举办国际会议及展览的热门地方。香港商业发达，素有“购物天堂”的美誉。

四、香港的对外贸易

据中国香港特区政府统计处的统计，2014 年全年，香港货物进出口额为 11 248. 9 亿美元，比上年（下同）下降 2. 8%。其中，总出口（包括港产品出口+转口）5 241. 3 亿美元，下降 2. 1%；港产品出口 156. 0 亿美元，下降 21. 4%；转口 5 085. 3 亿美元，下降 1. 4%；进口 6 007. 6 亿美元，下降 3. 5%。贸易逆差 766. 3 亿美元，下降 11. 6%。

从进出口的国别（地区）来看，2014 年香港对内地，香港对美国、日本和印度的出口额分别占其出口总额的 57. 3%、8. 4%、3. 3% 和 2. 5%，其中对内地和日本出口分别下降 6. 4% 和 2. 2%，对美国和印度出口分别增长 3. 1% 和 16. 9%；自内地、台湾以及日本和美国的进口额分别占其进口总额的 43. 8%、7. 8%、6. 6% 和 5. 8%，其中自内地和中国台湾的进口分别增长 1. 8% 和 16. 9%，自其他国家和地区的进口分别下降 1. 7% 和 5. 3%。香港前三大贸易逆差来源地是中国台湾地区、日本和瑞士，2014 年逆差额分别为 358. 7 亿美元、227. 4 亿美元和 190. 5 亿美元，中国台湾地区和韩国分别增长 22. 3% 和 10. 7%，日本下降 1. 3%。香港的贸易顺差主要来自中国、美国和中国澳门地区，2014 年顺差额分别为 373. 1 亿美元、91. 7 亿美元和 62. 1 亿美元，中国下降 40. 3%，美国和中国澳门地区分别增长 56. 3% 和 6. 4%。（见表 6-7、表 6-8）

表 6-7　　2014 年中国香港对主要贸易伙伴出口额

单位：百万美元,%

国家和地区	金额	同比	占比
总值	524 131	-2.1	100.0
中国（内地）	300 414	-6.4	57.3
美国	44 170	3.1	8.4
日本	17 103	-2.2	3.3
印度	13 015	16.9	2.5
中国台湾	10 916	2.1	2.1
德国	9 376	-1.6	1.8
越南	8 676	-7.7	1.7
韩国	8 293	-4.3	1.6
新加坡	8 124	-6.4	1.6
泰国	7 763	8.6	1.5
英国	7 232	1.8	1.4
阿联酋	6 606	24.1	1.3
中国澳门	6 296	6.6	1.2
荷兰	6 101	12.8	1.2
法国	5 117	-3.5	1.0

数据来源：中国商务部《国别（地区）报告》（2015）。

表 6-8　　2014 年中国香港自主要贸易伙伴进口额

单位：百万美元,%

国家和地区	金额	同比	占比
总值	600 763	-3.5	100.0
中国（内地）	263 103	1.8	43.8
中国台湾	46 790	16.9	7.8
日本	39 843	-1.7	6.6
美国	35 004	-5.3	5.8
韩国	27 346	5.7	4.6
瑞士	23 081	-54.2	3.8
马来西亚	16 358	19.5	2.7

续表

国家和地区	金额	同比	占比
印度	16 125	13.7	2.7
新加坡	15 578	4.4	2.6
泰国	12 052	6.6	2.0
英国	10 295	-10.9	1.7
澳大利亚	8 399	-26.9	1.4
意大利	8 369	8.2	1.4
德国	7 697	-2.7	1.3
菲律宾	7 478	5.8	1.3

数据来源：中国商务部《国别（地区）报告》(2015)。

从进出口商品分类上来看，机电产品、贵金属及制品、纺织品及原料是香港的前三大出口商品，2014 年出口额分别为 3 090.8 亿美元、824.9 亿美元和 292.1 亿美元，分别占香港出口总额的 59.0%、15.7% 和 5.6%，其中机电产品增长 5.7%，贵金属及制品、纺织品及原料分别下降 21.4% 和 7.6%。机电产品中，电机和电气产品出口 2 399.6 亿美元，增长 6.9%；机械设备出口 691.2 亿美元，增长 1.9%。同样，机电产品也是香港进口的主要商品，2014 年进口额 3 287.0 亿美元，占香港进口总额的 54.7%，增长 7.4%。其中，电机和电气产品进口 2 616.1 亿美元，占香港进口总额的 43.6%，增长 10.5%；机械设备进口 670.9 亿美元，占香港进口总额的 11.2%，下降 3.2%。贵金属及制品为香港进口的第二位产品，进口额 988.6 亿美元，占香港进口总额的 16.5%，下降 27.7%。另外，光学钟表医疗设备、纺织品及原料和矿产品也是香港进口排名前五位的产品。(见表 6-9、表 6-10)

表 6-9　　2014 年中国香港主要出口商品构成（类）

单位：百万美元,%

商品类别	2014 年出口额	上年同期出口额	同比	占比
总值	524 131	535 548	-2.1	100.0
机电产品	309 079	292 364	5.7	59.0
贵金属及制品	82 486	104 942	-21.4	15.7
纺织品及原料	29 210	31 605	-7.6	5.6
光学、钟表、医疗设备	26 496	26 801	-1.1	5.1
塑料、橡胶	14 436	15 391	-6.2	2.8

续表

商品类别	2014年出口额	上年同期出口额	同比	占比
家具、玩具、杂项制品	10 679	12 277	-13.0	2.0
皮革制品、箱包	9 930	10 995	-9.7	1.9
贱金属及制品	8 550	8 712	-1.9	1.6
化工产品	7 334	7 625	-3.8	1.4
鞋靴、伞等轻工产品	5 015	5 384	-6.8	1.0
纤维素浆、纸张	3 709	3 691	0.5	0.7
食品、饮料、烟草	3 509	3 266	7.4	0.7
活动物、动物产品	3 172	2 739	15.8	0.6
陶瓷、玻璃	3 080	3 118	-1.2	0.6
运输设备	2 333	1 963	18.9	0.5
其他	5 113	4 675	9.4	1.0

数据来源：中国商务部《国别（地区）报告》（2015）。

表 6-10　　2014 年中国香港主要进口商品构成（类）

单位：百万美元，%

商品类别	2014年进口额	上年同期进口额	同比	占比
总值	600 763	622 276	-3.5	100.0
机电产品	328 700	305 977	7.4	54.7
贵金属及制品	98 864	136 739	-27.7	16.5
光学、钟表、医疗设备	27 173	28 560	-4.9	4.5
纺织品及原料	24 510	25 980	-5.7	4.1
矿产品	16 329	18 131	-9.9	2.7
塑料、橡胶	14 460	14 958	-3.3	2.4
活动物、动物产品	13 221	11 470	15.3	2.2
化工产品	11 262	11 409	-1.3	1.9
皮革制品、箱包	11 111	12 903	-13.9	1.9
贱金属及制品	9 470	9 772	-3.1	1.6
家具、玩具、杂项制品	9 430	11 040	-14.6	1.6

续表

商品类别	2014 年进口额	上年同期进口额	同比	占比
食品、饮料、烟草	8 288	7 893	5.0	1.4
运输设备	7 320	7 534	-2.8	1.2
植物产品	5 768	5 448	5.9	1.0
鞋靴、伞等轻工产品	5 070	5 100	-0.6	0.8
其他	9 785	9 363	4.5	1.6

数据来源：中国商务部《国别（地区）报告》（2015）。

五、内地与香港的经贸联系

自香港回归祖国以来，内地和香港的经济融合度不断提高，内地经济和对外贸易的快速稳定增长将带动香港对外贸易量的增加。中央政府关心和支持香港经济的发展，香港经济内部动力增强，步入良性发展轨道。据中国香港特区政府统计处的统计，2014 年全年，香港与内地货物进出口额为 5 635.2 亿美元，较上年下降 2.7%。其中，香港对内地出口 3 004.1 亿美元，较上年下降 6.4%，占香港出口总额的 57.3%，较上年下降 2.6 个百分点；香港自内地进口额 2 631.0 亿美元，较上年增长 1.8%，占香港进口总额的 43.8%，提升 2.3 个百分点。香港与内地的贸易顺差 373.1 亿美元，较上年下降 40.3%。内地是香港最大的贸易伙伴，居香港出口目的地和进口来源地的第一位。

机电产品是香港对内地出口的主要商品，2014 年出口额 1 965.5 亿美元，占香港对内地出口总额的 65.4%，较上年增长 3.6%。其中，电机和电气产品对内地出口额 1 519.0 亿美元，较上年增长 4.8%；机械产品对内地出口额 446.5 亿美元，较上年下降 0.2%。贵金属及制品居香港对内地出口商品的第二位，出口额 500.5 亿美元，占香港对内地出口总额的 16.7%，下降 32.0%。光学、钟表、医疗设备，塑料、橡胶，纺织品及原料则居香港对内地出口的第三至五位，占比分别为 3.7%、3.6% 和 2.3%。（见表 6-11）

机电产品是香港自内地进口的首位商品，2014 年进口 1 719.3 亿美元，占自内地进口总额的 65.4%，较上年增长 6.4%。其中，电机和电气产品进口 1 335.5 亿美元，较上年增长 8.8%；机械设备进口 383.8 亿美元，较上年下降 1.5%。贵金属及制品，纺织品及原料，光学、钟表、医疗设备，家具、玩具也是香港自内地进口的重要商品，合计进口额 556.3 亿美元，占香港自内地进口总额的 21.1%。（见表 6-12）

中国内地在香港劳动密集型产品进口上具有较大的竞争优势，占香港纺织品及原料、家具玩具和鞋靴伞等轻工产品进口市场份额的比重分别为 72.5%、76.7% 和 72.4%。内地是香港机电产品的首位来源地，占据该产品进口市场的 52.3%，进口来源居第二位的台湾占比为 12.2%。

表 6-11　　2014 年香港对内地出口主要商品构成（类）

单位：百万美元，%

商品类别	2014 年出口额	上年同期出口额	同比	占比
总值	300 414	320 799	-6.4	100.0
机电产品	196 549	189 645	3.6	65.4
贵金属及制品	50 048	73 631	-32.0	16.7
光学、钟表、医疗设备	11 084	11 802	-6.1	3.7
塑料、橡胶	10 927	11 834	-7.7	3.6
纺织品及原料	6 976	7 984	-12.6	2.3
贱金属及制品	4 872	5 282	-7.8	1.6
化工产品	4 531	4 517	0.3	1.5
皮革制品、箱包	3 901	4 763	-18.1	1.3
陶瓷、玻璃	2 673	2 677	-0.2	0.9
家具、玩具、杂项制品	2 477	3 041	-18.6	0.8
食品、饮料、烟草	1 298	1 159	11.9	0.4
植物产品	1 205	1 045	15.3	0.4
纤维素浆、纸张	1 046	1 014	3.1	0.4
运输设备	666	558	19.3	0.2
矿产品	591	603	-2.0	0.2
其他	1 572	1 245	26.3	0.5

数据来源：中国商务部《国别（地区）报告》（2015）。

表 6-12　　2014 年香港自内地进口主要商品构成（类）

单位：百万美元，%

商品类别	2014 年进口额	上年同期进口额	同比	占比
总值	263 103	258 351	1.8	100.0
机电产品	171 926	161 665	6.4	65.4
贵金属及制品	18 473	19 421	-4.9	7.0
纺织品及原料	17 770	19 086	-6.9	6.8
光学、钟表、医疗设备	12 157	13 242	-8.2	4.6
家具、玩具、杂项制品	7 233	8 593	-15.8	2.8

续表

商品类别	2014年进口额	上年同期进口额	同比	占比
矿产品	5 104	5 144	-0.8	1.9
贱金属及制品	4 874	4 839	0.7	1.9
塑料、橡胶	4 580	4 747	-3.5	1.7
皮革制品、箱包	4 270	4 919	-13.2	1.6
鞋靴、伞等轻工产品	3 671	3 885	-5.5	1.4
纤维素浆、纸张	2 487	2 442	1.9	1.0
食品、饮料、烟草	2 466	2 386	3.4	0.9
活动物、动物产品	2 235	2 130	4.9	0.9
化工产品	1 902	1 953	-2.6	0.7
陶瓷、玻璃	1 008	1 091	-7.6	0.4
其他	2 947	2 808	5.0	1.1

数据来源：中国商务部《国别（地区）报告》(2015)。

第三节　台湾地区

知识窗

台湾的别称

台湾是我国的宝岛。台湾物产丰富、特点鲜明，因而其别称也很多。

台湾盛产大米，其中最著名的是“蓬莱米”，为此又有“米仓”之誉；

台湾盛产蔗糖，因而有“东方糖库”之称；

台湾盛产水果，香蕉、菠萝、柑橘、荔枝、龙眼、木瓜、柚子、枇杷、芒果、橄榄、槟榔、椰子等，一年四季不断，因而素有“水果之乡”之称；

台湾拥有丰富的森林资源，号称“森林之海”；

台湾盛产食盐，因而有“东南盐库”之称。

此外，物产富饶的台湾还有“兰花王国”“蝴蝶王国”“珊瑚王国”“鱼仓”等美誉，不胜枚举。

（资料来源：魏红霞．中国地理百科．北京：北京教育出版社，2015．资料有整理）

一、台湾自然地理

（一）地理位置

台湾位于中国大陆东南沿海的大陆架上，地处东经 119°18′03″至 124°34′30″、北纬 20°45′ 25″至 25°56′30″之间。面积 3. 6 万平方千米，包括台湾岛（面积 3. 58 万平方千米）、澎湖列岛、绿岛、钓鱼岛、兰屿、彭佳屿、赤尾屿等岛屿。

台湾岛是台湾的主体，也是中国的第一大岛，位于祖国东南沿海的大陆架上。台湾东临太平洋，东北邻琉球群岛，相隔约 600 千米；南界巴士海峡，与菲律宾相隔约 300 千米；西隔台湾海峡与福建省相望，最窄处为 130 千米。

（二）地貌特征

台湾岛多山，高山和丘陵面积占全部面积的 2/3 以上。台湾山系与台湾岛的东北—西南走向平行，竖卧于台湾岛中部偏东位置，形成本岛东部多山脉、中部多丘陵、西部多平原的地形特征。台湾岛有五大山脉、四大平原、三大盆地，它们是：中央山脉、雪山山脉、玉山山脉、阿里山山脉和台东山脉，宜兰平原、嘉南平原、屏东平原和台东纵谷平原，台北盆地、台中盆地和埔里盆地。中央山脉纵贯南北，玉山海拔 3 952 米，是我国东部最高峰。台湾岛位于环太平洋地震带和火山带上，地壳不稳，是一个多地震的地区。

（三）气候

台湾气候冬季温暖，夏季炎热，雨量充沛，夏秋多台风和暴雨。由于北回归线穿过台湾岛中部，台湾北部为亚热带气候，南部属热带气候，年平均气温（高山除外）为 22℃，年降水量多在 2 000 毫米以上。

（四）河流与湖泊

台湾地处湿润地区，河流密度大，独流入海的大小河川多达 608 条，且水势湍急，多瀑布，水力资源极为丰富，其中长度超过 100 千米以上的河流有浊水溪（186. 4 千米）、高屏溪（170. 9 千米）、淡水河（158. 7 千米）、大甲溪（140. 3 千米）、曾文溪（138. 5 千米）、马溪（116. 8 千米）。台湾的湖泊数量较少，面积也不大，其中最著名的是日月潭。

知识链接

日 月 潭

日月潭位于南投县鱼池乡水社村，是台湾唯一的天然湖，由玉山和阿里山之间的断裂盆地积水而成。湖面海拔 760 米，面积约 9 平方千米，平均水深 30 米，湖周长约 35

千米，是台湾最大的天然湖泊。日月潭四周群山环抱，重峦叠嶂，潭水碧波晶莹，湖面辽阔，群峰倒映湖中，优美如画。每当夕阳西下，新月东升之际，日光月影相映成趣，更是优雅宁静，富有诗情画意。日月潭中有一小岛，远望好像浮在水面上的一颗珠子，名珠子屿（光华岛）。以此岛为界，北半湖形状如圆日，南半湖形状如弯月，日月潭因此而得名。

（资料来源：百度百科同名词条）

（五）自然资源

台湾除有丰富的水力、森林、渔业资源外，其他自然资源有限，自产能源只有少量煤、天然气，金、银、铜、铁等金属矿产也较少，主要储藏于北部火山岩地区及中央山脉。

1. 耕地资源

台湾农耕面积约占土地面积的四分之一，盛产稻米，一年有二至三熟，米质好，产量高；主要经济作物是蔗糖和茶。蔬菜品种超过 90 种，栽种面积仅次于稻谷。台湾素有“水果王国”美称，水果种类繁多。花卉产值也相当可观。

2. 森林资源

台湾森林面积约占全境面积的 52%，台北的太平山、台中的八仙山和嘉义的阿里山是著名的三大林区，木材储量多达 3.26 亿立方米，树木种类近 4 000 种，其中尤以台湾杉、红桧、樟、楠等名贵木材闻名于世，樟树提取物更是居世界之首，樟脑和樟油产量约占世界总量的 70%。

3. 渔业资源

台湾四面环海，海岸线总长达 1 600 千米，因地处寒暖流交界，渔业资源丰富。东部沿海岸峻水深，渔期终年不绝；西部海底为大陆架的延伸，较为平坦，底栖鱼和贝类丰富，近海渔业、养殖业都比较发达。远洋渔业也较发达。

二、台湾的人文环境

台湾人口共 23 452 387 人（2015 年 4 月官方统计），人口总增加率为 2.97‰。人口主要集中在西部平原，东部人口仅占全部人口的 4%。人口密度平均每平方千米约为 620 人，台北市的人口密度为每平方千米近 1 万人。

台湾居民中，汉族约占总人口的 98%；少数民族占 2%，约 38 万人。台湾少数民族是高山族，分居台湾各地。

台湾的语言较为复杂，普通话、闽南语为通用语言，另外少数民族有自身的语言（如泰雅语、巴丹语、排湾语等），客家话、日语也有人说。

台湾的宗教种类繁多，信众众多。宗教包括了本地原始信仰、民间信仰（如妈祖等）、道教、佛教、天地教、伊斯兰教、基督教（新教）、天主教、一贯道、大同教、天理教、理教、轩辕教等，其中主要宗教有佛教、道教、新教等。

三、台湾经济发展情况

从 1949 年以来，台湾经济发展大致经历了四个时期。

（一）经济恢复时期（1949—1952 年）

当时台湾人口剧增，物价飞涨，工农业生产几乎停顿，而军事性开支却占财政支出的一半以上，民众生活困难，经济濒临崩溃。为此，台湾当局采取了一系列旨在稳定社会和恢复经济的政策与措施，包括土地改革、币制改革、外汇贸易管制，优先发展电力、肥料及纺织工业等。20 世纪 50 年代，台湾农业发展迅速，增长率年均达 4.7%。此外，从 1950 年下半年起，美国开始对台湾实行经济援助，注入大量资金帮助台湾恢复经济。到 1952 年，台湾经济基本恢复到第二次世界大战前的最高水平。

（二）以农养工发展时期（1952—1960 年）

当时台湾经济基本上以农业为主，劳动力过剩，对外贸易和国际收支均逆差严重，外汇极度短缺，民众因收入低而无力消费进口工业品。台湾当局以稳定中求发展为指导思想，确定了以农业培养工业、以工业发展农业的方针。土地改革促进了农业劳动生产率的提高，农产品及其加工品在总出口中的比重非常高，1957 年高达 71.5%，成为创汇主力。台湾当局又通过肥料换谷、强制收购等不等价交换方式获取利润，把它转移到工业部门。在工业方面，重心放在资金需求量不大、技术要求不高、建厂周期短的民生工业上，以岛内生产替代进口，以适应岛内的消费水准，并节省外汇开支，创造更多的就业机会，减轻就业压力，形成了糖、茶、菠萝及香茅油等农副产品加工业以及水泥、玻璃、木制品、造纸、化肥、纺织、食油、面粉、塑胶原料及制品、人造纤维、自行车、缝纫机和家用电器等进口替代工业。

（三）出口导向经济发展时期（1960—1986 年）

由于台湾市场狭小，当时进口替代工业的产品市场已趋饱和，若继续发展将导致经济后劲乏力。台湾抓住当时国际分工变化的机遇，利用低廉工资的国际比较利益，大力发展加工出口工业带动经济发展，并陆续修正或制定旨在促进出口的政策与措施，如进行外汇贸易改革、实施“奖励投资条例”、鼓励民间储蓄、对外销厂商实行税收和融资优惠、设立出口加工区和保税仓库等。这个时期外资对台湾工业化和出口扩张起了重要作用，民间企业从进口替代产业转向出口产业，成为经济成长的主力。台湾企业从日本进口生产资料，向美国出口工业品，形成了生产上依赖日本、市场上依赖美国的三角贸易关系。台湾工业得到了高速发展。1963—1973 年，工业年均增长率高达 18.3%，其中制造业的年均增长率达 20.1%，工业产值在台湾 GDP 中的比重由 1960 年的 26.9% 提高到 1973 年的 43.8%；出口贸易额中工业制品的比重由 1960 年的 32.3% 增至 1973 年的 84.6%。至此，台湾工业建立起了一个以出口加工区为依托，以轻纺、家电等加工工业为核心的产业支柱，由此带动了经济的发展。

（四）经济转型时期（1986 年至今）

自 20 世纪 80 年代以来，由于台湾内外经济环境的变化，新台币兑美元汇率大幅升值，工资也大幅上涨，劳动力短缺，劳动密集型加工出口工业逐渐丧失比较利益和比较优势，导致民间投资意愿低落，经济发展陷入困境。为此，台湾当局于 1986 年提出了实行自由化、国际化、制度化的经济转型，进一步健全和完善市场经济机制，并以产业升级和拓展美国以外的外贸市场作为重大调整内容，确定以通信、信息、消费电子、半导体、精密器械与自动化、航天、高级材料、特用化学及制药、医疗保健、污染防治等十大新兴产业为支柱产业。经过几十年的经济转型，台湾经济在自由化、国际化方面取得一定进展，产业升级也初现成效，资本和技术密集型工业占制造业的比重目前已达 61.5%，其中信息产业发展尤为突出，其产值已名列世界前茅。在 ECFA（海峡两岸经济合作框架协议）签订以后，两岸经贸关系更加紧密，台湾经济越来越依赖大陆市场。

四、台湾农业

农业在台湾地区经济发展中曾经占有重要地位，为工业发展提供了大量资金、劳动力与市场，奠定了 20 世纪 80 年代台湾经济起飞的基础。

台湾农业包括种植业、畜牧业、渔业与林业四大部门。50 余年来，台湾农业生产结构已逐渐由以种植业为主的单一的传统农业，逐渐转变为农、林、牧、渔综合发展的多元化农业与商业性农业。20 世纪 80 年代到 90 年代末，种植业产值比重占农业总产值的四成，渔业产值比重占两成，畜牧业产值比重占三成，林业产值比重很小。目前，台湾农业的对外合作项目增多，向福建、浙江、广东、海南等省的投资日渐增加。

在整个农业结构发生变化的同时，每一个农业部门内部结构也发生了很大变化。在种植业内部，粮食作物与经济作物比重逐步下降，水果、蔬菜与花卉等园艺作物的比重迅速提高；渔业内部已由沿岸和养殖渔业为主向近海与远洋渔业发展；在畜牧业内部，在养猪业、养鸡业迅速发展的同时，乳牛与肉牛业也得到了较快发展，比重逐渐增大。

受地形因素制约，台湾农业生产相对集中于西部的平原地带。

五、台湾工业

工业是台湾经济的重要支柱。经过几十年的发展，台湾基本上建立了部门比较齐全、以委托加工型态为主体、以信息电子产业为支柱的工业体系。

目前，台湾是世界上最大的信息技术（IT）代工和生产地区。电子资讯业（ICT）、化学与金属工业占了制造业 GDP 的 70% 左右，占其出口总值的 60%，而且成长性较好。2007 年，资讯电子业的年增长率达到 19.17%。而面对 2008 年开始的全球经济不景气、IT 产业出现波动，台湾当局从 2009 年开始陆续提出推进六大新兴产业的规划，具体包括绿色能源、生物科技、观光旅游、健康照护、精致农业及文化创意产业，并辅导及吸引民间投资，开拓新的商机及协助产业快速升级。

台湾的工业布局集中在西部地区，台北附近的新竹县、桃园县及南部的大高雄市与台南市是工业布局较为集中的地区。而新竹科技园区、台中科技园区与南部科技园区并称为台湾的三大科技园区。新竹科技园区以半导体、资讯产业为主，包含了新竹、竹南、龙潭等园区；台中科技园区以以纳米技术为基础的光电、航空及精密科技机械产业为主，包含了台中、虎尾、后里等园区；台南科技园区以光电产业为主，包含了台南、高雄等园区。

另外，与日本、韩国不同的是，台湾工业企业中的中小企业比重较高，主要制造企业如表 6-13 所示。

表 6-13　台湾的主要制造企业

序号	公司名称	主要产品
1	台湾中国石油	石化原料
2	鸿海精密	电脑零配件
3	台塑石化	石化原料
4	台湾积体电路制造	半导体
5	广达电脑	电脑系统
6	台湾菸酒	饮料
7	南亚塑胶	塑胶与橡胶制品
8	中国钢铁	金属原料
9	华硕电脑	电脑周边及零组件
10	仁宝电脑	电脑系统

资料来源：台湾《天下杂志》一千大企业排名统计，根据 2006 年数据统计得出，内容有整理。

六、台湾服务业

台湾的服务业较发达，近年来服务业的从业人口占本地区的 50% 以上，而产值占 GDP 比重的七成。由于国际互联网的发展，台湾的服务业发展日渐国际化，但 2009 年的台湾当地统计表明服务业的发展仍然以满足内需为导向，而且服务业机构多数属于事业机构类型（如医院、学校等）。从服务业内部构成上看，它包括物流与通信业、金融保险业、旅游业、工商服务业、社团服务业（主要是医疗、教育、广播电视等）。

旅游业在台湾的发展远景较好，由于台湾地质条件复杂，地形起伏大，气候温暖湿润，景观壮丽；加之台湾为移民社会，有多元文化，人文景观丰富，为台湾的旅游业发展奠定了良好的基础。台湾与大陆之间就相互开放旅游市场达成了多个协议，大陆人赴台旅游市场开发顺利。

七、台湾的对外贸易

台湾属于岛屿经济，内部市场狭小，需要从国际贸易、国际分工中快速崛起。国际市场在帮助台湾经济腾飞的同时，也使得台湾整个经济严重依赖国际市场，原材料、燃料和技术设备大量依靠进口，工业以加工装配和外销为主。目前，台湾主要的出口商品有机械及电机设备、电子产品、化工产品、纺织品、服装、基本金属及其制品、塑胶鞋帽、车辆等。台湾的进口商品以资本设备、工业原料等生产资料为主，约占 90%；消费品的进口额只占 11% 左右。主要的进口商品是机械及电机设备、基本金属及其制品、化工产品、矿产品、原油、钢铁、运输工具、食品饮料及烟等。

台湾产品输出地区集中在东南亚国家（越南、马来西亚等）、美国、加勒比海地区及中国香港。随着《海峡两岸经济合作框架协议》（ECFA）的签订与实施，台湾与祖国大陆的经济联系也日趋密切。截至 2009 年年底，两岸贸易额累计超过 9 600 亿美元。

台湾电子产业是最重要的出口行业，也是最大的接受美国投资的产业。其电脑芯片生产与出口数量世界领先。进口物品主要是原材料和大宗货物，90% 依赖于进口。台湾大部分能源依赖进口。台湾与大陆在 2010 年签订 ECFA，台湾的 500 多种商品可以以低关税或零关税出口至大陆。

据台湾关税管理部门的统计，2014 年台湾货物进出口额为 5 685.9 亿美元，比上年（下同）增长 2.2%。其中，出口 2 956.2 亿美元，增长 2.9%；进口 2 729.7 亿美元，增长 1.4%。贸易顺差 226.4 亿美元，增长 26.1%。

从进出口国别（地区）结构上看，2014 年台湾对大陆、香港以及美国和新加坡的出口额分别占台湾出口总额的 26.1%、12.7%、11.4% 和 6.7%，分别增长 0.4%、8.1%、7.0% 和 6.1%；自祖国大陆以及日本、美国和韩国的进口额分别占台湾进口总额的 17.6%、15.3%、10.0% 和 5.4%，中国（大陆）和美国分别增长 13.0% 和 9.1%，日本和韩国分别下降 3.5% 和 6.0%。台湾贸易顺差主要来源地是香港和大陆，2014 年的顺差额分别为 358.0 亿美元和 293.2 亿美元，香港增长 8.2%，大陆下降 15.1%。贸易逆差主要来自日本和沙特阿拉伯，分别为 243.0 亿美元和 116.6 亿美元，分别下降了 7.1% 和 15.6%。（见表 6-14、表 6-15）

表 6-14　　2014 年中国台湾对主要贸易伙伴出口额

单位：百万美元，%

国家和地区	金额	同比	占比
总值	295 615	2.9	100.0
中国（大陆）	77 279	0.4	26.1
中国香港	37 486	8.1	12.7
美国	33 549	7.0	11.4
新加坡	19 657	6.1	6.7

续表

国家和地区	金额	同比	占比
日本	17 332	2.1	5.9
韩国	12 175	4.6	4.1
越南	9 559	11.7	3.2
菲律宾	8 909	6.3	3.0
马来西亚	8 420	5.6	2.9
泰国	5 909	-4.2	2.0
德国	5 897	9.4	2.0
荷兰	4 643	10.4	1.6
英国	4 101	-3.1	1.4
印度尼西亚	3 769	-24.8	1.3
澳大利亚	3 517	-5.4	1.2

数据来源：中国商务部《国别（地区）报告》(2015)。

表 6-15　　2014 年中国台湾自主要贸易伙伴进口额

单位：百万美元,%

国家和地区	金额	同比	占比
总值	272 973	1.4	100.0
中国（大陆）	47 961	13.0	17.6
日本	41 631	-3.5	15.3
美国	27 383	9.1	10.0
韩国	14 766	-6.0	5.4
沙特阿拉伯	13 666	-12.5	5.0
德国	9 373	13.8	3.4
马来西亚	8 782	8.2	3.2
新加坡	8 365	-2.0	3.1
印度尼西亚	7 388	3.3	2.7
澳大利亚	7 319	-7.3	2.7
科威特	6 669	-20.7	2.4
阿联酋	5 486	19.5	2.0
卡塔尔	5 373	-13.7	2.0
泰国	4 297	14.8	1.6

续表

国家和地区	金额	同比	占比
阿曼	3 659	3.8	1.3

数据来源：中国商务部《国别（地区）报告》（2015）。

从进出口的商品结构上看，台湾最主要的出口商品是机电产品，2014 年出口额 1 427.3 亿美元，占台湾出口总额的 48.3%，增长 7.2%。其中，电机和电气产品出口 1 136.0 亿美元，增长 7.3%；机械设备出口 291.3 亿美元，增长 6.8%。贱金属及制品、塑料橡胶和化工产品位列出口的第二至第四位，2014 年分别出口 285.1 亿美元、237.7 亿美元和 206.6 亿美元，分别占台湾出口总额的 9.6%、8.0% 和 7.0%，塑料橡胶下降 2.6%，贱金属和化工产品分别增长 5.0% 和 1.2%。台湾的进口商品以机电产品、矿产品、化工产品和贱金属及制品为主，2014 年分别进口 845.5 亿美元、693.7 亿美元、299.3 亿美元和 227.4 亿美元，分别占台湾进口总额的 31.0%、25.4%、11.0% 和 8.3%，机电产品和贱金属增长 2.2% 和 4.8%，矿产品和化工产品下降 5.3% 和 2.0%。（见表 6-16、表 6-17）

表 6-16　　2014 年中国台湾主要出口商品构成（类）

单位：百万美元,%

商品类别	2014 年出口额	上年同期出口额	同比	占比
总值	295 615	287 259	2.9	100.0
机电产品	142 727	133 147	7.2	48.3
贱金属及制品	28 506	27 140	5.0	9.6
塑料、橡胶	23 772	24 394	-2.6	8.0
化工产品	20 655	20 409	1.2	7.0
光学、钟表、医疗设备	19 903	21 558	-7.7	6.7
矿产品	18 452	20 134	-8.4	6.2
纺织品及原料	11 487	11 613	-1.1	3.9
运输设备	11 452	10 877	5.3	3.9
家具、玩具、杂项制品	4 945	4 597	7.6	1.7
陶瓷、玻璃	2 415	2 508	-3.7	0.8
贵金属及制品	2 105	1 948	8.0	0.7
活动物、动物产品	2 074	2 056	0.9	0.7
纤维素浆、纸张	1 805	1 850	-2.5	0.6
食品、饮料、烟草	1 538	1 428	7.7	0.5

续表

商品类别	2014 年出口额	上年同期出口额	同比	占比
皮革制品、箱包	963	914	5.4	0.3
其他	2 817	2 687	4.8	1.0

表 6-17　　2014 年中国台湾主要进口商品构成（类）

单位：百万美元,%

商品类别	2014 年进口额	上年同期进口额	同比	占比
总值	272 973	269 306	1.4	100.0
机电产品	84 551	82 727	2.2	31.0
矿产品	69 370	73 242	-5.3	25.4
化工产品	29 926	30 547	-2.0	11.0
贱金属及制品	22 740	21 696	4.8	8.3
光学、钟表、医疗设备	11 936	10 931	9.2	4.4
运输设备	9 490	7 905	20.1	3.5
塑料、橡胶	8 895	8 792	1.2	3.3
贵金属及制品	5 088	4 604	10.5	1.9
植物产品	4 867	4 837	0.6	1.8
食品、饮料、烟草	4 404	4 162	5.8	1.6
纺织品及原料	3 398	3 289	3.3	1.3
陶瓷、玻璃	3 094	3 243	-4.6	1.1
活动物、动物产品	2 939	2 523	16.5	1.1
纤维素浆、纸张	2 455	2 619	-6.3	0.9
家具、玩具、杂项制品	1 763	1 466	20.2	0.7
其他	8 059	6 724	19.9	3.0

八、两岸贸易概况

据台湾关税管理部门统计，2014 年台湾与祖国大陆货物贸易进出口额达 1 252.4 亿美元，同比增长 4.8%。其中，台湾对祖国大陆的出口额 772.8 亿美元，同比增长 0.4%，占台湾出口额的 26.1%，同比下降 0.7 个百分点；台湾从祖国大陆的进口额 479.6 亿美元，同比增长 13.0%，占台湾进口额的 17.6%，同比提升 1.8 个百分点。

台湾与祖国大陆的贸易顺差为293.2亿美元，下降15.1%。祖国大陆为台湾最大的贸易伙伴、第一大出口目的地和第一大进口来源地。

台湾对祖国大陆出口的主要商品是机电产品、光学钟表医疗设备、化工产品和塑料橡胶，2014年出口额分别为334.7亿美元、132.0亿美元、99.6亿美元和82.0亿美元，分别占台湾对祖国大陆出口总额的43.3%、17.1%、12.9%和10.6%，机电产品同比增长9.5%，光学钟表医疗设备、化工产品和塑料橡胶同比分别下降11.1%、6.2%和6.9%。（见表6-18）

机电产品是台湾自祖国大陆进口的最重要的商品，2014年进口额为247.2亿美元，占自祖国大陆进口总额的51.5%，同比增长8.9%。贱金属及制品和化工产品为第二和第三大类进口商品，进口额56.7亿美元和49.6亿美元，占自祖国大陆进口总额的11.8%和10.3%，同比增长28.7%和12.2%。光学钟表医疗设备、纺织品及原料和塑料橡胶也是台湾自祖国大陆进口的重要产品。在台湾机电产品、贱金属及制品、纺织品及原料和家具玩具的进口市场中，祖国大陆产品分别占台湾同类产品进口份额的29.2%、24.9%、43.1%和53.2%，居台湾进口来源首位，大陆产品的主要竞争对手为日本和越南等国家。（见表6-19）

两岸学者普遍认为，ECFA的签订极大地促进了两岸的经济合作，这可以具体体现在三个方面：

其一，过去两岸合作更多地集中在对大企业的投资上，现在从早期收获清单看，ECFA为两岸中小企业提供了很好的平台，未来哪些企业可以在台湾或者大陆发展更好，彼此之间就可以整合。

其二，随着ECFA的签署，今后两岸经贸进入正常化、规范化，经济合作模式发生变化。过去两岸合作主要是台商在大陆投资，今后两岸合作要从过去简单的资本移动转变为要素整合，各凭其要素禀赋——台湾的优势要素在资金、技术、管理和行销方式，大陆的优势在基础研究、土地、资本、市场等。两者之间如何更好结合是个新课题，未来两岸合作将更多走向项目合作，为产业整合带来深远影响。

其三，ECFA将带来两岸服务业的开放。它将为两岸企业发展提供更好的金融等现代服务业。广告设计、会展、研发等文化产业将促使相关产业向上下游延伸，从制造向两端延伸，提供更好的机遇和空间。

表6-18　　2014年台湾对大陆出口主要商品构成（类）

单位：百万美元，%

商品类别	2014年出口额	上年同期出口额	同比	占比
总值	77 279	77 005	0.4	100.0
机电产品	33 468	30 568	9.5	43.3
光学、钟表、医疗设备	13 195	14 848	-11.1	17.1
化工产品	9 956	10 610	-6.2	12.9

续表

商品类别	2014 年出口额	上年同期出口额	同比	占比
塑料、橡胶	8 204	8 809	-6.9	10.6
贱金属及制品	4 912	4 860	1.1	6.4
纺织品及原料	2 335	2 504	-6.7	3.0
矿产品	1 192	913	30.6	1.5
陶瓷、玻璃	979	931	5.2	1.3
运输设备	895	1 000	-10.5	1.2
家具、玩具、杂项制品	390	357	9.1	0.5
食品、饮料、烟草	363	337	7.7	0.5
纤维素浆、纸张	320	328	-2.7	0.4
活动物、动物产品	281	254	10.7	0.4
皮革制品、箱包	224	206	8.6	0.3
贵金属及制品	87	61	41.8	0.1
其他	480	419	14.5	0.6

数据来源：中国商务部《国别（地区）报告》(2015)。

表 6-19　　2014 年台湾自大陆进口主要商品构成（类）

单位：百万美元，%

商品类别	2014 年进口额	上年同期进口额	同比	占比
总值	47 961	42 454	13.0	100.0
机电产品	24 720	22 694	8.9	51.5
贱金属及制品	5 671	4 408	28.7	11.8
化工产品	4 959	4 420	12.2	10.3
光学、钟表、医疗设备	2 732	2 018	35.4	5.7
纺织品及原料	1 466	1 303	12.5	3.1
塑料、橡胶	1 344	1 154	16.5	2.8
运输设备	1 065	986	8.0	2.2
家具、玩具、杂项制品	937	808	16.0	2.0
陶瓷、玻璃	889	723	22.9	1.9
贵金属及制品	881	803	9.7	1.8

续表

商品类别	2014 年进口额	上年同期进口额	同比	占比
矿产品	714	820	-13.0	1.5
纤维素浆、纸张	424	428	-0.9	0.9
鞋靴、伞等轻工产品	350	294	19.2	0.7
皮革制品、箱包	337	306	10.3	0.7
植物产品	253	238	6.3	0.5
其他	1 217	1 051	15.8	2.5

数据来源：中国商务部《国别（地区）报告》（2015）。

思　考　题

1. 何谓自由贸易区，请简要介绍中国上海自由贸易区。
2. 简述内地与香港之间的经贸联系现状。
3. 什么是 ECFA？为什么说 ECFA 的签订极大地促进了两岸的经济合作？

第七章

美　　国

国家名片

国名：美利坚合众国（United States of America）	人口数量：3.19 亿（2014 年）
首都：华盛顿哥伦比亚特区	国土面积：937 万平方千米
主要城市：纽约、洛杉矶、芝加哥、休斯敦	GDP 总计：17.42 万亿美元（2014 年）
国庆日：7 月 4 日	人均 GDP：54 644 美元（2014 年）
国歌：《星条旗永不落》	官方语言：英语
主要宗教：新教、天主教、摩门教	货币：美元
国花：玫瑰	国石：蓝宝石

一、美国自然地理

（一）地理位置与范围

美国位于北美洲中部，领土还包括北美洲西北部的阿拉斯加和太平洋中部的夏威夷群岛。北与加拿大接壤，南靠墨西哥湾，西临太平洋，东濒大西洋，大部分国土（下称美国本土，不包括阿拉斯加、夏威夷两州）位于北纬 25°到北纬 49°，西经 68°至西经 125°，属于西半球、北温带。

作为世界上最大的国家之一，美国本土略呈长方形状，本土东西长 4 500 千米，南北宽 2 700 千米，海岸线长 22 680 千米。大部分地区属于温带大陆性气候，南部属亚热带气候。美国国土面积 937 万平方千米（其中陆地面积 915.89 万平方千米，内陆水域面积约 20 万平方千米）。

全国共分 50 个州和 1 个特区（哥伦比亚特区），有 3 042 个县。联邦领地包括波多黎各和北马里亚纳；海外领地包括关岛、美属萨摩亚、美属维尔京群岛等。

（二）地形条件

美国本土地形特征表现为三个南北向的纵列带。

1. 东部地区

东部地区是阿巴拉契亚山脉和沿海平原，阿巴拉契亚山脉长约 3 000 千米，其最高峰为密契尔山，海拔高度 2 037 米。阿巴拉契亚山脉平均海拔在 1 000 米以下，山势低矮，对交通影响不大。它与大西洋海岸间有狭窄的山麓高原和沿海低下的平原，被称为大西洋沿岸低地，一般宽度从几十千米到 350 千米，海拔在 200 米以下。大西洋沿岸低地与阿巴拉契亚山脉交界处地势高低悬殊，河流从山地倾入平原，形成许多瀑布和急流，被称为瀑布线。大西洋沿岸低地沿海一带多沙嘴、泻湖和沼泽地，美国最大的半岛佛罗里达半岛就位于此，它南北长 600 多千米，东西最宽处有 200 多千米，一般海拔在 30 米至 90 米之间。

2. 中部大平原

美国中部大平原位于东部的阿巴拉契亚山和西部的洛基山之间，北起五大湖沿岸，南接墨西哥湾沿岸平原，从北到南贯穿整个美国中部，约占美国全部国土面积的 50%。中部大平原大致可分成两部分：（1）东部平原，海拔一般在 500 米以下，仅西南部较高，为一低高原形态。在密苏里河和俄亥俄河以北地区，冰川作用显著，出现多个大小湖盆。（2）西部大平原，位于洛基山脉以东，东部平原以西，南北到国境线，海拔 500 米至 1 800 米，自东向西逐渐增高，受东西向河谷深切。平原上地势平坦，土壤肥沃，牧草丰茂，又称大草原，是美国最重要的农牧业区。

3. 西部高大山系

科迪勒拉山系纵贯北美洲西部，在美国境内宽 1 700 千米。该山系由东部的洛基山脉、西部的喀斯喀特山脉、内华达山脉和太平洋沿岸的海岸山脉组成。洛基山脉北起加拿大的育空高原，向南延伸到墨西哥境内。它是北美最大的分水岭，山脉以东的河流注入大西洋，以西的河流注入太平洋。美国所有的大河都发源于此。喀斯喀特山脉拥有许多山湖和小瀑布，而“喀斯喀特”的特定含意就是小瀑布的意思。内华达山脉的最高峰为惠特尼山，海拔 4 418 米，为美国本土最高点。内华达山脉东侧的“死谷”，低于海平面的面积达 1 408 平方千米，其最低处低于海平面 85 米，为美国大陆最低点。在洛基山脉和喀斯喀特山脉、内华达山脉之间，夹着哥伦比亚高原、科罗拉多高原和内陆盆地。其中，哥伦比亚高原位于北部，科罗拉多高原位于东南部。这两个高原地势平坦，但也有不少被河流“深切”的峡谷，如科罗拉多河流经的大峡谷，长达 440 千米，深达 1 830 米。从喀斯喀特山脉、内华达山脉向西，便是陡峭耸立在太平洋沿岸的海岸山脉，高达 2 000 多米。这两条山脉间有两个狭长的山间谷地：北面是威特麦特谷地；南面则是美国西部最重要的农业区——肥沃的加利福尼亚谷地。

（三）河流与湖泊

美国河流湖泊众多，水系复杂，从总体上可分为三大水系：

（1）位于洛基山以东，注入大西洋的河流都称为大西洋水系，主要有密西西比河、康乃迪克河和哈得孙河。其中密西西比河全长 6 020 千米，居世界第四位。它发源于洛基山脉，贯穿了整个中部平原，注入墨西哥湾，通过田纳西河、俄亥俄河及人工运河与大西洋相连。

（2）注入太平洋的河流称太平洋水系，主要有科罗拉多河、哥伦比亚河、育空河等。

（3）注入北冰洋的河流称北冰洋水系，主要位于美国北部的阿拉斯加州北部。

北美洲中东部的五大湖区，包括苏必利尔湖、密歇根湖、休伦湖、伊利湖和安大略湖，总面积 24.5 万平方千米，为世界最大的淡水水域，素有“北美地中海”之称，其中密歇根湖属美国，其余四湖为美国和加拿大共有。苏必利尔湖为世界最大的淡水湖，面积在世界湖泊中仅次于里海，位居世界第二。

（四）气候

美国大部分地区属温带和亚热带气候，仅佛罗里达半岛南端属热带。阿拉斯加州位于北纬 60°至北纬 70°，属北极圈内的寒冷气候区；夏威夷州位于北回归线以南，属热带气候区。但由于美国幅员辽阔，地形复杂，各地气候差异较大，大体可分为五个气候区。

（1）东北部沿海的温带气候区，因受拉布拉多寒流和北方冷空气的影响，冬季寒冷，1 月份平均温度为-6℃左右，夏季温和多雨，7 月份平均温度为 16℃左右，年均降雨量约为 1 000 毫米。

（2）东南部亚热带气候区，因受墨西哥湾暖流的影响，气候温暖湿润，1 月份平均温度为 16℃，7 月份平均温度为 24℃～27℃，年平均降雨量约为 1 500 毫米。

（3）中央平原的大陆性气候区，呈大陆性气候特征，冬季寒冷，1 月份平均温度为-14℃左右，夏季炎热，7 月份平均气温高达 27℃～32℃。年平均降雨量为1 000～1 500 毫米。

（4）西部高原干燥气候区，为内陆性气候，高原上年温差较大，科罗拉多高原的年温差高达 25℃，年平均降雨量在 500 毫米以下，高原荒漠地带降雨量不到 250 毫米。

（5）太平洋沿岸的海洋性气候区，冬暖夏凉，雨量充沛，1 月份平均气温在 4℃以上，7 月份平均气温为 20℃～22℃，年平均降雨量约为 1 500 毫米。

（五）自然资源

美国的农业、矿产和森林资源丰富，在世界上占有举足轻重的地位。农业用地（耕地和牧地）约为 4.3 亿公顷，占地球全部农业用地的 10%左右。雨量充沛，土壤肥沃，粮食产量占世界总产量的 1/5，主要农畜产品如小麦、玉米、大豆、棉花、肉类等的产量均居世界第一位。矿产方面，铁矿石、煤炭、天然气、铅、锌、银、铀、钼、锆等产量均居世界前列，但战略资源如钛、锰、锡、钴、铬、镍等则主要依赖进口。煤炭的总储量为 35 996 亿吨，石油总储量为 240 多亿吨，天然气储量为 56 034 亿立方米。美国拥有 18 亿公顷的森林，占全国土地总面积的 31.5%左右，主要树种有美洲松、黄松、白松和橡树等。

二、美国人文地理

（一）民族与种族

17 世纪以前，北美广大原野仅有印第安人和爱斯基摩人居住，但经过百余年的移民，这里已成为欧洲人的新家园，最主要的为英国人所建立的 13 州殖民地。1776 年 7 月 4 日 13 州宣布脱离英国而独立，1783 年 9 月 3 日美英签订巴黎条约，独立战争结束。之后几经协商与改革，美利坚联邦独立。19 世纪初的西拓运动和 1861 年的南北战争，美国不但拓展了疆土，而且也巩固了联邦政府的中央领导。每一个美国人基本上都是移民或是移民的后裔。美国早期的移民多半来自欧洲，到美国独立战争前后，大批移民由各地蜂拥而至，他们分别是分布在宾夕法尼亚的德国人、分布在纽约的荷兰人、分布在路易斯安那的法国人及分布在佛罗里达与加利福尼亚的西班牙人。同时，南方有许多由非洲输入的黑奴进行耕作。1840 年到 1860 年间将近 440 万的移民涌入美国。他们为美国的城市与工农业发展做出了贡献，同时，有人也实现了自己的美国梦。移民们不断地涌入美国，一直到 20 世纪初期，美国才通过限制移民人数的法律。第二次世界大战使成千上万的欧洲人无家可归，于是美国再一次打开国门。从 1945 年第二次世界大战结束到今天，美国又接受超过 900 万的移民。

不过，现在的美国人多半是在美国土生土长的，在 100 个人里，只有不到 5 个人是在外地出生。而且 100 个人中也只有将近 18 个人是移民或移民的后裔。外来的几大人种的来源地分别是：意大利、德国、波兰、俄国、墨西哥、英格兰及威尔士。

在现有民族结构中，来自欧洲的白人占了近 80%，2006 年美国的社区调查显示（American Community Survey，ACS），全美人口中白种美国人就占 74%，其中约有 8% 为部分拉丁美裔。白种人在每个区域都占多数，又以中西部为最，白人比重高达 82%。

非洲裔（黑人）占 17%，是少数民族中的最大一支，集中在南部及东北与中西部的部分地区。

其余是黄种人，包括亚裔与土著（印第安人）。亚裔美国人集中在西岸地区，其中有 47% 居住在加利福尼亚州及夏威夷州等地，另外纽约市华人也较集中。

美洲原住民（印第安人）集中于西部，2000 年人口调查发现，目前美洲原住民人口约有 4 100 万人，这是自 1776 年来最高的数字，超越西部 3/4 的夏威夷原住民及太平洋群岛地区原住民数量。

据估计，由于白人的出生率远低于黑人，美国黑人今后比重将逐渐上升。预计到 2042 年，美国白人也将成为“少数民族”，未来美国社会、文化、经济和政治将因此深受影响。

美国被视为一个文化大熔炉，其人民分属不同的种族，来自不同的国家，却发展出共同的文化。大多数人都顺应美国的风俗，遵循着它的传统，甚至积极参加政党。但是也有一部分的外来者，仍遵循其祖先遗留下来的风俗与节庆（例如唐人街的华人），这种遵奉有助于美国生活的多样性。

（二）人口

按照美国人口普查局的 2014 年报告，截至 2014 年 3 月，美国人口的数量为 3.178 亿，为世界上人口第三多的国家。在人口总数分布上，加利福尼亚州是美国人口第一大州，人口为 3 700 万，其次是纽约州和佛罗里达州。

美国人口的地域分布不均。美国东北部及五大湖南岸人口密度为 200 人/平方千米，而西北部山区人口密度稀少，仅 6 人/平方千米。相对而言，美国人口主要集中分布在沿海地区，53% 的人口集中在五大湖沿岸及太平洋、大西洋等沿海地区（约占国土面积的 1/6 的狭长平原地带）。

另外，美国人口城市化明显，城市人口超过全国人口的 80%。城市遍布全国，相对集中在以下三大城市带上：

（1）美国西海岸的“波士华”：波士顿—纽约—费城—华盛顿，是美国最大的城市带。

（2）五大湖沿岸：芝加哥—底特律—克利夫兰—匹兹堡。

（3）太平洋沿岸：旧金山—洛杉矶—圣迭戈。

上述三个城市带集中了全国 1/2 的城市人口。

知识窗

城市人口的迁移——阳光地带与逆城市化

美国人口原先主要集中在东北部，那里由于气温相对较低，因此被人称为冷冻地带。从 20 世纪中期开始，随着美国汽车的全国性普及和全国交通网络的建设，美国的人口移动现象变得十分普遍，人们开始向气候更优越、工作机会更多的西部与南部“阳光地带”迁移。

传统意义上的大城市居民，将自己的居所从市中心迁往空气质量更清新、交通更快捷的城郊别墅，形成了逆城市化现象。

［资料来源：陈奕平．当代美国人口迁移特征及原因分析．人口研究，2002（7）：59-64］

（三）宗教信仰

美国是一个多宗教的国家，世界上几乎所有的宗教在美国都可以找到信徒，但主要的宗教包括基督教中的新教、罗马天主教、犹太教，此外东正教、佛教和伊斯兰教的信众也较多。

1. 新教

在美国所有的宗教派别中，新教教徒最多，约有 7 200 万人，几乎占基督教教徒的 58%。

美国新教又分为上百个名目繁多的小派别，其中许多派别人数少、影响小，小到除了它们的成员外不为任何人所知。只有 22 个派别宣称它们拥有 50 万成员。新教的教派主要分布在美国南部和中西部。

2. 罗马天主教

罗马天主教的教会组织是美国最大的，也比较统一，约有 5 000 万教徒。这些教徒主要是爱尔兰人、意大利人和波兰人的后裔。他们主要集中在美国东部大城市，约占全国人口的 20% 以上。

3. 犹太教

美国是世界上犹太人最多的国家，约有 600 万人。犹太教信奉者亦多为犹太人。

犹太教是美国第三大宗教，约有教堂 5 000 座，大专院校 20 所。最初的犹太教徒多是来自东欧和俄国的移民。犹太教内也存在不同派别，有些派别还保留着不少传统习惯，如每逢安息日，即从星期五太阳落山起到星期六太阳落山止，他们不骑车也不经营企业。

4. 东正教

美国的东正教徒约有 300 万人，主要分布在东部、中西部和加利福尼亚。

东正教在美国的历史可以追溯到 1794 年。当时有 10 名俄罗斯正教会修僧到阿拉斯加传教。1867 年，美国政府买下阿拉斯加，正教徒遂开始向阿拉斯加以外的地方迁移。1872 年，东正教会把教区从阿拉斯加的西特卡迁到旧金山，1905 年又迁到纽约。

5. 佛教

近年来，佛教信仰人数增长迅速，2014 年美国的佛教徒约有 400 万人，宗教社团 2 000 多个。这些佛教徒多数是日本移民和他们的后裔。

6. 伊斯兰教

伊斯兰教于 19 世纪下半叶传入美国，美国的穆斯林约有 700 万人，以阿拉伯裔、印度和巴基斯坦的移民、非洲裔穆斯林为主。

此外，印度教和道教的信徒在美国也有。

知识窗

美国人的生活与宗教

美国人一生中的许多重要活动都同宗教有联系。无论出生、结婚还是死亡都要举行宗教仪式。美国人参加宗教仪式，都要采取严肃态度，衣着整齐，不能交头接耳，不能吃东西和随便出入。如果到美国人家中做客，或许会碰到他们在饭前做祷告，如果客人不信仰他们的宗教，可以不参加祷告，主人也不会介意。

美国教会的经费，来源于群众的募捐和会员的会费。美国政府对于任何教会都不拨付直接的补助金，只是豁免教会的所得税和财产税。美国人为教会捐钱非常大方，人们每次去教堂做礼拜，总要带些钱以便捐献，这已成为教堂活动的一个组成部分。在经济繁荣的地区，教会收入相当可观，不仅神职人员的工资高，而且还留有大笔资金用于建造教堂和开展其他活动。

美国各派教徒众多，平均每100个美国人中就有63人是教会成员。其他人尽管不属于某一宗教组织，但也有不同程度的宗教信仰，只有3%的人宣称自己不信教。《圣经》始终是美国的畅销书之一，年销量900万册左右，即使是美国总统的就职演说，也要使用《圣经》来宣誓就职。同这种状况相适应的是，美国教堂建筑的数量在现代社会中也是惊人的，新的教堂建筑几乎同住房建筑齐头并进，足以容纳2/3的美国人。

大大小小的教堂中，不仅有古色古香的传统教堂，还有一些现代化的新式教堂。加利福尼亚州于20世纪80年代初落成一座水晶大教堂，整个建筑的墙壁和屋顶都用玻璃制成，可以站在教堂中仰望苍穹，使人领略那种博大、神秘、圣洁的宗教气氛。教堂内的照明和音响设备也是一流的，灯光忽明忽暗，变化异常，声音由远而近，仿佛来自天上，巧妙地配合牧师的讲道。

[资料来源：胡光麟．美国人与宗教．英语知识，1995（5）．资料数据有整理]

三、美国发展简史

（一）美国发展简史

美国于1776年建国，开始仅是一个农业国，第二次世界大战结束后，美国迅速崛起，成为世界上最强大的国家之一。美国崛起发展的过程可大致划分为三个阶段。

1. 以农业为主的时期（1776—1859年）

美国独立前，作为英国的殖民地，是英国殖民者主要农作物种植地。在1860年以前，美国一直通过多种法案，引导农民积极种植农作物。

2. 实现工业化时期（1860—1913年）

美国独立战争以后，统一的美国国内市场成型，并清除了资本主义发展的政治阻碍，美国的纺织、钢铁等工业部门发展迅速。1860年，美国的工业总产值超过了农业总产值，这标志着美国成为一个工业化国家。1890年，美国的工业总产值超过了英国、法国、德国，成为世界第一的工业强国。

3. 两次世界大战的机遇时期（1914—1945年）

20世纪初，美国从自由资本主义发展阶段过渡为垄断资本主义发展阶段。在两次世界大战期间，美国不仅远离战争发源地，而且从参战国的军火、战备物资买卖中得到了诸多财富与声望，刺激了本国经济的发展。当然，其间的世界经济危机（1930—1934年）也对美国经济产生了冲击，众多企业倒闭，员工失业率高，进入了大萧条时代。为了复苏经济，富兰克林·德拉诺·罗斯福政府实行新政，大幅增强政府对经济的干预。虽然经济有了很大程度的缓和，然而新政却没有完全生效，美国经济直到第二次世界大战后才彻底复苏。在日本偷袭珍珠港后，美国加入反法西斯同盟以对抗轴心国。接下来的多场战役使第二次世界大战成为美国历史上代价最高昂的一场战争，然而前线和大后方创造的大量工作机会以及军工产业带动的生产复苏，使美国经济又完全走出了大恐慌的阴霾，同时美国妇女也因此大规模踏入职场。

（二）世界强国——美国

让我们先看一组数据：

美国的 GDP 约占世界 GDP 的 1/4，而美国人口仅占世界人口的约 6%。

美国谷物产量占世界的 1/5，肉类产量也占世界的 1/5，而美国农业人口仅占世界的 0.5%。

美国的工业发达，钢铁产量占世界的 1/5，汽车产量占世界的 1/4，美国还生产占世界 1/3 的铝。

管中窥豹，从上述的数据中，可以感受到美国在世界经济中的重要地位与作用。美国成为世界强国的原因，可以归纳为以下几方面：

（1）英国移民带来先进技术，且发展过程中，没有传统思想包袱。

（2）南北统一市场在美国南北战争之后形成，西部开拓与大西洋铁路兴建加速了美国经济的发展。

（3）有利的地理位置、优越的自然条件。美国的地理位置为其发展提供了良好的防御作用，有效远离了两次世界大战的主战场，而南北邻国的综合国力较美国弱小，美国无须防范其入侵，反之美国还将其邻国作为主要原材料的来源地和本国商品的出口市场。地处温带，保证了美国本土的阳光、热量相对充足，加之土地肥沃，特别有利于农业发展。而丰富的煤炭、石油、铁矿等自然资源，为美国的发展提供了很好的资源支持。

（4）工业化较晚，能利用欧洲较为成熟的技术，拥有后发优势。相对于英法作为产业革命发源地，美国的工业化起步较晚，而以电力、内燃机应用为代表的后几次技术革命，美国都是主要的参与国，并且通过汽车、电器的快速普及，使本国技术更加成熟先进，形成了后发优势。

（5）两次世界大战，美国很好地利用其他国家之间的矛盾，大发战争财。在两次世界大战中，美国大力发展本国工业，通过向参战国出口大量军需物资，从债务国变成债权国。据统计，至第二次世界大战结束时，美国工业总产量已占世界的 53.4%。

知识窗

国际货币基金组织与美国

国际货币基金组织（International Monetary Fund，IMF）于 1945 年 12 月 27 日成立，总部设在华盛顿，与世界银行并列为世界两大金融机构，其职责是监察货币汇率和各国贸易情况、提供技术和资金协助，确保全球金融制度运作正常。

其创设宗旨是：通过一个常设机构来促进国际货币合作，为国际货币问题的磋商和协作提供方法；通过国际贸易的扩大和平衡发展，把促进和保持成员的就业、生产资源的发展、实际收入的高水平，作为经济政策的首要目标；稳定国际汇率，在成员之间保持有秩序的汇价安排，避免竞争性的汇价贬值；协助成员建立经常性交易的多边支付制度，消除妨碍世界贸易的外汇管制；在有适当保证的条件下，向成员临时提供普通资金，使其有信心利用此机会纠正国际收支的失调，而不采取危害本国或国际繁荣的措施；按照以上目的，缩短成员的国际收支不平衡的时间，减轻不平衡的程度等。

其主要职能：制定成员间的汇率政策和经常项目的支付以及货币兑换性方面的规则，并进行监督；对发生国际收支困难的成员在必要时提供紧急资金融通，避免其他国家受其影响；为成员提供有关国际货币合作与协商等的会议场所；促进国际间的金融与货币领域的合作；促进国际经济一体化的步伐；维护国际汇率秩序；协助成员之间建立经常性多边支付体系等。

国际货币基金组织和世界银行虽然同是世界上重要的两大金融机构，但是两者的功能还是有差异的。国际货币基金组织主要的角色是核算师，工作是记录各国之间的贸易数字和各国间的债务，并主持制定国际货币经济政策，从而稳定各国的货币以及监察外汇市场。世界银行则主要提供长期贷款。世界银行的工作类似投资银行，向公司、个人或政府发行债券，将所得款项借予受助国。

国际货币基金组织重大事项须有85%以上的投票权来决定。而截至目前，美国拥有国际货币基金组织全部投票权的16.8%，拥有最大的表决权。也就是说，国际货币基金组织的重大议案，只要美国说“No”，就无法获得通过。

（资料来源：现代西方经济学辞典. 沈阳：辽宁人民出版社，1996. 部分内容有修改）

四、美国经济特点

（1）各次产业规模大，结构完整，本国市场是世界其他国家无法比拟的。美国被称为世界上的超级大国，虽然其地位因中国、日本、欧盟等国家和地区的崛起而有所动摇，但美国的经济规模庞大、部门结构完整，这些是世界其他国家难以比拟的。美国的国内生产总值从第二次世界大战开始至今均居世界第一，人均GDP也居世界前列。当今世界，美元（美国本币）仍是世界上最主要的流通货币，美国市场也是世界上最大的消费市场。

（2）工农业高度发达，工业生产值占工农业生产值的80%以上，而第三产业比重，更是占到GDP的3/4。

（3）生产的集中与分散并存。垄断程度高，大公司占全球的一半以上，而小公司（雇员数量在500人以下的）产值约占全国的40%。贫富差距在拉大。

（4）生产率水平世界最高，如人均机械数量、人均农产品产量、人均动力消费均居世界第一。

此外，美国十多年来的经济发展还呈现出新经济的发展特色：其一，美国的高新技术产业比重提高较快，以信息技术为代表的高新技术产业发展迅速，同时，美国传统工业的技术革新加快；其二，美国政府对于宏观经济的调控力度加强，如美国的货币量化宽松政策，就基本达到了美国提升国内市场景气指数的需要；其三，美国经济全球化发展趋势较明显，美国企业从各地区市场及成本角度考虑经营问题，企业的跨国投资、投入研发等方面具有明显的本国淘汰产业转移的现象。

五、美国的农业

（一）农业发展概况

美国是当今世界农业最发达的国家，也是世界上唯一的人均粮食年产量超过 1 吨的国家，是最大的粮食出口国。

农业发达的原因有以下几方面：

（1）美国拥有优越的自然环境（包括温和的气候、适宜的降水、肥沃的土地、广阔的平原），适合大规模的机械化操作和规模化经营。

（2）作为英国的殖民地，农业发展历史较为悠久，有“以农立国”的传统，工业化起步晚但发展快，有利于农业机械的推广。

（3）美国的农业技术教育先进，科研与科技推广保证了美国农业快速发展。美国政府对农业的科技支持、政府补贴，使美国的农产品深加工技术先进，以玉米为例，它可以加工出 2 000 种产品，包括大中小玉米糁、普通玉米粉、脱脂玉米粉、玉米饲料粉、玉米胚芽、玉米皮等初阶产品。

（4）农业后勤服务涉及范围广，服务形式多样，涵盖了诸如信息、物流、产品销售、合作保险、金融信贷、法律咨询、电力等多个领域。完备的农业支持保护体系包括对于不同农作物采取的价格支持制度、对农场主采取的收入支持制度以及国家与商业信贷支持制度。

（二）美国农业带的分布

美国农业分布的专业化地带性强，形成了诸如乳畜带、小麦带、玉米带、棉花带、亚热带农作物区、混合农业区等农业专业生产地带。不同作物的地域分布与自然条件、区域经济条件都有一定关系。美国的农业专业化地带，主要是当地自然环境条件与经济发展要素相融合的结果。例如，美国的乳畜带分布在美国东北部，这主要是因为当地气温较低，冷湿的环境较适合草类植物生长，而当地城市数量众多，城市带规模大，庞大的城市人口对乳制品的需求很大，也是当地形成乳畜带的原因之一。

六、美国的工业

作为世界的经济强国，美国工业部门在世界上有很高的知名度。例如，美国的汽车工业中有福特、通用、戴姆勒—克莱斯勒三大汽车生产商；美国高新技术产业有软件巨人——微软公司、蓝色巨人——IBM 公司和时尚流行元素——苹果公司；美国饮料产业有饮料的标志性企业——可口可乐公司与百事可乐公司；等等。第二次世界大战后，美国的第二产业总量增加较快，但占 GDP 的比重呈持续下降趋势。从第二次世界大战后至今，美国的第二产业由 800 多亿美元增加到近 30 000 亿美元，增长了 30 多倍。第二产业占 GDP 的比重则由 30% 以上下降到 20% 左右。

(一) 美国工业发展及布局的特点

1. 世界第一工业国

美国是世界第一工业国，劳动生产力、国内生产总值和对外贸易额均居世界首位。工业门类齐全，拥有巨大的生产能力、设备和生产规模，工业技术先进。美国技术的先进性，从美国人获得诺贝尔奖的情况就可以看出。

知识窗

美国人与诺贝尔奖

迄今为止，获得诺贝尔奖人数最多的前三位国家分别是美国、英国和德国。自 20 世纪 30 年代始，美国科学家获奖人数急剧增加，30 多年来，荣获诺贝尔物理学奖、化学奖、生理学或医学奖的人数中，美国占了半数以上。

1985 年以来，37 位获得诺贝尔化学奖的科学家中有 23 位是美国公民或者是在美国从事了大部分研究的人；在 36 位生理学或医学奖得主中有 26 位是美国科学家；40 位物理学奖得主中有 22 位是美国公民或拥有美国永久居留权的科学家。

为什么多数诺贝尔奖被美国人获得，难道是美国人特别聪明？答案并非如此。

两次世界大战的爆发，美国基本没有受到干扰，特别是第二次世界大战期间，许多著名科学家如爱因斯坦等，移居到美国，继续从事自己的科学研究工作。这在一定意义上使美国的科技实力大为增强。第二次世界大战后，美国迅速采取措施，加大自然科学研究支持力度，在科学研究方面投入的资金占全世界科研经费的一半以上。加之国际上科学家可以自由流动，使美国在自然科学研究的很多领域很快处于世界领先地位。美籍华人科学家杨振宁、李政道、丁肇中都是在美国从事科学研究期间获得了诺贝尔物理学奖，其中杨振宁和李政道是 1957 年获得的，丁肇中是 1976 年获得的。

[资料来源：大果．美国重视诺贝尔奖获得者．中国人才，1991（5）．数据有更新]

2. 地区分布不平衡

美国工业在地区分布上不平衡，主要集中在西起密西西比河，东至大西洋沿岸，南起俄亥俄河和波托马河，北至五大湖沿岸，即美国东北部的 14 个州，面积只占全国国土面积的 8%，却集中了全国 50% 的制造业、80% 的钢产量、90% 的汽车产量，这里是著名的“制造业中心”。

3. 南部和西部为高科技工业的“阳光地带”

20 世纪 70 年代以来，南部和西部工业有较快发展，形成“阳光地带”、高科技工业中心。相比东北部美国的传统工业区，美国的西部与南部在以下几方面具有优势：

（1）自然条件优越。这里有着比北部更为优越的气候条件，平原面积比北部亦更加广阔，有着洁净的环境和现代化的交通。这里不仅气候温和，日照充足，而且工业较分散，一些工业污染较轻。这与东北部老工业区的厂房设备陈旧、资源不足、交通拥塞、污染严重形成鲜明对比，这也是吸引新兴工业来此布局的一个有利条件，符合高精尖工业“临空型”格局的要求。

（2）资源丰富。这些区域蕴藏有丰富的资源，石油主要分布于得克萨斯州、路易斯安那州及其浅海地区，还有内陆的俄克拉荷马、西部的加利福尼亚等州。石油、天然气等丰富的原料，使这一地带采油业和化学工业发展迅速。石油化工和炼油厂密切结合进而形成了较集中的基地，仅在科珀斯克里斯提—休斯敦—博蒙特地区（得克萨斯州），就集中了全国石油化工的40%，休斯敦（得克萨斯州）则享有“世界石油之都”的称号，是全国最大的石油加工、石油化学、基本化学工业中心，这里除加工本国原油外，还加工从中东和加勒比地区进口的原油，并生产占全国一半以上的人造橡胶和2/3二的乙烯。内陆的达拉斯—沃斯堡（得克萨斯州）被称为美国的“石油首府”，国际石油博览会常在这里举行。新原料、新燃料的开发和利用，也带动了其他工业部门的发展，如飞机制造工业、汽车工业、造船工业和一些轻工业。

（3）科技水平高。新兴的工业部门如电子、空间工业（包括飞机、导弹、人造卫星）、核工业、半导体工业等多是与知识、技术密切相关的部门，要求高科技素质的劳动者，加之许多产品均属“短小轻薄”型（飞机、汽车等零部件轻型、精细化），省能源、省资源和空间以及劳力等，而核电技术和超高压输电技术的应用使工业摆脱了能源地域限制，科技为工业向“阳光地带”扩展铺平了道路。新兴的电子工业是美国发展最快的部门之一。日新月异的变化凝聚了众多科技内涵，因而在一些科学、教育中心形成了电脑—信息生产基地。位于加利福尼亚州旧金山附近的圣克拉拉谷地——“硅谷”，就集中了斯坦福大学等众多高等学校及八千多家高技术公司，生产全美1/3的半导体集成电路，也是世界电子工业的巨头所在地。科学技术同样影响着其他部门的生产制造，美国飞机制造在世界居领先地位，西部的洛杉矶（加利福尼亚州）、南部的达拉斯—沃斯堡，都是著名的飞机制造中心；西部和南部的航天中心，都是受高科技影响的基地。可以说，新的技术革命又为“阳光地带”的工业发展输入了更大的动力。

（4）国家的政策扶持。第二次世界大战期间，美国加快发展了军事工业；第二次世界大战后，为争霸世界，美国军事工业也得到发展。在联邦政府的军事拨款中，南部各州一直领先，从而刺激了南部的核武器，导弹，为军事服务的飞机制造、造船（航空母舰、核潜艇）、坦克制造业等工业的发展。另外，与原苏联的空间技术竞赛也促使政府大量拨款给南部的航天中心和卫星发射场（如休斯敦的航天中心就曾成功地实现了登月探险），从而使新兴工业在西部、南部迅速发展。

（5）劳动力因素。南部劳动力工资低，工人组织程度差（工会较少罢工），地价便宜，是最初吸引企业家来此建厂的原因之一，而后利润更大的新兴工业迅速发展，又提供了更多的就业机会，政府号召“开发国土”又促进更多的劳动力南迁，为“阳光地带”的工业发展注入了新动力。

（6）农业基础。这一地带热量充足，无霜期长，盛产棉花、水稻、甘蔗等，农业机械化解放了更多的劳动力为工业服务，同时，农业结构也有了新变化，在发展种植业的同时，又大力发展大规模的养牛业和养鸡业（密西西比河下游一带有“肉鸡带”之称），形成了“专业化与多种经营相结合”的特点，为工业区和城市提供了更丰富的农副产品，也为“阳光地带”工业发展奠定了基础。

除此以外，“阳光地带”工业也受东北老工业区的协作等影响，其分布实质上也是在价值规律的自发调节作用下不断发展和变化的。尽管这一地带某些工业仍对老工业区有一定的附属性，各州总的经济实力较东北部还有相当差距，但发展速度却大大超过东北部，工业和经济的发展仍有很大潜力，“阳光地带”的工业发展对美国乃至世界工业都会产生深远的影响。

4. 工业相对集中

目前美国工业相对集中，主要集中在三大工业区，见表 7-1。

表 7-1 美国三大工业区比较表

工业区名称	分布范围	自然条件	主要工业部门	主要工业城市
东北部工业区	洛基山脉以东的北部地区	阿巴拉契亚山脉的煤矿、五大湖西部的铁矿、大西洋沿岸的优良港口、五大湖便利的水运系统，内地肥沃广阔的平原	汽车制造、钢铁、化学以及军事工业	纽约、芝加哥、底特律、匹兹堡
南部工业区	洛基山脉以东的南部地区	密西西比河以西及墨西哥湾沿岸的石油、天然气资源	石油、飞机、宇航、电子等工业	休斯敦、达拉斯、亚特兰大
西部工业区	洛基山脉以西的地区	科迪勒拉山系的金属矿，加利福尼亚南部的石油，西部的水能资源、森林资源丰富	宇航、电子、飞机制造、汽车、船舶等工业	洛杉矶、旧金山、西雅图

资料来源：高中地理（人教版），资料有整理。

（二）美国的工业部门

美国主要的工业部门包括：能源工业（包括石油、天然气、采煤、电力）、钢铁工业、有色冶金工业、机械制造工业、纺织工业、军火工业、建筑业等。其中，钢铁工业、汽车工业和建筑业长期被称为美国经济的“三大支柱”。制造业地带最集中的地区是大西洋沿岸中部和五大湖沿岸，“钢都”匹兹堡、“汽车城”底特律都在这一地区。太平洋沿岸造船、飞机、导弹、原子、电子、汽车装配等工业规模巨大。南部得克萨斯等地石油蕴藏丰富，是重要的石油和化工中心。

1. 能源工业

美国的能源资源包括煤炭、石油、天然气和水能等，蕴藏丰富。

墨西哥湾沿岸的得克萨斯州和路易斯安那州以及俄克拉荷马州是全国最大的油、气产区，休斯敦是全国石油中心。著名公司有埃克森、美孚石油等。从 2009 年开始，美国加快鼓励页岩气（储藏于页岩中的天然气）的开采，其地质储量约 28 万亿立方米。2013 年页岩气产量超过 3 025 亿立方米。

从2008年开始，美国大力发展新能源工业，包括可再生能源、新能源汽车及车用燃料、智能电网（一种能够及时监测到断电可能性，必要时更改供电线路的电网）、清洁煤技术与核电、城市垃圾能源再生、联合发电系统、地热利用、能源利用率提高等项目。美国的能源工业发展呈现出更加绿色环保、高效高速的趋势。其新能源的发展技术领先、发展程度高，例如风电的发电量达到世界的近1/5。

2. 钢铁工业

钢铁工业在美国的历史上曾发展迅速，对美国经济发展起到了巨大的推动作用。然而美国的钢铁工业在经过了20世纪初期、中期的高速发展之后，从20世纪70年代开始陷入衰退，而从20世纪80年代开始，美国钢铁工业已经丧失了国内主导产业的地位，主要表现在：一是钢铁工业的增加值在美国28个制造行业中一直处于平均水平之下；二是20世纪90年代以来，美国经济虽然保持了多年的增长，但是钢铁工业依然缺乏增长的动力，钢铁企业所承担的生产成本、环境成本都比较高，无法与进口钢材进行有效的价格竞争。目前，其在国民经济中的地位有所下降，但是衰而不退，随着美元汇率的走弱，美国钢铁工业开始从年年亏损，走向经常盈利。当代美国的钢铁工业呈现出直销模式，企业多为小工厂，大都建在有电力供应并能以合理的成本获得废钢的地区，且邻近钢材消费区域。

钢铁工业的生产布局从资源布局（靠近大西洋沿岸分布）转向消费布局（临湖、临江分布）。目前，美国钢铁工业主要集中于北部地区，尤其是五大湖以南，主要有芝加哥、匹兹堡、底特律、克利夫兰、布法罗等五大钢铁工业基地。

3. 汽车工业

汽车在美国人的生活中扮演着重要角色，美国家家户户都有汽车，汽车是重要的代步工具，甚至是人际交往的场所。美国人均拥有汽车数量居世界第一位。

美国汽车工业分布集中，主要分布在五大湖周围各州，底特律是全国最大的汽车工业中心，被称为“汽车城”。

4. 机械制造工业

美国的机械制造工业门类齐全，包括机床、农机、电器设备、电机、动力设备、家用电器等，集中在东北部工业区。辛辛那提是美国重要的机床工业中心。电机与电器制造主要集中在芝加哥、纽约、费城、洛杉矶等东北部城市。美国造船工业主要制造军事船舶，能够生产先进的核动力航母和核潜艇，商船生产不及日本、丹麦。

5. 航空与航天工业

美国航空、航天工业在世界上处于领先地位。2002年美国航空航天产业未来委员会的研究报告指出，美国航空航天工业产值占国内生产总值的15%以上并提供1 500万个以上高质量的就业岗位。2013年美国航空航天产品出口额达到126.2亿美元，增长50.9%，其主要出口对象为法国、英国、日本、德国、中国等。

航空工业中心主要在西部的西雅图、洛杉矶和圣迭戈。美国的波音公司是世界最大的飞机制造企业。

在航天工业方面，美国优势更加明显。航天工业主要分布在西部和南部工业区，其中休斯敦是著名的宇航中心。

6. 高新技术工业

高新技术工业包括微电子、软件、机器人、通信设备、计算机辅助设计、生物工程等部门。上述部门中除机器人外，其余部门的产量均居世界首位。

美国是全球电子信息产业的领导者，拥有一批诸如微软、IBM（国际商业机器公司）、英特尔、惠普、甲骨文、Facebook（脸书）、思科、苹果、谷歌、戴尔等知名企业，在软件和集成电路行业长期处于世界级的垄断地位，操作系统、数据库、开发工具等核心软件在全球市场的占有率高达80%。

作为高新技术产业的一个分支部门，电子工业是美国一个产品丰富、基础雄厚、技术最为先进、发展最快的工业部门。太平洋沿岸旧金山附近的“硅谷”是美国最大的电子工业基地。这里布局有世界主要的电子计算机公司，如IBM、苹果、英特尔、AMD以及世界最大软件生产商微软公司（Microsoft）。美国高新技术工业分布广泛，最著名的高新技术工业科研生产基地，如加利福尼亚州的“硅谷”、北卡罗来纳州的“三角研究区”、亚特兰大的计算机工业区等都位于西部和南部。

7. 建筑工业

建筑工业是美国一大经济支柱。据2006年的统计数据，美国的联邦政府、州政府及私有企业每年建设工程项目总金额约4 000亿美元以上。工、农、制造、建筑、服务等行业拥有庞大的劳务市场。在经济景气年份，年工程总量约7 000亿美元，其中新建工程占2/3，其他为增建、改建、重建、维修等项目。美国建筑业从业人员有600万，其中全职人员400万，如果算上建筑材料生产、运输和销售行业所雇人员，建筑行业就业人员占美国就业总数的16%。

七、美国的第三产业

从第二次世界大战后至今，美国第三产业产值由不到1 500亿美元增加到10万亿美元以上，增长约70倍。第三产业产值占GDP的比重由不到60%上升到80%左右。同时，第三产业为大部分美国人提供了就业机会。美国传统的四大服务业包括批发贸易业、零售贸易业、运输仓储业、娱乐住宿餐饮业，它们的经济地位基本呈现下降趋势。而美国的四大新兴服务业，即金融租赁业（包括金融保险和房地产租赁）、专业与商业服务业、文教卫生及社会救助服务业、信息服务业所占GDP的比重呈现周期性上升趋势。尤其是金融服务业，它作为美国最重要的现代服务业部门，也是占GDP比重最高、上升幅度最大的第三产业部门。

1. 以华尔街为代表的金融服务产业

纽约市曼哈顿区南部从百老汇路延伸到东河的一条大街道，全长不过1/3英里，宽仅11米，然而它的名字却是那么耀眼——华尔街。它是世界最著名的金融街，可以说是名震四海，是世界的经济和金融中心。经济学家在形容华尔街在世界经济中的地位时，做过一个比喻：“华尔街的风吹草动，牵动世界的每一根经济神经，他打一个喷嚏，世界就会感冒！”美国摩根财阀、洛克菲勒石油大王和杜邦财团等开设的银行、保险、航运、铁路等公司的经理处（比如高盛公司、摩根斯坦利公司、花旗集团等）都集中在这里，著名的纽约证券交易所也坐落于此。

2. 以好莱坞为代表的文化产业

好莱坞不仅是全球时尚的发源地，而且也是全球音乐、电影产业的中心地带，拥有着世界顶级的娱乐产业和奢侈品牌，引领并代表着全球时尚的最高水平，梦工厂、迪士尼公司、20 世纪福克斯公司、哥伦比亚公司、索尼环球影业公司、环球公司、WB（华纳兄弟）公司等电影巨头，还有像 RCA JIVE Interscope Records 这样的顶级唱片公司，都汇集在好莱坞。这里的时尚与科技相互联合发展，自然、不造作，有深厚的时尚底蕴和先进的拍摄及后期制作科技做支持，一直被全球各地争相模仿。

知识窗

好　莱　坞

好莱坞（HOLLYWOOD），位于美国西海岸加利福尼亚州洛杉矶郊外。这里依山傍水，景色宜人。它最先是由摄影师寻找外景地而发现的。大约在 20 世纪初，这里便吸引了许多拍摄者，而后一些为了逃避专利公司控制的小公司和独立制片商纷纷涌来，逐渐形成了一个电影中心。在第一次世界大战之前以及之后的一段时间内，格里菲斯和卓别林等一些电影大师们为美国赢得了世界名誉，华尔街的大财团插手电影业，好莱坞电影城迅速兴起，恰恰适应了美国在这一时期经济飞速发展的需要，电影进一步纳入经济机制，成为谋取利润的工具，资本的雄厚，影片产量的增多，保证了美国电影市场在世界上的倾销地位，洛杉矶郊外的小村庄最终成为一个庞大的电影城，“好莱坞”也在无形中成为美国电影的代名词。

（资料来源：百度百科相关词条，信息有整理）

八、美国的对外贸易

（一）对外贸易概况

美国是世界商品和服务贸易大国。小布什政府大力推动自由贸易和“公平”贸易，拓展海外市场，推动并主导全球贸易规则的调整和制定。2000 年以前，美国对缔结自由贸易协定（FTA）并没有给予足够重视，除北美自由贸易协定（NAFTA）外，美国仅与以色列签署过自由贸易协定。小布什上台以后，美国推进双边自贸安排的力度明显加大，与多国相继达成相关协定。截至 2010 年 10 月，小布什任内与美国签署双边贸易协定并生效或完成谈判的国家和组织有：约旦、新加坡、智利、摩洛哥、澳大利亚、中美洲五国（哥斯达黎加、萨尔瓦多、危地马拉、洪都拉斯、尼加拉瓜）、加拿大、韩国、东盟、泰国、马来西亚、印度、埃及、多米尼加、巴林、阿曼、秘鲁、哥伦比亚、乌拉圭、以色列、欧盟、非洲关税同盟等。

据美国商务部统计，2014 年全年，美国货物进出口额为 39 686. 3 亿美元，比上年增长 3.1%。其中，出口 16 234.4 亿美元，比上年增长 2.8%；进口 23 451.9 亿美元，比上年增长 3.4%。贸易逆差 7 217.4 亿美元，比上年增长 4.8%。

（二）对外贸易商品的国别（地区）结构

从进出口商品的国别（地区）结构上看，2014 年美国对加拿大、欧盟 28 国、墨西哥、中国和日本的出口额分别占美国出口总额的 19.2%、17.0%、14.8%、7.6% 和 4.1%，比上年分别增长 3.5%、5.6%、6.3%、1.9% 和 2.7%；自中国、欧盟 28 国、加拿大、墨西哥和日本的进口额分别占美国进口总额的 19.9%、17.8%、14.8%、12.5% 和 5.7%，其中自日本进口比上年下降 3.3%，自中国、欧盟 28 国、加拿大和墨西哥进口比上年分别增长 6.0%、7.8%、4.1% 和 4.9%。美国的前四大贸易逆差来源地依次是中国、德国、日本和墨西哥，2014 年逆差额分别为 3 426.3 亿美元、737.4 亿美元、669.8 亿美元和 538.3 亿美元，其中与中国和德国的逆差比上年分别增长 7.5% 和 10.1%，与日本和墨西哥的逆差分别下降 8.7% 和 1.1%。美国的贸易顺差主要来自中国香港和荷兰，2014 年顺差额分别为 350.8 亿美元和 228.6 亿美元，比上年分别下降 4.3% 和 2.1%。（见表 7-2、表 7-3）

表 7-2　　2014 年美国对主要贸易伙伴出口额

单位：百万美元，%

国家和地区	金额	同比	占比
总值	1 623 443	2.8	100.0
加拿大	312 125	3.5	19.2
墨西哥	240 326	6.3	14.8
中国	124 024	1.9	7.6
日本	66 964	2.7	4.1
英国	53 865	13.8	3.3
德国	49 443	4.4	3.1
韩国	44 544	6.8	2.7
荷兰	43 669	2.6	2.7
巴西	42 418	-3.9	2.6
中国香港	40 877	-3.5	2.5
比利时	34 824	9.0	2.2
法国	31 197	-1.7	1.9
新加坡	30 532	-0.5	1.9
中国台湾	26 836	5.4	1.7
澳大利亚	26 668	2.1	1.6

数据来源：中国商务部《国别（地区）报告》（2015）。

表 7-3 **2014 年美国自主要贸易伙伴进口额**

单位：百万美元，%

国家和地区	金额	同比	占比
总值	2 345 187	3. 4	100. 0
中国	466 656	6. 0	19. 9
加拿大	346 063	4. 1	14. 8
墨西哥	294 157	4. 9	12. 5
日本	133 939	-3. 3	5. 7
德国	123 181	7. 7	5. 3
韩国	69 606	11. 6	3. 0
英国	54 049	2. 3	2. 3
沙特阿拉伯	47 038	-9. 2	2. 0
法国	47 015	2. 9	2. 0
印度	45 228	8. 1	1. 9
意大利	42 081	8. 8	1. 8
中国台湾	40 572	6. 9	1. 7
爱尔兰	33 982	7. 9	1. 5
瑞士	31 187	10. 3	1. 3
越南	30 584	24. 0	1. 3

数据来源：中国商务部《国别（地区）报告》（2015）。

（三）对外贸易的商品结构

从进出口商品的结构上看，机电产品、运输设备、矿产品和化工产品是美国的主要出口商品，2014 年出口额分别为 3 915. 3 亿美元、2 680. 7 亿美元、1 684. 1 亿美元和 1 644. 3 亿美元，分别占美国出口总额的 24. 1%、16. 5%、10. 4% 和 10. 1%，较上年分别增长 3. 2%、4. 9%、6. 0% 和 0. 5%。在机电产品中，机械设备出口 2 195. 7 亿美元，较上年增长 2. 8%；电机和电气产品出口 1 719. 7 亿美元，较上年增长 3. 7%。机电产品、矿产品和运输设备是美国的前三大类进口商品，2014 年分别进口 6 389. 6 亿美元、3 526. 5 亿美元和 2 989. 7 亿美元，分别占美国进口总额的 27. 3%、15. 0% 和 12. 8%，机电产品和运输设备较上年分别增长 5. 9% 和 6. 1%，矿产品下降 8. 6%。在机电产品中，机械设备进口 3 239. 9 亿美元，较上年增长 6. 3%；电机和电气产品进口 3 149. 7 亿美元，较上年增长 5. 5%。化工产品、贱金属及制品和纺织品及原料等也是美国的重要进

口产品。(见表 7-4、表 7-5)

表 7-4　　2014 年美国主要出口商品构成（类）

单位：百万美元，%

商品类别	2014 年出口额	上年同期出口额	同比	占比
总值	1 623 443	1 579 593	2.8	100.0
机电产品	391 532	379 313	3.2	24.1
运输设备	268 066	255 469	4.9	16.5
矿产品	168 408	158 933	6.0	10.4
化工产品	164 427	163 590	0.5	10.1
光学、钟表、医疗设备	87 030	86 426	0.7	5.4
贱金属及制品	78 908	79 594	-0.9	4.9
塑料、橡胶	77 926	75 717	2.9	4.8
植物产品	74 764	69 401	7.7	4.6
贵金属及制品	65 522	73 528	-10.9	4.0
食品、饮料、烟草	45 889	44 497	3.1	2.8
活动物、动物产品	31 187	29 223	6.7	1.9
纤维素浆、纸张	30 647	30 952	-1.0	1.9
纺织品及原料	26 128	26 764	-2.4	1.6
家具、玩具、杂项制品	20 740	20 127	3.1	1.3
陶瓷、玻璃	11 535	10 890	5.9	0.7
其他	80 734	75 170	7.4	5.0

数据来源：中国商务部《国别（地区）报告》(2015)。

表 7-5　　2014 年美国主要进口商品构成（类）

单位：百万美元，%

商品类别	2014 年进口额	上年同期进口额	同比	占比
总值	2 345 187	2 268 321	3.4	100.0
机电产品	638 957	603 220	5.9	27.3
矿产品	352 653	385 985	-8.6	15.0
运输设备	298 966	281 852	6.1	12.8
化工产品	184 094	173 362	6.2	7.9
贱金属及制品	127 830	113 197	12.9	5.5
纺织品及原料	110 785	107 567	3.0	4.7

续表

商品类别	2014 年进口额	上年同期进口额	同比	占比
家具、玩具、杂项制品	85 145	79 545	7.0	3.6
光学、钟表、医疗设备	81 932	77 520	5.7	3.5
塑料、橡胶	75 566	71 653	5.5	3.2
贵金属及制品	64 814	66 521	-2.6	2.8
食品、饮料、烟草	55 851	54 138	3.2	2.4
植物产品	41 136	39 238	4.8	1.8
活动物、动物产品	31 177	25 600	21.8	1.3
鞋靴、伞等轻工产品	30 417	29 057	4.7	1.3
纤维素浆、纸张	23 851	23 232	2.7	1.0
其他	142 014	136 634	3.9	6.1

数据来源：中国商务部《国别（地区）报告》(2015)。

九、中美贸易

（一）中美贸易现状

据美国商务部统计，2014 年美国与中国双边货物进出口额为 5 906.8 亿美元，较上年增长 5.1%。其中，美国对中国出口额为 1 240.2 亿美元，较上年增长 1.9%，占美国出口总额的 7.6%，下降 0.1 个百分点；美国自中国进口额为 4 666.6 亿美元，较上年增长 6.0%，占美国进口总额的 19.9%，提升了 0.5 个百分点。美国贸易逆差 3 426.3 亿美元，较上年增长 7.5%。中国是美国第二大贸易伙伴、第三大出口市场和第一大进口来源地。

美国对中国出口的主要商品为运输设备、机电产品、植物产品和化工产品，2014 年出口额分别为 272.6 亿美元、245.0 亿美元、174.9 亿美元和 96.8 亿美元，分别占其对中国出口总额的 22.0%、19.8%、14.1%和 7.8%，化工产品出口较上年下降 0.8%，运输设备、机电产品、植物产品出口较上年分别增长 18.3%、3.9%和 4.6%。对中国运输设备出口增速较快，其中航空航天器对中国出口 139.2 亿美元，增长 10.6%；车辆及其零部件出口 132.1 亿美元，较上年增长 28.1%。(见表 7-6)

美国自中国进口的商品以机电产品为主，2014 年进口额 2 323.4 亿美元，占美国自中国进口总额的 49.8%，较上年增长 6.6%。其中，电机和电气产品进口 1 270.9 亿美元，较上年增长 8.1%；机械设备进口 1 052.6 亿美元，较上年增长 4.8%。家具玩具、纺织品及原料和贱金属及制品分别居美国自中国进口商品的第二、第三和第四位，2014 年进口额分别为 507.5 亿美元、411.8 亿美元和 242.3 亿美元，分别占美国自中国进口总额的 10.9%、8.8%和 5.2%（见表 7-7），较上年分别增长 5.1%、1.2%和 10.7%。

中国的家具玩具、鞋靴伞等轻工产品和皮革制品箱包分别占美国进口市场的59.6%、67.0%和59.3%，具有绝对竞争优势，中国的竞争者主要来自墨西哥、越南和意大利等国家。中国同时也是美国机电产品、纺织品及原料、塑料橡胶和光学钟表医疗设备的首位来源国，分别占美国市场份额的36.4%、37.2%、26.0%和14.4%，具有较强的竞争优势。

表7-6　　2014年美国对中国出口主要商品构成（类）

单位：百万美元，%

商品类别	2014年出口额	上年同期出口额	同比	占比
总值	124 024	121 736	1.9	100.0
运输设备	27 259	23 037	18.3	22.0
机电产品	24 498	23 576	3.9	19.8
植物产品	17 493	16 728	4.6	14.1
化工产品	9 678	9 754	-0.8	7.8
贱金属及制品	7 894	9 089	-13.2	6.4
光学、钟表、医疗设备	7 556	7 691	-1.8	6.1
塑料、橡胶	5 959	5 692	4.7	4.8
纤维素浆、纸张	4 356	4 525	-3.7	3.5
矿产品	3 520	4 485	-21.5	2.8
食品、饮料、烟草	2 734	2 815	-2.9	2.2
木及制品	2 679	2 356	13.7	2.2
活动物、动物产品	2 620	2 944	-11.0	2.1
纺织品及原料	2 279	3 485	-34.6	1.8
皮革制品、箱包	1 921	1 987	-3.4	1.6
贵金属及制品	1 094	1 156	-5.3	0.9
其他	2 484	2 418	2.8	2.0

数据来源：中国商务部《国别（地区）报告》（2015）。

表7-7　　2014年美国自中国进口主要商品构成（类）

单位：百万美元，%

商品类别	2014年进口额	上年同期进口额	同比	占比
总值	466 656	440 448	6.0	100.0
机电产品	232 340	217 985	6.6	49.8
家具、玩具、杂项制品	50 746	48 304	5.1	10.9

续表

商品类别	2014 年进口额	上年同期进口额	同比	占比
纺织品及原料	41 183	40 680	1.2	8.8
贱金属及制品	24 234	21 696	11.7	5.2
鞋靴、伞等轻工产品	20 365	20 248	0.6	4.4
塑料、橡胶	19 617	18 202	7.8	4.2
化工产品	13 716	12 688	8.1	2.9
运输设备	12 847	10 836	18.6	2.8
光学、钟表、医疗设备	11 759	10 820	8.7	2.5
皮革制品、箱包	8 661	8 757	-1.1	1.9
陶瓷、玻璃	6 057	5 498	10.2	1.3
纤维素浆、纸张	4 702	4 549	3.4	1.0
木及制品	4 019	3 657	9.9	0.9
贵金属及制品	3 616	3 672	-1.5	0.8
食品、饮料、烟草	2 786	2 918	-4.5	0.6
其他	10 007	9 938	0.7	2.1

数据来源：中国商务部《国别（地区）报告》(2015)。

（二）中美贸易摩擦

中美贸易摩擦（Trade Friction），是指在国际贸易中，中国与美国之间在进行贸易往来的过程中，在贸易平衡上所产生的影响，例如中国对美国的轮胎出口会影响到美国国内轮胎企业而导致两国之间的矛盾发生。

根据《瞭望》周刊的报道，2010 年中美两国在经贸领域的竞争、摩擦、博弈引人关注、令人担忧。“贸易战”“货币战”等词汇刺激着人们的神经。

由于中美间贸易中国顺差数值较大（例如，2013 年中国加工贸易顺差达 1 888.82 亿美元），常常成为中美发生贸易摩擦和冲突的引信。2010 年，美国联手欧盟等经济体在人民币汇率升值、自主创新、新能源政策、知识产权保护、投资环境、稀土出口等问题上，频繁发起贸易救济调查，对华贸易壁垒、知识产权壁垒等限制措施也层出不穷。据统计，2010 年美国对进口的中国产品共发起反倾销、反补贴调查 6 起、“337 调查”（美国的“337 条款”禁止一切不公平竞争行为或向美国出口产品中的任何不公平贸易行为，针对这些行为的调查被称为“337 调查”）18 起。

美国对中国的贸易限制措施，不仅损害了中国的出口利益，恶化了中国外贸发展环境，而且将直接影响到中国众多企业的生存发展，给中国整体经济发展带来冲击。分析人士认为，随着中美经贸摩擦向常态化、复杂化方向发展，其危害性不容小觑。

但事实是，美国借口中国贸易顺差行贸易保护主义之实、逼迫中国提高人民币汇率的做法，完全掩盖了中美贸易的真相。

贸易不平衡是中美关系中的主要矛盾，也是中美贸易摩擦的主要诱因。近年来，美国方面统计对华货物贸易逆差增速减缓，但逆差额屡创新高。

然而，单从统计角度看，美国现有的统计方法事实上会过高估计美国对中国贸易逆差的实际数额。一方面，美国把中国香港转口贸易额笼统地计算在中美贸易之中。实际上，经中国香港转口至美国的产品有很多来自其他国家和地区；另一方面，美国在统计中，出口使用离岸价，而进口使用到岸价，从而将装卸、运输和保险等费用的双倍数额计入中美贸易逆差，这在一定程度上扩大了美国的逆差额。

除此之外，部分亚洲国家和地区的产业转移使得美国逆差向中国转移。美国对整个亚洲的逆差水平无大变化，但对中国逆差比重上升，对亚洲其他地区的逆差比重下降，同时中国对东亚逆差上升。

美国针对高科技产品对中国实施严格的出口限制，是导致美国对中国逆差的另一重要原因。

中美贸易的分工格局，决定了汇率调整对改善中美贸易不平衡的作用有限。中国对美贸易中加工贸易占比很大，“两头在外”的贸易方式缓解了人民币升值对出口造成的压力。自从 2005 年 7 月汇率改革以来，至 2008 年年末人民币累计升值幅度已经达 18%，但中国对美顺差仍在增加。

应该看到，中国的产业和贸易结构与美国有明显的互补性，双边贸易的快速发展利大于弊。中美贸易不平衡问题的解决不可能一蹴而就，而必定是一个漫长的过程。中国需要扩大内需，调整国内经济结构，提高要素价格；美国更要摒弃贸易保护主义思维，主动放宽高新技术和产品的对华出口限制。

思　考　题

1. 美国发展成为世界主要的发达国家的原因有哪些？
2. 美国“阳光地带”是指哪里？“阳光地带”的发展有哪些优势条件？
3. 美国工业发展与布局的特点有哪些？
4. 美国三大工业地带有什么区别？
5. 简述美国第三产业的发展情况。
6. 是什么引发了美国对中国汇率改革的非议？

第八章

欧洲西部主要国家

广义上的欧洲西部包括南欧、北欧、西欧、中欧等国，与中东欧（即原苏联在欧洲的部分）相对应，位于亚欧大陆西部、大西洋东岸，大部分位于北纬35°~60°，属北温带。狭义上的欧洲西部指欧洲西部濒临大西洋的地区和附近岛屿，包括英国、爱尔兰、荷兰、比利时、卢森堡、法国和摩纳哥；广义的欧洲西部还包括德国、意大利、奥地利、瑞士、西班牙、葡萄牙、瑞典、丹麦、挪威、冰岛、芬兰、希腊等欧洲发达资本主义国家。广义的欧洲西部面积约500万平方千米，包括30多个国家，占欧洲面积的一半左右。

该区域最主要的国际组织是欧洲联盟（以下简称“欧盟”），2016年6月24日，英国举行脱离欧盟的民意公投，英国根据公投结果宣布脱离欧盟，但英国仍然与欧盟保持较为紧密的经济联系。

开篇故事

英国与英联邦

英联邦（Commonwealth of Nations）是一个以英国为主导的国家联合体，由53个主权国家（含属地，即尚未独立，未实现完全自治）所组成，成员大多为前大英帝国的殖民地或附属国。英联邦元首为英国女王伊丽莎白二世，同时身兼英联邦王国内的16国国家元首。基于其历史渊源，人们常常以“British Commonwealth”称之，以与世界上的其他联邦区分。

英联邦的国家包括澳大利亚、新西兰、加拿大、印度、尼日利亚、肯尼亚、新加坡、孟加拉国、巴基斯坦等一系列英国原先的殖民地。

英联邦是大英帝国的延续，虽然实力远不如当年的帝国，但是，英联邦还是在各国间的文化交流和经济交流上起到了一定的作用。英联邦作为国际合作的一种独特试验，促进了来自不同种族、文化和环境的民族之间的协作。各成员享有平等地位，但在处理英联邦事务上英国常扮演主角。成员在许多领域进行商讨和合作，包括贸易、金融、国防、教育、技术、科研、法律、医药和农业。

（资料来源：王振华．英联邦兴衰．北京：中国社会科学出版社，1991：19）

第一节 英 国

国家名片

国名：大不列颠及北爱尔兰联合王国（The United Kingdom of Great Britain and Northern Ireland）	人口数量：6 444 万（2014 年）
首都：伦敦	国土面积：24.41 万平方千米
主要城市：曼彻斯特、阿伯丁、利物浦	GDP 总计：2.95 万亿美元（2014 年）
国庆日：6 月第二个星期六①	人均 GDP：45 673 美元（2014 年）
国歌：《天佑女王》	官方语言：英语
主要宗教：新教	货币：英镑
国花：玫瑰	国石：钻石

一、英国自然地理

（一）地理位置

英国位于欧洲西部，由大不列颠岛（包括英格兰、苏格兰、威尔士）以及爱尔兰岛东北部的北爱尔兰和周围 5 500 个小岛（海外领地）组成。英国本土位于欧洲大陆西北面的不列颠群岛，被北海、英吉利海峡、凯尔特海、爱尔兰海和大西洋包围。面积 24.41 万平方千米（包括内陆水域），其中英格兰地区 13.04 万平方千米，苏格兰 7.88 万平方千米，威尔士 2.08 万平方千米，北爱尔兰 1.36 万平方千米。它是位于欧洲西部的岛国，隔北海、多佛尔海峡、英吉利海峡与欧洲大陆相望。它的陆界与爱尔兰共和国接壤。海岸线总长 11 450 千米，良港较多。

（二）地形

大不列颠岛是英国的主体，岛上地势西北高，东南低。主要包括三个地形区：英格兰东南部平原、中西部（威尔士）山区、苏格兰山区。而北爱尔兰中部为平原，周围为较为低矮的熔岩高原和山区。

---

① 英国国庆日与国家元首（英国女王或国王）的生日一致，而现任伊丽莎白二世的生日为 4 月 21 日，但由于伦敦 4 月气候欠佳，因此将每年 6 月的第二个星期六定为“女王官方诞辰日”。亦有人说，4 月 12 日是其国庆日，是基于 1927 年 4 月 12 日正式通过 Royal and Parliamentary Titles Act 1927（皇室与议会称号法案 1927）把国名改为“大不列颠及北爱尔兰联合王国”。

（三）河流与湖泊

英国的主要河流包括塞文河（全长 354 千米）和泰晤士河（全长 346 千米）。北爱尔兰的内伊湖（Lough Neagh），面积 396 平方千米，是英国最大的湖泊。此外，著名的尼斯湖位于大不列颠岛的北部，因水怪（类似恐龙一样的传奇生物，但至今未被证实）而闻名于世。

（四）气候

英国属于温带海洋性气候，常年受西风控制，全年温和湿润，四季寒暑变化不大，属温带落叶阔叶林带。通常最高气温不超过 32℃，最低气温不低于−10℃，平均气温 1 月 4℃～7℃，7 月 13℃～17℃。年平均降水量约 1 000 毫米，北部和西部山区的年降水量超过 2 000 毫米，中部和东部则少于 800 毫米。每年 2 月至 3 月最为干燥，10 月至来年 1 月最为湿润。

（五）自然资源

英国主要的矿产资源有煤、铁、石油和天然气。硬煤总储量为 1 700 亿吨。铁的蕴藏量约为 38 亿吨。西南部康沃尔半岛有锡矿。在柴郡和达腊姆蕴藏着大量石盐。斯塔福德郡有优质黏土。康沃尔半岛出产白黏土。奔宁山脉东坡可开采白云石。兰开夏西南部施尔德利丘陵附近蕴藏着石英矿。英国北海大陆架的石油蕴藏量为 10 亿～40 亿吨，天然气蕴藏量为 8 600 亿～25 850 亿立方米。英国是欧盟中能源资源最丰富的国家，主要有煤、石油、天然气、核能和水力等。

二、英国人文环境

（一）人口

根据 2014 年英国国家统计局的统计，英国人口大约有 6 444 万，其中三分之一居住在英格兰东南部（首都伦敦就有 720 万人）。其中各主要民族人口占比如下：英格兰占 83.6%，苏格兰占 8.6%，威尔士占 4.9%，北爱尔兰占 2.9%。另外，英国有华人 60 万人左右，主要分布在伦敦、曼彻斯特和伯明翰。

（二）语言与宗教

官方和通用语均为英语。威尔士北部还使用威尔士语，苏格兰西北高地及北爱尔兰部分地区仍使用盖尔语。宗教在英国社会政治生活中的影响较大。居民多信奉基督教新教，主要分英格兰教会（亦称英国国教圣公会，其成员约占英国成人的 60%）和苏格兰教会（亦称长老会，有成年教徒约 66 万人），另有天主教、佛教、印度教、犹太教及伊斯兰教等较大的宗教社团。

英国是欧洲人口最稠密的国家之一。百万人口以上的大城市有伦敦、伯明翰、利物浦、曼彻斯特、利兹、格拉斯格等。

知识窗

大伦敦

“大伦敦”由伦敦城及其周围32个市区组成，其半径约30千米，面积达1 605平方千米。靠近伦敦城的12个市区，称为“内伦敦”；内伦敦以外的20个市区叫作“外伦敦”，相当于一般城市的郊区。根据城市的布局与职能特点，可将大伦敦划分为伦敦城、西伦敦、东伦敦、港区和郊区五部分。

伦敦城即老城（一译“西蒂”），为伦敦的核心，称为“城中之城”，它是英国垄断资本的大本营，是金融中心，有“金融城”之称，也是世界三大贸易中心之一。西伦敦位于伦敦城的西侧，是英国的政治神经中枢，为王宫首相官邸、议会和政府机关驻地。这里也是伦敦的高级住宅区和著名的文化区，还是伦敦最繁华的商业区。东伦敦是伦敦的工业区和工人住宅区。伦敦桥以下至泰晤士河河口为伦敦的港区，泰晤士河两岸船坞、码头、堆栈、仓库连绵不断。除上述市区以外的广大地区为伦敦郊区，这是新兴的工业区，主要有汽车、航空航天、电子、电器及精密仪表等大型工业制造企业。

（资料来源：百度百科，内容有修改）

三、英国农业

英国农业主要分为畜牧、粮食、园艺、渔业，可满足国内食品需求总量的近2/3。目前，英国农业占国内生产总值的比重仅为1%，从业人数占总就业人数的比例不足2%，低于欧盟国家5%的平均水平，为欧盟国家中最低，不过其生产效率较高，农业人口满足了其国内60%的粮食供应。农用土地面积占国土面积的77%，其中多数为草场和牧场，仅1/4用于耕种。农业人口人均拥有70公顷土地，是欧盟平均水平的4倍。畜牧业用地占2/3，种植业不足1/3。近年来，除由于农产品价格下降及英镑坚挺导致英农业出口收入减少外，疯牛病、口蹄疫和农药引发的食品安全问题也使农业发展受到严重影响。

四、英国工业

英国作为老牌资本主义强国，是最早的产业革命的发源地，虽然经历过两次世界大战及多次经济危机，其整体经济实力有所下降，但仍然是世界上重要的发达国家之一及主要海外投资国。

英国主要工业部门包括采矿、冶金、化工、机械、电子、电子仪器、汽车、航空、食品、饮料、烟草、轻纺、造纸、印刷、出版、建筑等。生物制药、航空和国防是未来工业研发的重点，也是最具创新力和竞争力的行业。

制造业在英国工业中拥有举足轻重的地位。同许多发达国家一样，随着服务业的不断发展，英国的制造业自 20 世纪 80 年代开始萎缩，80 年代和 90 年代初两次经济衰退加剧了这一态势。2005 年，英国最大的汽车生产企业罗孚公司（MG-Rover）破产。2006 年英国制造业占国内生产总值的比重仅为 17%。英国制造业中纺织业最不景气，但电子和光学设备、人造纤维和化工产品，特别是制药行业仍保持雄厚实力。

（一）能源工业

英国能源资源丰富，其储量和产量均为欧洲首位，也是世界上石油、天然气和煤炭的重要生产国之一，是少数能源自给有余的工业国之一。英国能源消费长期以煤为主，从 20 世纪 50 年代末起，石油比重上升，天然气和核发电的份额也在提高。20 世纪 70 年代时其石油比重超过了煤炭，但从 80 年代初开始，煤炭比重重新上升，同其他发达国家相比，英国能源消费中的煤炭比重是比较高的。英国的采煤业历史悠久，煤炭曾在英国产业革命过程中发挥过重要作用，但后来受廉价中东石油的冲击，国际市场需求的减少，采煤业一蹶不振。1973 年石油危机后，政府调整能源政策，煤炭工业再度受到重视。目前全国共有煤田 12 块，多为中厚煤层，埋藏较浅，容易开采，且煤质好、焦煤比重高。英国采煤技术先进，机械化程度高，其采矿设备在世界上享有盛誉。

自 1969 年英国在北海发现大油田开始，英国加快北海油田的建设，迅速由石油的进口国转变为石油出口国。石油出口不仅减少了英国对海外石油的依赖，而且石油出口额一度占英国能源出口额的 1/5，英国的国民收入大为提高，本国的就业压力也大为缓解。此外，石油工业的相关产业如钻井平台的建设、油管建设、油船制造等，在英国的发展也较为迅速。

在电力方面，英国本国以火电为主，20 世纪 90 年代以来，英国政府也加大了对核电的投入，核电比重有较大的提高。

（二）钢铁工业

英国是世界钢铁工业的发源地，许多炼钢技术设备的发明和使用，最先都在英国出现，钢产量在世界历史上曾占统治地位。1870 年英国钢产量约占当时世界钢产量的一半，但自 20 世纪以来，钢铁工业日益暴露出企业规模小、设备陈旧落后、布局不合理的弱点，致使钢铁生产成本高，缺乏竞争力，加上国内汽车、造船、机械等需求钢铁的部门处境艰难，国际市场上钢铁生产过剩等原因，英国钢铁工业发展十分缓慢。目前，英国钢铁公司是西欧最大的钢铁公司，其钢产量仅次于新日本钢铁公司和美国钢铁公司。近年来，由于进口铁矿石不断增加，钢铁工业的分布日益靠近沿海地区，目前主要中心有塔尔伯特、莱温港、设菲尔德等。英国钢产量一半以上供出口。英国还有百余家较小的私营钢铁企业，擅长制造特殊钢材，如合金钢和不锈钢等。英国钢材主要出口欧盟市场。

（三）机械制造业

机械制造业是英国的主导工业部门。该部门门类众多，但发展不平衡，早期建立的纺织机械、造船、矿山机械等部门严重衰退，第二次世界大战前建立的汽车、农机、机床、电机等部门发展缓慢，而第二次世界大战后新建的与军事和新技术革命有关的飞机、仪表、电子、精密机械等部门则发展迅速。机械制造分布广泛，几乎遍及英国各大城市。

英国汽车工业始建于 1890 年，20 世纪初期和中期英国汽车畅销世界各地。1972 年所生产的小轿车、载重汽车和公共汽车合计为 194.1 万辆，创历史纪录，此后开始下降。近些年来，英国汽车受到日本和德国等国生产的小型、省油小轿车的竞争，国内外市场不断缩小，而日本、美国、德国等国进口轿车占英国国内市场的比重却逐年上升，已占近一半。目前，英国的汽车工业 80% 由七大集团所控制：罗弗、福特、沃克斯霍尔、普乔特—塔尔波特、本田、尼桑和丰田。值得称道的是，世界上的名车极品劳斯莱斯是英国罗伊斯·罗尔斯公司所造。汽车工业主要分布在伦敦东南区和西米德兰区。

产业革命让英国造船工业曾经在世界首屈一指，第二次世界大战后，被日本、瑞典、德国、西班牙等国超越。造船中心分布在格拉斯哥、纽卡斯尔、利物浦、南安普敦等地。国营的英国造船公司是英国最大的造船公司，控制了全国商用和军用船只生产的一半以上，私营船厂则建造小型船只，包括巡逻艇、渔船、补给船、拖轮、货轮、小型油船、渡船、游艇、快艇等。

英国是重要的航空航天工业国。航空航天工业产品是英国重要的出口创汇产品。英国的航空工业始建于 1909 年，目前发展规模仅次于美国，拥有西欧规模最大和设备最完善的航空制造体系，主要产品有民用与军用飞机、直升机、航空发动机、导弹、气垫船、宇宙飞行器、通信卫星以及整套机场设备等。目前，飞机年产量约 450 架，飞机发动机 2 000 余台。航空工业产品是英国重要的出口物资之一，其生产的产品中有著名的带有自动着陆装置的“三叉戟”式客机、“鹞”式垂直起降喷气式战斗机、“协和”式超音速飞机等。航空航天工业主要分布在大伦敦的东南部、伯明翰和考文垂及西米德兰区。

（四）电子工业

电子工业是英国第二次世界大战后发展起来的重要的新兴工业部门，主要产品有电子计算机、雷达、导航设备、通信设备、电子元件和电子消费品等。其特点是重点发展以雷达、无线电通信及工业控制为中心的投资类设备及专用电子设备，尤其是雷达设备已为许多国家民用机场和船舶所使用，电子计算机出口量不断增加，主要输往英联邦成员国、欧洲和美国。电子工业主要分布在被称为“泰晤士硅谷”的泰晤士河上游河谷地带和“苏格兰硅谷”的苏格兰埃尔—格拉斯哥—爱丁堡一带，而后者约生产了英国 80% 的集成电路和 50% 的电脑及附属产品。

（五）化学工业

英国是世界重要的化学工业国，化学工业产值居西方国家第五位，也是世界五大化工产品出口国之一。化学工业为英国第二次世界大战后发展最快的工业部门之一。其产品在 20 世纪 50 年代是以煤和岩盐为原料的基本化工产品为主；到 60 年代末转变为以石油和天然气为主要原料的有机合成和石油化工产品为发展重点。化学工业主要产品有硫酸、药品、塑料、树脂、合成橡胶、化肥、染料、颜料、涂料、化妆品、肥皂和洗涤剂等。帝国化学工业公司是化学工业中最大的公司，也是世界五大化学公司之一，控制国内化学工业生产的30%左右，其中硫酸、硝酸、盐酸、纯碱、烧碱、人造纤维、炸药等产量占国内生产总量的绝大部分。化学工业主要中心有北海沿岸、默齐河口、米德兰地区等，而伯明翰是化肥生产中心。

（六）纺织工业

纺织工业是英国历史悠久的传统工业部门，包括棉纺织、化学纤维、毛纺织、亚麻织和针织，其中毛纺织业的规模居于世界前列。主要中心有曼彻斯特、依林沃·莫利斯、利兹等。英国是纺织品的主要进口国。进口的服装主要有套衫、T恤衫、各种裤子、男女外衣内衣、衬衫、滑雪服等；进口的纺织品有棉线、棉布、地毯、天然纤维、针织布料、化学长丝等。主要进口地区包括中国、印度。

此外，英国的环保产业（包括生物质能、太阳能、风能等清洁能源产业，以及废旧电池处理、污水处理等产业）和软件业属于新兴工业，发展势头良好。

五、英国第三产业

第三产业（服务业）是英国经济的支柱产业，是英国经济的第一大生产力，产值约占国内生产总值的3/4。第三产业所包括的金融保险、零售、旅游和商业服务等，是目前英国经济重要的支柱产业。截至2014年8月，英国服务业产值约占GDP的75%。2012年英国服务贸易总额为3 058.5亿英镑，约合4 863亿美元。

（一）金融业

金融业在英国发展历史悠久，金融服务业产值占经济总附加值的5%，从业人员超过100万人。英国是最大的国际银行市场，约占世界总额的20%。伦敦是欧洲最大的金融中心，也是世界三大金融中心之一，其特点是：（1）拥有最多的注册外国银行；（2）世界最大的国外股票交易市场，占交易总量的58%；（3）世界最大的外汇交易市场，占交易总量的40%；（4）世界最大的资金管理中心；（5）世界最大的保险市场之一。英国四大银行包括汇丰银行、劳埃德银行、苏格兰皇家银行及巴克莱银行（见表8-1）。此外，英国还有若干家较小的银行，几家房屋协会、保险公司和超级市场也在经营银行业务，主要是一般账户业务。伦敦金融城从业者近40万人，共有550多家跨国银行、170多家国际证券公司在伦敦设立了分支机构或办事处，是英国不折不扣的金融中心。

表8-1　英国主要银行

序号	名　称	备　注
1	英格兰银行（Bank of England）	1946年成为英国的中央银行，是世界上第一家中央银行

续表

序号	名　　称	备　　注
2	汇丰控股公司（HSBC Holding）	世界第 20 大公司。2009 年营业收入 1 037 亿美元
3	劳埃德集团（Lloyds TSB Group）	世界第 36 大公司。2009 年营业收入 1 030 亿美元
4	苏格兰皇家银行（Royal Bank of Scotland）	世界第 45 大公司。2009 年营业收入 918 亿美元
5	巴克莱银行（Barclays）	世界第 70 大公司。2009 年营业收入 665 亿美元

（二）保险业

伦敦是世界最大的保险业中心之一。伦敦保险市场发挥着世界保险中心的作用，承担的国际保险业务约占世界市场的 1/5，英国制定的海上保险法律和保险条款都具有国际权威性。伦敦也是全球最大的再保险市场之一。在英国共有 800 多家经批准的保险公司，其中 420 家属于英国保险协会。

（三）旅游业

旅游业是英国最重要的经济部门之一，产值占国内生产总值的 5%，从业人员 210 万人。英国是仅次于美国、西班牙、法国和意大利的世界第五位旅游收入最多的国家。不过，由于英国人的严谨古板、传统英国食物较油腻等原因，外国游客多选择购物，而非在英国景点观光。例如，2007 年仅有 50 000 名游客参观白金汉宫，这个数字与法国凡尔赛宫每年超过百万的游客数量相差甚远。美国游客居英国海外游客之首，其他依次为法国、德国、爱尔兰、荷兰、西班牙、意大利等国。英国旅馆和餐饮企业众多，餐馆在数量和风味上都可满足不同口味的需求。

旅游业的最大看点是王室文化和博物馆文化，英国是世界上艺术和文化遗产丰富的国家之一。英国主要旅游地区有伦敦、爱丁堡、加的夫、布赖顿、格林尼治、斯特拉福、牛津和剑桥等。主要观光景点有歌剧院、博物馆、美术馆、古建筑物、主题公园和商店等。伦敦是世界领先的艺术中心，每年约有 650 个专业艺术节在英国举行，其中爱丁堡国际艺术节是世界上最为盛大的艺术节。

（四）交通运输

英国交通基础设施较齐全。陆路、铁路、水路、航空运输均较发达。伦敦有十分发达的地铁网。

1994 年，英法海底隧道贯通，将英国的铁路系统与欧洲大陆的铁路系统连接起来。英国铁路总长达 1.66 万千米。全国铁路和伦敦地铁分别承担了铁路系统运输量的一半左右，其余由轻轨承担。英国内河航运主要用于游览及改善自然环境，部分用于货运。泰晤士河是最繁忙的内陆水运河。内河航运线总长 3 200 千米。海运承担了 95% 的对外贸易运输。英国现有吞吐量超过 1 000 万吨的港口有：格里姆斯比—因明翰、伦敦、蒂斯—哈特浦尔、福斯、米尔福德—黑文、南安普顿、利物浦、萨仑沃、菲利克斯托、多佛等。英国所有的航空公司和大多数机场均为私营企业。目前共有 50 多家航空公司，在役飞机 967 架，2009 年载客量约 2.35 亿人次，客运里程约 3 110 亿千米，货运运输量 230 万吨。英国航空公司（British Airways）是世界最大航空公司之一，拥有 300 多架飞机，其航线覆盖 90 多个国家和地区的约 220 座城市。英国共有 449 家机场，其中 35 个机场年客流量在 10 万人次以上。其最大机场是伦敦希思罗机场，也是世界最大、最繁忙的机场之一。

知识窗

伦敦地铁

伦敦拥有世界上最古老的地铁交通体系，是世界地铁的发源地，而且其总里程和车站数仍居世界之首。伦敦地铁总长 400 多千米，地铁站数量超过 270 个，平均在市内步行 10 分钟就能找到地铁站口。

[资料来源：燕希 .10 分钟教你玩转伦敦地铁 . 世界 .2007（9）：114-121]

六、英国的对外贸易特征

（一）对外贸易的地位

英国是世界第五大贸易国，贸易额占世界贸易总额的 5.6%，人均出口额高于美国和日本。据英国海关与消费税局（H. M. Customs and Excise）的统计，2014 年全年，英国货物进出口额为 12 011.2 亿美元，与 2013 年持平。其中，出口 5 133.6 亿美元，较上年下降 6.2%，进口 6 877.6 亿美元，较上年增长 5.1%，贸易逆差 1 744.1 亿美元，较上年增长 63.1%。英国是世界第二大服务贸易输出国，仅次于美国。服务贸易直接影响英国国际贸易收支平衡，对总体收支平衡起着积极的作用。

（二）对外贸易的国别区域结构

英国与世界 80 多个国家和地区有贸易关系，主要贸易对象是欧盟、美国和中国。2014 年英国对美国、德国、荷兰和瑞士的出口额分别占英国出口总额的 12.5%、10.1%、7.3% 和 6.8%，其中对美国、德国和荷兰出口额同比分别增长 2.9%、8.3% 和 0.0%，对瑞士出口额同比下降 50.2%；自德国、中国、美国和荷兰的进口额分别占英国进口总额的 14.5%、9.4%、8.6% 和 7.5%，自荷兰进口额同比下降 4.1%，自德国、中国和美国进口额同比分别增长 12.4%、11.6% 和 8.2%。主要逆差来源地是德国、中国和挪威，2014 年逆差额分别为 478.7 亿美元、380.5 亿美元和 175.6 亿美元，德国同比增长 17.3%，中国和挪威同比分别下降 3.9% 和 12.1%。贸易顺差主要来自瑞士和爱尔兰，2014 年顺差额分别为 243.7 亿美元和 105.9 亿美元，瑞士同比下降 59.5%，爱尔兰同比增长 6.3%。表 8-2 和表 8-3 展示了 2014 年英国与主要贸易伙伴的出口情况和进口情况。

表 8-2　2014 年英国对主要贸易伙伴出口额

单位：百万美元，%

国家和地区	金额	同比	占比
总值	513 356	-6.2	100.0
美国	64 253	2.9	12.5
德国	52 073	8.3	10.1
荷兰	37 361	0.0	7.3
瑞士	35 086	-50.2	6.8
法国	32 467	-7.5	6.3
爱尔兰	29 978	5.1	5.8
中国	26 365	45.3	5.1
比利时	20 865	-2.0	4.1
西班牙	14 533	9.4	2.8
意大利	14 419	9.3	2.8
国家和地区	金额	同比	占比
中国香港	12 071	-14.2	2.4
阿联酋	10 558	-31.7	2.1
瑞典	8 940	2.1	1.7
日本	7 161	1.8	1.4

数据来源：中国商务部《国别（地区）报告》(2015)。

表 8-3　2014 年英国自主要贸易伙伴进口额

单位：百万美元，%

国家和地区	金额	同比	占比
总值	687 763	5.1	100.0
德国	99 941	12.4	14.5
中国	64 416	11.6	9.4
美国	58 947	8.2	8.6
荷兰	51 668	-4.1	7.5
法国	43 506	6.5	6.3
比利时	34 144	8.2	5.0

续表

国家和地区	金额	同比	占比
意大利	28 456	15.0	4.1
挪威	23 650	-7.0	3.4
西班牙	21 711	10.2	3.2
爱尔兰	19 390	4.4	2.8
加拿大	13 814	-7.3	2.0
瑞典	12 627	8.4	1.8
波兰	12 614	2.5	1.8
印度	10 772	11.5	1.6
瑞士	10 718	3.5	1.6

数据来源：中国商务部《国别（地区）报告》（2015）。

（三）对外贸易的商品结构

英国主要出口产品有机电产品、运输设备、化工产品和矿产品等。2014 年这四类产品分别出口 1 045.5 亿美元、745.5 亿美元、697.9 亿美元和 573.7 亿美元，分别占英国出口总额的 20.4%、14.5%、13.6% 和 11.2%，矿产品同比下降 8.8%，机电产品、运输设备、化工产品同比分别增长 2.9%、5.5% 和 1.8%。在主要出口产品中，贵金属及制品降幅较大，出口额 536.1 亿美元，下降 45.8%。英国的主要进口商品是机电产品、运输设备、矿产品和化工产品，2014 年分别进口 1 465.9 亿美元、964.7 亿美元、816.0 亿美元和 683.0 亿美元，分别占英国进口总额的 21.3%、14.0%、11.9% 和 9.9%，矿产品同比下降 11.7%，机电产品、运输设备和化工产品同比分别增长 6.0%、16.4% 和 6.8%（见表 8-4、表 8-5）。

表 8-4　　2014 年英国主要出口商品构成（类）

单位：百万美元，%

商品类别	2014 年出口额	上年同期出口额	同比	占比
总值	513 356	547 271	-6.2	100.0
机电产品	104 553	101 602	2.9	20.4
运输设备	74 546	70 687	5.5	14.5
化工产品	69 787	68 550	1.8	13.6
矿产品	57 371	62 912	-8.8	11.2
贵金属及制品	53 612	98 877	-45.8	10.4
贱金属及制品	28 655	27 476	4.3	5.6

续表

商品类别	2014 年出口额	上年同期出口额	同比	占比
食品、饮料、烟草	21 017	20 121	4.5	4.1
光学、钟表、医疗设备	20 538	19 504	5.3	4.0
塑料、橡胶	16 238	15 381	5.6	3.2
纺织品及原料	13 465	12 347	9.1	2.6
纤维素浆、纸张	8 892	8 605	3.3	1.7
活动物、动物产品	7 952	7 225	10.1	1.6
艺术品	7 760	6 873	12.9	1.5
家具、玩具、杂项制品	6 727	5 843	15.1	1.3
植物产品	3 348	3 231	3.6	0.7
其他	18 894	18 034	4.8	3.7

数据来源：中国商务部《国别（地区）报告》（2015）。

表 8-5　　2014 年英国主要进口商品构成（类）

单位：百万美元，%

商品类别	2014 年进口额	上年同期进口额	同比	占比
总值	687 763	654 207	5.1	100.0
机电产品	146 593	138 255	6.0	21.3
运输设备	96 467	82 895	16.4	14.0
矿产品	81 599	92 383	-11.7	11.9
化工产品	68 300	63 942	6.8	9.9
纺织品及原料	36 409	33 071	10.1	5.3
贵金属及制品	36 387	36 792	-1.1	5.3
食品、饮料、烟草	35 014	33 690	3.9	5.1
贱金属及制品	33 090	30 477	8.6	4.8
塑料、橡胶	26 466	24 898	6.3	3.9
光学、钟表、医疗设备	21 392	19 842	7.8	3.1
家具、玩具、杂项制品	20 621	17 758	16.1	3.0
植物产品	17 952	17 803	0.8	2.6
活动物、动物产品	14 782	13 991	5.7	2.2
纤维素浆、纸张	12 876	12 191	5.6	1.9
鞋靴、伞等轻工产品	8 059	7 173	12.3	1.2

续表

商品类别	2014年进口额	上年同期进口额	同比	占比
其他	31 756	29 047	9.3	4.6
机电产品	146 593	138 255	6.0	21.3

数据来源：中国商务部《国别（地区）报告》(2015)。

七、中英贸易

据英国海关与消费税局统计，2014年全年，英国和中国的双边货物进出口额为907.8亿美元，同比增长19.6%。其中，英国对中国出口263.6亿美元，同比增长45.3%，占英国出口总额的5.1%，提高了1.8个百分点；自中国进口644.2亿美元，同比增长11.6%，占英国进口总额的9.4%，提高了0.5个百分点。英方贸易逆差380.5亿美元，同比下降3.9%。中国为英国第七大出口市场和第二大进口来源地。

英国对中国出口的前四大类商品是运输设备、贵金属及制品、机电产品和化工产品，2014年分别出口95.1亿美元、48.9亿美元、37.9亿美元和20.2亿美元，分别占对中国出口总额的36.1%、18.6%、14.4%和7.7%，同比增长32.3%、2 216.9%、9.0%和0.4%。其中，贵金属及制品增速迅猛，上年同期对中国出口额仅为2.1亿美元（见表8-6）。

表8-6　　2014年英国对中国出口主要商品构成（类）

单位：百万美元，%

商品类别	2014年出口额	上年同期出口额	同比	占比
总值	26 365	18 146	45.3	100.0
运输设备	9 509	7 188	32.3	36.1
贵金属及制品	4 894	211	2 216.9	18.6
机电产品	3 788	3 475	9.0	14.4
化工产品	2 022	2 014	0.4	7.7
贱金属及制品	1 442	1 533	-6.0	5.5
矿产品	1 259	358	252.2	4.8
光学、钟表、医疗设备	916	821	11.6	3.5
纤维素浆、纸张	638	640	-0.2	2.4
塑料、橡胶	479	370	29.4	1.8
活动物、动物产品	268	166	61.6	1.0
纺织品及原料	207	152	36.3	0.8
食品、饮料、烟草	187	171	9.2	0.7

续表

商品类别	2014 年出口额	上年同期出口额	同比	占比
皮革制品、箱包	181	193	-6.4	0.7
家具、玩具、杂项制品	86	78	9.3	0.3
艺术品	78	46	70.0	0.3
其他	411	730	-43.6	1.6

数据来源：中国商务部《国别（地区）报告》(2015)。

英国自中国进口的前三大类商品是机电产品、纺织品及原料和家具玩具，2014 年分别进口 238.1 亿美元、96.0 亿美元和 91.0 亿美元，分别占自中国进口总额的 37.0%、14.9%和 14.1%，同比分别增长 10.8%、7.2%和 19.4%（见表 8-7）。另外，贱金属及制品、塑料橡胶和鞋靴伞等轻工产品也是英国从中国进口的重要商品，2014 年合计进口 100.2 亿美元，占英国自中国进口总额的 15.6%。中国在劳动密集型产品上具有较大优势，是英国纺织品及原料、家具玩具、鞋靴伞等轻工产品、皮革制品及箱包最大进口来源地，分别占自英国进口市场的 26.4%、44.1%、35.4%和 36.2%。另外，中国还是英国机电产品的最大进口来源国，占其进口市场的 16.2%，高于第二位的德国 1.9 个百分点。

表 8-7　　　　2014 年英国自中国进口主要商品构成（类）

单位：百万美元，%

商品类别	2014 年进口额	上年同期进口额	同比	占比
总值	64 416	57 734	11.6	100.0
机电产品	23 812	21 494	10.8	37.0
纺织品及原料	9 601	8 960	7.2	14.9
家具、玩具、杂项制品	9 096	7 618	19.4	14.1
贱金属及制品	4 286	3 353	27.8	6.7
塑料、橡胶	2 881	2 642	9.0	4.5
鞋靴、伞等轻工产品	2 856	2 682	6.5	4.4
化工产品	2 191	2 026	8.2	3.4
皮革制品、箱包	1 539	1 433	7.4	2.4
光学、钟表、医疗设备	1 515	1 421	6.6	2.4
纤维素浆、纸张	1 269	1 103	15.1	2.0
运输设备	1 226	1 013	21.1	1.9

续表

商品类别	2014 年进口额	上年同期进口额	同比	占比
陶瓷、玻璃	1 160	1 023	13.4	1.8
木及制品	961	829	16.0	1.5
贵金属及制品	490	619	-20.9	0.8
食品、饮料、烟草	393	401	-2.2	0.6
其他	1 141	1 117	2.1	1.8

数据来源：中国商务部《国别（地区）报告》（2015）。

在促进中英贸易关系方面，一些协会发挥了积极作用，其中最重要的代表就是英中贸易协会。英中贸易协会（China-Britain Business Council），前身是 1953 年由一批冲破西方对华贸易封锁的英国中小企业成立的“48 家集团”。后来英政府又成立了半官方的“英中贸易协会”。两组织于 1991 年合并为“英中贸易 48 集团”，1998 年更名为“英中贸易协会”。该协会受英政府的资助和指导，现有核心会员近 300 家，绝大部分是长期从事对华经贸合作的企业、银行和贸易公司。该协会的主要任务是促进中英双边贸易和经济技术合作；主要活动是组织贸易代表团访华、接待中国到访代表团、举办展览会、为英商提供中英贸易信息和咨询、出版《中英贸易回顾》和《英国工业》等刊物。考虑到中英两国经贸互补性很强，英国在信息技术、生物科学、可再生能源、低碳环保、高端制造业及创意产业等诸多领域具有技术优势，未来两国在服务贸易领域还有很大潜力可挖。

第二节 德　国

国家名片

国名：德意志联邦共和国（The Federal Republic of Germany）	人口数量：8 521 万（2013 年）
首都：柏林	国土面积：357 021 平方千米
主要城市：波恩、慕尼黑、不来梅	GDP 总计：3.63 万亿欧元（2013 年）
国庆日：10 月 3 日	人均 GDP：45 088 欧元（2013 年）
国歌：《德意志之歌》	官方语言：德语
主要宗教：天主教、新教	货币：欧元
国花：矢车菊	国石：琥珀

一、德国自然地理

（一）地理位置

德国位于欧洲中部，总面积35.7万平方千米，东邻波兰、捷克，南接奥地利、瑞士，西接荷兰、比利时、卢森堡、法国，北与丹麦相连，并邻北海和波罗的海，与北欧国家隔海相望。德国是欧洲邻国最多的国家。德国地理位置十分重要，位于中欧的核心部位，被称为“欧洲的走廊”。

（二）地形

德国的地形变化多样，有连绵起伏的山峦、高原台地、丘陵，有秀丽动人的湖畔，还有辽阔宽广的平原。地势南高北低，可分为四个地形区：北德平原，平均海拔不到100米；中德山地，由东西走向的高地块构成；西南部莱茵断裂谷地区，两旁是山地，谷壁陡峭；南部的巴伐利亚高原和阿尔卑斯山区，其间拜恩阿尔卑斯山脉的主峰祖格峰海拔2 963米，为全国最高峰。

（三）河流与湖泊

德国河流湖泊众多，主要河流有莱茵河（流经境内865千米）、易北河、威悉河、奥得河、多瑙河。较大的湖泊有博登湖、基姆湖、阿莫尔湖、里次湖。莱茵河为欧洲第一大河，流经北德平原的工业发达地区，其水量稳定，利于航行，多支流，流域面积广阔，是德国经济意义最大的一条河流。威悉河在德国境内长约500千米，与莱茵河一样注入北海。多瑙河是流经欧洲数国的国际河流，它不仅是德国南部的一条重要水道，更是德国同中欧、东南欧各国相联系的重要国际航道。易北河自东南流向西北，斜贯德国全境，然后注入北海。奥得河下游及其支流尼斯河为德国同波兰的界河，注入波罗的海。在德国境内，各大河之间都有众多运河相通，构成了通达全国重要地区，并联系主要邻国的内河水运网。德国的北部国土面临海运繁忙的北海和波罗的海，两海之间修建有基尔运河，该运河成为波罗的海沿岸各国出入大西洋的捷径。

（四）气候

从纬度上看，德国地处温带，四季气候分明。从海陆分布上看，德国气候有明显的从海洋性气候向大陆性气候变化的趋势，西北部海洋性气候较明显，处于大西洋和东部大陆气候之间凉爽的西风带，四季温和多雨，往东部、南部逐渐向大陆性气候过渡，冬季气温可降到-10℃，而夏季温度可以超过30℃。整体上德国平均气温7月为14℃～19℃，1月为-5℃～1℃。年降水量500～1 000毫米，山地则更多。降水四季分配较为均匀，夏季较多。

（五）自然资源

德国自然资源贫乏，除硬煤、褐煤和盐等矿产的储量丰富之外，在原料供应和能源方面（如铜、锡、铝、镍、钨、铁矿砂、铅、锌、石油等）需要依赖进口。德国煤储量大，且煤种齐全，分布集中。鲁尔煤田是德国最大的煤炭集中分布区，以产硬煤为主。西南部的萨尔煤田是德国第二大硬煤田。西部的莱茵煤田和东南的煤田是德国主要褐煤产地。钾盐主要分布于哈次山的两侧以及易北河与威悉河之间。磷矿分布在黄土地带。此外，铀矿也较丰富，分布在厄尔士山地。森林面积广大，森林覆盖面积为 1 070 万公顷，占全国土地面积的 29%。然而其他资源均贫乏，工业原料主要依靠进口，能源也主要依靠进口。

二、德国人文环境

德国人口总数为 8 521 万（2013 年，德国联邦统计局网站），近年来持续下降，但仍是欧盟人口最多的国家，每平方千米人口密度为 230 人，是欧洲人口最稠密的国家之一。主要民族人口是德意志人，有少数丹麦人和索布族人。境内有 713.1 万外籍人，占人口总数的 8.7%，其中最多的是土耳其人，为 169 万人。通用语为德语，而且其周边国家（奥地利、列支敦士登等）也将德语作为其官方语言。居民中约 30% 信奉新教，31% 信奉罗马天主教。

历史上德国曾是一个传统的人口迁出国，现在却成为世界移入侨民最多的国家之一，这些侨民绝大多数来自土耳其、前南斯拉夫及其他地中海沿岸国家。近年来，来自亚洲的移民逐渐增多。这些外籍工人已成为德国劳动力中的一个重要组成部分。长期以来，德国人口增长缓慢，人口不断老龄化，这已成为德国面临的一个严重的社会问题。德国城市化水平高，城市人口比重在 85% 以上。城市化中的一个显著特点是：中小城市高度发达，大城市数量少，规模也不突出。全国百万人口以上的城市有三座：柏林、汉堡、慕尼黑。首都柏林（Berlin），人口 356 万（2013 年，德国联邦统计局网站），是德国的文化中心、政治中心，也是重要的工业城市。

三、德国农业

农业在德国国民经济中的比重小，农业增加值约占 GDP 的 0.77% 左右（2006 年）。种植业与畜牧业相结合是德国农业结构的特点。虽然畜牧业的产值要占农业产值的 60%～70%，但这并不意味着农业以畜牧业为主，这是因为种植业产品的绝大部分都用于畜牧业，且在全部农地中，3/4 用于种植饲料。谷物产品中的 60% 左右用作饲料。因此，德国的种植业与畜牧业同样重要，如果没有种植业的发展，就谈不上畜牧业的发展。

德国的种植业以种植谷物为主，兼营经济作物和牧草。谷物包括小麦、大麦、黑麦、燕麦和玉米等，经济作物包括甜菜、葡萄、水果、蔬菜，以及花草、观赏作物和装饰品作物等。畜牧业以养牛、养猪为主。在谷物的生产中，小麦的种植面积与产量最大，主要分布在平原南部的黄土带和莱茵河口以上的莱茵河谷地。

四、德国工业

（一）工业概况

德国是高度发达的工业国家，经济实力居欧洲首位。国民生产总值和工业生产总值仅次于美国、中国、日本，是世界第四大经济强国。但东、西两部分经济发展不平衡，西部地区是德国的经济主体。

（二）工业崛起的原因

与日本一样，作为第二次世界大战的战败国，德国经济是在损失严重的基础上发展起来的。而且与日本相比，德国于第二次世界大战后，被苏联、美国、法国、英国划分为联邦德国与民主德国。其中，联邦德国经济发展迅速，分析其原因主要有：

（1）物质技术基础较雄厚。联邦德国占有第二次世界大战前德国领土的主要部分和经济最发达的地区，拥有大量的熟练劳动力和较强的科技力量。虽然战争中遭到严重破坏，但由于原有基础好，因此工业生产很快恢复到第二次世界大战前的水平。另外，第二次世界大战后初期，工资水平较低，军费开支很小，加上美国的援助，为经济发展提供了资金和技术。

（2）制定了较长期的经济发展方针，进行了大量而又长期的投资。根据本国情况，制订了发展计划，不同时期有不同的发展重点；第二次世界大战后投资也不断增多，投资重点也随各发展时期的重点不同而有计划地转移。

（3）重视科学技术和教育事业的发展，广泛采用新的技术成果。联邦德国认为不提高科学技术水平，就不具备搞现代化的条件，因此十分重视科学技术的发展，其科研及发展科技、教育的经费比重较高；同时，尽量引进和广泛使用新的技术成果，促使生产设备不断更新和劳动生产率迅速提高。

（4）大力吸引外资和发展对外贸易。第二次世界大战后，进口廉价原料和燃料，出口高价制成品，不仅促进了联邦德国经济的迅速发展，而且获得了大量利润。因此，联邦德国很重视发展对外贸易。出口工业品在工业生产中占重要地位，工业就业人员中约有 1/3 为出口工作。

（5）推进社会制度改革。为了刺激发展生产，联邦德国政府及企业主也实行了某些改良主义的措施，如广泛实行社会福利制度，增加工人工资、福利，工人参与某种程度的企业管理等，对于安定社会、提高劳动生产率，起到了一定的作用。

（三）工业结构与特点

德国工业结构及主要特点是：

（1）侧重重工业。汽车和机械制造、化工、电气等部门是支柱产业，占全部工业产值的 40% 以上。其他如食品、纺织与服装、钢铁加工、采矿、精密仪器、光学以及航空与航天工业也很发达。

（2）外向型。主要部门的产品有一半或一半以上销往国外。

（3）工业主要由中小企业组成。大约 2/3 的工业企业雇员不到 100 名。众多的中小企业专业化程度较高，平均技术水平较高。

（4）垄断程度高。占工业企业总数 2.5% 的 1 000 人以上的大企业占有工业就业人数的 40% 和营业额的一半以上。

（5）信息产业发展迅速。在过去几年中，德国信息技术市场的发展速度高于美国和日本，尤其是德国南部的慕尼黑，微电子、信息工业发达。

（四）工业部门

（1）能源工业。煤炭工业是发展最早的传统工业部门之一，主要煤炭产地有鲁尔、萨尔、莱茵、莱比锡等，现年产 6 亿吨左右。鲁尔区主要是优质炼焦煤产区，产量约占全国的 80%，绝大部分供应国内钢铁工业和电力工业，并有部分出口到欧盟国家。德国采煤业的机械化、自动化和技术水平均居世界领先地位。德国缺少石油资源，主要依靠进口石油，石油主要来自中东地区和英国，沿海港口汉堡、威廉和靠输油管送油的法兰克福、鲁尔等地发展了炼油工业。

（2）钢铁工业。德国钢铁工业发展历史悠久，技术先进，在世界上占重要地位。强大的钢铁工业曾是德国发动两次世界大战的物质基础。德国发展钢铁工业的最大有利条件是焦煤资源丰富。但德国铁矿几乎全部进口，主要来自巴西、加拿大、澳大利亚及瑞典等国。钢铁工业主要集中于内地。鲁尔和萨尔两地是主要钢铁基地，鲁尔区是德国也是西欧最大的钢铁工业基地。这里煤炭资源丰富，且半数以上是炼焦煤，加之地理位置优越，交通方便，又有先进的技术装备，因此钢铁工业迅速发展，区内的杜伊斯堡有“钢铁城市”之称。

（3）化学工业。化学工业是德国重要的工业部门之一，被认为是德国的“稳定剂”。德国是现代化学工业的发源地，以煤化学工业著称世界，以后又发展了石油化学和生物化学工业。德国化工原料已从以煤炭为主转为以石油和天然气为主，部门结构从以基本化工为主转为基本化工、有机化工和化肥并重。有机化工中，塑料、合成纤维与合成橡胶是三大重要部门，产量名列世界前茅。鲁尔区是德国和西欧重要的化工基地，休斯石油化工联合企业是鲁尔区最大的化工中心。另外，科隆、雷沃库森、路德威希、梅尔兹堡等是主要化工中心。

（4）机械工业。机械制造业是德国最大的工业部门，号称德国的“王牌工业”。德国是世界最大的机械产品出口国，产品种类繁多，以机床和光学仪器等最有名。鲁尔是最大的生产基地，生产成套矿山、冶金与轧钢设备，桥梁与建筑用结构钢，酿造与制乳酪设备以及大型内燃机、涡轮机、锅炉、炊事机械等。耶拿的蔡斯工厂是全球闻名的光学仪器、测量仪器、医疗器械、电子计算机、照相机和电影放映机等的生产中心。电气与电子工业发展极为迅速，以发展数据处理技术、电子计算机技术和电信与新型电子元件技术为重点，微电子广泛应用于机械及光学等领域。慕尼黑已成为欧洲最大的微电子中心，被称为德国的“硅谷”，有数百家公司云集于此，西门子公司总部也设于此市。农业机械和交通运输工具的生产发展很迅速，拖拉机工业中心位于次维考、埃森赫纳和卡尔—马克思城。德国是世界汽车工业的发祥地之一。汽车工业久负盛名，德国的汽车，品种多、质量好。汽车工业分布集中，沃尔夫斯堡和斯图加特分别是著名的大众汽车公司和奔驰汽车公司的总部驻地。

（5）轻工业。轻工业的发展落后于重工业，但纺织、制革、制鞋和食品等比较重要。巴伐利亚的啤酒酿造举世闻名，慕尼黑的啤酒在世界享有盛誉。

知识窗

德国啤酒

公元 1516 年，巴伐利亚公国的威廉四世大公颁布了《德国纯啤酒令》，规定德国啤酒只能以大麦芽、啤酒花和水三种原料制作，所以近五百年来德国啤酒即成为了所谓纯正啤酒的代名词。今日的德国为世界第二大啤酒生产国，境内共有 1 300 家啤酒厂，生产的啤酒种类高达 5 000 多种，而根据官方统计，每个德国人平均每年喝掉 138 公升的啤酒，是世界上最爱喝啤酒的民族。据说德国大众公司在海外设立的分公司，要专门从国内运送啤酒进行消费。

德国的慕尼黑啤酒节（又称“十月节”），是世界上著名的三大啤酒节之一（另外两个是英国伦敦啤酒节、美国丹佛啤酒节）。它在每年九月末到十月初在德国的慕尼黑举行，持续两周，是慕尼黑一年中最盛大的活动。每次均有五六百万的德国人与海外人士共同按德国人传统的风格享受美酒。人们用华丽的马车运送啤酒，在巨大的啤酒帐篷中开怀畅饮，欣赏巴伐利亚铜管乐队演奏的民歌乐曲和令人陶醉的情歌雅调。人们在啤酒节上品尝美味佳肴的同时，还举行一系列丰富多彩的娱乐活动，如赛马、射击、杂耍、各种游艺活动及戏剧演出、民族音乐会等。人们在为节日增添喜庆欢乐气氛的同时，也充分表现出德意志民族的热情、豪放、充满活力的性格。

[资料来源：崔洪．世界传统酒——德国啤酒．中国食品，2014（6）．文字有整理]

五、德国的第三产业

德国的第三产业占 GDP 总值的 65% 左右，主要行业有旅游、商业、交通运输、电信、银行、保险、旅馆、教育、文化、医疗卫生等。

（1）交通运输业。德国交通运输具有高度的现代化水平，运量大、速度快、效率高。公路、铁路、水路、航空运输和管道相互连接，组成稠密的运输网。各种运输以公路运输为主，德国已形成了以高速公路为骨干的、比较完整的公路网，实现了公路运输现代化。德国是世界上内河航运最发达的国家之一，内河航道中天然河道占 70%，人工运河占 30%。天然河与运河相互连接，构成了纵横交错的内河航运网。莱茵河是欧洲最繁忙的一条河流，在德国境内全长 860 多千米，全部可通航，约承担全国内河货运量的 70%，被称为德国和欧洲的“黄金水道”。杜伊斯堡是德国，也是欧洲和世界上最大的内河港口。人工运河中最主要的有北部的基尔运河、中部的中德运河及南部的莱茵—多瑙运河。德国海运业也十分发达，拥有商船 1 500 多艘，主要海港有德国西部的汉堡港、不来梅港及德国东部的罗斯托克港。

（2）旅游业。德国旅游业发达。根据“德国之声”的报告，2010 年德国酒店客流量同比上涨 10%，外国游客在德国的入住间夜数突破 6 000 万人次。报道称，德国是继西班牙之后最受欧洲人欢迎的度假胜地，其受欢迎程度超过法国、意大利和奥地利等国。在德国，旅游业是重要的经济部门。目前与旅游业有关的行业就业人数总共约为 240 万人。德国是一个富有魅力的旅游之国，引人入胜的旅游景点比比皆是：莱茵河水影中绵延不尽的葡萄园、珠串般的古堡、田园诗意的小镇；黑森林中深幽的林海、蜿蜒的河流、宁静的湖泊；阿尔卑斯山下的天鹅湖和童话宫；还有柏林墙、法兰克福的金融世界和慕尼黑的啤酒节。德国有 27 处景点被联合国教育科学及文化组织列入世界文化遗产保护名录。

（3）商业。德国的商业在总增加值中约占 9%。如今，将近 450 万人在大约 625 000 个德国商业企业中工作。这等于德国每 8 个就业者中有 1 人在商业部门。该经济领域以中小企业为主，10 家企业中有 9 家的雇员不到 10 人。大多数业主本身就是雇员，其家属也常常受雇用。

（4）金融保险业。德国金融保险业历史悠久，发展迅速，在德国经济和世界经济中都占有重要的地位。德国联邦银行是德国的中央银行，决定国家货币政策、负责货币发行并管理外汇黄金储备，其基本任务是确保币值的稳定。自欧元诞生以来，德国联邦银行将货币政策的决定权上交给欧洲中央银行理事会。德国金融业一直居于欧洲领先的地位，甚至在全球同行中也独占鳌头。比如，安联保险集团是世界最大的保险业集团之一，已有一百多年的历史，以人寿和财产保险为主，业务遍及全球 70 多个国家，其保费收入在全球同业中名列第一。德意志银行集团为欧洲最大的全能化银行，在国际上位居三甲之中。德国健康保险公司是欧洲最大的健康险公司。慕尼黑再保险公司创立于 1880 年，是德国第二大保险公司，同时也是世界上最大的再保险公司。在全世界 150 多个国家经营非人寿保险和人寿保险两类业务，并拥有 60 多家分支机构。

（5）博览会与展览会。德国的博览会由来已久，它是从中世纪早期由人们聚集在一起进行贸易活动的单个集市发展起来的。以往的综合性博览会现在大多已由代表一个或几个经济部门的专业博览会所取代。它已经连续多年被公认为是欧洲范围内的头号会展业大国，遥遥领先于其他欧盟国家。德国的博览会是举世公认的，国际上 150 个左右的重要专业博览会中大约 2/3 在德国举办。

此外，德国是世界上最好的投资地。因为：（1）当地的基础工程措施良好。（2）税收与欧洲其他国家相比，属于中低水平，具有较好的竞争性。（3）具有吸引力的激励机制，包括政府对于企业研发经费的支持等都十分有吸引力。

六、德国对外贸易

（一）德国对外贸易的基本情况

对外贸易是德国经济的重要支柱。对外贸易在德国的经济生活中起着决定性作用。德国国内生产总值中大约1/3为出口产品所创造，大约每3个工作岗位中就有1个依赖于出口。德国的产品和服务在世界上享有名优品牌的盛誉，德国产品出口以质量高、服务周到、交货准时而享誉世界。得益于德国商品良好的口碑，德国商品的进出口贸易年年顺差，且顺差额不断增加。这些顺差额几乎全部来自对西欧和北美国家的贸易，同欧美以外国家的贸易则多为逆差。

德国商品出口以高附加值的重化工制成品为主，占出口额的88%以上。为德国赚取大量外汇的商品是汽车、机械、化工、运输设备、化学品、钢铁和电气电子产品。进口商品中制成品比重有很大提高，主要产品有机械、电器、运输设备、汽车、石油和服装，目前约占2/3，但农产品和初级产品仍占一定比重，其中最重要的是石油、天然气及石油制品等。

据欧盟统计局的统计，2014年德国货物贸易进出口总额27 231.3亿美元，同比增长3.0%。其中，出口额15 072.2亿美元，同比增长3.8%；进口额12 159.2亿美元，同比增长2.0%。贸易顺差额为2 913.0亿美元，同比增长11.9%。

（二）德国对外贸易的国别区域结构

从进出口商品的国别（地区）结构上看，2014年德国对法国、美国、英国和中国的出口额分别占德国出口总额的8.9%、8.5%、7.0%和6.6%，分别为1 344.9亿美元、1 281.3亿美元、1 057.2亿美元和996.0亿美元，同比分别增长2.2%、7.6%、11.9%和11.7%（见表8-8），对上述四国出口占德国出口总额的31.0%；自荷兰、法国、中国和比利时的进口额分别占德国进口总额的12.9%、7.8%、6.6%和6.0%，分别为1 569.7亿美元、950.3亿美元、806.7亿美元和734.0亿美元，同比分别增长1.6%、6.2%、5.5%和1.2%（见表8-9）。2014年德国前五大顺差来源地依次是美国、英国、法国、奥地利和中国，分别占德国顺差总额的27.2%、18.3%、13.5%、7.7%和6.5%；逆差主要来自荷兰、比利时和捷克，分别为634.2亿美元、176.0亿美元和83.7亿美元，对荷兰逆差下降0.9%，对比利时和捷克逆差分别增长1.8%和26.6%。

表8-8　2014年德国对主要贸易伙伴出口额

单位：百万美元，%

国家和地区	金额	同比	占比
总值	1 507 216	3.8	100.0
法国	134 488	2.2	8.9
美国	128 128	7.6	8.5

续表

国家和地区	金额	同比	占比
英国	105 715	11.9	7.0
中国	99 603	11.7	6.6
荷兰	93 544	3.3	6.2
奥地利	73 498	0.2	4.9
意大利	71 923	2.7	4.8
波兰	62 871	11.9	4.2
瑞士	60 896	-0.7	4.0
比利时	55 795	1.0	3.7
西班牙	46 370	11.4	3.1
捷克	44 222	8.9	2.9
俄罗斯	39 075	-17.8	2.6
瑞典	28 558	4.6	1.9
匈牙利	26 392	13.6	1.8

数据来源：中国商务部《国别（地区）报告》（2015）。

表 8-9　　2014 年德国自主要贸易伙伴进口额

单位：百万美元，%

国家和地区	金额	同比	占比
总值	1 215 915	2.0	100.0
荷兰	156 966	1.6	12.9
法国	95 025	6.2	7.8
中国	80 671	5.5	6.6
比利时	73 396	1.2	6.0
意大利	64 824	4.0	5.3
波兰	55 448	10.2	4.6
捷克	52 596	11.4	4.3
英国	52 388	-1.3	4.3
奥地利	51 090	-0.5	4.2
瑞士	48 795	1.7	4.0
美国	48 754	0.0	4.0

续表

国家和地区	金额	同比	占比
俄罗斯	34 604	-6.3	2.9
西班牙	33 180	5.9	2.7
匈牙利	29 156	13.7	2.4
日本	19 324	0.5	1.6

数据来源：中国商务部《国别（地区）报告》(2015)。

（三）德国对外贸易的商品结构

从进出口商品结构上看，机电产品、运输设备和化工产品是德国的主要出口商品，2014 年出口额分别为 4 091.0 亿美元、3 243.1 亿美元和 1 923.8 亿美元，分别占德国出口总额的 27.1%、21.5%和 12.8%，同比分别增长 3.3%、5.9%和 4.0%。陶瓷、玻璃，运输设备，纺织品及原料等出口增幅均在 5%以上，为出口增长最快的主要大类产品（见表 8-10）。机电产品、矿产品和运输设备是德国进口的前三大类商品，2014 年合计进口 5 975.7 亿美元，占德国进口总额的 49.2%。进口呈全面增长态势，但矿产品进口下降 10.4%，贵金属及制品进口下降 16.3%，为进口出现逆势下降的两大类产品（见表 8-11）。

表 8-10　　2014 年德国主要出口商品构成（类）

单位：百万美元，%

商品类别	2014 年出口额	上年同期出口额	同比	占比
总值	1 507 216	1 452 086	3.8	100.0
机电产品	409 102	395 891	3.3	27.1
运输设备	324 306	306 287	5.9	21.5
化工产品	192 381	184 993	4.0	12.8
贱金属及制品	117 440	115 126	2.0	7.8
塑料、橡胶	88 997	85 904	3.6	5.9
光学、钟表、医疗设备	71 593	69 113	3.6	4.8
矿产品	50 350	50 689	-0.7	3.3
食品、饮料、烟草	45 556	43 745	4.1	3.0
纺织品及原料	37 297	35 455	5.2	2.5
纤维素浆、纸张	29 390	28 989	1.4	2.0
家具、玩具、杂项制品	27 535	26 241	4.9	1.8

续表

商品类别	2014 年出口额	上年同期出口额	同比	占比
活动物、动物产品	27 489	27 121	1.4	1.8
陶瓷、玻璃	16 378	15 475	5.8	1.1
植物产品	15 243	15 335	-0.6	1.0
贵金属及制品	14 578	17 150	-15.0	1.0
其他	39 583	34 572	14.5	2.6

数据来源：中国商务部《国别（地区）报告》(2015)。

表 8-11　　2014 年德国主要进口商品构成（类）

单位：百万美元，%

商品类别	2014 年进口额	上年同期进口额	同比	占比
总值	1 215 915	1 191 769	2.0	100.0
机电产品	282 298	269 176	4.9	23.2
矿产品	172 060	192 094	-10.4	14.2
运输设备	143 215	135 071	6.0	11.8
化工产品	133 001	125 749	5.8	10.9
贱金属及制品	102 311	98 860	3.5	8.4
塑料、橡胶	62 370	60 158	3.7	5.1
纺织品及原料	52 261	49 800	4.9	4.3
光学、钟表、医疗设备	41 986	39 685	5.8	3.5
食品、饮料、烟草	39 237	38 339	2.3	3.2
植物产品	36 495	36 558	-0.2	3.0
家具、玩具、杂项制品	30 895	28 037	10.2	2.5
活动物、动物产品	25 482	24 923	2.2	2.1
纤维素浆、纸张	23 043	21 942	5.0	1.9
贵金属及制品	17 925	21 407	-16.3	1.5
陶瓷、玻璃	12 557	11 544	8.8	1.0
其他	40 781	38 425	6.1	3.4

数据来源：中国商务部《国别（地区）报告》(2015)。

七、中德经贸关系

中德两国在贸易、投资、财政、金融等方面都有紧密的合作，是十分友好的合作伙伴。例如，2014 年 10 月，双方就签订了《中德合作行动纲要》，针对能源、环保等一系列领域加强经济合作。

据欧盟统计局的统计，2014 年中德双边贸易额为 1 802.7 亿美元，同比增长 8.8%。其中，德国对中国出口 996.0 亿美元，同比增长 11.7%，占德国出口总额的 6.6%，提高了 0.5 个百分点；德国自中国进口 806.7 亿美元，同比增长 5.5%，占德国进口总额的 6.6%，提高了 0.2 个百分点。德方顺差为 189.3 亿美元，同比增长 48.7%。中国为德国第四大出口市场和第三大进口来源地。

机电产品一直是德国对中国出口的第一大类产品，2014 年出口额为 382.6 亿美元，同比增长 9.8%，占德国对中国出口总额的 38.4%。运输设备是德国对中国出口的第二大类商品，出口额 336.5 亿美元，同比增长 20.6%，占德国对中国出口总额的 33.8%。光学钟表医疗设备是德国对中国出口的第三大类商品，出口额 68.9 亿美元，占德国对中国出口总额的 6.9%，同比增长 6.9%。前三大类产品占德国对中国出口的近八成。2014 年全年德国对外出口总体增长 3.8%，但对中国出口增幅为 11.7%，高出其平均增幅近 8 个百分点，中国是德国出口增长最快的主要市场之一。（见表 8-12）

表 8-12　　2014 年德国对中国出口主要商品构成（类）

单位：百万美元，%

商品类别	2014 年出口额	上年同期出口额	同比	占比
总值	99 603	89 213	11.7	100.0
机电产品	38 259	34 840	9.8	38.4
运输设备	33 649	27 905	20.6	33.8
光学、钟表、医疗设备	6 886	6 439	6.9	6.9
化工产品	6 463	6 054	6.8	6.5
贱金属及制品	5 552	5 296	4.8	5.6
塑料、橡胶	3 743	3 433	9.0	3.8
陶瓷、玻璃	714	634	12.6	0.7
纺织品及原料	694	698	-0.5	0.7
活动物、动物产品	666	627	6.2	0.7
家具、玩具、杂项制品	570	599	-4.8	0.6
纤维素浆、纸张	544	613	-11.1	0.6
食品、饮料、烟草	441	314	40.2	0.4
贵金属及制品	305	465	-34.3	0.3

续表

商品类别	2014年出口额	上年同期出口额	同比	占比
木及制品	288	234	22.7	0.3
矿产品	270	259	4.5	0.3
其他	559	803	-30.3	0.6

数据来源：中国商务部《国别（地区）报告》（2015）。

德国自中国进口的主要商品为机电产品、纺织品及原料和家具玩具杂项制品，2014年合计进口538.8亿美元，占德国自中国进口总额的66.8%。除上述产品外，贱金属及制品、化工产品也为德国自中国进口的主要大类商品（HS类），在其进口中所占比重超过或接近5%。总体来看，德国自中国进口商品大多出现增长，但运输设备进口下降较多，降幅超过20%（见表8-13）。德国自中国进口的增长幅度出现下降趋势，自匈牙利、波兰、捷克等欧洲国家的进口增长较快，进口增幅均在10%以上。

表8-13　2014年德国自中国进口主要商品构成（类）

单位：百万美元，%

商品类别	2014年进口额	上年同期进口额	同比	占比
总值	80 671	76 479	5.5	100.0
机电产品	36 878	34 239	7.7	45.7
纺织品及原料	10 291	10 223	0.7	12.8
家具、玩具、杂项制品	6 706	6 360	5.5	8.3
贱金属及制品	4 976	4 527	9.9	6.2
化工产品	3 744	3 472	7.8	4.6
光学、钟表、医疗设备	3 422	3 181	7.6	4.2
鞋靴、伞等轻工产品	2 721	2 490	9.3	3.4
塑料、橡胶	2 534	2 257	12.3	3.1
运输设备	2 507	3 184	-21.3	3.1
皮革制品、箱包	1 516	1 448	4.7	1.9
陶瓷、玻璃	1 301	1 160	12.1	1.6
活动物、动物产品	730	725	0.7	0.9
植物产品	670	641	4.5	0.8
贵金属及制品	594	582	2.1	0.7
木及制品	571	547	4.4	0.7
其他	1 509	1 444	4.5	1.9

数据来源：中国商务部《国别（地区）报告》（2015）。

第三节 法　国

国家名片

国名：法兰西共和国（The Republic of France）	人口数量：6 660 万人（2014 年 1 月，含海外领地）
首都：巴黎	国土面积：55 万平方千米
主要城市：里昂、马赛、里尔	GDP 总计：28 657.37 亿美元（2014 年）
国庆日：7 月 14 日	人均 GDP：46 016 美元（2014 年）
国歌：《马赛曲》	官方语言：法语
主要宗教：天主教、新教	货币：欧元
国花：鸢尾花	国石：珍珠

法国是西欧面积最大的国家（在全欧洲，面积仅次于俄罗斯与乌克兰），领土面积 67.48 万平方千米（包括海外属地），55 万平方千米（不包括海外领地）。它位于欧洲大陆西部，领土形状呈现对称的六边形，其中三边临海，三边靠陆，高大的阿尔卑斯山和比利牛斯山脉分别耸立于法国与意大利、法国与西班牙的边界线上。法国的大部分领土都处于平原和丘陵之上，美丽的塞纳河从首都流过，滋润了巴黎盆地广阔的土地。

一、法国自然地理

（一）地理位置

法国（La France），全称为法兰西共和国，现在是法兰西第五共和国，位于欧洲西部，与比利时、卢森堡、德国、瑞士、意大利、摩纳哥、安道尔和西班牙接壤，西北隔英吉利海峡（法国称拉芒什海峡）与英国隔海相望。濒临北海、英吉利海峡、大西洋和地中海四大海域，地中海上的科西嘉岛是法国最大岛屿。

（二）地形

法国地势东南高、西北低，向大西洋敞开。法国整体地势低平，全境 80% 的领土是平原丘陵，其中海拔 250 米以下的平原地带占国土总面积的 60%。法国西北部的巴黎盆地、卢瓦尔河平原，西南部德加龙河流域的阿坤廷盆地及东部的上莱茵河谷地、中南部的索恩—罗讷河谷地，都是重要的农业区。法国山地及高原有比利牛斯山、中央高原、阿尔卑斯山、汝拉山和孚日山等。阿尔卑斯山是著名旅游区，其主峰勃朗峰位于法国与意大利的边境线上，海拔高度 4 810 米，是西欧最高峰。

（三）河流与湖泊

法国境内河流众多、水量丰富，各河流间有运河相连，水道四通八达，全国可通航河流总长度达 8 500 多千米，形成遍布全国的水路交通网。法国的主要河流有卢瓦尔河（1 020 千米）、罗讷河（812 千米）、加龙河（776 千米）、塞纳河及莱茵河。卢瓦尔河为法国第一大河，全长 1 020 千米，流域面积 7.8 万平方千米。罗讷河是第二大河，水流湍急，水力资源丰富，建有大型水电站。

著名湖泊当属日内瓦湖，它是阿尔卑斯湖群中最大的一个，是瑞士与法国的界湖。湖面面积约为 224 平方英里，在瑞士境内占 140 平方英里，法国境内占 84 平方英里。日内瓦湖海拔 1 230 英尺，长 46 英里。湖面最宽处为 8.5 英里。湖水最深处 1 017 英尺。湖畔和毗邻地域，气候温和，温差变化极小，建有许多游览胜地。湖泊南面是白雪皑皑、风光秀丽的山峦，山北广布牧场和葡萄园。湖水因清澈湛蓝而驰名于世。

（四）气候

法国常年受西风影响，除地中海沿岸及海拔较高的山区以外，大部分地区属于温带海洋性气候。西北部濒临大西洋，冬暖夏凉，气温年差较小，终年湿润多雨；东部和山地大陆性气候较显著，冬季寒冷，夏季较热，雨量显著集中在夏季；南部沿海和罗讷河谷地属于地中海气候，冬季温暖多雨，夏季炎热干燥；中部高原属过渡性气候，气温较低，温差较大，雨量较多。除山地外，法国一般年降雨量均在 500 至 800 毫米之间，雨量自西向东递减，山区达 1 500 毫米以上。整体上看，法国的气候温和，环境优美，是一个适合居住的地方，而且有利于农业生产。

（五）自然资源

法国铁矿较丰富，居欧盟之首。最大的铁矿在其东北部的洛林，储量有 96 亿吨，占全国铁矿总量的 80%。铝土矿储量丰富，约有 9 000 万吨，居世界前列，集中分布在地中海沿岸，最大矿区在布鲁里。铀矿储量 5 万~10 万吨，居西欧前列。核能是主要能源，分布在卢瓦尔河流域。钾盐主要分布在孚日山东南侧。水力资源约 1 000 万千瓦，集中在东南山区。有色金属储量很少，几乎全部依赖进口。煤、石油、天然气等能源缺乏，所需石油的 99%、天然气的 75% 靠进口。森林覆盖率为 26.4%。

二、人文环境

（一）人口、民族与宗教

法国有 6 660 万人（含海外领地），其中本土人口为 6 450 万。另外，法国大概有 60 万华人，主要以温州人和（来自于中南半岛/印度支那的）印支华人为主。法国虽然总人口在欧洲排名前列，但人口年龄结构老化、人口密度较低，法国的人力资源相对短缺。法国民族人口以法兰西人最多，约占总人口的 90%，官方语言为法语。法国传统上是以信奉天主教为主的国家，也有部分人信仰新教、伊斯兰教。

（二）法国历史上的文化情结

提到法国，大家会将她和“浪漫”一词相联系，事实上，这说明了法国文化在国人中留下的映象。

法国历史悠久，文化遗产丰富。公元5世纪法兰克人移居到这里，843年成为独立国家。17—18世纪路易十四统治时期达到封建社会鼎盛时代。1789年7月14日爆发资产阶级大革命，起义者攻占巴士底狱。17世纪是法国古典文学的辉煌时期，相继出现了莫里哀、司汤达、巴尔扎克、大仲马、雨果、福楼拜、小仲马、左拉、莫泊桑、罗曼·罗兰等文学巨匠。法国近现代艺术更加灿烂，有雕塑艺术大师罗丹，还有莫奈和马蒂斯等印象派、野兽派的绘画代表人物。从17世纪开始，法国在工业设计、艺术设计领域一直居于世界领先地位。有关实用美术、建筑、时装设计、工业设计专业的学校闻名海外。法国重视科技和文化教育，每年用于教育和科研的投资分别占国内生产总值的7%和2%。时至今日，巴黎香榭丽舍大街上，法国知名的时装、皮具、香水品牌如CHANEL（香奈儿）、兰蔻、圣罗兰等也无时无刻不在展示着法国时尚浪漫文化的魅力。

三、法国农业

法国的农业相当发达，农业在国民经济中占有重要地位。主要农产品自给有余，还能大量出口。法国是欧盟最大的农产品输出国，也是世界上仅次于美国的第二大农产品出口国。2013年，法国的农业产值为737亿欧元，农业人口100余万，其中种植业产值422亿欧元，养殖业产值273亿欧元。

法国粮食产量占全欧洲粮食产量的1/3。随着法国人口的城市化，农村人口不断减少，因而机械化成为法国提高农业生产率的主要手段。法国共有农业用地2 928万公顷，农业用地的96%为家庭所有。主要农作物有小麦、大麦、玉米、马铃薯、甜菜、葡萄、烟草、蔬菜和花卉等。葡萄酒产量居世界第一，甜菜产量居世界第二，肉类产量居世界第四，牛奶、小麦、玉米产量均为世界第五。从法国农业地区分布看，小麦主产区在巴黎盆地，罗讷河、加龙河流域次之；甜菜产于法国的西北部和北部；莱茵河谷地和阿基坦地区是烟草主要产区；葡萄种植主要集中在地中海沿岸、加龙河下游、卢瓦尔河谷地和巴黎盆地东部；畜牧业以诺曼底和布列塔尼等西北地区最为集中；渔业相对较弱，集中于大西洋北段。

四、法国工业

法国的工业发达，制造业在世界排名第四，仅次于美国、日本和德国。工业产值（含建筑业）占全国生产总值的1/3以上，出口占商品总出口额的4/5。法国工业的特点是轻、重工业都发达，全国就业的23%、投资的40%和出口的近80%，是由工业部门实现的。工业中占主导地位的是传统部门，钢铁、汽车、建筑业为三大支柱产业。食品加工业是主要创汇部门，受国家政策的保护。近年来，核能、石油化工、海洋开发、航空航天、微电子、计算机等高科技领域也比较发达，但逊于美国。

（一）能源工业

法国能源工业的基础比较薄弱，动力资源比较贫乏，均需大量进口，主要有煤炭、石油、电力和原子能工业四个部门。煤炭工业是法国工业中日益衰落的部门。法国煤炭资源不多，已探明的储量只有 30 亿吨，可供开采储量仅有 2.5 亿吨，特别缺乏炼焦用煤。由于煤炭开采成本高、进口石油廉价等原因，法国煤炭产量逐年下降，每年不得不从德国、南非和波兰等国进口大约 2 000 万吨以上的煤炭，是世界上主要煤炭进口国之一。法国石油工业的特点是石油开采与炼油工业极不相称。法国境内石油奇缺，所需石油的 99%、天然气的 75% 依赖进口，开采量一直很低，每年需从中东、非洲、英国等地进口原油 1 亿多吨。为了降低石油产品进口费用，第二次世界大战后法国大力发展了炼油工业，原油精炼能力已近 1 亿吨，已基本上做到自给自足，从而使法国由过去主要进口石油产品变为主要进口原油。电力工业一直是法国政府比较重视的部门。第二次世界大战后，法国的电力工业有了很大发展，产量直线上升。在电力工业中，核发电的比重最大（法国核电工业起步于 20 世纪 70 年代，目前有 59 座机组运行，发电量占其总电量的 80% 左右），水力发电量在西欧诸国中仅次于挪威，居第二位。原子能工业是法国第二次世界大战后逐步发展起来的新兴工业部门。由于法国缺油少煤，政府把发展核能看作是解决能源问题的重要途径。法国有丰富的铀矿，探明储量达 12 万吨，在西欧国家中占首位，主要分布在卢瓦河流域。从核电的发电总量上看，法国是仅次于美国的世界第二大核发电大国。

（二）钢铁工业

法国是世界上主要的钢铁生产国和出口国之一。法国发展钢铁工业拥有丰富的铁矿资源，已探明储量达 65 亿吨，且大部分集中在洛林地区，便于开采。但钢铁工业所需的焦煤绝大部分依靠进口，法国是煤炭进口大国。自 20 世纪 60 年代以来，法国进口高品位铁矿石逐年增多，近年已占矿石总消费量的 30% 以上。进口的优质矿石主要来自巴西、加拿大、利比里亚、瑞典和澳大利亚等国。此外，还大量进口锰和铬。法国的钢铁工业生产发展较快，1997 年的钢产量达 1 980 万吨，钢铁产品虽然主要以法国国内市场为主，但近年来出口量不断增加，现已占 40%，是仅次于日本、德国的世界第三大钢铁出口国。洛林地区是法国最重要的钢铁工业基地，生铁产量占全国的 3/4，钢材占 2/3。20 世纪 60 年代以来，北部敦刻尔克、南部地中海沿岸的福斯沿海钢铁生产基地开始形成，使沿海的钢铁生产比重大大增加，其生产能力约占全国的 1/3。

（三）化学工业

化学工业是法国重要工业部门之一，主要生产塑料、医药、香料、化肥和合成橡胶等。基本化学工业是建立在本国丰富的钾盐、岩盐、磷、黄铁矿和天然气等资源基础之上的，而石油化学工业则基本上依靠进口石油进行生产。法国的塑料工业是第二次世界大战后发展起来的新兴工业部门，年产塑料 300 多万吨，仅次于美国、日本和德国。香料工业很早就享有盛誉，第二次世界大战后又有了很大发展，产品的 1/4 用于出口。制药工业是法国大有前途的部门之一，其特点是消耗的原料少、创造的价值大。法国还比较重视研制新药品种，每年投入市场的新药种类居世界前列。化肥产量每年保持在 2 000 万吨左右，仅次于美国。此外，法国硫酸和硝酸的生产在国际上也都占有重要地位。基本化学工业的布局较分散，而石油化学工业因依靠进口石油，多分布在沿海港口，尤以马赛—福斯最为集中。

（四）机械工业

法国的机械制造业以汽车、飞机、船舶、电子电气制造为主，该部门也是法国近年来发展最快、所占地位最重要的工业部门，其产值和从业人员都占全国的 1/3 以上。汽车工业是法国工业的支柱之一，2006—2010 年汽车生产量达 300 万辆左右。2010 年的汽车产量在欧洲仅次于德国、西班牙，居世界第十位。法国汽车工业以生产小轿车为主，其产量占汽车总产量的 90% 左右，载重汽车只占 10%，生产的汽车有一半供出口，占出口总额的 1/10，是世界重要的汽车出口国。

1. 航空航天工业

航空航天工业与汽车制造业、电子工业一样，是法国主要的工业部门，在世界上也仅次于美国和俄罗斯，是法国新的支柱产业和主要创汇产业。航空工业以生产轻型客机和直升机为主，军用飞机和轻型客机有大量出口。法国航空航天工业的特点是：在独立自主的基础上发展同西欧其他国家的合作。著名的产品有欧洲“空中客车”、“美洲狮”直升机、“猎豹”直升机、阿丽亚娜火箭、协和飞机等。2010 年，法国航空航天工业实现营业额 368 亿欧元，初步计算同比增幅为 3.5%，其中，3/4 的营业额来自外贸出口。法国飞机产量仅次于美国、英国，居西方世界第三位，远销世界 100 多个国家和地区，巴黎、图卢兹、马赛、波尔多等为制造中心。

知识窗

法国——航天航空工业的强国

空中客车公司（Airbus S. A. S.），是欧洲一家民航飞机制造公司，1970 年在法国成立，由德国、法国、西班牙与英国共同创立。空中客车公司由欧洲最大的军火供应制造商欧洲宇航防务集团（EADS-European Aeronautic Defense and Space Company）拥有。

空中客车 A380（Airbus A380）是欧洲空中客车工业公司研制生产的四发 550 座级超大型远程宽体客机，投产时也是全球载客量最大的客机，有“空中巨无霸”之称。

法国是西欧第一航天大国，也是美国和俄罗斯之后的世界第三航天大国。它拥有强大的运载火箭与航天器制造能力和类型较齐全、规模较庞大的导弹研制生产能力。法国航天和导弹工业的规模在西欧居第一位，从业人数和销售额均高居西欧各国之首。法国能独立或主导研制各种大型运载火箭，通信、侦察和对地观测卫星，较大型航天器以及各种类型的导弹，共研制过或正在研制约5个系列的运载火箭、15种型号的卫星、3种型号的航天器和约60种型号的导弹，具备总体设计、推进、制导、结构、防热等分系统设计与研制能力以及电池、火工品等零部件研制能力。法国研制生产的各种运载火箭、卫星、航天器和导弹具有较高的技术和应用水平。其中，通信和遥感卫星性能接近世界先进水平，并带头打破了美国对国际商业通信卫星研制市场的垄断，成为“阿拉伯卫星”和“土耳其卫星”的主承包商；反舰导弹、防空导弹、空空导弹的性能基本接近或达到美国同类武器系统的水平。法国航天大型企业的基础雄厚、设备精良、技术先进，如在“阿里安”火箭总装车间拥有现代化的机器人、加工中心、CAD/CAM（计算机辅助设计/计算机辅助制造）、数学仿真、模拟仿真等设备，其设计、研制和管理手段均非常先进。

（资料来源：李琮，刘国平，蒋宝恩. 世界经济学大辞典. 北京：经济科学出版社，2000）

2. 汽车工业

法国的汽车工业产值2007年达到870亿美元，75%的汽车用于出口，主要出口欧盟国家。法国有两家主要的汽车公司，即标致·雪铁龙公司和雷诺公司。此外，在汽车电子设备与零部件方面，其产值在2007年也达到了1 500亿美元，其中法国的汽车搭载电子产品占零部件产值的40%。法国的汽车工业已经形成了包括巴黎区在内的三大集群地带。

3. 船舶工业

法国是世界主要造船国之一，其造船技术驰名于世，特别是造价高、质量优良的专用船，如液化天然气船、集装箱船等。造船工业主要分布在卢瓦尔河下游的南特、圣纳泽尔地区，是法国最重要的造船工业基地，南部的马赛是世界著名的船舶修造中心。

（五）电子工业

法国的电子电气工业在国民经济、国防和人民生活中占有重要地位，就技术水平和生产规模来说，在资本主义世界仅次于美国、日本和德国，其中尤以电子计算机工业发展最为显著，其产品有许多供出口。电子工业是法国在第二次世界大战后发展起来的新兴工业部门，一直保持较高的增长速度。产品包括专业电子设备、电气设备、家用电器、电子计算机等。其中激光发生器、光纤制导系统、声呐等处于世界前沿。著名的企业有生产经营电子设备和家用电器的汤姆森—布朗特公司。法国东南部的格勒诺布尔斯被称为法国的“硅谷”，拥有8 000多家生产高技术电子产品的企业，其他如巴黎、里昂、里尔、斯特拉斯堡等也是电子工业的中心。

（六）纺织工业

纺织工业是法国的传统工业，法国曾是仅次于英国的第二大纺织工业生产国，主要部门有棉纺织、人造纤维、针织等。2007年法国有纺织及服装企业8 000余家，营业额达240亿欧元，从业人口达14.5万人。而相关的教学人员及技术工人达12万人，也创造了160亿欧元的营业额。法国每年要举办20余场世界服饰展或纺织品展览，是世界上主要的成衣销售集散地之一。法国服装业以设计新颖、制作精细、款式时尚、质量优良而闻名于世。巴黎是世界时装制造中心，里尔、里昂是法国两大纺织工业中心。

五、法国第三产业

法国服务业相当发达，无论在增加值还是在就业人口方面都在国民经济中占有70%以上的比重。商业性服务业是法国经济中最为活跃的产业。2002年增加值达4 750亿欧元，占整个经济增加值的1/3，就业人口占全国就业人口的1/4。其中与新技术相关的电信部门最具活力，法兰西电信公司是目前世界电信业排名第六的大公司。

1. 商业包括零售、批发和汽车销售/维修三个部门

2002年，商业实现利润1 800亿欧元。销售比较活跃的是医疗类和文化娱乐及体育类产品。超市在零售中仍发挥重要作用，巨型超市数量达1 269家，营业总面积688.6万平方米。家乐福超市是世界第二大零售商、欧洲第一大零售集团，仅次于美国的沃尔玛，在世界各地共有7 000多家店面。

2. 旅游业

法国是世界第一旅游大国，有着丰富的旅游资源和完善的旅游设施。旅游景观比比皆是，北部诺曼底的农舍，西部布列塔尼的民俗风情、卢瓦河谷的城堡，南部蔚蓝色海岸、拿破仑的故乡——科西嘉岛，中部的牧场，还有东部的阿尔卑斯山等都各具特色。法国是欧洲的浪漫中心，有悠久的历史、深厚的文化底蕴，有20多处风景名胜被联合国列入世界文化和自然遗产名录，如以卢浮宫和巴黎圣母院为中心的巴黎塞纳河滨、凡尔赛宫、枫丹白露、斯特拉斯堡、圣米歇尔山、尚博尔城堡等。法国约有1 200家博物馆，每年吸引几千万观众，仅卢浮宫、凡尔赛公园和奥赛博物馆每年就要接待近1 200万名参观者。旅游业是法国经常项目出超的第一大来源。

3. 交通运输

法国水陆空交通运输都很便利。它是世界交通运输网最稠密的国家之一，以公路运输为主。

六、法国对外贸易

（一）法国对外贸易概况

法国是世界贸易大国之一，对外贸易在法国经济中占有重要的地位，对外贸易总额占GDP的1/4。随着对外贸易的发展，法国在世界贸易中的地位也有了显著提高，成为居美国、德国、中国和日本之后的世界第五大贸易国。主要的贸易港口有马赛、勒阿佛尔、敦刻尔克、里昂。近年来法国的国际贸易发展阶段略有波动，法国媒体分析这主要是由外贸产品市场定位不清、外贸企业增长乏力，加之外贸生成成本增大所致。

2014年法国货物贸易微幅下降，据欧盟统计局统计，2014年法国货物贸易进出口

12 623.5 亿美元，同比下降 0.02%。其中，出口 5 829.7 亿美元，同比增长 0.3%；进口 6 793.8 亿美元，同比下降 0.3%。贸易逆差 964.2 亿美元，同比下降 4.2%。

（二）法国对外贸易地区结构

法国与世界 100 多个国家和地区有贸易往来，贸易主要是在欧盟内部市场进行。

2014 年法国对德国、比利时、意大利和西班牙的出口额分别占法国出口总额的 16.4%、7.3%、7.1% 和 7.1%，分别为 958.5 亿美元、425.1 亿美元、415.9 亿美元和 411.2 亿美元，对德国、意大利和西班牙的出口额同比分别增长 1.9%、2.1% 和 5.6%，对比利时出口额同比下降 4.6%，对上述四国的出口额占法国出口总额的 37.9%；自德国、比利时、意大利和荷兰的进口额分别占法国进口总额的 19.4%、11.1%、7.6% 和 7.5%，分别为 1 319.7 亿美元、754.9 亿美元、518.5 亿美元和 509.7 亿美元，自德国、意大利和荷兰进口额同比分别增长 1.2%、2.5% 和 1.0%，自比利时的进口额同比下降 0.6%。2014 年，法国前五大逆差来源地依次是德国、比利时、荷兰、中国和意大利，分别占法国逆差总额的 37.5%、34.2%、28.4%、12.8% 和 10.6%；顺差主要来自英国、中国香港和阿联酋，分别为 119.1 亿美元、51.2 亿美元和 41.3 亿美元，对英国和阿联酋的顺差额同比增长 77.3% 和 11.5%，对中国香港顺差额同比下降 11.8%。

2014 年法国主要贸易伙伴的进出口情况如表 8-14、表 8-15 所示。

表 8-14　　2014 年法国对主要贸易伙伴出口额

单位：百万美元，%

国家和地区	金额	同比	占比
总值	582 967	0.3	100.0
德国	95 851	1.9	16.4
比利时	42 511	-4.6	7.3
意大利	41 590	2.1	7.1
西班牙	41 122	5.6	7.1
英国	40 891	3.6	7.0
美国	36 307	1.5	6.2
荷兰	23 566	-0.2	4.0
中国	21 324	9.0	3.7
瑞士	17 185	-0.8	3.0
波兰	9 626	5.8	1.7
日本	9 040	0.1	1.6
俄罗斯	8 990	-11.8	1.5

续表

国家和地区	金额	同比	占比
阿尔及利亚	8 215	4.7	1.4
土耳其	7 974	-4.1	1.4
瑞典	6 690	7.4	1.2

数据来源：中国商务部《国别（地区）报告》(2015)。

表 8-15　　2014 年法国自主要贸易伙伴进口额　　单位：百万美元，%

国家和地区	金额	同比	占比
总值	679 383	-0.3	100.0
德国	131 968	1.2	19.4
比利时	75 485	-0.6	11.1
意大利	51 849	2.5	7.6
荷兰	50 971	1.0	7.5
西班牙	44 644	-0.3	6.6
美国	33 731	-4.0	5.0
中国	33 693	3.1	5.0
英国	28 979	-11.5	4.3
瑞士	20 247	4.8	3.0
俄罗斯	13 211	-3.0	2.0
波兰	11 152	3.7	1.6
沙特阿拉伯	9 196	17.9	1.4
捷克	8 590	9.3	1.3
奥地利	8 388	6.3	1.2
瑞典	8 346	-1.9	1.2

数据来源：中国商务部《国别（地区）报告》(2015)。

（三）法国对外贸易商品结构

从法国的对外贸易商品结构上来看，机电产品、运输设备和化工产品是法国的主要出口商品，2014 年出口额分别为 1 117.2 亿美元、1 080.8 亿美元和 931.7 亿美元，分别占法国出口总额的 19.2%、18.5% 和 16.0%，其中，机电产品和运输设备出口额同比分别增长 0.8% 和 1.1%，化工产品出口额同比微降 0.6%（见表 8-16）。此外，主要的出口商品还包括农产品和食品。法国葡萄酒享誉全球，酒类出口额占世界出口额的一半。法国时装、法国大餐、法国香水都在世界上闻名遐迩。近些年，法国的农产品与食品、汽车与航空产品的出口在世界出口贸易中越来越居显要地位，分别居世界第二和第三位。另外，法国军火贸易发展也很快，其出口额占世界军火出口总额的 10%，占全国对外贸易总额的 5%，是居美国和俄罗斯之后的世界第三大军火出口国，主要出口军火有直升机、战斗机、装甲车辆、战术导弹等，远销世界 80 多个国家和地区。机电产品、矿产品和运输设备是法国进口的前三大类商品，2014 年合计进口额 3 253.3 亿美元，占法国进口总额的 47.9%。大部分产品的进口呈温和增长态势，但矿产品进口额同比下降 12.4%，导致总体进口额出现微幅下降（见表 8-17）。

表 8-16　　2014 年法国主要出口商品构成（类）

单位：百万美元，%

商品类别	2014 年出口额	上年同期出口额	同比	占比
总值	582 967	580 999	0.3	100.0
机电产品	111 723	110 807	0.8	19.2
运输设备	108 082	106 874	1.1	18.5
化工产品	93 170	93 774	-0.6	16.0
贱金属及制品	41 505	40 547	2.4	7.1
食品、饮料、烟草	39 703	39 876	-0.4	6.8
塑料、橡胶	31 332	30 715	2.0	5.4
矿产品	25 699	26 375	-2.6	4.4
光学、钟表、医疗设备	21 215	20 907	1.5	3.6
植物产品	19 187	21 255	-9.7	3.3
活动物、动物产品	17 487	17 228	1.5	3.0
纺织品及原料	17 229	16 327	5.5	3.0
纤维素浆、纸张	10 242	10 474	-2.2	1.8
皮革制品、箱包	8 059	7 988	0.9	1.4
家具、玩具、杂项制品	8 001	7 740	3.4	1.4
贵金属及制品	7 322	7 164	2.2	1.3
其他	23 011	22 948	0.3	3.9

数据来源：中国商务部《国别（地区）报告》（2015）。

表 8-17　　2014 年法国主要进口商品构成（类）

单位：百万美元，%

商品类别	2014 年进口额	上年同期进口额	同比	占比
总值	606 061	559 895	8.3	100.0
机电产品	124 471	113 403	9.8	20.5
矿产品	86 525	74 990	15.4	14.3
运输设备	82 941	81 809	1.4	13.7
化工产品	71 571	67 671	5.8	11.8
贱金属及制品	44 079	36 452	20.9	7.3
塑料、橡胶	30 679	26 512	15.7	5.1
纺织品及原料	28 493	27 464	3.8	4.7
食品、饮料、烟草	23 706	24 123	-1.7	3.9
光学、钟表、医疗设备	20 593	18 844	9.3	3.4
家具、玩具、杂项制品	16 705	15 713	6.3	2.8
纤维素浆、纸张	14 517	14 045	3.4	2.4
活动物、动物产品	14 280	13 666	4.5	2.4
植物产品	14 246	13 618	4.6	2.4
陶瓷、玻璃	7 900	7 481	5.6	1.3
鞋靴、伞等轻工产品	6 786	6 253	8.5	1.1
其他	18 568	17 852	4.0	3.1

数据来源：中国商务部《国别（地区）报告》（2015）。

七、中法贸易关系

据欧盟统计局的统计，2014 年中法双边贸易额为 550.2 亿美元，同比增长 5.3%。其中，法国对中国出口额 213.2 亿美元，同比增长 9.0%，占法国出口总额的 3.7%，提高了 0.3 个百分点；法国自中国进口额 336.9 亿美元，同比增长 3.1%，占法国进口总额的 5.0%，提高了 0.2 个百分点。法方逆差 123.7 亿美元，同比下降 5.7%。截止到 2014 年 12 月，中国为法国第八大出口市场和第七大进口来源地。

运输设备成为法国对中国出口的第一大类产品，2014 年出口额为 69.0 亿美元，同比增长 28.1%，占法国对中国出口总额的 32.4%。机电产品是法国对中国出口的第二大类商品，出口额 54.7 亿美元，同比增长 0.6%，占法国对中国出口总额的 25.7%。化工产品是法国对中国出口的第三大类商品，占法国对中国出口总额的 11.4%，同比增长 3.4%。前三大类产品占法国对中国出口的近七成。2014 年法国对外出口额增长总体增幅为 0.3%，但对中国出口额增长 28.1%，中国是其表现最好的主要出口市场（见表 8-18）。

表 8-18　2014 年法国对中国出口主要商品构成（类）

单位：百万美元，%

商品类别	2014 年出口额	上年同期出口额	同比	占比
总值	21 324	19 572	9.0	100.0
运输设备	6 898	5 387	28.1	32.4
机电产品	5 470	5 435	0.6	25.7
化工产品	2 435	2 355	3.4	11.4
食品、饮料、烟草	1 237	1 485	-16.7	5.8
贱金属及制品	1 148	1 111	3.3	5.4
塑料、橡胶	826	777	6.4	3.9
光学、钟表、医疗设备	774	772	0.3	3.6
纺织品及原料	605	502	20.5	2.8
活动物、动物产品	480	454	5.6	2.3
皮革制品、箱包	306	327	-6.3	1.4
植物产品	298	120	147.9	1.4
纤维素浆、纸张	169	176	-4.1	0.8
家具、玩具、杂项制品	140	123	14.0	0.7
陶瓷、玻璃	126	138	-9.3	0.6
木及制品	120	104	14.7	0.6
其他	292	303	-3.7	1.4

数据来源：中国商务部《国别（地区）报告》（2015）。

法国自中国进口的主要商品为机电产品，纺织品及原料和家具、玩具、杂项制品，2014 年合计进口额为 216.3 亿美元，占法国自中国进口总额的 64.2%。除上述产品外，贱金属及制品、鞋靴等轻工产品也为法国自中国进口的主要大类商品（HS 类），在其进口额中所占比重均超过或接近 5%。总体来看，法国自中国进口的商品大多出现增长，其中，运输设备、塑料、橡胶等进口增长较快，增幅均超过 10%，但法国自中国进口的第一大类商品——机电产品同比下降 2.5%。法国进口总体表现欠佳，自多个主要贸易伙伴进口均出现下降，自中国进口增长虽不多，但仍不失为进口表现最好的几个主要市场之一（见表 8-19）。

表 8-19　　2014 年法国自中国进口的主要商品构成（类）

单位：百万美元，%

商品类别	2014 年进口额	上年同期进口额	同比	占比
总值	33 693	32 689	3.1	100.0
机电产品	12 092	12 407	-2.5	35.9
纺织品及原料	6 027	5 719	5.4	17.9
家具、玩具、杂项制品	3 509	3 223	8.9	10.4
贱金属及制品	2 051	1 873	9.5	6.1
鞋靴、伞等轻工产品	1 591	1 494	6.5	4.7
塑料、橡胶	1 535	1 394	10.1	4.6
化工产品	1 477	1 497	-1.4	4.4
光学、钟表、医疗设备	1 271	1 185	7.3	3.8
皮革制品、箱包	1 172	1 153	1.6	3.5
运输设备	881	703	25.3	2.6
陶瓷、玻璃	506	476	6.3	1.5
纤维素浆、纸张	375	372	0.8	1.1
木及制品	280	274	2.1	0.8
贵金属及制品	254	258	-1.4	0.8
植物产品	205	215	-4.5	0.6
其他	467	446	4.8	1.4

数据来源：中国商务部《国别（地区）报告》（2015）。

思　考　题

1. 英国金融保险业在世界市场中所占的地位如何？其主要公司有哪些？
2. 德国工业崛起的原因是什么？工业现阶段的特点有哪些？
3. 法国农业发达的原因是什么？

第九章

日　　本

国家名片

国名：日本国（Japan）	人口数量：1.27 亿（2015 年）
首都：东京	国土面积：37.8 万平方千米
主要城市：大阪、名古屋、京都	GDP 总计：4.123 万亿美元（2015 年，国际汇率）
国庆日：2 月 11 日	人均 GDP：32 477 美元（2015 年，国际汇率）
国歌：《君之代》	官方语言：日语
主要宗教：神道教、佛教	货币：日元
国花：樱花	国石：水晶

开篇故事

2011 年的东日本大地震及其经济影响

2011 年 3 月 11 日，日本东京时间 14 时 46 分，日本东北部海域发生里氏 9.0 级地震并引发海啸，造成重大人员伤亡和财产损失。地震震中位于宫城县以东太平洋海域，震源深度 20 千米。东京等地有强烈震感。地震引发的海啸（海啸的最大高度达到 24 米）影响到太平洋沿岸的大部分地区。地震造成日本福岛第一核电站 1—4 号机组发生核泄漏事故。截至当地时间 2011 年 4 月 12 日 19 时，此次地震及其引发的海啸已确认造成 13 232 人死亡、14 554 人失踪。

受日本发生强烈地震的影响，亚洲股市 2011 年 3 月 11 日全面下跌。其中日本日经平均指数下跌 1.72%，新加坡海峡时报指数下跌 1.04%，印度尼西亚雅加达综合指数下跌 1.27%；而香港恒生指数当日盘中跌幅一度逾 2%，最多跌 509 点，收市时跌幅略有收窄，跌 1.55%。另外，日本产的电子产品、汽车产品的价格也有明显上涨。

［资料来源：张季风．东日本大地震对日本经济与世界经济的影响．现代日本经济，

2011（4）]

一、日本自然地理

（一）地理位置与领土构成

日本位于太平洋西岸、亚欧大陆东端，是一个四面临海的岛国，国土自东北向西南呈弧状延伸。东部和南部为一望无际的太平洋，西临日本海、东海，北接鄂霍次克海，隔海分别和朝鲜、韩国、中国、俄罗斯、菲律宾等国相望。陆地面积37.8万平方千米，包括北海道、本州、四国、九州4个大岛和其他6 800多个小岛屿。领海面积31万平方千米。

（二）地形地势

日本境内多山，山地成脊状分布于日本的中央，将日本的国土分割为太平洋一侧和日本海一侧。日本位于环太平洋火山地震带上，火山活动频繁，给当地人们的生活带来了诸多不便。全国有200多座火山，其中50多座是活火山，为世界上有名的地震区，素有“火山地震之邦”之说。富士山是全国的最高峰，是一座活火山，海拔高度3 776米，其景色优美，温泉资源丰富，是著名的观光疗养地。日本的平原主要分布在河流的下游近海一带，多为冲积平原，规模较小，较大的平原有关东平原、石狩平原、越后平原、浓尾平原和十胜平原等。

（三）河流与湖泊

境内河流流程短，水能资源丰富，最长的信浓川长约367千米。日本的河流大多发源于中部山地，向东西两侧流入太平洋和日本海。由于日本东西狭窄，加之山势陡峭，河流多短而急促，因而水能资源集中。在梅雨和台风季节，水量增大，容易形成洪水。为此，日本修筑了大量的堤防和水库，用于防洪。河水广泛作为生活用水、农业和工业用水，并用于水力发电。日本湖泊数量较少，最著名也是最大的湖泊为琵琶湖，面积672.8平方千米。

（四）海岸线和海洋渔业

日本海岸线全长约3.3万千米。由于日本是一个岛国，因此其海岸线十分复杂。西部日本海一侧多悬崖峭壁，港口稀少，东部太平洋一侧多入海口，形成许多天然良港。在东部太平洋一侧自南向北均被日本暖流（黑潮）环绕、东北部形成千岛寒流，西部日本海一侧是对马暖流和里曼寒流。在寒流和暖流交汇处，鱼类资源丰富，成为天然渔场，著名的北海道渔场是世界四大渔场之一。

（五）气候

日本地处海洋的包围之中，属亚热带、温带海洋性季风气候，终年温和湿润，与同纬度地区相比冬无严寒，夏无酷暑。夏秋两季多台风，6月中旬至7月中旬为梅雨季。1月平均气温北部-6℃，南部16℃；7月北部17℃，南部28℃。日本各地降水丰富。年降水量700~3 500毫米，最高达4 000毫米以上。相对而言，日本海沿岸与濑户内海降水较少。近年，导致海水升温的厄尔尼诺现象也对日本产生影响，主要是梅雨持续时间延长，容易形成冷夏和暖冬。而隔年的拉尼娜现象又会导致日本西海岸的暴雪与寒冬天气。

（六）自然资源

日本除海洋鱼类、森林和水力资源较丰富以外，只有少量的矿物资源，如石灰石、铅、铜矿、煤、硅石、铬铁矿、锌、金砂和锰等。不过，日本的矿物资源种类繁多，曾有“矿物博物馆”之美誉。历史上，日本曾一度是铜的出口国，铅和锌的蕴藏量也较丰富，还曾有过一些较大的、著名的煤矿。但是，与世界上其他同等人口规模的国家相比，无论从其矿物的蕴藏总量还是从人均占有蕴藏量来说都是比较贫乏的。目前，在各种矿物资源当中，只有石灰石资源尚可称之丰富，而其他资源特别是石油、煤炭、铀等能源资源则尤显缺乏。这一点在其需要耗费大量矿物资源的工业高速发展以后显得更加突出。目前，日本90%的能源、矿产需要靠进口。

二、日本农业

（一）日本农业的特点

（1）耕地面积不断减少，农业生产处于停滞或下降状态。2012年，日本的耕地面积约为450万公顷，呈逐年减少的趋势。其中，水田占54.3%，旱地占45.7%，灌溉面积24.3万公顷。耕地利用率从1983年的104.8%下降到2004年的93.8%。日本是典型的人多地少国家。

（2）经营规模小而兼业农户比重增大。日本的农户总数整体呈现减少趋势（2010年日本的农业从业人口仅为260万人），而且农产品中商品化率在提高。农户中，约84%的农户为兼业农户。日本农业以小规模经营为主，但是耕地向较大农户集中的趋势也日益明显，骨干农户的旱地大规模化尤为显著。

（3）农户经营组织形式多样化，商品率高。日本主要农产品的商品率一般为95%左右，高者达100%，低者为75%。中、上层农户（拥有3公顷以上土地）的经营组织形式因地而异，形式多样。

（4）农业劳动力减少并加速老龄化。日本的农业劳动力持续减少，据统计，在20世纪60年代至90年代的30余年里，日本农业劳动力减少了2/3以上，年平均递减3.7%。同时，农村劳动力迅速老龄化，65岁以上的农业就业人口比重高达36%。

（5）农林牧渔全面发展，生产结构趋于协调。第二次世界大战前，日本农业以水稻为主，畜牧业很落后。第二次世界大战后半个世纪以来，农林牧渔业均获得较大发展，农业生产结构发生明显变化。农业中种植业产值占73.9%，畜牧业占到25%。

（二）农业生产结构和对外贸易

（1）种植业。整体上，从1995年至2014年的近20年时间中，日本除稻米自给有余外，其他作物的种植面积和总产量逐年减少，自给率下降，进口增加。2014年度粮食自给率（以热量为准）仅为39%，食用农产品综合自给率60%，主食谷物自给率61%，饲料自给率26%。

稻谷和豆类。近年，日本大米总产量逐渐下降，2009年总产量860万吨，大米进口量70万吨。小麦自给率不足10%，主要靠进口。大豆自给率仅4%，几乎全靠进口。红小豆自给率较高，不足部分主要从中国进口（年进口约2.5万吨）。玉米产量仅有200吨，饲用玉米年进口一直在1 600万吨左右。

蔬菜。近30年来蔬菜的年人均消费量一直保持在110千克左右。蔬菜种类繁多，主要的有29种，叶、茎菜类蔬菜增加，果菜类和根菜类减少。2007年至2008年，日本蔬菜产量达1 200万吨以上，相对于20世纪80年代日本的蔬菜产量而言，其蔬菜产量呈现下滑趋势，而进口量增加，2007年至2008年自给率在80%左右。“水改旱”在发展蔬菜生产中发挥了重要作用，近年来，20%的蔬菜是水田改种的“改种蔬菜”。

水果。日本的主要水果是柑橘、苹果和梨。2007年至2008年，日本年产各种水果约340万吨，因消费结构的变化，消费量减少，自给率约为44%。主要进口的水果包括香蕉、葡萄柚、甜橙、菠萝等。

花卉。日本年均花卉销售额达180亿美元，接近世界市场的1/10，是世界最主要的花卉市场。主要生产的花卉包括菊花、石竹花、玫瑰、百合、丝石、兰花等。十多年来，日本的花卉（主要为切花、球根、盆花幼苗）进口持续增长。进口地来自中国、荷兰、泰国、新西兰、新加坡、越南以及中国的台湾地区。

（2）畜牧业。2012年，根据日本农业水产省的统计数据，日本现有肉牛272.3万头，生猪973.5万头，鸡17.7万只，另有乳牛144.9万头。日本的畜牧业均无法自给，其中禽蛋自给率较高，其余则大量从中国等国进口。从2005年至2015年的十年间，家畜大规模养殖的数量向下波动。北海道、鹿儿岛、宫崎等县仍然是牛、猪等养殖的主要区域，而著名的神户牛则是日本牛肉养殖良种化的代表。鹿儿岛、宫崎等县养鸡数量集中。

（3）渔业。日本是世界第四大渔业国。自从1984年闯过1 282万吨大关以后，虽然其养殖业不断发展，但是近海捕捞量明显下降，渔业产量开始逐年萎缩，2002年，海洋渔业和养殖业的总产量下跌到548万吨。2008—2010年，日本渔业总产量一直在540万吨上下徘徊，其中2010年日本渔业总产为533.7万吨。受到黑潮（日本暖流）影响，太平洋西北海区，特别是北海道渔场，是世界渔业资源最丰富的地区。日本渔业虽然发达，但仅占本国GDP的0.2%左右（2007年数据）。目前，日本进口的鱼贝类数量和金额增长较多，主要的进口国为美国、中国、韩国和泰国。进口的主要鱼种有金枪鱼、鲣鱼（中国台湾为主）、鲑鱼和鳟鱼（来自北美、智利、挪威、俄罗斯等）。养殖虾的进口数量大幅度增加，主要来自中国、印度、越南等亚洲国家。

（4）林业。林业在日本的国土保护和涵养水资源方面的效益极为显著。日本森林面积 2 515 万公顷（其中人工林 1 040 万公顷，占 41. 1%，其他为天然林），森林覆盖率高达 67%，居世界前列，但每年进口木材占总需求量的 75% 左右。森林蓄积量 35 亿立方米。从所有权来看，国有林场据点比重为 35%，其余的为私有。（日本国有林地多为环境保护用地）

（5）农产品加工业。日本的“食品关联产业”由食品产业（包括食品工业、流通、餐饮业）与农水产业（包括食用林产品）组成。日本食品产业占食品关联产业国内生产总值的 80% 以上。日本在农村农产品加工业方面，强调与地域农业和农村发展相结合。它不仅在发展地区经济和提供就业方面起了重要作用，而且为农村提供了稳定的产品销路。在日本全国形成了“一村一品运动”（有的县推行“一县一品”）。闻名全国的有大分县种类繁多的酱菜、黄酱，北海道的“十胜葡萄酒”，秋田县的“田园火腿”，山形县的“月山葡萄酒”，长野县的“信州黄酱”等，不胜枚举。这些均极大地促进了山村经济的发展。

此外，在日本从事农产品加工业的农业协会比重增多，占总体的 35% 左右，它们将地区的农产品营销到全国乃至国际。

（6）农业对外贸易。随着生活方式的变化，日本的许多食品越来越多地依赖进口，现已成为世界最大的农产品进口国之一。向日本出口的主要国家和地区都地处环太平洋地区，包括美国、中国、澳大利亚、泰国、加拿大、韩国和印度尼西亚。日本出口的农产品中，主要为温州蜜橘等改良品种的水果、蔬菜和花卉种子、绿茶、美浓瓜以及优质牛肉等。

近年来，日本农产品进口的主要特点是：① 进口食品的结构发生变化。鱼贝类进口继续增加，占 35%，进口量和金额都创历史最高纪录；肉类占 17. 5%，谷物占 11. 8%，蔬菜和果仁的进口增长较快。② 进口产品向高附加值方向发展。③ 从亚洲进口的比重不断扩大，新的进口商越来越多地在亚洲“开发进口食品”，即在国外生产、返销日本。向日本提供开发进口食品的国家中，亚洲占 42%，北美占 37%。

三、日本工业

（一）日本工业的特点

分布特点：临海分布。日本工业主要集中在“太平洋沿岸带状工业地带”（也称为“表日本”的区域，而日本海一侧，被称为“里日本”区域），主要有京滨（东京—横滨）、名古屋（名古屋为中心）、阪神（大阪—神户）、濑户内（濑户内海沿岸）和北九州五大工业中心。

发展趋势特点：其工业已由劳动密集型和资源密集型向技术密集型和高技术化方向发展。

（二）第二次世界大战后日本工业的发展

1. 第二次世界大战后的崛起

日本工业在第二次世界大战中受到严重破坏，第二次世界大战后，日本先后从美国等工业国家引进先进技术，并利用美国参与的朝鲜战争和越南战争成为美军的主要后方补给基地，扩大生产，开发新产品，确立了本国的技术体系，工业迅速发展。

2. 日本工业和石油危机

正当日本工业顺利发展时，1973 年爆发了第一次世界石油危机，石油价格上升，对依靠进口原料进行生产的日本工业造成了巨大影响。在这种情况下，日本积极开发省燃料产品，提高产品质量，终于渡过了石油危机的难关。

3. 制造业的海外生产与经济衰退

日本工业产品性能优良，在海外市场十分畅销。进入 20 世纪 80 年代，随着日本工业产品大量销往国外，日本的贸易顺差额不断增长，和各国的贸易摩擦日益增多。为减少贸易顺差，日本企业开始进军欧美市场，在当地成立公司，实行当地采购、当地生产。1985 年以后，日元急剧升值，日本产品的价格竞争力相对下降，出口厂家纷纷将工厂迁往人工费用低廉的其他亚洲各国降低生产成本，日本制造业的海外生产大幅增加。但是，随着工厂逐步向海外转移，国内生产下降，即所谓的"产业空洞化"。进入 20 世纪 90 年代，日本经济泡沫破灭，出现零增长，甚至是负增长。进入 21 世纪，日本经济稍稍改观，但在 2008 年的世界金融危机、随后的通货膨胀及日本大地震的影响下，日本 GDP 终于在 2010 年后被中国超越，退居世界第三位。

（三）发达的工业

虽然日本的 GDP 总值小于中国，但日本仍然是世界上最大的工业国之一。日本的重工业包括金属工业、机械工业、化学工业；轻工业包括纺织工业、食品工业、制窑业、纸和纸浆业以及其他工业。日本的工业高度发达，是国民经济的主要支柱，工业总产值约占 GDP 的 40%，主要集中在太平洋沿岸地区，京滨、阪神、中京和北九州为四大传统工业区，后又出现北关东、千叶、濑户内海及骏河湾等新兴工业地带。

（四）日本的工业部门

1. 钢铁工业

钢铁，是建筑、汽车、船舶、电气机械不可缺少的材料。日本钢铁行业在全球钢铁行业有着举足轻重的地位，产量仅次于中国，位列全球第二。日本的钢铁产品出口主要受到中国、韩国等国的竞争影响。其原料需要大量进口，日本进口铁矿石来自于澳大利亚、巴西、印度及南非；进口原料煤来自于澳大利亚、加拿大、美国、印度尼西亚等国。2007—2013 年世界主要粗钢生产国的排行如表 9-1 所示。

表 9-1　　2007—2013 年世界主要粗钢生产国排行

单位：百万吨

排名	国家 \ 年度	2013	2012	2011	2010	2009	2008	2007
1	中国	779	724.7	695.5	626.7	573.6	500.3	489.3
2	日本	110.6	107.2	107.6	109.6	87.5	118.7	120.2

续表

排名	年度 / 国家	2013	2012	2011	2010	2009	2008	2007
3	美国	87.0	88.7	86.2	80.6	58.2	91.4	98.1

数据来源：世界钢铁协会，有整理。

日本主要钢铁企业有新日本制铁、日本钢管、川崎制铁、住友金属工业、日新制铁、神户制钢所、北海制铁等。除钢铁外，日本还使用大量铜、锌等金属进行工业生产。

2. 机械工业

机械工业是日本主要工业支柱。日本的机械工业按机械种类大致可分为四大类：一是通用机械，包括锅炉、发动机、掘土机械、建筑和采矿设备、办公设备以及包括机床在内的加工机械等；二是电力机械，包括电动机、供家庭或工业用的电气设备、电视机、录像机、通信设备、半导体设备等；三是交通设备，如汽车、飞机等；四是精密机械，如钟表、光学仪器、测量仪器等。

日本的机械产品大量出口，2011 年出口额达 15 531 亿日元，靠近 2007 年时的历史最高水平（2007 年日本工程机械出口额为 16 882 亿日元）。日本机械产品的出口对象主要为中国及欧美市场。

（1）汽车工业。1970 年起，日本汽车产业取代钢铁产业成为日本的第一大产业，对日本工业的发展起到了至关重要的作用。20 世纪 80 年代日本汽车产量首次超过了 1 000 万辆。1990 年达到 1 349 万辆，创历史最高，此后呈下降趋势。1996 年，日本汽车制造领域就业人员达 78 万人，汽车生产额达 41 万亿日元，占整个机械生产额的 29%。1998 年日本汽车生产 1 005 万辆，占世界汽车生产量的 19.3%。此后稳定在 1 000 万辆左右，直到 2008 年产量开始低于 1 000 万辆，2010 年产量为 921 万辆，而 2011 年受日本大地震的影响，产量大幅下降。日本的汽车企业主要有丰田、日产和本田。日本的汽车工厂沿太平洋一带分布，主要有爱知、静冈、神奈川、北海道、群马。

为控制汽车尾气排放，防止大气污染，日本正在加紧研制新能源汽车（主要是电动汽车），日本企业、研究机构及民间团体为此专门设立了电动汽车普及协会，并开始在全国广泛建设充电站。

（2）造船业。第二次世界大战后，日本造船业迅速发展，其造船量与韩国、中国一起居世界前列。日本造船工业会和日本船舶出口工会分别发表的数据表明，2013 年的船舶竣工量为 1 742 万总吨；同年，日本与外国船东签订的出口船舶合同达到 1 461 万总吨，比上一年增加了 79.8%；2014 年上半年，日本接到的新船订单达到了 1 060 万总吨。就生产船型来看，日本是世界上第二位的散货船生产国，第三位的油轮生产国，LNG（天然气）船生产排名世界第三，集装箱船生产位居世界前列。近几年来，日本通过行业重组优化资源配置（合并了几家大型造船公司）、生产高附加价值船舶（豪华游轮等）、大力研发节能船舶（充分利用风能、太阳能发电等）来提高造船业的企业竞争力。

（3）机床。机床显示着一个国家的加工技术水平和工业发达程度。日本的机床大部分采用数控装置（NC），技术优良。日本机床生产与海外市场景气程度息息相关，由于亚洲国家从2009年开始经济复苏，2010年日本机床订单总额达到9 786.2亿日元，比上年增长92.6%，国外订单6 711.0亿日元，比上年增长166.1%。

（4）家用电器。家电产业是支撑日本经济高速成长的表率产业。电视、冰箱、空调、洗衣机、吸尘器、微波炉、照相机等家用电器在日本的家庭中十分普及。日本的家用电器质量好，在海外很受欢迎，特别是电视和摄像机等产品，其产量的72%对外出口。随着半导体技术的发展，日本不断开发新家电产品。日本的家电名牌包括NEC、富士通、索尼、松下、尼康、佳能、夏普、东芝、三洋、日立、三菱等。近年来，受中韩两国家电业发展的影响，日本主要家电产量不断下降（见表9-2）。

表9-2　　1990—2008年日本四大家电产品产量变化表

单位：万台

项目＼年度	1990年	1998年	2008年
冰箱（柜）	504.84	485.33	192.37
空调	625.46	483.07	478.34
洗衣机	557.63	446.76	229.36
彩电	无数据	1 030.50	988.60

资料来源：日本电机工业协会（JEMA）、日本电子与信息技术产业协会（JEITA）、日本制冷空调工业协会（JRAIA）等行业协会。

（5）半导体。半导体技术在机械和家电产品中均被广泛运用。日本半导体技术发达，特别是集成电路（IC）的研究和开发在世界处于领先地位。日本集成电路的特点是小、轻、优质。其开发的大规模集成电路（LIC）不仅广泛应用于工业机械，而且大量用于超小型计算机、计算器、游戏机等日常用品。2008年世界的半导体总体产品产值达335亿美元，其中日本所占比重达66%，尤其是陶瓷板、塑料板、焊线、TAB（卷带自动结合，是一种大规模集成电路的芯片）、封装材料、光罩等所占世界份额均超过六成。

（6）计算机。日本的计算机被广泛应用于研究所、大学、公司、银行等各个领域，其用途包括信息分析和管理、事务处理、通信等方方面面。随着半导体技术的发展，日本的计算机逐渐小型化，性能进一步提高。家用笔记本电脑十分普及，日本的家庭电脑普及率极高。日本计算机产业位居世界第二、亚洲第一。计算机产业是日本电子信息产业的重要支柱，2006年计算机产值达334.87亿美元，销售额达365.39亿美元。日本的计算机大量出口，主要出口对象为美国、德国、荷兰、新加坡等，进口主要来自美国、中国台湾、新加坡等。

（7）产业机器人。产业机器人是尖端机械技术和电子技术的组合。日本的机器人技术发达，是世界上使用产业机器人最多的国家，大小工厂均有使用。日本生产的产业机器人主要用于焊接、涂装、加工、组装、检查等领域，大大提高了生产效率。2005

年日本生产的机器人种类包括保安机器人、人交互机器人、家用机器人、清洁机器人等，金额达 5 500 亿日元。日本的丰田、安川、富士重工、三菱重工、本田、日立、NEC 等企业均有开发产业机器人的业务。

3. 化学工业

石油化学工业是日本化学工业的重点，化学工业生产的一半是由石油化学工业创造的。日本化学工业的发展主要依赖进口石油、天然气等原料进行生产。日本的石化产品主要有塑料、合成橡胶、化学纤维等。日本的石化工业实行集约化生产，对石油等原料进行多次提炼、综合利用，进行一条龙生产。化学工业的生产技术和设备水平要求高，因此科研在化学工业的发展中起着至关重要的作用，日本在化学工业的科研方面投入了大量资金。化学工业的进步对汽车、信息和生物产业的发展都起到了巨大的推动作用。截至 2009 年年末，日本的主要石化联合企业有：日本太阳石油公司、日本日立化成公司、日本可乐丽公司、日本能源公司、日本九州石油公司、三井化学公司、旭化成工业公司、日本帝人公司、日本东宝公司、日本东曹公司、日本仓敷公司、日本三菱公司等。

4. 纺织服装工业

纺织服装产业是第二次世界大战后日本的主要产业，对日本经济的振兴起到了巨大作用。但是，随着日本工业中心向重化学工业转移，加之海外纺织产品价格低廉，日本的纺织服装产品销售不振，纺织工业的地位下降。根据日本经济产业省的统计，2007 年纺织工业从业人员在 10 人以上的制造企业总数为 14. 079 5 万家，比上一年减少了 2. 8%，而从业人员总数却达到 778. 220 1 万人，同比增加 0. 6%。纺织服装制造业年销售总额为 327. 107 2 万亿日元，附加价值为 104. 036 3 万亿日元。

5. 食品工业

按照日本食品机械工业协会提供的数字，日本的食品工业是工业部门的第三大产业，主要食品产品包括面包、糕点、水产食品、香烟、啤酒、乳制品、汽水类饮料、肉制品、调料等。随着生活方式的改变，含热量和盐分少的健康食品盛行。

6. 陶瓷业

日本的陶瓷业属于高新技术产业，拥有国家级的研发机构，如名古屋工业技术研究所。除了发展高温结构陶瓷材料外，日本还非常重视研制表面薄膜陶瓷材料，除应用于机械、化工领域外，还成功生产出覆盖陶瓷薄膜的金属工艺品。此外，在泡沫陶瓷、超塑性陶瓷、塑胶复合陶瓷、陶瓷粉末润滑剂及各种精细陶瓷材料与元件等方面，日本都处于领先地位。

7. 造纸和纸浆业

日本造纸工业的最大特征之一就是需求结构属于内需型，进口和出口的依赖度较低，均为 4. 4%。在这种状况下，日本国内需求不畅，而 2007—2009 年大王造纸、日本造纸、北越造纸和王子造纸等主要造纸企业又相继新建了近年需求不断增长的漆工印刷用纸生产线，扣除原有生产能力，估计增加数十万吨，国内市场有可能供给过剩，因此各造纸企业都在积极努力促使产品出口。日本造纸企业的生产能力虽然有所增加，但一直徘徊在 3 300 万吨左右，开工率 93% 左右。

除上述工业外，轻工业还包括木材和木制品工业、家具制造业、出版印刷业、皮革产品制造业和玩具工业等。其中，出版印刷业的生产额已超过了制窑业和纸及纸浆业的生产额。

（五）日本的工业地带和工厂

1. 工业地带

日本有京滨、中京、阪神、北九州工业地带，称为四大工业地带，但是目前前三大工业地带已远远超过了北九州工业地带的规模。

京滨工业地带机械工业发达，出版、印刷业繁荣，川崎和横滨有很多石油精炼所。中京工业地带主要以机械工业为主，特别是汽车工业发达。陶瓷等制窑业也主要集中在该地带。阪神工业地带金属工业发达，纺织工业比率较高。在日本工业产值中，这三大工业地带所占的比重约为1/3。

日本的工业在第二次世界大战后迅速崛起，形成了规模巨大的工业地带，但是同时也产生了工厂过密、大气污染、工厂用地和工业用水不足、交通堵塞等各种各样的问题。为解决这些问题，一些新工厂开始向工业地带周边、大工业地带的间隙以及内陆地区转移，形成了一些新工业地带。

除四大工业地带以外，日本还有其他一些工业区，主要包括关东内陆工业区、京叶工业区、鹿岛临海工业区、东海工业区、北陆工业区、濑户内工业区等。

2. 工厂的规模

日本工厂的分布特色是在大工厂的周围，成立了很多中小工厂，主要向大工厂提供零部件，形成了许多工业区。

日本的中小企业技术水平较高，能够生产出优质零部件和产品，其中还有许多中小企业独立进行技术开发。但是，中小企业由于资金规模小，生产量少，加之许多中小企业靠接受大工厂的订货进行生产，受大工厂经营情况的影响较大，经营不够稳定，如果大工厂景气度下滑，就会要求中小工厂降低产品价格，加之海外产品价格便宜，日本的许多大企业纷纷购买国外产品，一些大企业将工厂转移到人工费较低的其他亚洲国家直接进行零部件生产，日本中小企业的处境变得艰难。近年日本经济持续不振，中小企业破产增多。

四、日本的对外贸易

（一）第二次世界大战后日本对外贸易的发展

日本自然资源缺乏，工业原料大部分从国外进口；日本市场又相对狭小，工业产品需销往海外，这就决定了日本必须也只能走加工贸易立国之路。

第二次世界大战后，日本的对外贸易能得到迅速发展，是因为日本是个资源靠进口、产品靠外销的国家。发展对外贸易，加强对外经济关系，对日本有着特殊的重要意义。因此，日本把对外贸易看作自己的生命线，把贸易立国作为基本国策，把加工出口第一作为经济纲领和一切活动的中心坚持下去。

在这个国策和纲领的指导下，第二次世界大战后日本不断地调整产业结构，改善出口商品结构，并采取了一系列政策措施以扶持和鼓励出口。

首先，采取了出口金融优惠制度，以低利率提供有关出口资金的票据再贴现，为出口部门提供人为的低利率资金。

其次，采取了振兴出口税收制度，先是对出口收入部分免征所得税，后来又采取出口企业加速折旧制度、开拓国际市场准备金制度和技术出口收入减免税收制度。

此外，日本政府还实行了出口保险制度、出口补贴制度等。

（二）贸易自由化的背景与方略

1. 贸易自由化的背景

日本的贸易自由化始于20世纪60年代初。从国际形势来看，日本在20世纪50年代加入了国际货币基金组织及关贸总协定。按照国际货币基金组织及关贸总协定的原则，其成员在享受其利益的同时，也应相应地承担其义务，实行贸易自由化。

以美国为首的发达资本主义国家也要求日本实行贸易自由化。当时美国和西欧国家已实行了贸易自由化政策，西欧的进口自由化率已达90%以上，日本却不到40%。

从国内形势来看，封闭的市场也不利于日本经济的发展，特别是不利于日本对外贸易的发展。也就是说，日本经济的发展已与世界市场紧密相连，加强与世界市场的联系程度也有益于日本的发展。

为了适应国内外形势，通过国内外市场的衔接，促进日本的经济发展，日本政府于1960年6月公布了《贸易和外汇自由化大纲》，这标志着日本正式开始实施贸易自由化。

2. 日本实施贸易自由化的方略

对于当时的日本，实施贸易自由化，意味着将使国内市场受到一定的冲击。为了在实施贸易自由化的过程中，既能获取经济利益，又能避免其可能给国内市场带来的负面影响，日本政府在实施贸易自由化中坚持以下原则：

（1）尽快实行原材料进口自由化，以降低生产成本。

（2）对有竞争力的国内制成品以及使消费者受益较大的商品优先实行进口自由化。

（3）尽可能延迟被扶持产业的进口自由化。

在实施贸易自由化的过程中，日本采取了有选择的、渐进的实施方式。按照《贸易和外汇自由化大纲》的规定，日本将国内商品自由化进程按时间分为以下几类：

（1）近期自由化商品（1年以内）。

（2）中期自由化商品（3年以内）。

（3）远期自由化商品（3年以上）。

（4）难以实现自由化的商品。

最终将日本市场建立成为允许外国资本与产品自由出入的自由市场。

（三）对外贸易现状

据日本海关统计，2014 年日本货物进出口额 115 036.7 亿美元，同比下降 2.8%。其中，出口额 6 909.1 亿美元，同比下降 3.4%；进口额 8 127.6 亿美元，同比下降 2.4%。贸易逆差额 1 218.5 亿美元，同比增长 3.5%。

从国别（地区）看，美国、中国和韩国是日本前三大出口贸易伙伴，2014 年日本对三国出口额分别为 1 287.8 亿美元、1 264.8 亿美元和 515.9 亿美元，同比分别下降 2.7%、2.0% 和 8.7%，分别占日本出口总额的 18.6%、18.3% 和 7.5%（见表 9-3）。2014 年，除越南和墨西哥外，日本对前 15 大出口伙伴的出口多出现不同程度的下滑。日本进口排名靠前的国家依次是中国、美国和澳大利亚，2014 年进口额分别为 1 810.0 亿美元、713.6 亿美元和 481.4 亿美元，同比分别增长 0.1%、0.2% 和下降 5.6%，分别占日本进口总额的 22.3%、8.8% 和 5.9%（见表 9-4）。2014 年日本贸易逆差主要来源国是中国、产油国和澳大利亚，其中与中国的逆差额增长 5.3%。美国、中国香港和韩国是日本前三大贸易顺差来源地，2014 年顺差额分别为 574.2 亿美元、364.6 亿美元和 182.0 亿美元。

表 9-3　　2014 年日本对主要贸易伙伴出口额

单位：百万美元，%

国家和地区	金额	同比	占比
总值	690 906	-3.4	100.0
美国	128 782	-2.7	18.6
中国	126 483	-2.0	18.3
韩国	51 594	-8.7	7.5
中国台湾	40 034	-3.8	5.8
中国香港	38 119	2.0	5.5
泰国	31 400	-12.8	4.6
新加坡	21 033	0.3	3.0
德国	19 119	1.0	2.8
印度尼西亚	14 781	-13.3	2.1
澳大利亚	14 227	-16.1	2.1
马来西亚	14 172	-7.0	2.1
荷兰	13 084	-5.9	1.9
越南	11 787	12.0	1.7
英国	11 175	0.5	1.6
墨西哥	10 629	9.7	1.5

数据来源：中国商务部《国别（地区）报告》(2015)。

表 9-4　**2014 年日本自主要贸易伙伴进口额**

单位：百万美元,%

国家和地区	金额	同比	占比
总值	812 760	-2.4	100.0
中国	180 996	0.1	22.3
美国	71 364	2.2	8.8
澳大利亚	48 144	-5.6	5.9
沙特阿拉伯	47 584	-4.6	5.9
阿联酋	41 778	-1.8	5.1
卡塔尔	33 577	-9.3	4.1
韩国	33 394	-6.9	4.1
马来西亚	29 196	-2.0	3.6
印度尼西亚	25 664	-11.0	3.2
俄罗斯	24 768	5.0	3.1
中国台湾	24 281	2.4	3.0
德国	24 090	1.3	3.0
泰国	21 761	-1.2	2.7
越南	15 407	8.4	1.9
科威特	12 400	-7.8	1.5

资料来源：中国商务部《国别（地区）报告》(2015)。

从商品归类看，机电产品、运输设备和贱金属及制品是日本的主要出口商品，2014 年出口额分别为 2 363.8 亿美元、1 617.3 亿美元和 641.0 亿美元，同比分别下降 2.9%、4.4%和 4.6%，分别占日本出口总额的 34.2%、23.4%和 9.3%（见表 9-5）。矿产品、机电产品和化工产品是日本的前三大类进口商品，2014 年进口额分别为 2 943.7 亿美元、1 640.6 亿美元和 554.6 亿美元，分别占日本进口总额的 37.8%、19.1%和 6.9%，矿产品和化工产品进口同比分别下降 6.5%和 2.7%，机电产品进口增长 3.2%。2014 年日本贱金属及制品的进口同比出现较大涨幅，为 12.7%（见表 9-6）。

表 9-5　**2014 年日本主要出口商品构成（类）**

单位：百万美元,%

商品类别	2014 年出口额	上年同期出口额	同比	占比
总值	690 906	714 866	-3.4	100.0
机电产品	236 375	243 320	-2.9	34.2

续表

商品类别	2014 年出口额	上年同期出口额	同比	占比
运输设备	161 730	169 159	-4.4	23.4
贱金属及制品	64 103	67 176	-4.6	9.3
化工产品	54 187	57 552	-5.9	7.8
光学、钟表、医疗设备	42 075	41 756	0.8	6.1
塑料、橡胶	37 581	39 121	-3.9	5.4
矿产品	16 734	17 358	-3.6	2.4
贵金属及制品	10 169	10 793	-5.8	1.5
纺织品及原料	8 431	8 554	-1.4	1.2
陶瓷、玻璃	7 593	8 487	-10.5	1.1
家具、玩具、杂项制品	5 744	5 696	0.8	0.8
纤维素浆、纸张	3 892	4 011	-3.0	0.6
食品、饮料、烟草	2 719	2 648	2.7	0.4
活动物、动物产品	1 502	1 516	-0.9	0.2
植物产品	618	609	1.4	0.1
其他	37 454	37 110	0.9	5.4

资料来源：中国商务部《国别（地区）报告》(2015)。

表 9-6　　2014 年日本主要进口商品构成（类）

单位：百万美元,%

商品类别	2014 年进口额	上年同期进口额	同比	占比
总值	812 760	832 628	-2.4	100.0
矿产品	294 369	314 656	-6.5	36.2
机电产品	164 058	158 939	3.2	20.2
化工产品	55 456	56 996	-2.7	6.8
纺织品及原料	38 642	40 985	-5.7	4.8
贱金属及制品	35 576	31 579	12.7	4.4
运输设备	29 182	28 915	0.9	3.6
光学、钟表、医疗设备	28 619	28 018	2.2	3.5
食品、饮料、烟草	25 018	26 329	-5.0	3.1
活动物、动物产品	23 788	23 184	2.6	2.9
植物产品	21 319	23 579	-9.6	2.6

续表

商品类别	2014年进口额	上年同期进口额	同比	占比
塑料、橡胶	20 435	20 480	-0.2	2.5
家具、玩具、杂项制品	15 860	16 020	-1.0	2.0
木及制品	12 050	12 811	-5.9	1.5
贵金属及制品	10 256	11 760	-12.8	1.3
鞋靴、伞等轻工产品	6 915	7 076	-2.3	0.9
其他	31 218	31 302	-0.3	3.8

资料来源：中国商务部《国别（地区）报告》（2015）。

五、中日双边贸易

据日本海关统计，2014年日本与中国的双边贸易额为3 074.8亿美元，同比下降0.8%。其中，日本对中国出口额1 264.8亿美元，同比下降2.0%；自中国进口额1 810.0亿美元，同比增长0.1%。日本与中国的贸易逆差额545.2亿美元，同比增长5.3%。中国为日本第一大贸易伙伴、第二大出口目的地和第一大进口来源地。

日本对中国出口的主要产品是机电产品、贱金属及制品和化工产品，2014年出口额分别为497.3亿美元、137.5亿美元和136.6亿美元，同比分别下降2.2%、3.8%和8.5%，分别占日本对中国出口总额的39.3%、10.9%和10.8%（见表9-7）。

日本自中国进口的主要商品为机电产品、纺织品及原料和家具玩具，2014年进口额分别为824.0亿美元、261.2亿美元和108.5亿美元，分别占日本自中国进口总额的45.5%、14.4%和6.0%，机电产品同比增长3.0%，纺织品及原料和家具玩具同比分别下降10.7%和2.3%（见表9-8）。在日本市场上，中国的劳动密集型产品依然占有比较大的优势，如纺织品及原料、鞋靴伞和箱包等轻工产品，这些产品在日本进口市场的占有率均在60%以上，在这些产品上，中国的主要竞争对手来自亚洲国家和地区（如越南、泰国、中国台湾）以及意大利、美国等。

表9-7　　2014年日本对中国出口主要商品构成（类）

单位：百万美元，%

商品类别	2014年出口额	上年同期出口额	同比	占比
总值	126 483	129 093	-2.0	100.0
机电产品	49 732	50 850	-2.2	39.3
贱金属及制品	13 745	14 282	-3.8	10.9
化工产品	13 658	14 930	-8.5	10.8
运输设备	13 123	12 727	3.1	10.4

续表

商品类别	2014 年出口额	上年同期出口额	同比	占比
光学、钟表、医疗设备	11 985	11 515	4.1	9.5
塑料、橡胶	8 572	8 982	-4.6	6.8
纺织品及原料	2 820	3 094	-8.9	2.2
矿产品	1 667	1 769	-5.8	1.3
陶瓷、玻璃	1 590	1 853	-14.2	1.3
纤维素浆、纸张	1 230	1 420	-13.4	1.0
家具、玩具、杂项制品	1 132	986	14.8	0.9
贵金属及制品	531	536	-0.9	0.4
活动物、动物产品	290	255	13.6	0.2
食品、饮料、烟草	115	110	4.0	0.1
植物产品	69	73	-6.1	0.1
其他	6 225	5 709	9.0	4.9

资料来源：中国商务部《国别（地区）报告》（2015）。

表 9-8　　2014 年日本自中国进口主要商品构成（类）

单位：百万美元，%

商品类别	2014 年进口额	上年同期进口额	同比	占比
总值	180 996	180 841	0.1	100.0
机电产品	82 399	80 015	3.0	45.5
纺织品及原料	26 116	29 242	-10.7	14.4
家具、玩具、杂项制品	10 846	11 102	-2.3	6.0
贱金属及制品	9 891	8 719	13.4	5.5
化工产品	8 237	7 847	5.0	4.6
塑料、橡胶	6 113	5 942	2.9	3.4
光学、钟表、医疗设备	5 783	5 802	-0.3	3.2
食品、饮料、烟草	5 615	5 741	-2.2	3.1
鞋靴、伞等轻工产品	4 465	4 719	-5.4	2.5
运输设备	4 464	4 182	6.7	2.5
皮革制品、箱包	3 155	3 432	-8.1	1.7
植物产品	2 567	2 585	-0.7	1.4

续表

商品类别	2014 年进口额	上年同期进口额	同比	占比
陶瓷、玻璃	2 406	2 538	-5.2	1.3
木及制品	2 034	2 129	-4.4	1.1
矿产品	1 871	1 779	5.2	1.0
其他	5 033	5 066	-0.7	2.8

资料来源：中国商务部《国别（地区）报告》（2015）。

六、日本主要城市

1. 东京

东京是日本的首都和政治、经济、文化中心，是世界最大城市之一，位于本州关东平原南端，东南濒临东京湾，通连太平洋，总面积 2 188 平方千米，人口约 1 339 万（截至 2015 年 2 月），是世界上人口最多的城市之一。

东京是日本最大的工业城市，工业产值居全国第一位。东京也是日本的经济中心，日本的主要公司都集中在这里。它们大多分布在千代田区、中央区和港区等地。东京同它南面的横滨和东面的千叶地区共同构成了闻名日本的京滨叶工业区。东京的主要工业有钢铁、造船、机器制造、化工、电子、皮革、电机、纤维、石油、出版印刷和精密仪器等。东京金融业和商业发达，对内对外商务活动频繁。素有“东京心脏”之称的银座，是当地最繁华的商业区。近年来，闹市区的中心逐步由银座移向新宿、池袋、涩谷等地。

东京是日本文化中心，共有各类大学 190 多所，占全国大学的 50%。著名的东京大学、早稻田大学、庆应大学、立教大学、明治大学、法政大学等集中于此，还设有国立博物馆、西洋美术馆、国立图书馆等。地处东京的出版社占全国的 80%。

东京中心部分为皇宫，附近有东京车站。霞关、永田町及其周边是中央政府的官厅街，在其一角有国会议事堂、最高法院等机关。

东京与邻近区域的交通运输主要靠高速列车（日本人称为“电车”），其次是地铁、高速公路和普通公路运输。高速列车不仅行驶速度快（每小时 200 多千米），而且准时（准点到达）、方便（每隔 3 分钟就有一趟列车通过）、舒适。

1979 年 3 月 14 日东京都与北京市结为友好城市。

2. 大阪

大阪是大阪府的首府，地处本州岛西南部的大阪湾畔。全市面积 221 平方千米，近年来常住人口 267 万人，是日本人口第三多的城市（次于东京、横滨）。大阪经济实力雄厚，仅次于东京，居全国第二位。大阪也是全国水陆交通中心。

大阪是综合性的现代化工业城市，以钢铁、机械制造、造船、化工、纺织和造纸工业为主，住友金属、日立造船、川崎重工等大企业均在市内设厂。工业产值居全国第二位。沿大阪湾海岸，南起和歌山，西到姬路，包括神户、京都在内，是有名的阪神工业区，周围有约30个卫星城镇。

大阪也是日本西部的文化教育中心，有大学40多所，府立图书馆、朝日新闻社都集中于此。另有大阪城、四天王寺等古迹。

1974年4月18日，大阪市与上海市结为友好城市。

3. 横滨

横滨是仅次于东京、大阪的第三大工业城市，也是全国最大的海港，神奈川县的首府和政治、经济、文化、交通中心，面积437平方千米，人口370万人（2014年）。

横滨是京滨工业区的中心之一，工业产值仅次于东京、大阪，居全国第三位。运输机械（汽车、船舶）、电机电器和食品加工是三大主要工业部门，共占全市工业产值的一半以上。其他工业有钢铁、炼油、化工等。

横滨港是全国最大的海港，横滨港贸易额长期居全国首位，横滨与东京相距25千米，两市之间的各种交通设施齐备，来往用时仅20分钟左右。

1973年11月横滨市与上海市结成友好城市。

4. 名古屋

名古屋是爱知县的首府，是仅次于东京、大阪、横滨的第四大工业城市。它位于本州中部地区的西侧，濒临伊势湾。面积326.45平方千米，人口227万人（2015年年初）。

名古屋是综合性大工业城市，为中京工业带（指伊势湾沿岸一带的工业区）的核心，木材加工、毛纺和陶瓷工业居全国首位，汽车、钢铁、一般机械、金属加工、精密仪器、化学工业等也很发达。全市有工厂1.8万余家，三菱重工、住友轻金属工业公司等都在此设厂。

名古屋商业也很发达，是全国三大批发商业中心之一。该市的爱知丰田汽车销售公司和松坂屋百货公司是全国闻名的大商业企业。

1978年12月，名古屋市与南京市结为友好城市。

思　考　题

1. 日本农业的特点有哪些？
2. 日本工业的特点是什么？
3. 日本主要的工业部门包括哪些？
4. 日本贸易自由化方略主要包括哪些？
5. 日本主要进出口的商品类型包括什么？

第十章 其他金砖国家

传统"金砖四国"（BRIC）引用了巴西、俄罗斯、印度和中国的英文首字母。由于该词与英语单词的砖（Brick）类似，因此被称为"金砖四国"。南非加入后，其英文单词将变为"BRICS"，并改称为"金砖国家"。

第一节 俄 罗 斯

国家名片

国名：俄罗斯联邦（Russian Federation）	人口数量：1.46 亿（2016 年）
首都：莫斯科	国土面积：1 709.82 万平方千米
主要城市：圣彼得堡、叶卡捷琳堡	GDP 总计：2.097 万亿美元（2013 年）
国庆日：6 月 12 日	人均 GDP：14 613 美元（2013 年）
国歌：《俄罗斯，我们神圣的祖国》	官方语言：俄语
主要宗教：东正教	货币：卢布
国花：向日葵	国石：无

开篇故事

俄罗斯最有趣的出口软件——俄罗斯方块

俄罗斯方块（Tetris，俄文：Тетрис）是一款风靡全球的电视游戏机和掌上游戏机游戏，它是由俄罗斯人阿列克谢·帕基特诺夫开发的一款教育应用软件。俄罗斯方块的基本规则是移动、旋转和摆放游戏自动输出的各种方块，使之排列成完整的一行或多行并且消除得分。由于它上手简单、老少皆宜，从而家喻户晓，风靡世界。

（资料来源：百度百科同名词条，有删减）

俄罗斯（Russia），全称俄罗斯联邦（Russian Federation）。1991 年 12 月，苏联解

体，俄罗斯联邦、白俄罗斯、乌克兰等原苏联的加盟共和国组成“独立国家联合体”，俄罗斯联邦继承了前苏联核心主体部分，并成为完全独立的国家。1993 年 12 月，俄罗斯独立后的第一部宪法经全民投票通过，规定国家名称为“俄罗斯联邦”。

一、俄罗斯自然地理

（一）地理位置

俄罗斯横跨欧亚大陆，领土包括欧洲的东部和亚洲的北部，其 2015 年统计数据显示，俄罗斯总面积 1 709.82 万平方千米，是世界上领土面积最大的国家。俄罗斯领土略呈长方形，东西最长约 9 000 千米，南北最宽约 4 000 千米。它东濒太平洋，北临北冰洋，西面与西南面靠大西洋和里海。邻国西北面有挪威、芬兰，西面有爱沙尼亚、拉脱维亚、立陶宛、波兰、白俄罗斯，西南面是乌克兰，南面有格鲁吉亚、阿塞拜疆、哈萨克斯坦，东南面有中国、蒙古国和朝鲜。东面与日本和美国隔海相望。海岸线长 33 807 千米，领海宽度 12 海里。

（二）地形

俄罗斯自然条件复杂多样。地形以叶尼塞河为界，西部以平原为主。其中，俄罗斯平原（东欧平原）土地肥沃，资源丰富，是俄罗斯经济最发达、人口最稠密的地区。西西伯利亚平原石油、天然气资源丰富，这里有秋明油田。两大平原之间的乌拉尔山意为“宝山”，矿产资源十分丰富。叶尼塞河以东为中西伯利亚高原和东西伯利亚山地，高原区森林资源、水力资源及矿产资源丰富。

（三）气候

俄罗斯联邦地域辽阔，气候类型多样。由于其地处中高纬度，全境多属温带和亚寒带大陆性气候（仅太平洋沿岸地区属温带季风气候）。自北向南，依次出现极地荒漠、苔原、针叶林、森林草原和草原等自然带。自西向东，大陆性气候依次加强。温差普遍较大，冬季严寒期长，夏季短促，1 月气温平均为 −37℃ ~ −1℃，7 月气温平均为11℃ ~ 27℃。由于受西风带、北大西洋暖流和大西洋暖湿气团的影响，降水分布从西向东依次递减，并由中部森林地带向南北两端递减，但太平洋沿岸属于温带季风气候，夏季降水较多。

（四）河流与湖泊

俄罗斯境内河湖众多，其中伏尔加河为欧洲第一长河，长度为 3 600 千米，水量大，流速平缓，是重要的内河航运要道。欧洲地区还有顿河、伯朝拉河等。在西部的亚洲——西伯利亚地区，鄂毕河、勒拿河和叶尼塞河长度均在 4 000 千米以上，水力资源丰富，但漫长的结冰期给航运造成了不利影响。俄罗斯境内的贝加尔湖是世界最深的和蓄水量最大的湖泊，拉多加湖是欧洲地区最大的湖泊。而位于亚洲部分，与哈萨克斯坦、伊朗等国相邻的里海面积达到 38.6 万平方千米，是世界第一大湖泊。

知识窗

奇妙的贝加尔湖

贝加尔湖——容量最大、最深的淡水湖，在俄语中被称为“西伯利亚的蓝眼睛”，位于俄罗斯西伯利亚的南部伊尔库茨克州及布里亚特共和国境内。它长636千米，平均宽48千米，最宽79.4千米，面积3.15万平方千米。贝加尔湖湖水澄澈清冽，且稳定透明（透明度达40.8米），为世界第二。其总蓄水量23 600立方千米。贝加尔湖容积巨大的秘密在于深度，平均水深730米，最深1 620米，两侧还有1 000~2 000米的悬崖峭壁包围着，湖面海拔456米。在贝加尔湖周围，总共有大小336条河流注入湖中，最大的是色楞格河，而从湖中流出的则仅有安加拉河，年均流量仅为1 870立方米/秒。湖水注入安加拉河的地方，宽约1 000米以上，白浪滔天。

湖上风景秀美、景观奇特，湖内物种丰富，是一座集丰富自然资源于一身的宝库。湖中的动植物比世界上任何一个淡水湖里的都多，其中1 083种还是世界上独一无二的特有品种。最令科学家感兴趣的是生物的古老性，湖中有很多西伯利亚其他淡水湖已绝迹的物种。贝加尔湖还是俄罗斯的主要渔场之一。贝加尔湖就其面积而言只居全球第九位，却是世界上最古老的湖泊之一（据考证，其历史已有2 500万年）。

贝加尔湖是少数拥有淡水海豹的湖泊。这种淡水海豹，也称贝加尔湖海豹，是北方海豹的亲系。现在贝加尔湖海豹的数量约60 000只。这种海豹能活50多年，并且一只雌海豹可以繁殖多达20只小海豹。在贝加尔湖里数量最多的鱼是贝湖鱼。这是一种很小，像玻璃一样透明的鱼，其脂肪占了自身一半的重量。

（资料来源：王嘉良，张继定．新编文史地辞典．杭州：浙江人民出版社，2001）

（五）自然资源

俄罗斯联邦矿产资源十分丰富，种类多、储量大。具体来说，石油、天然气、煤炭储量巨大。天然气已探明蕴藏量为48万亿立方米，占世界探明储量的1/3以上，居世界第一位。石油探明储量65亿吨，占世界探明储量的12%~13%。煤炭蕴藏量2 000亿吨，居世界第三位。煤炭资源总地质储量为6万亿吨以上，其中焦煤占1/5，硬煤和褐煤各占2/5。俄罗斯的有色金属、贵金属和稀有金属资源丰富，品种齐全。铁蕴藏量居世界第一位，铝蕴藏量居世界第二位，铀蕴藏量居世界第七位，黄金储藏量居世界第四至第五位。此外，俄罗斯有着广阔的森林带、丰富的土地资源和水力资源。其森林覆盖面积7.635亿公顷，占国土面积的45.2%，总面积居世界第一位。木材蓄积量807亿立方米。

二、俄罗斯人文环境

俄罗斯联邦人口约1.46亿（2016年7月）。俄罗斯人口分布很不平衡，只占全俄面积 1/4 的欧洲部分人口稠密，亚洲部分人口稀少。俄罗斯城市人口占人口总数的 73%，农村人口占 27%。常住居民中男性占 46.9%，女性占 53.1%。俄罗斯人整体文化素质较高，具有中高等文化程度的人在城市占 85%以上，在农村占 65%以上。技术工人和专家的水平已达到西方发达国家的平均水平。俄罗斯人口的文化水平与劳动力素质较高，有利于社会经济的发展；但是，俄罗斯人口增长缓慢，地域分布很不平衡以及复杂的民族因素等，对其社会经济的发展又产生了不利的影响。

俄罗斯有 190 多个民族，其中俄罗斯人占 77.7%。主要少数民族有鞑靼、乌克兰、楚瓦什、巴什基尔、车臣、白俄罗斯、摩尔多瓦、哈萨克、阿塞拜疆、亚美尼亚、阿瓦尔等族。俄语是俄罗斯联邦全境内的官方语言，各共和国有权规定自己的国语，并在该共和国境内与俄语一起使用。

主要宗教为东正教，其次为伊斯兰教。2001 年，俄罗斯权威社会调查机构抽样调查结果显示，俄罗斯居民 55%信奉宗教，其中 91%信奉东正教，5%信奉伊斯兰教，信奉天主教和犹太教的各为 1%，0.8%信奉佛教，其余信奉其他宗教。

俄罗斯联邦是前苏联经济最发达、实力最雄厚的共和国，前苏联经济实力的基础、骨架及布局基本上分布在俄罗斯联邦，俄罗斯联邦的产业结构大体上仍保持着前苏联的基本特征。1991 年年底苏联解体后，俄罗斯联邦的经济陷入了严重的困境之中。1992 年年底，俄罗斯联邦政府放弃了“休克疗法”，采取了积极稳妥的经济发展战略，逐步实现由自由市场经济向社会市场的目标模式转轨。从 1994 年起，全国逐渐趋向稳定。1994 年，俄罗斯国民生产总值为 3 930 亿美元，人均国民生产总值（GNP）为 2 650 美元。但是，总体经济形势仍然严峻，生产滑坡，资金短缺，工农业生产处于持续衰退之中。1997—1999 年，俄经济波动增长，1999—2004 年，俄罗斯经济连续六年保持增长，平均年增长率超过 6%。2010 年，GDP 约 14 769 亿美元，居世界第十位，人均国民收入超过 1 万美元，属中等收入国家。2014 年以来，俄罗斯的经济形势受到西方制裁及世界石油价格整体下跌等影响，GDP 呈现负增长态势。

三、俄罗斯农业

俄罗斯拥有丰富的土地资源，在 17 亿公顷的国土上，适于发展大农业的土地有 5 亿多公顷，约占国土的 1/3。但目前已利用的农业用地仅为 2.28 亿公顷，其中耕地面积为 1.324 亿公顷，约占 60%，割草地占 15%，牧场占 25%，农业用地潜力很大。然而，俄罗斯的农业发展缓慢，是国民经济薄弱环节，农业产值约占全俄工农业总产值的 20%。2008 年农业产值占国内生产总值的 4.1%。农业劳动人口占总就业人口的 10.2%。近年平均主要农牧业劳动人口 668.4 万人，占总就业人口的 9.9%。俄罗斯农业和畜牧业并重，主要农作物有小麦、大麦、燕麦、玉米、黍米、荞麦和豆类。经济作物以亚麻、向日葵和甜菜为主。畜牧业主要为养牛业、养羊业、养猪业等，尤以养马业发达，北部苔原带和森林带还有养鹿业。俄罗斯农业主要包括三大农业地带：北部放牧业地带、中部农牧业地带和南部放牧业与灌溉农业地带。

俄罗斯的农业生产不稳定，受到干旱加剧等影响，2012 年其粮食产量为 7 500 万吨，而2011年其粮食产量为9 400万吨。

四、俄罗斯工业

工业在俄罗斯国民经济中居于突出地位。俄罗斯地大物博，工业资源非常丰富，工业基础雄厚，部门齐全，以机械、钢铁、有色冶金、石油、天然气、煤炭、森林工业及化学工业等重工业为主，能源工业地位突出，能源与原材料均有大量出口。木材和木材加工业也较发达。军火工业在国民经济中占重要地位。

俄罗斯工业结构不合理，重工业发达，轻工业与食品工业等民用工业落后状况尚未根本改变。工业产值占工农业总产值的80%，重工业产值占工业总产值的75%。长期以来，由于重视军工及与国防有关的重工业的发展，导致与国计民生有关的轻工业与食品工业发展甚为缓慢，其产值仅占工业总产值的25%。多年来，对轻工业与食品工业的投资只占工业总投资的13.5%。近40年来，消费品总产值的增长只为生产资料总产值增长的1/3，而且，生产技术落后，许多产品的质量与数量均不能满足需要。

2008年工业产值为20万亿卢布（约合8 695亿美元），同比增长4.8%。近年来其工业劳动就业人口占总就业人口的1/3左右。

2008年俄罗斯主要工业产品产量情况如表10-1所示。

表10-1　　2008年俄罗斯主要工业产品产量情况

工业产品	产量	居世界位次
石油	48 756（万吨）	1
天然气	22 351 968（万亿焦耳）	1
水泥	5 359（万吨）	6
发电量	10 371（亿千瓦时）	3
棉布	188 489（万平方米）	3
新闻纸	198.8（万吨）	6
粗钢	6 940（万吨）	4
煤	32 606（万吨）	4

数据来源：联合国月度数据统计。

俄罗斯重工业发达，尤以能源、冶金、机械、化学、林业与森林工业部门最为重要。

（一）能源工业

俄罗斯是世界上煤炭、石油、天然气、核燃料以及水能资源蕴藏最丰富、生产能力最大的国家之一。在生产连年下降的情况下，目前年产原油近5亿吨，天然气8 000多亿立方米，煤炭3亿吨左右，电力9 000亿~10 000亿千瓦时，能源总产量仍居世界前列。石油是俄罗斯的首要能源，也是重要出口物资，年出口量约 1 亿吨，是俄罗斯取得外汇的主要来源。原油工业在俄罗斯国民经济中居重要地位，是支柱产业部门。石油天然气工业长期以来在俄罗斯经济中发挥着核心作用，乌拉尔牌石油价格是俄罗斯制定国家财政预算的重要依据。2011 年，石油均价为每桶 109.3 美元（2010 年为 78.2 美元）。2011 年，石油出口 2.445 亿吨，天然气出口 1 897 亿立方米。

俄罗斯的原油生产主要集中在西西伯利亚、伏尔加—乌拉尔和季曼—伯朝拉三个地区，其北部沿海及近海地区是有潜力的原油蕴藏区。西西伯利亚油田采油区主要分布在秋明州，故称秋明油田，因其开发晚于原苏联的巴库油田和伏尔加—乌拉尔油田（称为“第二巴库”），故而又称“第三巴库”。这里是俄罗斯最大的石油储集区和产区，油田面积达 150 万平方千米，远景储量 240 亿吨，其中探明储量约 40 亿吨。西西伯利亚油田内共发现 150 多个储油区，已开发的有 40 多个，其中重要的有萨莫特罗尔、乌斯季—巴雷克和萨雷姆等大型产油区。西西伯利亚油田通过多条管道将原油输向各大炼油厂，进而转运到黑海、波罗的海和太平洋沿岸油港，向国外出口。伏尔加—乌拉尔油田，位于乌拉尔河和伏尔加河流域区，又称“第二巴库”。该油田位于俄罗斯经济发达地域，油品需求量大，因此原油加工与石油化学工业发达，区内有大型炼油厂 10 多座，年加工能力达 1.5 亿吨，原油与油品管道纵横交错并通往外区。季曼—伯朝拉油田，位于俄罗斯欧洲地区东北部的高纬地区，地处能源短缺的西北区，距耗能高的中央区也较近，乌萨为该油田最大采油区。除上述三大油田外，还有北高加索油田（年产 1 000 万吨左右）和萨哈林油田（年产 250 万吨左右）等。俄罗斯的原油加工能力几乎与原油开采能力相当，但深加工水平远低于西方工业发达国家。炼油厂主要分布于油品需求量大的欧洲部分，乌法与萨马拉是两大炼油中心，炼油能力各为 4 000 万吨左右。炼油能力超过 1 000 万吨的城市还有鄂木斯克、下诺夫哥罗德、安加尔斯克、彼尔姆、格罗兹尼、雅罗斯拉夫尔、基里希和莫斯科等。

俄罗斯是世界上天然气资源最丰富、产量最多、消费量最大的国家，也是世界上天然气管道最长、出口量最多的国家，有“天然气王国”之誉。天然气田主要分布在西西伯利亚的秋明州，产量达 5 000 多亿立方米，占全俄罗斯产量的 85% 以上。其中，乌连戈伊气田探明储量约 8 万亿立方米，年产量达 3 000 多亿立方米，是世界第一大气田。此外，东西伯利亚的雅库特、伏尔加—乌拉尔地区的奥伦堡、伏尔加河口的阿斯特拉罕和科米自治共和国的乌克特尔等，也是俄罗斯重要的天然气田。俄罗斯天然气管道长度已超过 20 万千米，主要干线均由西西伯利亚各气田通向其欧洲地区，进而将管道伸向东欧与西欧，并向那里出口天然气。近年来，俄罗斯也大力修建经中国、朝鲜等国向韩国、日本供应天然气的管道，加强了对远东地区（主要是中国、日本）的天然气出口。

俄罗斯的煤炭工业具有储量大、煤种全、资源与生产布局集中以及储、产、销之间分布不平衡等特点。俄罗斯煤炭生产量居世界前列。有 20 多个主要煤炭产区，位于亚洲地区北纬 60°以南的库兹巴斯、坎斯克—阿钦斯克、南雅库特等煤田是主要煤炭产区，集中了全俄罗斯煤炭产量的 80%，除此以外，较重要的煤炭产地还有伯朝拉、顿巴斯东部和莫斯科郊区等煤田。北纬 60°以北的亚洲地区，包括通古斯在内的几个特大型煤田，因地处偏远，气候恶劣，目前尚无条件开采。由于国家对煤炭工业投资急剧减少，对煤炭需求量降低，许多煤炭企业减少了采掘量，甚至被迫停产，因此煤炭产量显著下滑。

俄罗斯是世界主要的电力生产大国，其电力构成中，以火电为主，约占3/4，水电与核电并重，发展大机组、建造大电站是俄罗斯电力工业发展的主要特点。电力工业主要分布于西部地区，乌拉尔及其以西的发电量占全俄罗斯发电量的70%左右，但建设重心渐向东移。火电以中央区的莫斯科、西北区的圣彼得堡及乌拉尔地区最为集中，在西伯利亚地区，则主要分布于库兹巴斯、伊尔库茨克和赤塔等工业枢纽；核电站的建设也主要集中在西部地区；水电主要分布于伏尔加河流域和安加拉—叶尼塞河流域。

（二）冶金工业

俄罗斯是世界上的钢铁生产大国，钢的年生产能力近1亿吨，但目前实际年产量只有五六千万吨。俄罗斯发展钢铁工业的条件比较优越，已探明的铁矿石储量为810亿吨，占世界的1/3以上。铁矿石储量的2/3以上分布在西部地区，这里矿床规模大，富矿比重高，商品铁矿石产量大。东部地区铁矿石储量占全俄罗斯的1/3，主要分布在东西伯利亚。

俄罗斯钢铁工业分布集中，形成乌拉尔、中央区和西西伯利亚三大钢铁工业基地并各具特色。其中，乌拉尔钢铁工业基地是全俄罗斯第一大钢铁基地，年生产能力约5 000万吨，以生产特殊钢和优质钢而闻名。该基地历史悠久，地处俄罗斯适中位置，有着丰富的铁矿石和燃料与良好的水资源条件，早在沙俄时期即已成为重要的生铁产区。之后，因缺少冶金焦煤曾一度衰落，乌拉尔的大发展自20世纪30年代苏联规划建设乌拉尔—库兹巴斯煤炭—冶金基地开始，它主要是利用乌拉尔的铁和库兹巴斯的煤在两地分别建设钢铁工业。该区主要中心有谢罗夫、下塔吉尔、车里雅宾斯克和马格尼托哥尔斯克，后者钢年生产能力1 500万吨以上，是全俄罗斯最大也是世界著名的钢铁工业中心。中央区钢铁工业基地，是俄罗斯正在形成的新钢铁基地，它地处全俄罗斯最大的钢铁消费市场和新兴的库尔斯克铁矿石基地，拥有很大的发展潜力与前景，全区现已建成10多个钢铁企业，旧奥斯科尔则是新建设的大型钢铁联合企业。西西伯利亚钢铁工业基地，是20世纪30年代建设乌拉尔—库兹巴斯煤炭—冶金工业基地过程中形成的新兴钢铁基地。新库兹涅茨克是本区主要的钢铁工业中心。

俄罗斯的有色金属工业主要分布在乌拉尔山东麓和东西伯利亚，还有西西伯利亚南部、科拉半岛和远东地区。主要冶炼中心有乌拉尔的车里雅宾斯克，东西伯利亚北部的诺里尔斯克，中西伯利亚南部的克拉斯诺亚尔斯克、布拉茨克和伊尔库茨克。近年来，俄罗斯的有色金属冶炼行业不断进行企业重组，俄罗斯铝业集团公司已经成为世界上最大的初级铝生产企业。

（三）机械工业

机械工业是俄罗斯最主要的重工业部门之一，其产值占全俄罗斯工业产值的1/4以上，职工人数占40%，但机械工业在国民经济中的比重及劳动生产率均低于美国、日本和德国。同时，生产技术水平不平衡，国防军工较先进，而民用机械则较落后。机械工业主要由农业机械、石油与天然气设备制造（钻井等）、汽车制造、航天工业、船舶工业等产业构成。俄罗斯机械制造业部门复杂，产品种类繁多，有如下几个机械制造工业区：

（1）中部地区。它包括中央区、伏尔加—维亚特卡区和中央黑土区，是俄罗斯最大的机械工业区，产值占全俄罗斯机械工业的40%以上。地处钢铁基地，劳动力素质好，技术力量强，部门齐全，产量大，产品多样，着重发展原材料消耗少和技术要求高的部门，以生产飞机、汽车、仪表、电机、电子、工具、机床、轻工机械等为主，内河船舶、机车车辆、拖拉机、工程机械和农业机械等也占重要地位。莫斯科和下诺夫哥罗德是其最大的两个中心。

（2）乌拉尔区。本区机械工业产值约占全俄罗斯的1/8，以生产重型机械为主，主要产品为冶金设备、矿山机械、起重和锻压等机械设备、铁路车辆、大型动力机械、工程机械、化工机械、重型汽车、拖拉机及重型武器等。乌拉尔也有“俄罗斯重型武器库”之称，主要中心为叶卡捷琳堡、车里雅宾斯克和彼尔姆等。

（3）伏尔加河流域区。它是俄罗斯新兴的机械工业区。该区地处中央区与乌拉尔以及乌克兰三大钢铁基地之间，易于获取原材料，能源供应充足，又拥有较多的熟练劳动力，从而发展较快。该区以生产中轻型机械为主，如汽车、拖拉机、农机、机床、轴承、石油与化工机械、动力机械、内河船舶与电力机车等。主要中心有萨马拉和伏尔加格勒。

（4）西北区。它是个历史悠久的老机械工业区，产值约占全俄罗斯的1/8，以电气机械、机床、工具、仪表、电子等精密机械制造业和船舶舰艇制造业为主，主要中心为圣彼得堡。此外，西西伯利亚的机械工业于近年来发展较快，主要有矿山机械、拖拉机、农机和动力机械等部门。主要中心为新西伯利亚。

（四）化学工业

目前，俄罗斯的化工生产以制造化肥和合成材料著称，其中合成橡胶和合成氨的年生产能力均居世界前列。

石油化学工业是俄罗斯化学工业中的主导产业，以石油和天然气为原料的化工产品生产占整个化工行业生产的70%~80%。按照俄罗斯现行分类标准，大部分深加工石化产品，如塑料、合成树脂及其制品等都不算作石化产品。

俄罗斯的基本化学工业以硫酸和制碱最为重要。硫酸生产遍布于各工业区，圣彼得堡的涅瓦和莫斯科州的沃斯克烈先斯克建有大型硫酸厂。烧碱生产主要分布于乌拉尔地区，化肥生产分布于石油天然气产区、硫酸产区以及乌拉尔地区。俄罗斯有机合成工业中的合成橡胶生产主要分布于伏尔加河流域和西西伯利亚的托木斯克及鄂木斯克。合成纤维生产分布于莫斯科、圣彼得堡、萨拉托夫等地。塑料工业分布在中央区、伏尔加河流域和乌拉尔地区。

（五）林业与森林工业

俄罗斯是世界上森林资源最丰富的国家，森林采伐、木材加工和林产化工都很发达。林业与森林工业成为俄罗斯国民经济中的一个重要部门。俄罗斯的森林覆盖面积近8亿公顷，占世界森林面积的1/5，森林覆盖率近40%。木材总蓄积量为800多亿立方米，占世界的1/4以上，其森林覆盖面积与木材蓄积量均居世界第一位。近年来，林业和木材加工大幅滑坡。俄罗斯木材的主要产区分布在远东地区的东、西西伯利亚地区，然而这些地区木材生产量减少最为严重，其他如锯材、胶合板、纸浆、纸张的产量也都因各种原因而减产。俄罗斯每年出口木材约2 000万立方米，主要输往欧洲、非洲和亚洲森林资源短缺的国家和地区。林产化工发展较快，主要有造纸、制浆及人造纤维等生产部门。俄罗斯年生产纸张600多万吨，自给有余并出口。造纸和纸浆生产主要分布在阿尔汉格尔斯克、圣彼得堡、乌拉尔地区、西伯利亚的布腊茨克、贝加尔斯克、乌斯季—伊利姆斯克等地；以木材为原料的合成纤维、合成橡胶、木质塑料等的生产分布在技术基础好的莫斯科和圣彼得堡。

五、俄罗斯第三产业

近几年，俄罗斯服务业发展较快，2009年，服务业产值为45 045万亿卢布，占GDP的比重为25%。商业布局欠合理，服务业增长潜力巨大。旅游业为新兴经济部门，近年来发展较快，但在国民经济中尚不占重要地位。国内主要旅游点是莫斯科、圣彼得堡、黑海疗养地、伏尔加河沿岸城市、下诺夫哥罗德和滨海边疆区。俄罗斯目前吸引外国旅客不到国际旅客流量的1%，排名未进入世界前40名。2010年，俄罗斯入境游客达223万人次。

俄罗斯交通运输方式齐全，客运周转量为4 254亿人千米，货运量为76.44亿吨，货运周转量为47 518亿吨千米。

六、俄罗斯对外贸易

据俄罗斯海关统计，2014年俄罗斯货物进出口额为7 828.6亿美元，同比增长35.6%。其中，出口额4 969.3亿美元，同比增长71.3%；进口额2 859.3亿美元，同比减少0.4%。贸易顺差额2 110.0亿美元，与2013年基本持平。

从进出口国别（地区）结构上看，2014年俄罗斯对荷兰、中国、德国、意大利和土耳其的出口额分别占俄罗斯出口总额的13.7%、7.6%、7.5%、7.2%和4.9%，分别为679.4亿美元、375.1亿美元、371.2亿美元、357.5亿美元和244.5亿美元，同比分别增长82.5%、125.4%、83.4%、68.2%和4.0%，对上述5国出口占俄罗斯出口总额的40.9%；自中国、德国、美国、意大利和白俄罗斯的进口额分别占俄罗斯进口总额的17.8%、11.5%、6.5%、4.5%和4.1%，分别为508.9亿美元、329.6亿美元、184.9亿美元、127.2亿美元和117.4亿美元，同比增减幅依次为-1.6%、-7.3%、

15.2%、-8.1%和 39 201.0%。2014 年俄罗斯前五大顺差来源地依次是荷兰、意大利、土耳其、拉脱维亚和韩国，顺差额分别为 626.8 亿美元、230.2 亿美元、178.0 亿美元、119.3 亿美元和 92.7 亿美元；逆差主要来自中国、美国、法国和奥地利，逆差额分别为 133.8 亿美元、77.7 亿美元、31.6 亿美元和 26.7 亿美元。（见表 10-2、表 10-3）

表 10-2　　2014 年俄罗斯对主要贸易伙伴出口额

单位：百万美元，%

国家和地区	金额	同比	占比
总值	496 931	71.3	100.0
荷兰	67 935	82.5	13.7
中国	37 509	125.4	7.6
德国	37 124	83.4	7.5
意大利	35 746	68.2	7.2
土耳其	24 452	4.0	4.9
日本	19 877	106.5	4.0
白俄罗斯	19 692	0.0	4.0
韩国	18 292	183.6	3.7
乌克兰	17 114	-21.7	3.4
波兰	15 932	370.8	3.2
哈萨克斯坦	13 865	0.0	2.8
拉脱维亚	12 577	24.4	2.5
英国	11 505	-6.6	2.3
芬兰	11 381	103.8	2.3
美国	10 719	35.8	2.2

数据来源：中国商务部《国别（地区）报告》（2015）。

表 10-3　　2014 年俄罗斯自主要贸易伙伴进口额

单位：百万美元，%

国家和地区	金额	同比	占比
总值	285 934	-0.4	100.0
中国	50 890	-1.6	17.8
德国	32 961	-7.3	11.5
美国	18 490	15.2	6.5
意大利	12 722	-8.1	4.5
白俄罗斯	11 739	39 201.0	4.1

续表

国家和地区	金额	同比	占比
日本	10 923	-17.0	3.8
乌克兰	10 748	-28.6	3.8
法国	10 742	-10.0	3.8
韩国	9 025	-8.3	3.2
英国	7 810	-0.9	2.7
哈萨克斯坦	7 163	0.0	2.5
波兰	7 074	-7.7	2.5
土耳其	6 649	-5.7	2.3
荷兰	5 251	-3.7	1.8
捷克	4 898	0.2	1.7

数据来源：中国商务部《国别（地区）报告》（2015）。

从进出口商品的结构上看，矿产品、贱金属及制品和化工产品是俄罗斯的主要出口商品，2014 年出口额分别占俄罗斯出口总额的 68.8%、9.5% 和 4.9%，分别为 2 953.6 亿美元、406.3 亿美元和 212.2 亿美元，同比分别增长 54.9%、10.9% 和 19.3%，矿产品出口以矿物燃料出口为主。陶瓷与玻璃是俄罗斯出口增长最快的产品，同比增幅为 81.4%；其次为机电产品，增幅为 74.9%。机电产品、运输设备和化工产品是俄罗斯进口的前三大类商品，2014 年进口额分别为 857.4 亿美元、343.4 亿美元和 312.2 亿美元，分别占同期俄罗斯进口总额的 30.9%、12.4% 和 11.3%，进口额同比分别下降 1.8%、27.8% 和 1.8%。矿产品的进口增长最快，同比增长 114.2%。而鞋靴、伞等轻工产品的进口额降幅最大，同比下降 13.2%。（见表 10-4、表 10-5）

表 10-4　　2014 年俄罗斯主要出口商品构成（类）

单位：百万美元,%

商品类别	2014 年出口额	上年同期出口额	同比	占比
总值	496 931	290 126	71.3	100.0
矿产品	295 359	190 697	54.9	68.8
贱金属及制品	40 630	36 643	10.9	9.5
化工产品	21 215	17 791	19.3	4.9
机电产品	14 159	8 097	74.9	3.3
贵金属及制品	11 842	1	0.0	2.8
植物产品	8 132	5 577	45.8	1.9
木及制品	7 758	6 976	11.2	1.8

续表

商品类别	2014 年出口额	上年同期出口额	同比	占比
塑料、橡胶	5 645	4 696	20.2	1.3
食品、饮料、烟草	5 136	3 294	55.9	1.2
运输设备	4 665	5 235	-10.9	1.1
纤维素浆、纸张	3 876	3 054	26.9	0.9
活动物、动物产品	3 374	2 942	14.7	0.8
动植物油脂	2 258	1 981	14.0	0.5
光学、钟表、医疗设备	1 437	1 124	27.9	0.3
陶瓷、玻璃	1 273	702	81.4	0.3
其他	70 173	1 318	5 225.7	14.1

数据来源：中国商务部《国别（地区）报告》（2015）。

表 10-5　　2014 年俄罗斯主要进口商品构成（类）

单位：百万美元，%

商品类别	2014 年进口额	上年同期进口额	同比	占比
总值	285 934	287 004	-0.4	100.0
机电产品	85 738	87 315	-1.8	30.9
运输设备	34 344	47 537	-27.8	12.4
化工产品	31 219	31 796	-1.8	11.3
贱金属及制品	19 228	18 823	2.2	6.9
塑料、橡胶	15 107	14 758	2.4	5.5
植物产品	13 295	13 090	1.6	4.8
食品、饮料、烟草	13 064	12 817	1.9	4.7
纺织品及原料	12 354	12 034	2.7	4.5
活动物、动物产品	12 096	12 108	-0.1	4.4
光学、钟表、医疗设备	8 386	8 477	-1.1	3.0
家具、玩具、杂项制品	8 079	8 055	0.3	2.9
矿产品	7 005	3 270	114.2	2.5
纤维素浆、纸张	4 481	4 591	-2.4	1.6
鞋靴、伞等轻工产品	3 948	4 548	-13.2	1.4
陶瓷、玻璃	3 692	3 609	2.3	1.3
其他	13 897	4 176	232.7	4.9

数据来源：中国商务部《国别（地区）报告》（2015）。

七、中俄双边贸易

中俄双边贸易发展迅速。2000 年，中俄双边贸易额只有 80 亿美元，2014 年已接近 1 000 亿美元。而随着“一带一路”建设以及中俄天然气等能源合作项目的开展，双边贸易发展前景良好。

据俄罗斯海关统计，2014 年中俄双边货物进出口额为 884.0 亿美元，同比增长 29.4%。其中，俄罗斯对中国出口额 375.1 亿美元，同比增长 125.4%，占俄罗斯出口总额的 7.6%；俄罗斯自中国进口额 508.9 亿美元，同比减少 1.6%，占俄罗斯进口总额的 17.8%。俄方逆差额 133.8 亿美元，同比下降 61.8%。中国为俄罗斯第二大出口市场、第一大进口来源地。

2014 年，矿产品、木及制品和化工产品是俄罗斯对中国出口的主要产品，三类产品出口额分别占俄罗斯对中国出口总额的 77.7%、6.8 和 4.0%，出口额分别为 288.9 亿美元、25.1 亿美元和 14.7 亿美元，同比分别增长 235.7%、增长 12.6% 和下降 7.4%。2014 年，俄罗斯对中国出口商品增长最快的是动植物油脂，同比增幅为 121.7%；其次为光学钟表医疗设备，同比增幅为 116.5%。运输设备和皮革制品、箱包下降明显，同比降幅分别为 90.4% 和 61.8%（见表 10-6）。

俄罗斯自中国进口的主要商品为机电产品、纺织品及原料和贱金属及制品，2014 年进口额分别为 234.7 亿美元、49.2 亿美元和 39.8 亿美元，分别占俄罗斯自中国进口总额的 46.2%、9.7% 和 7.8%，同比分别下降 0.1%、4.6% 和 2.8%。食品饮料烟草的进口额增幅明显，同比增长 15.9%。鞋靴、伞等轻工产品的进口额降幅明显，同比下降 22.1%（见表 10-7）。

表 10-6　　2014 年俄罗斯对中国出口主要商品构成（类）

单位：百万美元,%

商品类别	2014 年出口额	上年同期出口额	同比	占比
总值	37 509	16 642	125.4	100.0
矿产品	28 891	8 607	235.7	77.7
木及制品	2 511	2 230	12.6	6.8
化工产品	1 468	1 584	-7.4	4.0
机电产品	1 451	1 139	27.4	3.9
活动物、动物产品	934	1 022	-8.6	2.5
纤维素浆、纸张	812	775	4.7	2.2
塑料、橡胶	415	507	-18.2	1.1
贱金属及制品	341	361	-5.5	0.9
光学、钟表、医疗设备	111	51	116.5	0.3

续表

商品类别	2014 年出口额	上年同期出口额	同比	占比
食品、饮料、烟草	87	60	45.1	0.2
植物产品	56	32	72.8	0.2
贵金属及制品	54	0	0.0	0.2
运输设备	21	221	-90.4	0.1
动植物油脂	16	7	121.7	0.0
皮革制品、箱包	11	30	-61.8	0.0
其他	330	14	2 194.5	0.9

数据来源：中国商务部《国别（地区）报告》(2015)。

表 10-7　　2014 年俄罗斯自中国进口主要商品构成（类）

单位：百万美元,%

商品类别	2014 年进口额	上年同期进口额	同比	占比
总值	50 890	51 690	-1.6	100.0
机电产品	23 465	23 496	-0.1	46.2
纺织品及原料	4 922	5 161	-4.6	9.7
贱金属及制品	3 975	4 090	-2.8	7.8
家具、玩具、杂项制品	3 413	3 366	1.4	6.7
塑料、橡胶	2 624	2 417	8.6	5.2
运输设备	2 402	2 628	-8.6	4.7
鞋靴、伞等轻工产品	2 272	2 914	-22.1	4.5
化工产品	1 913	1 801	6.3	3.8
陶瓷、玻璃	1 061	1 150	-7.8	2.1
光学、钟表、医疗设备	1 043	1 127	-7.5	2.1
植物产品	929	839	10.7	1.8
皮革制品、箱包	710	856	-17.1	1.4
食品、饮料、烟草	640	552	15.9	1.3
纤维素浆、纸张	383	380	1.0	0.8
木及制品	365	337	8.3	0.7
其他	773	576	34.3	1.5

数据来源：中国商务部《国别（地区）报告》(2015)。

第二节　南　　非

国家名片

国名：南非共和国（The Republic of South Africa）	人口数量：5 450 万（2016 年）
首都：比勒陀利亚、开普敦、布隆方丹	国土面积：121.91 万平方千米
主要城市：伊丽莎白港、德班、约翰内斯堡	GDP 总计：3 506 亿美元（2013 年）
国庆日：5 月 31 日	人均 GDP：6 675.5 美元（2013 年）
国歌：《上帝保佑非洲+南非的呐喊》	官方语言：英语、祖鲁语、南非荷兰语
主要宗教：基督教	货币：兰特
国花：帝王花	国石：钻石

知识窗

南非之奇——一个国家三个首都

南非是世界上唯一有着三个首都的国家，分别为行政首都比勒陀利亚［Pretoria，现已更名为茨瓦内（Tshwane）］、立法首都开普敦（Cape Town）、司法首都布隆方丹（Bloemfontein）。另一个著名的城市约翰内斯堡是南非最大的城市，被称为南非的“第四个首都”。

［资料来源：一个南非，三个首都．文史月刊．2011（9），具体内容有改动］

一、南非自然地理

（一）地理位置

南非地处南半球，位于非洲大陆的最南端，介于南纬 22°至 35°和东经 17°至 33°之间，陆地面积为 1 219 090 平方千米，相当于荷兰、比利时、意大利、法国和德国五国面积之和，比我国的新疆维吾尔自治区小，略大于内蒙古自治区。其东、南、西三面被印度洋和大西洋环抱，北面与纳米比亚、博茨瓦纳、津巴布韦、莫桑比克和斯威士兰接壤。

（二）地质地貌

南非位于非洲大陆最南部，北邻纳米比亚、博茨瓦纳、津巴布韦、莫桑比克和斯威士兰。东、南、西三面为印度洋和大西洋所环抱，地处两大洋间的航运要冲，地理位置十分重要。其西南端的好望角航线，历来是世界上最繁忙的海上通道之一，有“西方海上生命线”之称。海岸线长 2 500 千米。全境大部分为海拔 600 米以上的高原。德拉肯斯山脉绵亘东南，卡斯金峰高达 3 660 米，为全国最高点。西北部为沙漠，是卡拉哈里盆地的一部分；北部、中部和西南部为高原；沿海是窄狭平原。奥兰治河和林波波河为两大主要河流。

（三）气候

南非大部分地区属亚热带和热带草原气候，东部沿海为亚热带湿润气候，南部沿海为地中海式气候。全境气候分为春夏秋冬四季。12 月～次年 2 月为夏季，最高气温可达 32℃～38℃；6～8 月是冬季，最低气温为－12℃～－10℃。全年降水量由东部的 1 000 毫米逐渐减少到西部的 60 毫米，平均 450 毫米。行政首都比勒陀利亚年平均气温 17℃。

（四）河流与湖泊

南非最大、最长的河流是奥兰治河（Orange River），起源于莱索托和南非共和国交界地区，大致往西流，在南非和纳米比亚的边界处流入大西洋。而南非最出名的度假地和灌溉项目是它的北支流——瓦尔河（Vaal river），是约翰内斯堡的母亲河，长 2 200 千米，流域面积 973 000 平方千米。

（五）自然资源

南非矿产资源以种类多、储量大、产量高而闻名世界。目前已探明的矿物储量和已开采的矿产品种类达 70 多种，几乎涵盖所有的工业用矿物。黄金、铂族金属、锰、钒、硅铝酸盐、铬、萤石、红柱石的储量居世界第一位，金刚石、钒、铀的储量居世界第二位，石棉、锑、磷酸盐、铅、锌、煤、铁、钍、锆、镍和稀土等蕴藏量也极为丰富。黄金、铂族金属和金刚石是贵重的矿产。铬、钒、铀、钛、锆等具有重要的开采价值。根据南非矿务局的统计，2007 年已探明的金属矿藏储量是：黄金 36 000 吨（占世界总储量的 40.1%，下同）、铂族金属 7 万吨（87.7%）、锰 40 亿吨（80%）、钒 1 200 万吨（32%）、蛭石 8 000 万吨（40%）、铬 55 亿吨（72.4%）、铀 34.1 万吨（7.2%）、煤 279.81 亿吨（6.1%）、铁矿石 15 亿吨（0.9%）、钛 2.44 亿吨（16.9%）、锆 1 400 万吨（19.4%）、氟石 8 000 万吨（16.7%）、磷酸盐 25 亿吨（5.0%）、锑 20 万吨（4.7%）、铅 300 万吨（2.0%）、锌 1 500 万吨（3.3%）、铜 1 300 万吨（1.4%）。此外，南非煤炭储量丰富，达 2 057 亿吨，约占全非洲煤炭总储量的 2/3，其中探明储量为 587.5 亿吨。煤炭主要用于出口，与澳大利亚一样，南非是世界上主要煤炭出口国。

南非的自然资源丰富，是世界五大矿产国之一，经济开放程度较高。矿业、制造业和农业是经济三大支柱，深矿开采技术在世界处于领先地位。南非多种矿产品产量居世界前列：2010 年南非蓝晶石、铂族金属、铬铁矿、铬铁、钛铁矿和蛭石产量排名世界第一；金红石、钒和锆石产量居世界第二位；锰矿产量居世界第三位；黄金产量居世界第四位。同时，在世界产量中排名较靠前的还有锑、铁、锰、铀、锆等金属和精矿。南非的铬铁、红柱石出口量居世界第一位；锰矿出口量居第二位；铬矿石出口量居第四位。矿业已占南非基础经济中的最大部分。

二、南非人文环境

（一）人口

南非总人口 5 450 万（2016 年），有黑人、白人、有色人和亚洲人四大种族，分别占总人口的 79.4%、9.2%、8.8% 和 2.6%。黑人主要有祖鲁、科萨、斯威士、茨瓦纳、北索托、南索托、聪加、文达、恩德贝莱等 9 个部族，主要使用班图语。白人主要是荷兰血统的阿非利卡人（约占 57%）和英国血统的白人（约占 39%），语言为阿非利卡语和英语。有色人约 379 万人，是殖民时期白人、土著人和奴隶的混血人后裔，主要使用阿非利卡语。亚洲人约 109 万人，主要是 19 世纪后期被殖民者招募的劳工后裔，包括印度人（超过所占亚洲人比重的 90%）和华人。由于南非是由多个人种和平相处构成的国度，所以它也被称为“彩虹之国”。

（二）官方语言与宗教信仰

南非有 11 种官方语言（英语、阿非利卡语、祖鲁语、科萨语、斯佩迪语、茨瓦纳语、索托语、聪加语、斯威士语、文达语和恩德贝勒语），英语和阿非利卡语（南非荷兰语）为通用语言。约 80% 的人口信仰基督教，其余信仰原始宗教、伊斯兰教、印度教等。

知识窗

南非传奇人物——曼德拉

纳尔逊·罗利赫拉赫拉·曼德拉（Nelson Rolihlahla Mandela）1918 年 7 月 18 日出生于南非特兰斯凯一个大酋长家庭，先后获南非大学文学士和威特沃特斯兰德大学律师资格，当过律师。曾任南非非洲人国民大会（以下简称“非国大”）青年联盟全国书记、主席、非国大执委、德兰士瓦省主席、全国副主席。他成功地组织并领导了“蔑视不公正法令运动”，赢得了全体黑人的尊敬。于 1994 年至 1999 年间任南非总统。曼德拉曾在牢中服刑长达 27 年。在狱中，曼德拉多次成为全球焦点，他的号召力和影响力遍及全世界。1981 年，1 万余名法国人联名向南非驻法使馆发出请愿书，要求释放曼德拉；1982 年，全球 53 个国家的 2 000 名市长又为曼德拉的获释而签名请愿；1983 年，英国 78 名议员发表联合声明，50 多个城市市长在伦敦盛装游行，要求英国首相向南非施加压力，恢复曼德拉自由。曼德拉拥有的世界人缘之多之广无人可及，人称曼德拉为“全球总统”。

曼德拉传奇经历，让世人惊奇，他的宽阔胸怀与不屈的勇气，让世人佩服。而他为之努力奋斗的，正是他一生的事业目标——南非人民的解放事业。正如曼德拉所说的：

“在我过去的生活中，我已经把自己献给了非洲人民的斗争事业。我反抗了白人专制，我也反抗了黑人专制。我抱有民主和自由社会的理想，希望大家在这样的社会里和睦地生活在一起，享有平等的机会。我希望为这个理想而生活，并努力把它变为现实。如果需要，我愿意为了这个理想而牺牲自己的生命。”

［资料来源：廖盖隆，梁初鸿，陈有进，等．社会主义百科要览（上册）．北京：人民日报出版社，1993. 资料有补充］

三、南非农业

（一）南非农业基本情况

南非农业较为发达。可耕地约占土地面积的13%，但肥沃土地仅占可耕地的22%。灌溉面积1 300万公顷。农业生产总值约占GDP的3.7%，就业人数129万人，占总就业人数的11.1%。农业生产受气候变化影响明显。玉米是最重要的粮食作物。2008年产量为1 316万吨。农产品和农产品加工产品出口占非黄金出口收入中的30%。各类罐头食品、烟、酒、咖啡和饮料畅销海外。盛产花卉、水果，葡萄酒享有盛誉。畜牧业较发达。国内所需肉类85%自给，15%从纳米比亚、博茨瓦纳、斯威士兰等邻国及澳大利亚、新西兰和一些欧洲国家进口。南非商业捕捞船队有各种船只500多艘。全国约有数万人从事海洋捕捞业。主要捕捞种类为淡菜、鳟鱼、牡蛎和开普无须鳕。每年捕捞量约58万吨，产值近20亿兰特。此外，南非养蜂业年产值约2 000万兰特。

（二）南非农业基本特征

1. 农业具有鲜明的二元结构

南非国内存在少数白人农场主经营的发达的大农场与传统农业并存的二元结构，这两种农业生产机制截然不同，其生产内容、水平、特点都存在着巨大的差异。一方面，大牧场放牧业是高度商品化的农业，提供南非农业总产值的90%以上；另一方面，黑人的传统农业又仅能维持生计。

2. 农业商品率和生产率高居非洲前列

商品农业经济在南非发展的历史较为悠久，它从一开始就同宗主国的海外市场紧密相连。第二次世界大战后，南非农业机械化的推广，大大提高了农业生产率和商品率。南非一直是一个粮食自给有余并且出口的国家。

3. 地区差异十分明显

南非农业因自然地理环境、资源条件不同而异，每个地区都有自己的鲜明特色。主要农作物有自己的集中产区。例如最重要的作物——玉米集中在西北省，自由州的西北部、北部和东部，马普马兰加省高草原（海拔1 300米以上）以及夸祖鲁—纳塔尔地区。

四、南非工业

南非是非洲的工业大国。工业产值占 GDP 的比重为 31.7%。工业四大部门是制造业、建筑业、能源业和矿业。制造业门类齐全、技术先进，主要产品有钢铁、金属制品、化工、运输设备、机器制造、食品加工、纺织、服装等。钢铁工业是南非制造业的支柱，拥有六大钢铁联合公司、130 多家钢铁企业。近年来，纺织、服装等缺乏竞争力的行业萎缩，汽车制造等新兴出口产业发展较快。能源业产值约占南非国内总产值的 15%。南非电力工业较发达，发电量占全非洲的 2/3，其中约 92% 为火力发电，南非是世界上电费最低的国家之一。矿业历史悠久，且为南非的经济支柱，其产值约占 GDP 的 8%。矿产品出口约占出口收入的 50%，全国约有 12% 的劳动力从事矿业。南非是世界最大的黄金生产国和出口国，黄金出口额占全部对外出口额的 1/3。但近年来因国际市场黄金价格下跌，铂族金属已逐渐取代黄金成为最主要的出口矿产品。南非还是世界第五大钻石生产国，产量约占世界的 8.7%。南非德比尔斯公司是世界上最大的钻石生产和销售公司，总资产 200 亿美元，其营业额一度占世界钻石供应市场 90% 的份额，目前仍控制着世界粗钻石贸易的 60%。南非的建筑业发展较快，产值占 GDP 的 3.8%，且近年南非政府加大了基础设施的新建力度。

南非工业的主要特点是工业布局集中。长期以来，南非工业发展集中于四个地区，它们是比勒陀利亚—维特瓦特斯兰德—弗里尼欣三角地区、德班—派思城地区、伊丽莎白港—尤滕哈格地区和开普半岛。这些地区只占全国面积的 3%，但这里有全国 73% 的工厂，生产全国 80% 的工业品，有 76% 的工人在这里工作。目前，南非工业从原本的白人集中区分散到“黑人家园”地带，但由于产业转型缓慢等原因，其工业比重与实力下降较为明显，呈现出“去工业化”的趋势。

五、南非第三产业

南非近些年服务业发展迅速，服务业产值已占到 GDP 的 64.6%，成为国民经济的支柱产业。

（一）旅游业

旅游业是南非第三大外汇收入来源和就业部门，其产值占 GDP 的 8%，从业人员 120 万人。南非是世界观光胜地之一，休闲活动的种类繁多，拥有野生动物园、山区旅游以及具有原始风格的海滩等。变化无穷及多姿多彩的文化是南非主要的特色之一，它的建筑文化是欧洲、非洲、亚洲建筑特色的大熔炉，有壮观的英国维多利亚式建筑、典雅的荷兰开普式建筑、回教清真寺及现代房屋建筑等。南非在国际上最引以为豪的一点是其每天的日照率居全球各国之冠，这就为主办国际性网球及高尔夫巡回赛提供了极为有利的条件。南非拥有多达 400 个的世界级高尔夫球场，常年吸引全球各地的高尔夫运动员及爱好者来南非一试身手。

南非旅游资源丰富，设施完善，有 700 多家大饭店，2 800 多家大小宾馆、旅馆及 10 000 多家饭馆。旅游点主要集中于东北部和东、南沿海地区。生态旅游与民俗旅游是南非旅游业最主要的两大增长点。2012 年赴南非旅游的国际总人数为 918 万人，比 2011 年总人数（833 万人）增长 10.2%。

（二）交通运输

南非有非洲最完善的交通运输系统，对本国以及邻国的经济发挥着重要作用。交通运输以铁路、公路为主，同时空运发展迅速。铁路总长约 3.41 万千米，其中 1.82 万千米为电气化铁路，有电气机车 2 000 多辆。由比勒陀利亚驶往开普敦的豪华蓝色客车享有国际声誉。国家级公路 9 400 千米。年客运量约 450 万人次，货运量 310 万辆。海洋运输业发达，国际贸易的 99%要靠海运来完成，被誉为“海上生命线”。主要港口有开普敦、德班、东伦敦、伊丽莎白港等。有商船约千艘，总吨位 75.5 万吨。德班是非洲最繁忙的港口及最大的集装箱集散地。南非空运发达，与非洲、欧洲、亚洲及中东、南美一些国家直接通航，平均年客运量达 1 200 万人次。主要国际机场有约翰内斯堡国际机场、德班国际机场和开普敦国际机场等。约翰内斯堡国际机场是非洲大陆最为繁忙的机场。南非还有完善的管道运输系统，石油管道 931 千米，其他石化产品管道 1 748 千米，天然气管道 322 千米。

（三）电信业

南非电信和信息技术产业发展较快，电信发展水平列世界第 23 位。共有 530 万门固定电话，占非洲的 40%；移动电话用户约 1 500 万；固定上网人数 150 万人，是非洲其他国家总和的 5 倍。

（四）金融业

南非金融业发达。南非储备银行（The South African Reserve Bank）是中央银行，始建于 1920 年。该银行为股份有限银行，除行长与副行长由政府任命外，享有很大的独立决策权，总部设在比勒陀利亚。南非联合银行集团、标准银行集团、第一兰特控股有限公司和莱利银行四大银行集团总资产约 11 010 亿兰特，占南非银行业总资产的 82%。其中，南非联合银行集团（Amalgamated Banks of South Africa Group Limited）是南非最大的银行集团，成立于 1991 年，2005 年被巴克莱银行收购 60%的股份资产，总资产 5 540 亿兰特（2007 年 6 月），拥有 770 多个分支机构，880 万个人客户，在英国、新加坡、德国、安哥拉、莫桑比克、纳米比亚、津巴布韦等国有业务。

六、南非对外贸易

据南非国税局的统计，2014 年南非货物进出口额为 1 908.8 亿美元，同比增长 2.5%。其中，出口额 910.1 亿美元，同比增长 6.6%；进口额 998.7 亿美元，同比下降 1%。贸易逆差额 88.6 亿美元，同比下降 42.9%。

从外贸国别（地区）上看，2014 年南非对中国、美国、日本的出口额分别为

86.4 亿美元、64.3 亿美元和 48.0 亿美元，同比分别下降 23.9%、7.5% 和 12.6%，分别占南非出口总额的 9.5%、7.1% 和 5.3%（见表 10-8）。进口方面，2014 年南非自中国、德国、沙特阿拉伯和美国的进口额分别为 154.4 亿美元、100.2 亿美元、71.7 亿美元和 65.9 亿美元，其中自美国进口额同比微增 0.7%，自中国、德国和沙特阿拉伯进口额同比分别下降 3.4%、6.6% 和 10%（见表 10-9），四国合计占南非进口总额的 39.3%。南非前五大贸易逆差来源地依次是中国、沙特阿拉伯、德国、尼日利亚和泰国，2014 年逆差额分别为 68 亿美元、67.3 亿美元、54.5 亿美元、41.5 亿美元和 19 亿美元。顺差第一来源地不详，顺差额为 49.1 亿美元；其次则为博茨瓦纳、纳米比亚和赞比亚，顺差额分别为 43.1 亿美元、39.8 亿美元和 24 亿美元。

表 10-8　　2014 年南非对主要贸易伙伴出口额

单位：百万美元,%

国家和地区	金额	同比	占比
总值	91 013	6.6	100.0
中国	8 643	-23.9	9.5
美国	6 428	-7.5	7.1
日本	4 797	-12.6	5.3
博茨瓦纳	4 778	529.3	5.3
德国	4 574	5.1	5.0
纳米比亚	4 549	458.4	5.0
印度	3 875	32.7	4.3
英国	3 459	5.0	3.8
荷兰	3 030	-4.2	3.3
莫桑比克	3 015	6.5	3.3
赞比亚	2 733	0.3	3.0
比利时	2 470	25.7	2.7
津巴布韦	2 295	-4.5	2.5
中国香港	1 902	30.2	2.1
瑞士	1 567	-35.2	1.7

数据来源：中国商务部《国别（地区）报告》(2015)。

表 10-9　　2014 年南非自主要贸易伙伴进口额

单位：百万美元,%

国家和地区	金额	同比	占比
总值	99 871	-1.0	100.0
中国	15 439	-3.4	15.5
德国	10 022	-6.6	10.0
沙特阿拉伯	7 168	-10.0	7.2
美国	6 586	0.7	6.6
尼日利亚	5 127	39.0	5.1
印度	4 544	-15.2	4.6
日本	3 799	-6.8	3.8
英国	3 266	-2.0	3.3
意大利	2 637	-2.0	2.6
泰国	2 382	-13.5	2.4
法国	2 203	-5.4	2.2
安哥拉	2 028	1.8	2.0
新加坡	1 824	-7.2	1.8
西班牙	1 722	-8.7	1.7
韩国	1 550	-17.5	1.6

数据来源：中国商务部《国别（地区）报告》（2015）。

从进出口商品结构来看，矿产品、贵金属及制品和贱金属及制品是南非的主要出口商品，2014 年出口额分别为 218.3 亿美元、144.9 亿美元和 118.5 亿美元，其中贵金属及制品出口同比下降 19.5%，矿产品和贱金属及制品出口同比分别增长 0.3% 和 10.1%，分别占南非出口总额的 24%、15.9% 和 13%（见表 10-10）。另外，运输设备出口额 96.9 亿美元，同比增长 18.5%，占南非出口总额的 10.7%。进口方面，矿产品、机电产品和运输设备是南非进口的前三大类商品，2014 年进口额分别为 237.2 亿美元、230.0 亿美元和 95.2 亿美元，其中矿产品进口同比增长 4%，机电产品和运输设备进口同比分别下降 8.6% 和 5.3%，分别占南非进口总额的 23.8%、23% 和 9.5%。另外，化工产品进口同比增长 3%，进口额为 94.3 亿美元，占南非进口总额的 9.4%（见表 10-11）。

表 10-10 **2014 年南非主要出口商品构成（类）**

单位：百万美元,%

商品类别	2014 年出口额	上年同期出口额	同比	占比
总值	91 013	85 342	6.6	100.0
矿产品	21 834	21 761	0.3	24.0
贵金属及制品	14 487	17 989	-19.5	15.9
贱金属及制品	11 845	10 757	10.1	13.0
运输设备	9 694	8 179	18.5	10.7
机电产品	9 158	7 594	20.6	10.1
化工产品	5 853	4 962	18.0	6.4
植物产品	4 420	3 864	14.4	4.9
食品、饮料、烟草	3 974	3 054	30.1	4.4
塑料、橡胶	2 169	1 647	31.7	2.4
纤维素浆、纸张	1 673	1 380	21.2	1.8
纺织品及原料	1 253	850	47.5	1.4
活动物、动物产品	1 116	742	50.5	1.2
家具、玩具、杂项制品	759	519	46.2	0.8
光学、钟表、医疗设备	717	495	44.9	0.8
木及制品	517	333	55.3	0.6
其他	1 543	1 217	26.9	1.7

数据来源：中国商务部《国别（地区）报告》(2015)。

表 10-11 **2014 年南非主要进口商品构成（类）**

单位：百万美元,%

商品类别	2014 年进口额	上年同期进口额	同比	占比
总值	99 871	100 861	-1.0	100.0
矿产品	23 724	22 813	4.0	23.8
机电产品	22 999	25 174	-8.6	23.0
运输设备	9 520	10 053	-5.3	9.5
化工产品	9 430	9 160	3.0	9.4
贱金属及制品	4 607	5 084	-9.4	4.6
塑料、橡胶	3 891	3 957	-1.7	3.9
纺织品及原料	3 222	3 061	5.3	3.2

续表

商品类别	2014年进口额	上年同期进口额	同比	占比
食品、饮料、烟草	2 724	2 662	2.4	2.7
光学、钟表、医疗设备	2 453	2 569	-4.5	2.5
植物产品	1 856	1 837	1.0	1.9
家具、玩具、杂项制品	1 603	1 607	-0.2	1.6
纤维素浆、纸张	1 429	1 425	0.3	1.4
活动物、动物产品	1 125	925	21.6	1.1
鞋靴、伞等轻工产品	1 073	1 107	-3.0	1.1
陶瓷、玻璃	1 047	1 032	1.4	1.1
其他	9 168	8 396	9.2	9.2

数据来源：中国商务部《国别（地区）报告》（2015）。

七、中国与南非的双边贸易

中国与南非之间的贸易整体上是不断发展的，但两国间贸易的不平衡现象较明显。根据南非国税局的统计，中国是南非主要贸易逆差来源国，所以南非对于中国进口的货物有较大的关注度，对中国产品的反倾销调查较常出现。据南非国税局的统计，2014年南非与中国的双边货物进出口额为240.8亿美元，同比下降11.9%。其中，南非对中国出口额86.4亿美元，同比下降23.9%，占南非出口总额的9.5%，减少了3.8个百分点；南非自中国进口额154.4亿美元，同比下降3.4%，占南非进口总额的15.5%，减少了0.3个百分点。南非对中国的贸易逆差额68亿美元，同比增长47.2%。中国为南非第一大贸易伙伴，同时也是南非第一大出口市场和第一大进口来源地。

矿产品一直是南非对中国出口的最主要产品，2014年出口额为57.7亿美元，同比下降31.7%，占南非对中国出口总额的66.7%。矿产品以金属矿砂为主，矿物燃料出口相对较少。贱金属及制品是南非对中国出口的第二大类商品，出口额15亿美元，同比增长6.2%，占对中国出口总额的17.4%。纤维素浆及纸张、贵金属及制品为南非对中国出口的第三和第四大类产品，出口额分别为3.5亿美元和2.2亿美元，其中纤维素浆等出口同比增长59.8%，而贵金属及制品出口同比下降34.2%，分别占南非对中国出口总额的4%和2.5%。此外，纺织品及原料出口2.1亿美元，同比下降2.6%，占对中国出口总额的2.4%（见表10-12）。

南非自中国进口的主要商品为机电产品、纺织品和贱金属及制品，2014年进口额分别为70.8亿美元、15.3亿美元和12.6亿美元，同比分别下降4.1%、3.5%和2.6%，分别占南非自中国进口总额的45.9%、9.9%和8.1%。除上述产品外，化工产品、家具玩具制品等轻工产品、塑料橡胶也为南非自中国进口的主要大类商品，在南非自中国进口总额中的比重是 4% ~6% （见表 10-13）。

表 10-12　　2014 年南非对中国出口主要商品构成（类）

单位：百万美元,%

商品类别	2014 年出口额	上年同期出口额	同比	占比
总值	8 643	11 358	-23.9	100.0
矿产品	5 768	8 446	-31.7	66.7
贱金属及制品	1 500	1 413	6.2	17.4
纤维素浆、纸张	346	217	59.8	4.0
贵金属及制品	216	328	-34.2	2.5
纺织品及原料	210	216	-2.6	2.4
化工产品	116	130	-10.8	1.4
机电产品	111	168	-34.1	1.3
塑料、橡胶	104	87	20.2	1.2
食品、饮料、烟草	70	34	108.0	0.8
皮革制品、箱包	66	81	-18.7	0.8
植物产品	48	43	10.4	0.6
运输设备	33	147	-77.7	0.4
活动物、动物产品	22	20	7.3	0.3
陶瓷、玻璃	15	9	54.5	0.2
木及制品	10	15	-29.6	0.1
其他	9	5	82.9	0.1

数据来源：中国商务部《国别（地区）报告》（2015）。

表 10-13　　2014 年南非自中国进口主要商品构成（类）

单位：百万美元,%

商品类别	2014 年进口额	上年同期进口额	同比	占比
总值	15 439	15 975	-3.4	100.0
机电产品	7 083	7 385	-4.1	45.9
纺织品及原料	1 530	1 585	-3.5	9.9
贱金属及制品	1 256	1 289	-2.6	8.1
化工产品	1 017	900	12.9	6.6
家具、玩具、杂项制品	837	850	-1.5	5.4

续表

商品类别	2014 年进口额	上年同期进口额	同比	占比
塑料、橡胶	763	742	2.8	4.9
鞋靴、伞等轻工产品	703	767	-8.4	4.6
运输设备	544	499	9.0	3.5
陶瓷、玻璃	338	361	-6.2	2.2
光学、钟表、医疗设备	308	289	6.5	2.0
皮革制品、箱包	199	210	-5.2	1.3
纤维素浆、纸张	165	160	3.1	1.1
食品、饮料、烟草	142	162	-12.5	0.9
矿产品	104	147	-29.6	0.7
植物产品	74	244	-69.5	0.5
其他	376	383	-1.9	2.4

数据来源：中国商务部《国别（地区）报告》（2015）。

第三节 印　度

国家名片

国名：印度共和国（Republic of India）	人口数量：12.74 亿（2015 年）
首都：新德里	国土面积：298 万平方千米
主要城市：班加罗尔、孟买、加尔各答	GDP 总计：2.06 万亿美元（2015 年）
国庆日：8 月 15 日	人均 GDP：1 606 美元（2015 年）
国歌：《人民的意志》	官方语言：印地语、英语
主要宗教：印度教，伊斯兰教，锡克教	货币：卢比
国花：荷花	国石：珍珠

一、印度自然地理

（一）地理位置

印度位于亚洲南部，是南亚次大陆最大的国家。印度西北部与巴基斯坦和阿富汗接壤，东北部与中国、不丹和尼泊尔接壤，东部与缅甸接壤，孟加拉国夹在印度东北国土之间，东南部是斯里兰卡、马尔代夫等岛国。印度囊括了位于印度板块的印度次大陆的绝大部分以及印度洋板块的偏北部分。印度拥有海岸线 7 000 多千米，其中大多数位于亚洲南部半岛，伸入印度洋。印度西南部与阿拉伯海接壤，东部和东南部与孟加拉湾接壤。

印度在赤道以北北纬 8°4′和 37°6′与东经 68°7′和 97°25′之间。从国土面积看，印度是世界第七大国，总面积约 298 万平方千米。印度从北到南全长 3 214 千米，从东到西全长 2 993 千米。

（二）地形

印度位于印度次大陆，主要由三个地理区组成：北部喜马拉雅山区的高山区（其中就有海拔 8 598 米的印度最高峰康城章加峰）、中央平原/印度河—恒河平原（Indo-Gangetic Plain）以及南部的德干高原。平原约占总面积的 40%，山地只占 25%，高原占 33%，山地、高原大部分海拔不超过 1 000 米，不仅有利于交通出行，还在气候与河流的配合下，形成了肥沃的土壤，对于农业发展有利。

肥沃的印度恒河平原覆盖了印度北部、中部和东部的绝大部分地区。而德干高原占据了印度南部的绝大部分地区。印度西部是塔尔沙漠，这是一个岩石和沙尘的混合沙漠。印度的东部和东北部边境线涵盖了喜马拉雅山脉。

（三）气候

由于印度的纬度位置较低，大部分地区属于典型的热带季风性气候，热量充足，降水丰沛，年平均温度在 24℃至 27℃之间，年平均降水量为 1 170 毫米，但降水季节分配不均，主要集中在 6 月至 9 月的雨季，占年降水量的 80% 左右。不确定的季风带来的大暴雨，常常导致河流水位暴涨，引起洪水泛滥。印度多年平均年降雨量地区差异也很大：阿萨姆邦的乞拉朋齐年降雨量高达 1 万毫米以上，是世界降水量最多的地区，被称为世界上的“雨极”；而西部的塔尔沙漠年降雨量不足 100 毫米。其他月份为干燥季节，降水较少，易遭受干旱的威胁。

（四）河流与湖泊

多条大河发源于或流经印度。印度主要的河流有恒河、布拉马普特拉河（上游为我国的雅鲁藏布江）、亚穆纳河、纳巴达河、哥达瓦里河、克里希纳河、默哈纳迪河等。其中，恒河（Ganges River）全长 2 700 千米，是印度最长的河流，流域面积为 106 平方千米。

（五）自然资源

印度土地辽阔，资源丰富。印度的煤炭蕴藏量在世界排名第四。主要矿产资源还包括铁、天然气、铜、铁矾土等。云母储量居世界首位，出口量占世界出口量的 60%，铝土储量和煤产量均居世界第五位。但印度矿产资源种类不齐全，缺乏一些重要的矿产资源，尤其是石油和有色金属。印度森林总面积 5 300 万公顷，覆盖率约为 22%，生产多种热带硬木、树脂（紫胶、古尔胶）。

二、印度人文环境

印度是世界上人口第二多的国家，仅次于中国。印度民族和种族众多，号称“民族博物馆”，其中印度斯坦族人口占总人口的 30%，其他较大的民族包括马拉提族、孟加拉族、比哈尔族、泰固族、泰米尔族等。英语和印地语同为官方语言。约有 80. 5% 的居民信奉印度教，其次为伊斯兰教（13. 4%），其他还有基督教、锡克教、佛教和耆那教等。

印度各个民族都拥有自己的语言。全国约有 180 种语言，700 多种方言。仅宪法承认的官方语言就有 22 种之多，其中印地语被定为国语，英语在印度非常流行，特别是在南部，地位甚至高于印地语。目前，印度的官方语言是印地语，约 30% 人口使用；英语已经在 1965 年终止了它唯一官方语言（或与印地语相同的）的地位，但依旧保留了它“第二附加官方语言”的地位，亦是全国性的通用语言，主要在政治和商业交往场合使用。

三、印度农业

（一）印度农业的地位

农业在印度国民经济发展中的地位举足轻重。印度有耕地面积 1. 43 亿公顷，居亚洲之首。粮食作物面积 1. 27 亿公顷，从事农业劳动的人数约为 5 亿人。种植业以粮食作物为主，最主要的粮食作物是水稻和小麦，豆类、玉米次之。主要经济作物有棉花、茶叶、烟草、橡胶、咖啡，油料作物有花生、芝麻等。印度的很多农产品产量均在世界上居领先地位。印度是世界上最大的油料作物种植国家，占整个世界油料作物种植面积的 15%。印度是世界上最大的花生、红花、蓖麻的生产国。茶叶、甘蔗、稻谷、小麦、棉花、烟叶产量也位居世界前列。印度的畜牧业产值在农业净产值中约占 15%，畜牧业就业人口超过 2 000 万人，养牛业占畜牧业的 60% 左右，牛的存栏数位居世界前列，牛奶产量居世界前列。但由于牛在印度教中的神圣地位，牛肉商品化率低。近年来，印度总的农业人口占总就业人口的 54% 以上。

印度农业的增长速度，在很大程度上决定着整个国民经济的增长速度，这是印度经济发展的一个显著特点。另外，2005 年以来，印度的人口增长率高于粮食增产率（高出近一倍），粮食压力日渐增大。

（二）印度农业生产结构的特点

印度农业生产结构有以下主要特点：

（1）农业以种植业为主，种植业又以粮食作物为主。粮食产值占种植业总产值的

48.3%，油料占 12.7%，蔬菜和水果占 10.4%，棉花占 3.8%，烟草占 0.5%。印度牛的存栏数名列世界第一，但肉类总产量和奶类产量只占世界较小份额。

（2）结构的变化缓慢，农业生产部门的结构没有发生大的变化，畜牧业、林业的结构比重增加不快。

（三）印度农作物生产布局

根据各自然条件的差异、社会经济特点以及农作物的分布状况，印度分为四个农业区。

（1）东北部水稻、黄麻、茶叶区：位于恒河、布拉马普特拉河下游平原，黄麻和茶叶的产量分别占全国的 90% 和 80%。

（2）西北部小麦、杂粮、油菜区：指印度河、恒河中上游平原以及周围山地。灌溉条件较好，是“绿色革命”的重点区。小麦产量占全国总产量 80%，油菜占 90%，甘蔗占 50%，芝麻占 75%。

（3）半岛杂粮、棉花、花生区：范围包括德干高原和沿海平原，生产水平较低，棉花产量占全国总产量 60%，花生、烟草占全国的 80%。

（4）西南水稻、热带作物区：指西高止山南段和沿海平原，是胡椒、咖啡、腰果、椰子、木薯、香蕉和橡胶集中分布地。目前，腰果仁出口已超过大米和茶叶，成为印度农产品外汇最大收入来源。

四、印度工业

印度的主要工业部门包括纺织、食品加工、化工、制药、钢铁、水泥、采矿、石油和机械等。近年来印度工业发展迅速，产生了一批对经济有很大带动作用的产业部门，如软件业、制药业、汽车制造业和房地产业等，其中一些私人企业已经发展成为具有国际竞争力的大型企业。56 家印度企业在《福布斯》杂志评选的 2015 年全球上市公司 2 000 强中榜上有名。

（一）纺织工业

纺织是印度最大的工业部门。其产值占国内生产总值的 4%，吸引就业人员 4 000 多万，仅次于农业。印度充分利用目前纺织品取消配额限制这一机遇，扩大纺织品生产能力、更新技术设备，力争使纺织业年增长速度达到 10% ~ 15%。轻纺工业主要有棉纺、黄麻、食品、造纸等，这些都是印度传统的工业部门。其中孟买与加尔各答分别是印度主要的棉纺织工业、黄麻纺织工业中心。

（二）信息技术

目前，印度已经成为世界软件外包行业第一大国，也是仅次于美国的世界第二大软件出口国。印度信息技术产业的发展大有方兴未艾之势。在《财富》500 强中，超过 190 家公司将信息技术服务外包给印度。印度是世界上仅次于美国的第二大软件生产国。信息技术产业主要布局在班加罗尔、马德拉斯、海得拉巴等地。其中，班加罗尔被称为印度的硅谷。

（三）机械工业

印度机械工业产值占工业总产值的30%左右。在发电和化工设备，以及各种电器、机车、汽车、拖拉机、船舶、飞机和其他设备的制造方面，印度大多已能自给。某些产品还大量出口，机械工业已成为印度出口赚取外汇最多的部门，其出口值在出口总值中占到10%以上。

五、印度第三产业

“印度模式”的服务业是印度的一大亮点。1990—2003 年，印度服务业对 GDP 增长所贡献的比重达到 62%。发展服务业，不仅使印度避免了大量的基础建设投入，而且还在全球形成了竞争力。服务业的增长主要来自“贸易、饭店、餐馆、运输和通信业”，外媒评论认为印度正借助第三产业的发展成长为经济大国。

旅游业。印度以其悠久的历史和独特的文化吸引着众多海外游客。2012 年入境游客近 660 万人次，创汇 177.4 亿美元。而 2010—2011 年，印度出境人口超过 1 000 万人次。印度的旅游业在世界发展中国家中，最具竞争力，其中又以印度医疗旅游最具特色，素有“第一世界的服务”“第三世界的价格”之美称。

传媒业。印度的媒体和娱乐行业正在发生着显著的变化，是增长最快的行业之一，其主要原因是人均收入和国民收入的提高，经济的高速增长，有力的宏观经济基础，民主的建立，良好的治理以及法律法规在全国的确立。具体而言，电视业、电影制作及发行、无线电广播的私有化和发展、政府对这一领域的逐步放开、接触外国公司的便利、数字通信的采用、技术创新等都取得了很大的进步。位于印度孟买的宝莱坞已经成为印度电影的代名词，其电影产量一度是世界第一。而近年逐步崛起的南部电影城，位于海德拉巴的泰莱坞，超越了宝莱坞，成为印度乃至世界最大的影城。

六、印度的对外贸易

印度是一个贫油国家，石油主要靠进口，每年需花费外汇收入的 70% 左右以进口石油。独立以来，印度对外贸易有了很大发展，但外贸长期存在逆差。出口产品中过去名列前茅的纺织、茶叶和铁矿石等传统产品比重不断下降，取而代之的是工艺品、成衣和机械产品。需要指出的是，印度本身的黄金储量不丰富，但黄金珠宝生产工艺较为先进，有悠久的黄金珠宝加工历史，因而包括黄金珠宝在内的贵金属工艺品是印度的主要出口产品之一。在进口产品上，过去居前列的粮食等消费品也退居第二位，取而代之的是石油、化工原料及其产品、食用油、化肥、纸张等。

2014 年以来，受世界能源市场价格波动的影响，印度进出口贸易复苏乏力。据印度商业信息统计署与印度商务部的统计，2014 年，印度货物进出口额为 7 796.6 亿美元，同比下降 0.4%。其中，出口额 3 195.5 亿美元，同比增长 1.4%；进口额 4 601.1 亿美元，同比下降 1.7%。贸易逆差额 1 405.6 亿美元，同比下降 8.1%。

从国别（地区）看，2014 年印度出口除对中国和新加坡出现下降，同比降幅分别为 8.3% 和 22.5%外，对其他主要贸易伙伴美国、阿联酋、中国香港、沙特阿拉伯的出口仍保持不同程度的增长，同比增幅依次为 9.8%、3.8%、4.3%和 8.1%。上述六国（地区）合占印度出口贸易总额的 39.5%，其中以美国所占的份额最大，为 13.3%，阿联酋为 10.4%，中国为 4.2%，中国香港为 4.3%，沙特阿拉伯为 4.0%，新加坡为 3.3%（见表 10-14）。印度自中国、沙特阿拉伯、阿联酋、瑞士、美国和卡塔尔的进口额分别占印度进口总额的 12.7%、7.1%、5.9%、4.6%、4.6%、3.6%，合计为 38.4%；同比增减幅依次为 13.3%、-9.7%、-18.1%、-17.9%、-10.8%、14.0%（见表 10-15）。

2014 年，印度前五大逆差来源国依次为中国、瑞士、沙特、伊拉克、卡塔尔，分别为 449.6 亿美元、200.4 亿美元、198.3 亿美元、153.1 亿美元和 152.1 亿美元；同比增减幅依次为 21.7%、-16.8%、-18.4%、-18.3%、10.6%。顺差主要来自美国、中国香港、阿联酋、孟加拉和斯里兰卡，分别为 214.7 亿美元、77.7 亿美元、59.8 亿美元、59.7 亿美元和 58.4 亿美元，同比增幅依次为 41.7%、52.3%、575.3%、15.8%、64.4%。

表 10-14　　2014 年印度对主要贸易伙伴出口额

单位：百万美元,%

国家和地区	金额	同比	占比
总值	319 546	1.4	100.0
美国	42 396	9.8	13.3
阿联酋	33 185	3.8	10.4
中国香港	13 578	4.3	4.3
中国	13 319	-8.3	4.2
沙特阿拉伯	12 753	8.1	4.0
新加坡	10 446	-22.5	3.3
英国	9 653	0.3	3.0
德国	7 744	4.3	2.4
荷兰	6 898	-19.7	2.2
巴西	6 688	23.6	2.1
孟加拉国	6 523	14.2	2.0
越南	6 509	22.8	2.0
斯里兰卡	6 434	52.2	2.0
日本	5 952	-12.0	1.9
比利时	5 922	-6.4	1.9

数据来源：中国商务部《国别（地区）报告》（2015）。

表 10-15　　2014 年印度自主要贸易伙伴进口额

单位：百万美元,%

国家和地区	金额	同比	占比
总值	460 114	-1.7	100.0
中国	58 278	13.3	12.7
沙特阿拉伯	32 581	-9.7	7.1
阿联酋	27 210	-18.1	5.9
瑞士	21 168	-17.9	4.6
美国	20 925	-10.8	4.6
卡塔尔	16 472	14.0	3.6
伊拉克	16 097	-18.2	3.5
尼日利亚	15 674	22.0	3.4
印度尼西亚	15 344	0.7	3.3
科威特	15 059	-14.1	3.3
韩国	13 522	8.6	2.9
委内瑞拉	13 199	-11.5	2.9
德国	12 704	-6.2	2.8
比利时	11 294	7.0	2.5
伊朗	11 253	12.2	2.5

数据来源：中国商务部《国别（地区）报告》(2015)。

从外贸商品结构上看，印度出口结构呈多元化发展趋势，主要出口商品为矿产品、贵金属及制品、纺织品及原料、化工产品、运输设备、贱金属及其制品等。2014 年，上述六大类商品的出口总额超过 2 360 亿美元，合计占印度出口贸易总额的 73%，机电产品、植物产品和动物产品的出口量也较大（见表 10-16)。矿产品、机电产品、贵金属及制品、化工产品、贱金属及其制品、塑料橡胶是印度进口的六大类商品。2014 年这六类商品的进口额分别为 1 873.4 亿美元、631.4 亿美元、599.2 亿美元、422.7 亿美元、268.0 亿美元和 151.8 亿美元，合计占印度进口总额的 85.7%。其中除矿产品、贵金属及制品进口下降，降幅分别为 2.6%、14.7%外，其他几类商品均有上涨，其中贱金属及制品、塑料和橡胶上涨均达到 10%以上。印度的其他主要进口商品还有运输设备、动植物油脂、其他特殊商品等（见表 10-17)

表 10-16　　2014 年印度主要出口商品构成（类）

单位：百万美元,%

商品类别	2014 年出口额	上年同期出口额	同比	占比
总值	319 546	315 147	1.4	100.0

续表

商品类别	2014 年出口额	上年同期出口额	同比	占比
矿产品	66 364	69 985	-5.2	20.8
贵金属及制品	41 912	43 426	-3.5	13.1
纺织品及原料	38 644	42 695	5.3	12.1
化工产品	37 815	33 625	12.5	11.8
运输设备	25 781	20 106	28.2	8.1
贱金属及制品	25 509	23 204	9.9	8.0
机电产品	22 782	22 458	1.4	7.1
植物产品	20 509	21 397	-4.2	6.4
活动物、动物产品	11 043	9 513	16.1	3.5
塑料、橡胶	8 164	8 426	-3.1	2.6
食品、饮料、烟草	6 517	7 469	-12.8	2.0
皮革制品、箱包	3 916	3 523	11.1	1.2
鞋靴、伞等轻工产品	3 306	2 769	19.4	1.0
陶瓷、玻璃	2 882	2 430	18.6	0.9
光学、钟表、医疗设备	2 445	2 190	11.6	0.8
其他	1 958	1 931	1.4	0.6

数据来源：中国商务部《国别（地区）报告》(2015)。

表 10-17　　2014 年印度主要进口商品构成（类）

单位：百万美元，%

商品类别	2014 年进口额	上年同期进口额	同比	占比
总值	460 114	467 950	-1.7	100.0
矿产品	187 336	192 273	-2.6	40.7
机电产品	63 135	61 585	2.5	13.7
贵金属及制品	59 922	70 209	-14.7	13.0
化工产品	42 271	39 654	6.6	9.2
贱金属及制品	26 795	24 073	11.3	5.8
塑料、橡胶	15 176	13 418	13.1	3.3
运输设备	12 838	16 711	-23.2	2.8
动植物油脂	10 657	9 797	8.8	2.3
其他特殊商品	10 593	11 098	-4.6	2.3

续表

商品类别	2014 年进口额	上年同期进口额	同比	占比
光学、钟表、医疗设备	7 392	7 080	4.4	1.6
植物产品	6 618	5 597	18.2	1.4
纺织品及原料	5 878	5 425	8.4	1.3
纤维素浆、纸张	4 687	4 306	8.9	1.0
木及制品	2 716	2 688	1.0	0.6
家具、玩具、杂项制品	2 142	2 044	4.8	0.5
其他	1 957	1 992	-1.8	0.4

数据来源：中国商务部《国别（地区）报告》（2015）。

七、中印经贸关系

近几年来，中印经贸关系发展迅速。2003 年，两国建立了联合研究小组，专门研究两国经济的互补性，并制订了经贸合作计划。双边贸易额从 2005 年的 187 亿美元增加到 2008 年的 518 亿美元。2010 年 12 月，中印两国同意建立战略经济对话机制，并确立 2015 年双边贸易额达到 1 000 亿美元的新目标。中国已经成为印度最大的贸易伙伴，印度是中国第九大贸易伙伴。

2014 年，印度对中国双边货物贸易额为 716.0 亿美元，同比增长 8.6%。其中，印度对中国出口额 133.2 亿美元，同比下降 8.3%，占印度出口总额的 4.2%，下降 0.4 个百分点；印度自中国进口额 582.8 亿美元，同比增长 13.3%，占印度进口总额的 12.7%，增长 1.7 个百分点。印度对中国的贸易逆差额为 449.6 亿美元，同比增长 22.1%。

纺织品及原料、矿产品、贱金属及制品、化工产品、机电产品、塑料橡胶是印度对中国出口的主要产品。2014 年印度对中国纺织品及原料的出口额 31.0 亿美元，占印度对中国出口总额的 23.3%，矿产品、贱金属及制品、化工产品、机电产品、塑料橡胶，其对中国的出口额分别为 29.4 亿美元、24.4 亿美元、15.0 亿美元、8.4 亿美元、4.4 亿美元。印度其他对中国出口的商品还有运输设备、植物产品、动植物油脂等（见表 10-18）。

印度自中国进口的商品主要有机电产品、化工产品、贱金属及制品、纺织品及其原料、运输设备。除上述产品外，印度自中国进口的其他主要商品还有仿古制品，光学、钟表、医疗设备，家具、玩具、杂项制品等。

截至 2014 年 12 月底，中国在印度出口贸易中仅次于美国、阿联酋和中国香港居第四位，但在其进口贸易中为印度第一大进口来源地。在印度的十大类进口商品中，中国生产的纺织品、机电产品、家具、金属制品、光学仪器和陶瓷等在印度进口的同类商品中占有较明显的优势地位；但中国生产的运输设备、化工品、贵金属制品、钢材等方面仍面临着来自美国、欧洲各国和日本等发达国家的竞争（见表 10-19）。

表 10-18　　2014 年印度对中国出口主要商品构成（类）

单位：百万美元，%

商品类别	2014 年出口额	上年同期出口额	同比	占比
总值	13 319	14 517	-8.3	100.0
纺织品及原料	3 103	4 380	-29.1	23.3
矿产品	2 943	3 016	-2.4	22.1
贱金属及制品	2 440	2 214	10.2	18.3
化工产品	1 503	1 379	9.0	11.3
机电产品	835	733	13.8	6.3
塑料、橡胶	435	634	-31.5	3.3
运输设备	430	354	21.5	3.2
植物产品	287	368	-21.9	2.2
动植物油脂	279	325	-14.0	2.1
鞋靴、伞等轻工产品	179	211	-14.9	1.4
皮革制品、箱包	179	131	36.3	1.4
活动物、动物产品	175	244	-28.3	1.3
贵金属及制品	159	110	44.9	1.2
光学、钟表、医疗设备	115	153	-24.4	0.9
陶瓷、玻璃	105	100	4.6	0.8
其他	151	165	-8.5	1.1

数据来源：中国商务部《国别（地区）报告》（2015）。

表 10-19　　2014 年印度自中国进口主要商品构成（类）

单位：百万美元，%

商品类别	2014 年进口额	上年同期进口额	同比	占比
总值	58 278	51 456	13.3	100.0
机电产品	25 755	24 081	7.0	44.2
化工产品	11 452	9 547	20.0	19.7
贱金属及制品	5 385	3 778	42.5	9.2
纺织品及原料	2 527	2 433	3.8	4.3
运输设备	2 466	1 840	34.0	4.2
塑料、橡胶	1 986	1 480	34.2	3.4
仿古制品	1 659	2 370	-30.0	2.9
光学、钟表、医疗设备	1 291	1 134	13.8	2.2

续表

商品类别	2014 年进口额	上年同期进口额	同比	占比
家具、玩具、杂项制品	1 267	1 167	8.6	2.2
贵金属及制品	1 261	865	45.8	2.2
矿产品	1 016	771	31.8	1.7
陶瓷、玻璃	996	891	11.8	1.7
纤维素浆、纸张	419	361	16.0	0.7
鞋靴、伞等轻工产品	301	298	1.0	0.5
皮革制品、箱包	265	234	13.4	0.5
其他	233	206	13.1	0.4
机电产品	25 755	24 081	7.0	44.2
化工产品	11 452	9 547	20.0	19.7

数据来源：中国商务部《国别（地区）报告》(2015)。

第四节 巴　　西

国家名片

国名：巴西联邦共和国（The Federative Republic of Brazil）	人口数量：2.06 亿（2014 年）
首都：巴西利亚	国土面积：851.49 万平方千米
主要城市：里约热内卢、圣保罗、贝洛奥里藏特	GDP 总计：2.35 万亿美元（2014 年）
国庆日：9 月 7 日	人均 GDP：1.14 万美元（2014 年）
国歌：《听，伊皮兰加的呼声》	官方语言：葡萄牙语
主要宗教：天主教	货币：雷亚尔
国花：毛蟹爪莲	国石：无

巴西联邦共和国是拉丁美洲最大的国家，人口数居世界第五。其国土位于中南美洲与大西洋之间，面积为世界第五，仅次于俄罗斯、加拿大、美国与中国。巴西拥有辽阔的农田和广袤的雨林。国名源于巴西红木。得益于丰厚的自然资源和充足的劳动力，巴西的 GDP 位居南美洲第一、世界第十，为南美洲国家联盟的成员。由于历史上曾为葡萄牙的殖民地，巴西的官方语言为葡萄牙语。

一、巴西自然地理

（一）地理位置

巴西位于南美洲东部，地跨西经 35°至西经 74°，北纬 5°至南纬 35°，东临大西洋，与乌拉圭、阿根廷、巴拉圭、玻利维亚、秘鲁、哥伦比亚、委内瑞拉、圭亚那、苏里南、法属圭亚那接壤。

（二）地形

巴西的地形较为平坦，主要分为两大部分：一部分是海拔 500 米以上的巴西高原，分布在巴西的南部；另一部分是海拔 200 米以下的平原，主要分布在北部的亚马孙河流域和西部。亚马孙平原约占全国面积的 1/3，是世界上最大的平原。巴西高原是世界上面积最大的高原。

（三）河流与湖泊

巴西是世界河流较多的国家，有亚马孙、巴拉那和圣弗朗西斯科三大河系。

亚马孙河全长 6 751 千米，在巴西境内 3 165 千米，河面宽广，支流众多，流域和流量均居世界第一，水量占世界淡水总量的 20%。亚马孙河流域适合植物生长，有浩瀚无际的原始森林、各种植物两万余种，盛产优质木材，被誉为“地球之肺”。它横贯巴西西北部，在巴西的流域面积达 390 万平方千米。

巴拉那河系包括巴拉那河和巴拉圭河，流经西南部，多激流和瀑布，有丰富的水力资源。

圣弗朗西斯科河系全长 2 900 千米，流经干旱的东北部，是该地区主要的灌溉水源。

巴西海岸线长 7 400 多千米。

知识窗

伊瓜苏大瀑布

伊瓜苏大瀑布位于巴西与阿根廷交界处的伊瓜苏河上，形成于 1.2 亿年前。1542 年被西班牙人发现。大瀑布由 275 个瀑布组成，最大的瀑布跌水 90 米，流量 1 500 米^3/秒，被称为“魔鬼之喉”。大瀑布的 3/4 在阿根廷境内，但从巴西一侧看去更为壮观。

（资料来源：中国百科大辞典 .2 版 . 北京：华夏出版社，2005）

（四）气候

巴西全境大部分地区处于热带，仅最南部地处亚热带。亚马孙平原属热带雨林气候，全年高温多雨，年平均气温达 27℃～28℃，年平均降水量达 2 000～3 000 毫米以上。巴西高原大部分属热带草原气候，全年分干季和湿季，年平均降水量在 1 000 毫米以上，仅东北一角较干旱，约 90% 的降水集中在湿季。东南沿海地带受大西洋湿润空气的影响，年均降水量可达 2 000 毫米左右。

（五）自然资源

巴西自然资源丰富。已探明铁矿砂储量 650 亿吨，产量和出口量居世界第二位，铁矿砂品位极高，多数在 60% 以上。伊塔比拉露天铁矿是世界储量最大的优质铁矿之一。铀矿、铝矾土和锰矿储量居世界第三位。此外还有较丰富的铬矿、镍矿和黄金矿，其中镍矿储量达世界总储量的 98%。煤矿探明储量 101 亿吨，但品位低。石油储量超 500 亿桶，另有相当于 15 亿桶石油的油页岩，天然气储量 1 330 亿立方米。森林覆盖率 57%，是有名的红木之国。水力资源极其丰富，居世界前列。渔业资源丰富。

二、巴西人文环境

（一）人口数量与结构

巴西全国人口 2.06 亿（2014 年），居世界第五位。人口分布不均匀，大西洋沿岸人口稠密，内陆地区较为稀少。东南地区是巴西人口最多的地区，巴西国家地理及统计局 2004 年数据显示该地区人口约有 7 800 万，相当于当年巴西人口总数的 42%。该地区拥有巴西三个人口最多的州（圣保罗，7 000 万人；米纳斯吉拉斯，1 900 万人；里约热内卢，1 500 万人）和两个最大的城市（里约热内卢和圣保罗）。在圣保罗和里约热内卢的交界地带，形成了以圣保罗、里约热内卢为支柱的商业地带，该地带聚集了约 23% 的巴西人口，成为该国人口密度最大的地区。

（二）民族和移民

巴西种族和文化差异显著。南部居民多有欧洲血统，可溯源到 19 世纪初来自意大利、德国、波兰、西班牙、乌克兰和葡萄牙等国的移民。而北部和东北部的居民部分是土著，部分具有欧洲或非洲血统。东南地区是巴西民族分布最广泛的地区，该地区主要有白人（主要是葡萄牙后裔和意大利后裔）混血人、非洲巴西混血人以及亚洲和印第安人后代。

在整个巴西，巴西人、葡萄牙人和非洲人频繁混血。起初，居住在这个地区的印第安人拥有本地区明显的文化特征，黑白杂色被葡萄牙人认为是平安，因此开始与印第安族人通婚。

19 世纪，亚洲和欧洲的移民化开始受到刺激，德国人开始在 1818 年来到这里，此后，意大利人、西班牙人、日本人、叙利亚人和黎巴嫩人相继到此。19 世纪末 20 世纪初，在东南地区发生了巴西最巨大的移民潮流，意大利人和葡萄牙人成为这次移民中的主要组成部分，因为那个时候开始了奴隶解放运动，当时种植园以及刚刚兴起的巴西工业都需要大量的劳动力。

1884—1962年迁居巴西的移民达497万多人，主要来自葡萄牙、西班牙、意大利、德国、法国、波兰和阿拉伯国家。黄种人多来自日本、朝鲜和中国。

（三）人口种族构成

由于历史原因，巴西人口的种族构成十分复杂，种族和文化差异显著。其中，白人占53.74%，混血人口占38.45%，非洲裔黑人占6.21%，亚裔占0.5%，土著人占0.5%，印第安人占不到1%。混血人口及黑人人口增长较快。在巴西，不同种族、多种肤色的人生活在一起，组成了一幅绚丽多彩的画面。印第安人是巴西最早的居民。16世纪以来，葡萄牙、西班牙、意大利、德国等欧洲国家的移民进入巴西。随着巴西种植园的兴起和矿区的开采，从1532年起，葡萄牙开始从非洲贩运大量黑奴到巴西。19世纪以后，又有一些中国人和日本人移居到巴西。因此巴西有“人种大熔炉”之称。

三、巴西农业

农业是巴西三大产业中最有活力的产业。巴西国土辽阔，土地肥沃，可耕地面积占国土总面积的70%，其中80%以上未被开发利用，发展潜力巨大。巴西是世界上农、林、牧、渔各业全面发展的少数国家之一。

巴西是世界农业生产大国和出口大国，种植业是巴西农业中最主要的部门，产值占农业总产值的70%，主要种植玉米、小麦、稻谷等粮食作物和咖啡、甘蔗、棉花、大豆等经济作物，其中热带经济作物的种植，在巴西的国民经济中和国际市场上都占有相当重要的地位。咖啡、香蕉、甘蔗、柑橘的产量世界第一，其中橙汁约占世界市场的85%，咖啡占世界产量的60%。蓖麻籽、可可、大豆产量为世界第二，玉米居世界第三。除小麦等少数作物外，主要农产品均能实现自给并大量出口，是世界咖啡、大豆的第一出口大国。近年来，由于巴西政府积极开发和推广使用新技术，畜牧业发展较快。近些年来，巴西的牛存栏头数居世界第二位，仅次于印度，牛肉产量居世界第一。猪和家禽的存栏数居世界第三位，仅次于中国和美国。

巴西农业生产的主要特点为：（1）农业资源利用率较低，增产潜力难以估量。巴西可利用开发的耕地面积约1.525亿公顷，但目前已开发耕地4 660万公顷，仅占国土面积的6%，人均约0.3公顷（4.7亩）。巴西农业增产的潜力极大，甚至有专家认为，巴西将是“21世纪的世界粮仓”。（2）农业以出口产品为主，粮食尚需进口。巴西农林渔产品的出口额占总出口额的29%左右，农业是国家赚取外汇的主要产业之一。但由于巴西过去长期是面向出口的单一经济，虽然政府采取了多种鼓励政策，力图提高粮食自给率，但目前粮食仍然依赖进口。（3）大庄园主农业和小农经营并存。巴西全国的良田大部分掌握在大庄园主手里，最大的可以达到几万甚至几十万公顷。一方面，以生产大豆、甘蔗、咖啡、可可等出口农产品为主，现代化水平较高；另一方面，占农场总数85%的农场都是自给型小农业，以生产木薯、黑豆等为主，劳动生产率和经济收入都很低。此外，巴西还有无地的农民 1 200 万人，他们生活在社会的底层，多半仍处于赤贫状态。(4) 地区发展不均衡。南部、东南部地区，采用现代科学技术和经营管理方法，生产水平较高。东北部和中西部地区是巴西的欠发达地区。特别是东北部，虽有不少河流湖泊，但是没有灌溉系统，农业基本上“靠天吃饭”，是全国最落后的地区。

四、巴西工业

巴西工业居拉美之首。在 20 世纪 70 年代，巴西就建成了比较完整的工业体系，主要工业部门有钢铁、汽车、造船、石油、水泥、化工、冶金、电力、纺织、建筑等。其中的核电、通信、电子、飞机制造、军工等部门实现了国有化，已跨入世界先进行列。20 世纪 90 年代中期以来，药品、食品、塑料、电器、通信设备及交通器材等生产增长较快；制鞋、皮革、服装、纺织和机械工业萎缩。巴西工业主要布局在以里约热内卢、圣保罗和贝洛奥里藏特为支点的三角形工业地带，这里是巴西著名的工业三角区。

（一）采矿业

巴西矿产资源十分丰富，种类多、储量大、品位高，生产开发技术先进。除了满足国内生产的需求外，大量的矿业产品出口，成为世界矿产资源和产品的出口大国，矿产原料每年出口额约 42.14 亿美元，占出口总额的 34.94%。巴西矿业已成为巴西国民经济重要的支撑点和国民经济发展的增长点。

采矿业以铁矿开采为主，是其支柱产业。巴西铁矿资源丰富，铁矿石储量达 999 亿吨，占世界铁矿石总储量的 9.8%，铁矿石的平均品位为 60% 以上，且以露天矿为主。巴西有 99.4% 的铁矿石来自米纳斯吉拉斯州的“铁四角”地区。该地区的铁矿具有分布集中、含铁品位高、有害杂质少、矿体覆盖层薄以及剥采比小等特点。巴西是世界富铁矿第一生产大国。铁矿砂是巴西最主要的出口矿产品。此外，2007 年在巴西东南沿海发现大油气田，预计石油储量超过 500 亿桶。

（二）钢铁工业

巴西是世界钢铁生产大国，2003 年钢产量 3 114.7 万吨，占世界钢产量（96 470 万吨）的 3.2%，居世界第九位，占拉美钢产量（5 950 万吨）的 52.3%，是拉美第一大钢铁生产国。2004 年巴西钢铁总产量又上升到了 3 291.9 万吨。其中，粗钢产量 3 114.7 万吨中，成品 2 553.2 万吨，占 82%；半成品钢 561.5 万吨，占 18%。2012 年钢铁产量达3 450 万吨。

巴西钢铁生产主要集中在其东南部和南部各州，其中米纳斯吉拉斯州、里约热内卢州和圣保罗州的粗钢产量约占全国产量的 80% 以上。

（三）汽车工业

巴西汽车工业在第二次世界大战后得到迅速发展，成为世界十大汽车生产国之一。汽车产业是其重要的经济支柱部门，约占 GDP 的 12%。巴西轻型车产量约占南美大陆的 80%，销量约占 2/3。

巴西目前拥有超过 300 万辆的年生产能力，可生产市场需求的各类高、中、低档汽车。由于石油短缺，近年巴西开发出了在汽车技术方面居世界领先地位的酒精和汽油双燃料汽车。巴西汽车出口量占生产总量的 20% 左右，其中小型车出口居第四位，主要出口到非洲等地区。

全国汽车生产企业有 26 个，其中 22 个是在 1996—2002 年期间新建的合资企业，其中包括德国的戴姆勒-克莱斯勒、大众，美国的福特、通用等。巴西汽车生产主要集中在圣保罗附近地区。

（四）电子信息工业

巴西电子信息工业发展历史不长，但发展很快，已成为世界第七大信息产业市场，电子产品的国有化率已达到 90%。电子信息工业的主要出口产品有手机、压缩机、通信器材、电视显像管、冰箱、工业设备器材、发动机、步话机等。另外，巴西是世界最发达的软件生产国家之一。软件的应用领域主要是银行自动化、贸易自动化、电子选举、电子政务，包括个人所得税的申报、电子汇兑等。电子信息工业主要集中在圣保罗、里约热内卢、贝洛奥里藏特、玛瑙斯等大中城市。

（五）飞机制造业

1969 年巴西建立了第一家航空工业制造公司，到 1985 年自己设计、制造的轻型飞机的产量已占到世界的第六位。巴西工业联合体“Embraer”是世界第三大商用航空制造公司，仅次于美国的波音公司和欧洲的空客公司，巴西飞机制造业主要发展低油耗的轻型飞机和多用途飞机。

（六）造船工业

巴西年造船能力已达到 200 万吨，拥有 15 家大型造船厂，具有生产 40 万吨级巨型油轮及不同型号的油轮、货轮和矿砂船的能力。里约热内卢是最大的造船中心。

五、巴西服务业

巴西服务业产值占 GDP 的 75% 以上，主要部门包括不动产租赁、旅游业、金融、保险、信息、广告、各类个人服务项目、咨询和技术服务等，对巴西经济发展发挥着举足轻重的作用。

（一）旅游业

巴西拥有丰富的自然和人文旅游资源，旅游内容主要是古老的建筑、热带自然风光、民族风情等。赴巴西的游客多来自拉美、欧洲、美国。巴西是世界十大旅游创汇国之一。2009 年，巴西接待外国游客 480 万人次，旅游总收入 53.04 亿美元。旅游业已成为巴西主要外汇来源。巴西利亚以其独特的建筑闻名于世，被联合国教科文组织列为“人类文化遗产”。巴西一年一度的狂欢节彩车游行构成了独特的人文旅游景点。巴西旅游的最好时间是每年的 4 月至 10 月。而 12 月中旬至 2 月末，巴西正处酷暑，当地人度假较多，办事有诸多不便，外地人旅游、就餐也成问题。主要旅游景点有里约热内卢、圣保罗、亚马孙丛林、萨尔瓦多的教堂和古老建筑、巴西利亚、伊瓜苏瀑布、伊泰普水电站（伊泰普水电站由巴西和巴拉圭合建）、马瑙斯自由港、黑金城、巴拉那石林和大沼泽城等。与韩国类似，巴西不断地利用契机创造吸引旅游者的机会，如世界杯、奥运会的举办，甚至是动画片《里约大冒险》也很好地推动了巴西的旅游业发展。

（二）交通运输业

公路交通在巴西占据极为重要的地位，其货物运输量占全国运输总量的 60%。公路网总里程达 170 万千米。公路运力占总运力的 60.49%。铁路运输很不发达，总长只有 3 万千米，货物运输量占全国运输总量的 20%。巴西拥有丰富的水运潜力，有着漫长的内河航线和海岸航线，但运输效率并不高，港口机械化程度较低，造成水运成本较高。主要港口有维多利亚、桑多斯、里约热内卢等。水运总量 6.92 亿吨，集装箱吞吐能力 350 万个标准箱。巴西航空运输业较发达，各大城市间均有空中航线相连。全国通航城市 150 个，全国有 36 家航空公司，共有机场 2 498 个。其中塔姆（TAM）和戈尔（GOL）两家主要公司经营国际和大部分国内航线。巴西与世界主要地区均有定期航班。主要国际机场有圣保罗、里约热内卢、巴西利亚、累西腓、马瑙斯。

六、巴西对外贸易

巴西近年来摈弃了以高额关税限制进口的保护主义，对出口进行奖励和补贴，鼓励本国产品提高质量和出口竞争力，开放国内市场。据巴西外贸秘书处统计，2014 年，巴西货物进出口额为 4 541.6 亿美元，同比下降 5.7%。其中，出口额 2 251.0 亿美元，同比下降 7.1%；进口额 2 290.6 亿美元，同比下降 4.4%。贸易逆差额 39.6 亿美元，而上年同期为顺差。

从进出口的国别（地区）上看，2014 年，巴西对中国、美国、阿根廷和荷兰的出口额分别占巴西出口总额的 18%、12%、6.4%和 5.8%，出口额分别为 406.2 亿美元、270.3 亿美元、142.8 亿美元和 130.4 亿美元，其中对美国出口额同比增长 9.6%，对中国、阿根廷和荷兰的出口额同比分别下降 11.8%、27.2%和 24.8%（见表 10-20）；自中国、美国、阿根廷和德国的进口额分别占巴西进口总额的 16.3%、15.3%、6.2%和 6.0%，进口额分别为 373.4 亿美元、350.0 亿美元、141.4 亿美元和 138.4 亿美元，其中自中国的进口额同比增长 0.1%，自美国、阿根廷和德国的进口额同比分别下降 2.8%、14.1%、8.9%（见表 10-21）。2014 年，巴西前五大顺差来源地依次是荷兰、中国、委内瑞拉、新加坡和中国香港，顺差额分别为 80.8 亿美元、66.2 亿美元、23.6 亿美元、22.9 亿美元和 17.9 亿美元；逆差主要来自尼日利亚、美国和德国，逆差额分别为 64.4 亿美元、64.1 亿美元和 58.4 亿美元。

表 10-20　　2014 年巴西对主要区域组织出口额

单位：百万美元，%

国家和地区	金额	同比	占比
总值	225 101	-7.1	100.0
中国	40 616	-11.8	18.0
美国	27 028	9.6	12.0
阿根廷	14 282	-27.2	6.4
荷兰	13 036	-24.8	5.8
日本	6 719	-15.6	3.0
德国	6 633	1.2	3.0
智利	4 984	11.2	2.2
印度	4 789	53.0	2.1
委内瑞拉	4 632	-4.5	2.1
意大利	4 021	-1.9	1.8
韩国	3 831	-18.8	1.7
俄罗斯	3 829	28.8	1.7
英国	3 827	-5.9	1.7
墨西哥	3 670	-13.3	1.6
新加坡	3 348	75.7	1.5

数据来源：中国商务部《国别（地区）报告》（2015）。

表 10-21　　2014 年巴西自主要贸易伙伴进口额

单位：百万美元，%

国家和地区	金额	同比	占比
总值	229 060	-4.4	100.0
中国	37 341	0.1	16.3
美国	34 999	-2.8	15.3
阿根廷	14 143	-14.1	6.2

续表

国家和地区	金额	同比	占比
德国	13 837	-8.9	6.0
尼日利亚	9 495	-1.6	4.2
韩国	8 526	-10.2	3.7
印度	6 635	4.4	2.9
意大利	6 310	-6.1	2.8
日本	5 902	-16.7	2.6
法国	5 698	-12.3	2.5
墨西哥	5 363	-7.5	2.3
智利	4 024	-7.0	1.8
西班牙	3 910	-12.8	1.7
玻利维亚	3 816	-3.1	1.7
沙特阿拉伯	3 299	3.3	1.4

数据来源：中国商务部《国别（地区）报告》（2015）。

从进出口商品结构上看，矿产品、植物产品和食品饮料烟草是巴西的主要出口商品，2014 年，出口额分别为 498.4 亿美元、355.4 亿美元和 260.1 亿美元，占巴西出口总额的 22.1%、15.8%和 11.6%（见表 10-22）。机电产品、矿产品和化工产品是巴西进口的前三大类商品，2014 年，合计进口额 1 509.3 亿美元，占巴西进口总额的 62.8%（见表 10-23）。

表 10-22　　2014 年巴西主要出口商品构成（类）

单位：百万美元，%

商品类别	2014 年出口额	上年同期出口额	同比	占比
总值	225 101	242 179	-7.1	100.0
矿产品	49 836	53 706	-7.2	22.1
植物产品	35 536	36 113	-1.6	15.8
食品、饮料、烟草	26 013	30 277	-14.1	11.6
活动物、动物产品	17 528	16 631	5.4	7.8
机电产品	16 944	17 638	-3.9	7.5
运输设备	16 139	26 574	-39.3	7.2
贱金属及制品	16 129	14 805	8.9	7.2

续表

商品类别	2014 年出口额	上年同期出口额	同比	占比
化工产品	11 503	11 157	3.1	5.1
纤维素浆、纸张	7 262	7 194	1.0	3.2
塑料、橡胶	5 531	5 605	-1.3	2.5
皮革制品、箱包	3 050	2 607	17.0	1.4
贵金属及制品	2 817	3 207	-12.2	1.3
纺织品及原料	2 537	2 368	7.1	1.1
木及制品	2 245	2 006	11.9	1.0
陶瓷、玻璃	1 940	1 922	1.0	0.9
其他	9 338	7 810	19.6	4.6

数据来源：中国商务部《国别（地区）报告》(2015)。

表 10-23　　2014 年巴西主要进口商品构成（类）

单位：百万美元,%

商品类别	2014 年进口额	上年同期进口额	同比	占比
总值	229 060	239 621	-4.4	100.0
机电产品	58 886	64 032	-8.0	25.7
矿产品	47 217	48 027	-1.7	20.6
化工产品	37 871	38 233	-1.0	16.5
运输设备	23 848	26 498	-10.0	10.4
贱金属及制品	13 591	13 705	-0.8	5.9
塑料、橡胶	12 940	13 599	-4.9	5.7
纺织品及原料	7 148	6 800	5.1	3.1
光学、钟表、医疗设备	7 103	7 533	-5.7	3.1
植物产品	5 252	5 984	-12.2	2.3
食品、饮料、烟草	3 114	2 868	8.6	1.4
活动物、动物产品	2 570	2 457	4.6	1.1
家具、玩具、杂项制品	2 366	2 522	-6.2	1.0
纤维素浆、纸张	2 037	2 105	-3.2	0.9
陶瓷、玻璃	1 832	2 080	-11.9	0.8
动植物油脂	1 018	953	6.8	0.4
其他	2 267	2 225	1.9	1.0

数据来源：中国商务部《国别（地区）报告》(2015)。

七、中巴经贸关系

据巴西外贸秘书处的统计，2014 年，巴西与中国双边货物进出口额为 779.6 亿美元，同比下降 6.5%。其中，巴西对中国出口额 406.2 亿美元，同比下降 11.8%，占巴西出口总额的 18.0%，降低了 1.0 个百分点；巴西自中国进口额 373.4 亿美元，同比增长 0.1%，占巴西进口总额的 16.3%，提高了 0.7 个百分点。巴西与中国的贸易顺差额 32.8 亿美元，同比下降 62.5%。中国是巴西第一大出口目的地和第一大进口来源国。

如表 10-24 所示，植物产品是巴西对中国出口的主力产品，2014 年，出口额为 166.4 亿美元，同比下降 3.1%，占巴西对中国出口总额的 41%。矿产品是巴西对中国出口的第二大类商品，出口额 163.3 亿美元，同比下降 20.8%，占巴西对中国出口总额的 40.2%。2014 年，巴西对中国出口的化工产品、纺织品及原料、木及制品增幅较大，同比分别增长 137.1%、75.6% 和 37.8%；同时巴西对中国运输设备、动植物油脂和食品饮料烟草出口降幅较大，同比分别下降 44.2%、32.5% 和 31.8%。

如表 10-25 所示，巴西自中国进口的主要商品为机电产品、化工产品和纺织品及原料，2014 年，合计进口额 259.6 亿美元，占巴西自中国进口总额的 69.5%。中国在劳动密集型产品的出口上继续保持优势，纺织品及原料、家具玩具以及皮革制品箱包分别列巴西自中国进口大类商品（HS 类）的第三位、第七位和第十位。

表 10-24　　2014 年巴西对中国出口主要商品构成（类）

单位：百万美元,%

商品类别	2014 年出口额	上年同期出口额	同比	占比
总值	40 616	46 026	-11.8	100.0
植物产品	16 644	17 180	-3.1	41.0
矿产品	16 332	20 623	-20.8	40.2
纤维素浆；纸张	1 801	1 665	8.2	4.4
食品、饮料、烟草	1 367	2 004	-31.8	3.4
贱金属及制品	945	1 292	-26.8	2.3
皮革制品、箱包	827	645	28.2	2.0
活动物、动物产品	533	467	14.1	1.3
动植物油脂	421	625	-32.5	1.0
化工产品	389	164	137.1	1.0
纺织品及原料	375	214	75.6	0.9
机电产品	346	366	-5.4	0.9

续表

商品类别	2014年出口额	上年同期出口额	同比	占比
塑料、橡胶	225	228	-1.2	0.6
运输设备	202	362	-44.2	0.5
木及制品	83	60	37.8	0.2
光学、钟表、医疗设备	35	28	25.3	0.1
其他	88	102	-13.9	0.2

数据来源：中国商务部《国别（地区）报告》(2015)。

表 10-25　　2014 年巴西自中国进口主要商品构成（类）

单位：百万美元,%

商品类别	2014年进口额	上年同期进口额	同比	占比
总值	37 341	37 302	0.1	100.0
机电产品	18 048	19 000	-5.0	48.3
化工产品	4 107	3 790	8.4	11.0
纺织品及原料	3 812	3 518	8.4	10.2
贱金属及制品	3 299	2 846	15.9	8.8
运输设备	1 647	1 395	18.1	4.4
塑料、橡胶	1 634	1 614	1.3	4.4
家具、玩具、杂项制品	1 246	1 317	-5.4	3.3
光学、钟表、医疗设备	937	960	-2.4	2.5
陶瓷、玻璃	667	789	-15.4	1.8
皮革制品、箱包	455	437	4.0	1.2
纤维素浆、纸张	312	296	5.5	0.8
活动物、动物产品	300	295	1.5	0.8
矿产品	227	169	34.2	0.6
鞋靴、伞等轻工产品	220	215	2.5	0.6
植物产品	203	428	-52.6	0.5
其他	227	233	-2.5	0.6

数据来源：中国商务部《国别（地区）报告》(2015)。

思 考 题

1. 俄罗斯 2013 年至 2015 年经济衰退明显，其原因是什么？
2. 印度主要的人口问题有哪些？
3. 巴西农业生产的特点是什么？

第十一章

韩国和新加坡

从20世纪60年代开始，亚洲的韩国和新加坡推行出口导向型战略，重点发展劳动密集型的加工产业，在短时间内实现了经济的腾飞，即所谓“东亚模式”。它们备受世界关注，同中国台湾、中国香港一起被称为亚洲“四小龙”。当前，韩国和新加坡也是东亚经济的重要组成部分。

第一节　韩　　国

国家名片

国名：大韩民国（Republic of Korea）	人口数量：5 041.85万（2014年）
首都：首尔	国土面积：10.01万平方千米
主要城市：釜山、仁川、大邱	GDP总计：1 271亿美元（2014年）
国庆日：8月15日	人均GDP：28 739美元（2014年）
国歌：《爱国歌》	官方语言：韩语
主要宗教：基督教、佛教	货币：韩元
国花：木槿花	国石：无

一、韩国自然地理

（一）地理位置

韩国位于朝鲜半岛南部，西濒黄海，东临日本海，总面积为10.01万平方千米。除与大陆相连的半岛之外，韩国还拥有3 200个大小岛屿。

（二）地形

山地占朝鲜半岛面积的2/3左右，地形具多样性，低山、丘陵和平原交错分布。低山和丘陵主要分布在中部和东部，海拔多在500米以下。太白山脉纵贯东海岸，构成半岛南部地形的脊梁；向黄海侧伸出的几条平行山脉组成低山丘陵地带，有太白山脉、庆尚山脉、小白山脉等，其中太白山脉中的雪岳山、五台山等山峰以风景优美著称。东北至西南走向的小白山脉最高峰为智异山，海拔 1 915 米。汉拿山位于济州岛的中心，海拔 1 950 米，是韩国的第一高峰，自古相传有神仙在汉拿山上生活，因此过去曾把汉拿山叫作瀛州山，并且同金刚山、智异山一起被誉为三座神山。

平原主要分布于南部和西部，海拔多在 200 米以下。黄海沿岸有汉江平原、湖南平原等，南海沿岸有金海平原、全南平原及其他小平原。

（三）河流湖泊

就领土面积而言，韩国拥有相对多的河流。长度排名前两位的河流分别是洛东江和汉江，是半岛南部地区两条主要的河流。洛东江长 525 千米，流入日本海；汉江长 514 千米，流入黄海。汉江自东向西，贯穿首尔中心，将首尔分为江南、江北两大板块，被称为韩国人民的母亲河。其他河流还有锦江、蟾津江、临津江等。韩国湖泊较少，最大的天然湖是位于济州岛汉拿山山顶火山口的白鹿潭，海拔 1 850 米，湖面直径约 30 米，周长 1 千米，深约 6 米。最大的人工湖是昭阳湖，位于江原道春川市东北 13 千米处，1973 年建成，面积 6 930 万平方米。此外还有一些面积较小的湖，如插桥湖、木津湖等。

（四）气候

韩国的气候属温带季风气候，海洋性特征显著。冬季漫长寒冷，夏季炎热潮湿，春秋两季相当短。冬季最低气温达 -12℃，夏季最高气温可达 37℃。多年平均年降水量 1 500 毫米左右，其中 6 月到 8 月雨量较大，降雨量为全年的 70%。年均降水量约为 1 500 毫米，降水量由南向北逐步减少。

韩国四季分明：春、秋两季较短；夏季炎热、潮湿；冬季寒冷、干燥，时而下雪。

韩国各地区之间温差较大，平均温度为 6℃至 16℃。在全年最热的 8 月份，平均温度为 19℃至 27℃。而在全年最冷的 1 月份，平均温度则在零下 8℃至 7℃。

早春时节常常刮风下雨，大风带来亚洲内陆沙漠的“黄沙”，俗称沙尘暴，近年来有逐渐增加的趋势。到了 4 月中旬，天气转暖，韩国农民每年就在这时平整秧田准备种植水稻。夏秋两季多台风，夏季会有梅雨期。

（五）自然资源

韩国矿产资源较少，已发现的矿物有 280 多种，其中有经济开采价值的有 50 多种。有开采利用价值的矿物有铁、无烟煤、铅、锌、钨等，但储量不大。韩国的森林面积 647.6 万公顷，约占陆地面积的 65%。松柏科林约占森林总面积的 48%，森林木材总储量约为 2.48 亿立方米。平均每公顷森林的木材储量为 38 立方米。但韩国木材自给率很低，大部分木材工业原料主要依靠国外进口。由于自然资源匮乏，主要工业原料均依赖进口。

二、韩国人文环境

（一）人口与民族

截至 2014 年，韩国总人口有 5 041.85 万，主要为朝鲜族，占全国总人口的 99%，是一个单一民族的国家。另外，还有少量外国居民，如中国人在韩国有近 30 万人，其中多数是来自于中国的朝鲜族人。

（二）语言与宗教

韩国通用语是韩语。在朝鲜历史上，世宗大王（1418—1450 年）以前朝鲜人是没有文字的，一直使用中国的汉字。1446 年世宗大王创造了谚文（训民正音），即现在的韩文，是一种拼音文字。但韩文并未取代汉文的地位，其大规模使用是在大韩帝国时期，而作为官方文字则是在 1948 年建国以后。现在韩国的语言中 70% 左右是汉语的变音，10% 是日语的变音，还有 10% 是英语的变音，剩下的则是朝鲜语的固有词。韩语与朝鲜语略有不同。因为第二次世界大战后朝鲜半岛南北长期分裂，使得南北语言也出现略微差异。一般将韩国惯用的表达方式称为“韩语”，将朝鲜惯用的表达方式称为“朝鲜语”。

韩国是信教自由的国度。佛教作为韩国历史悠久的宗教教派，一直对韩国的政治、经济、文化产生着巨大的影响，它在韩国是信徒最多的宗教。目前，韩国有约 50% 的人信仰基督教和佛教。从中国传进来的儒教，支配着大多数韩国人的生活伦理。从世界范围来看，韩国是原来儒教文化圈（中日韩及东南亚一些国家）当中受儒教影响最深的国家。

三、韩国经济发展情况

韩国独立后，在时任总统李承晚统治下始终不重视经济发展，朴正熙上台后，确定了外向型经济的发展战略，开始大力发展经济，形成了著名的“汉江奇迹”。韩国经济开始逐步增长，实现了电子、汽车、钢铁、造船等行业的“三级跳”，并在 1988 年汉城奥运会的推动下，当年就实现了 12.8% 的增长。

韩国人均国民总收入于 2007 年首次突破 2 万美元大关，达 2.17 万美元；受国际金融危机影响，2008 年韩国人均国民总收入跌至 1.93 万美元；2009 年下滑至 1.72 万美元。

2010 年韩国经济增长 6.2%，人均国民总收入重新突破 2 万美元大关。截至 2011 年 4 月底，韩国外汇储备达 3 072 亿美元，环比增加 85.8 亿美元，为连续 5 个月增加，并再创历史新高。截至 2011 年 3 月底，韩国外汇储备 2 986.2 亿美元，规模继中国、日本、俄罗斯、中国台湾、巴西和印度之后，排全球第七位。

四、韩国农业

（一）农业发展概况

（1）韩国农业发展缓慢，GDP 比重下降。韩国农业在国民经济中不占重要地位，在 GDP 中所占比重日趋下降。农业占 GDP 比重下降是一个国家由农业国转变为工业国的重要特征之一。第二次世界大战后，韩国农业 GDP 占整个国家 GDP 的比重约为 50%，随着工业化及城市化的快速推进，1960 年时下降为 40%，1970 年又下降到 23% 左右，在 1997 年下降到了 5% 以下，2006 年仅为 3%，农业在国民经济中的地位不断降低。从农业就业人数在全部就业人数中的比重来看，其下降的速度更快。1970 年韩国农业就业人数（包括农林渔）超过整体就业人数的一半，1997 年已减少到 11%（1998 年有所回升，为 12.6%），2002 年又减少到 9.33%。同期农业就业人数的绝对量从 1970 年的 485 万人减少到 1997 年的 229 万人，农业人口从 1 440 万人减到 450 万人，少于总人口的 10%。2006 年农业就业人数还在减少，农业人口占总人口的比重为 8%。

（2）粮食自给率不高，且呈下降趋势。韩国曾是个传统的农业国。随着工业化进程的加快，农业在韩国经济中所占的比重越来越小，地位日见低下。韩国是农产品进口国家，进口量趋于增长，但其农业市场对外国的参与极为敏感，是个对外开放程度较小的经济部门。

（3）韩国农业基本上还是采用小农经济耕种方式。多数农户的耕地在 3 公顷以下，由于土地经营面积小，韩国农业机械化程度不高，再加上工业化进程加快，土地价格、劳动力成本都大幅上升，使得韩国的农产品价格比国际市场平均价格要高。

（二）农业结构

韩国的农业、林业和水产业从产值上来看，以农业（包括种植业、畜牧业）为主，此外是水产业和林业。

种植业。出于国家粮食安全的考虑，韩国长期以来对粮食生产实施了高强度的保护，追求大米的自给，由此造成韩国的粮食价格大大高于国际市场价格。在坚持大米自给的同时，其他粮食作物（大麦、小麦、大豆、玉米）生产量大幅度减少，进口市场大量开放。

畜牧业。如果从产值来计算，家畜饲养业是仅次于水稻生产的第二大农业生产领域。韩国曾经是奶产品的出口国，但随着国内土地、劳动力价格的提升，奶类产品、肉类产品的自给率都在下降，进口量逐年增加。

水产业。韩国三面环海，水产资源丰富，是世界水产大国之一，水产品也是韩国的主要食品之一。韩国水产品全国年消费量 350 万吨，而本国产量约 250 万吨，余下的需要进口。现在除了每年出口一些上等鲜活海鱼如金枪鱼外，还进口部分海鱼进行加工，然后再出口。另外，水产养殖业在政府的大力扶持下，正在不断地发展。

韩国的农产品进口贸易伙伴主要有美国、中国、澳大利亚、泰国、巴西等国。美国一直是韩国农产品进口的第一大供应商，而中国和澳大利亚对韩国的农产品出口也在不断增长。

五、韩国工业

韩国工业以重工业、化学工业为主，造船、汽车、半导体、石油化工、信息技术等产业均在世界上占有较为重要的地位。电子、汽车、造船、石化、钢铁、通用机械是韩国的六大主力产业。2003 年 8 月，韩国提出了新十大支柱产业，即智能型机器人、未来汽车、新一代半导体、数字 TV、视频传输、移动通信、液晶显示仪、智能型家庭网络、数字式数据、软件等，目前正在大力发展通信、生物和新材料、新能源等知识型高附加值产业。韩国工业偏重大企业集团，三星、LG、SK、现代、韩进等五大集团在国民经济中占据了举足轻重的地位。现在韩国政府实行鼓励中小企业和高科技风险企业发展的政策。

（一）钢铁工业

韩国是世界上主要的钢铁生产国家。2002 年至 2006 年，韩国成为世界上第五大钢铁生产国。2008 年，韩国粗钢产量居世界第六位（5 350 万吨）。2006 年，钢铁工业产值占韩国工业增加值的 2.3%，从业人口 7.2 万人，占韩国制造业从业人口的 2.5%。2007 年，钢铁工业出口额达 230 亿美元。从 2002 年起，韩国成为钢铁净进口国，且进口数量有逐年增长的趋势，主要从中国、日本等国进口钢材，主要进口的类型为板材，其次是型材。产业中心是位于东南沿海的浦项与光阳。

（二）汽车工业

韩国的汽车工业是生产制造业中的主要部门，汽车及其关联产业的从业人口占韩国工业从业人口的 8%，其产值约占生产制造业的 1/10。2007 年，韩国成为世界第五大汽车生产国，在汽车整车以及配件产业领域内，均步入了稳定的发展期。汽车工业主要集中在蔚山、釜山、光州、仁川等地，主要汽车厂商包括了现代、大宇和起亚等。

（三）电子电气工业

韩国的电子电气工业较为发达，主要产品包括移动电话、电子计算机、半导体、集成电路、LCD（液晶显示器）等。半导体产业是韩国电子工业中的重要支柱。韩国电子工业的一个特点是依靠大财团发展，三星、LG 就被看作是韩国电子工业的代表。

（四）造船工业

造船工业是韩国的主要工业支柱，韩国造船工业规模庞大，2002 年造船产量超过日本，成为世界第一造船大国，之后一直保持世界领先地位。韩国在建造高附加值船舶方面有显著优势：液化天然气运输船是现代重工业的长项；在海洋勘探船方面，三星重工业则独占鳌头，占有世界市场60%的份额；大宇造船海洋株式会社是世界大型油船的主要生产商，世界约有10%的大型油船由大宇公司出产。造船工业相对集中于蔚山的米浦与巨济与釜山的影岛，而中小造船厂集中在忠武、丽水等南部地区。现代重工、大宇重工、三星重工、汉拿重工是韩国的四大造船企业。

（五）石化工业

韩国石化工业发展迅速，从1970年开始发展至21世纪初，韩国的石化产能已经居世界前五位，2009年石化产品出口额达273.5亿美元。2009年韩国的乙烯产能约为7 340吨，丙烯产能约5 389吨。近年来，韩国的石化生产能力、乙烯生产能力，化纤产量与产能均居世界前列。

六、韩国第三产业

韩国服务业近年来发展较快，在国民经济中占有重要地位。

（一）旅游业

韩国风景优美，有许多文化和历史遗产，旅游业较发达。日本、中国、美国，是韩国的主要旅游客源地。韩国旅游服务设施完善，全国有40多家饭店达到国际标准，其中部分已加入国际饭店预订系列。首尔的新罗饭店、乐天饭店、洲际饭店、朝鲜饭店、凯悦饭店、广场饭店、华克山庄饭店等被列入超豪华类饭店行列。韩国主要旅游点有景福宫、德寿宫、昌庆宫、昌德宫、民俗博物馆、南山塔、江华岛、板门店、庆州、济州岛、雪岳山等。

（二）交通运输业

韩国陆、海、空交通运输均较发达。近年来，随着经济的发展，交通运输量迅速增长。全国已建成铁路网和高速公路网。

（三）其他

除了以上的旅游业和交通运输业外，韩国的游戏与影视娱乐业发达，其出口文化主要对东亚其他国家有较大影响，形成了如中国的“韩流”等现象。

七、韩国对外贸易

据韩国海关的统计，2014年韩国货物进出口额10 986.5亿美元，同比增长2.2%。其中，出口额5 730.9亿美元，同比增长2.4%；进口额5 255.6亿美元，同比增长1.9%。贸易顺差475.3亿美元，增长7.9%。

从进出口国别（地区）上看，2014年中国、美国和日本是韩国出口排名前三位的国家，出口额分别为1 453.3亿美元、703.3亿美元和322.5亿美元，分别占韩国出口总额的 25.4%、12.3% 和 5.6%，对中国和日本出口同比分别下降 0.4% 和 7.0%，对美国出口同比增长 13.3%（见表 11-1）。中国、日本和美国同时也是韩国进口排名前三位的国家，2014 年进口额分别为 900.7 亿美元、537.8 亿美元和 452.8 亿美元，占韩国进口总额的 17.1%、10.2 和 8.6%，自中国和美国进口同比分别增长 8.5% 和 9.1%，自日本进口同比下降 10.4%（见表 11-2）。韩国贸易逆差主要源于中东的一些产油国家和日本，2014 年同日本的逆差下滑较大，降幅为 15.1%。贸易顺差主要来自中国、中国香港和美国，顺差额分别为 552.6 亿美元、255.3 亿美元和 250.5 亿美元。

表 11-1　　2014 年韩国对主要贸易伙伴出口额

单位：百万美元，%

国家和地区	金额	同比	占比
总值	573 091	2.4	100.0
中国	145 328	-0.4	25.4
美国	70 327	13.3	12.3
日本	32 248	-7.0	5.6
中国香港	27 276	-1.7	4.8
新加坡	23 906	7.3	4.2
越南	22 333	5.9	3.9
中国台湾	15 103	-3.8	2.6
印度	12 785	12.4	2.2
印度尼西亚	11 417	-1.3	2.0
墨西哥	10 850	11.5	1.9
澳大利亚	10 309	7.8	1.8
俄罗斯	10 132	-9.1	1.8
菲律宾	10 047	14.4	1.8
巴西	8 922	-7.9	1.6
沙特阿拉伯	8 287	-6.1	1.5

数据来源：中国商务部《国别（地区）报告》（2015）。

表 11-2　　2014 年韩国自主要贸易伙伴进口额

单位：百万美元，%

国家和地区	金额	同比	占比
总值	525 564	1.9	100.0
中国	90 072	8.5	17.1
日本	53 776	-10.4	10.2
美国	45 275	9.1	8.6
沙特阿拉伯	36 724	-2.5	7.0

续表

国家和地区	金额	同比	占比
卡塔尔	25 728	-0.6	4.9
德国	21 286	10.1	4.1
澳大利亚	20 441	-1.7	3.9
科威特	16 907	-9.7	3.2
阿联酋	16 196	-10.6	3.1
中国台湾	15 690	7.2	3.0
俄罗斯	15 675	36.4	3.0
印度尼西亚	12 271	-7.0	2.3
新加坡	11 307	9.0	2.2
马来西亚	11 101	0.0	2.1
越南	7 989	11.3	1.5

数据来源：中国商务部《国别（地区）报告》(2015)。

从进出口商品结构上看，机电产品、运输设备和矿产品是韩国主要的出口商品，2014 年出口额分别为 2 012.9 亿美元、1 138.7 亿美元和 533.9 亿美元，机电产品和运输设备的出口同比增长了 3.3% 和 2.7%，矿产品的出口同比下降了 2.6%，三者的出口占韩国出口总额的 35.1%、19.9% 和 9.3%（见表 11-3）。矿产品、机电产品和贱金属及制品是韩国进口前三大类商品，2014 年进口额为 1 934.1 亿美元、1 238.5 亿美元和 480.2 亿美元，占韩国进口总额的 36.8%、23.6% 和 9.1%，矿产品进口同比下降了 2.3%，机电产品和贱金属及制品进口同比增长了 3.5% 和 5.5%（如表 11-4）。

表 11-3　　2014 年韩国主要出口商品构成（类）

单位：百万美元，%

商品类别	2014 年出口额	上年同期出口额	同比	占比
总值	573 091	559 632	2.4	100.0
机电产品	201 285	194 815	3.3	35.1
运输设备	113 872	110 868	2.7	19.9
矿产品	53 388	54 787	-2.6	9.3
贱金属及制品	49 903	46 057	8.4	8.7
塑料、橡胶	39 633	39 494	0.4	6.9
化工产品	39 340	38 392	2.5	6.9
光学、钟表、医疗设备	36 135	36 170	-0.1	6.3
纺织品及原料	15 667	15 726	-0.4	2.7
食品、饮料、烟草	4 595	4 182	9.9	0.8

续表

商品类别	2014 年出口额	上年同期出口额	同比	占比
贵金属及制品	3 936	3 992	-1.4	0.7
家具、玩具、杂项制品	3 576	3 617	-1.1	0.6
纤维素浆、纸张	3 414	3 612	-5.5	0.6
陶瓷、玻璃	2 322	2 041	13.8	0.4
活动物、动物产品	1 750	1 904	-8.1	0.3
皮革制品、箱包	1 422	1 680	-15.3	0.3
其他	2 853	2 294	24.3	0.5

数据来源：中国商务部《国别（地区）报告》(2015)。

表 11-4　　2014 年韩国主要进口商品构成（类）

单位：百万美元,%

商品类别	2014 年进口额	上年同期进口额	同比	占比
总值	525 564	515 586	1.9	100.0
矿产品	193 409	197 934	-2.3	36.8
机电产品	123 851	119 723	3.5	23.6
贱金属及制品	48 016	45 509	5.5	9.1
化工产品	39 438	39 072	0.9	7.5
光学、钟表、医疗设备	18 778	18 064	4.0	3.6
运输设备	18 346	15 426	18.9	3.5
纺织品及原料	14 199	13 237	7.3	2.7
塑料、橡胶	13 459	13 700	-1.8	2.6
植物产品	9 618	9 739	-1.2	1.8
食品、饮料、烟草	8 864	8 386	5.7	1.7
活动物、动物产品	8 302	6 989	18.8	1.6
陶瓷、玻璃	5 560	5 933	-6.3	1.1
家具、玩具、杂项制品	4 837	4 210	14.9	0.9
纤维素浆、纸张	3 873	3 871	0.0	0.7
贵金属及制品	3 745	3 693	1.4	0.7
其他	11 270	10 100	11.6	2.1

数据来源：中国商务部《国别（地区）报告》(2015)。

八、中韩双边贸易情况

据韩国海关的统计，2014 年韩国与中国的双边贸易额为 2 354.0 亿美元，同比增长

2.8%。其中，韩国对中国出口额 1 453.3 亿美元，同比下降 0.4%；自中国进口额 900.7 亿美元，同比增长 8.5%。韩方贸易顺差额 552.6 亿美元，同比下降 12.0%。中国为韩国第一大贸易伙伴、第一大出口目的地和最大的进口来源地。

机电产品、光学钟表医疗设备和化工产品是韩国对中国出口的主要产品，2014 年出口额分别为 659.4 亿美元、204.0 亿美元和 177.7 亿美元，合计占韩国对中国出口总额的 71.6%，机电产品出口同比增长 5.7%，光学钟表医疗设备和化工产品出口同比分别下降 6.4% 和 4.0%。2014 年韩国向中国出口的矿产品、纸张和动物产品出口同比出现较大降幅（见表 11-5）。

韩国自中国进口排名前三位商品为机电产品、贱金属及制品和化工产品，2014 年进口额分别为 388.9 亿美元、146.8 亿美元和 70.1 亿美元，同比分别增长 8.7%、17.6% 和 10.1%，分别占韩国自中国进口总额的 44.1%、15.5% 和 7.2%。2014 年韩国从中国进口主要商品中，运输设备、矿产品出现较大负增长（见表 11-6）。在纺织品及原料、家具玩具这类劳动密集型产品的进口市场上，中国继续保持优势。在这些产品上，中国主要竞争对手是日本、美国、意大利和越南等国家。

表 11-5　　　2014 年韩国对中国出口主要商品构成（类）

单位：百万美元，%

商品类别	2014 年出口额	上年同期出口额	同比	占比
总值	145 328	145 869	-0.4	100.0
机电产品	65 941	62 370	5.7	45.4
光学、钟表、医疗设备	20 399	21 785	-6.4	14.0
化工产品	17 772	18 503	-4.0	12.2
塑料、橡胶	11 206	11 707	-4.3	7.7
贱金属及制品	8 157	8 122	0.4	5.6
矿产品	7 972	9 061	-12.0	5.5
运输设备	7 926	8 205	-3.4	5.5
纺织品及原料	2 491	2 704	-7.9	1.7
家具、玩具、杂项制品	752	793	-5.2	0.5
食品、饮料、烟草	729	681	7.0	0.5
陶瓷、玻璃	566	407	39.0	0.4
皮革制品、箱包	350	392	-10.8	0.2
活动物、动物产品	279	345	-18.9	0.2
纤维素浆、纸张	275	359	-23.5	0.2
贵金属及制品	132	153	-14.1	0.1
其他	381	282	34.9	0.3

数据来源：中国商务部《国别（地区）报告》（2015）。

表 11-6　　2014 年韩国自中国进口主要商品构成（类）

单位：百万美元,%

商品类别	2014 年进口额	上年同期进口额	同比	占比
总值	90 072	83 053	8.5	100.0
机电产品	38 891	35 765	8.7	44.1
贱金属及制品	14 683	12 481	17.6	15.5
化工产品	7 011	6 370	10.1	7.2
纺织品及原料	6 168	5 960	3.5	6.8
光学、钟表、医疗设备	4 329	3 774	14.7	3.7
家具、玩具、杂项制品	2 827	2 358	19.9	3.5
陶瓷、玻璃	2 751	2 867	-4.1	3.0
塑料、橡胶	2 452	2 221	10.4	2.9
运输设备	1 918	2 169	-11.6	2.9
食品、饮料、烟草	1 428	1 410	1.2	2.1
鞋靴、伞等轻工产品	1 403	1 308	7.2	1.7
矿产品	1 291	1 726	-25.2	1.6
植物产品	1 233	1 350	-8.7	1.4
活动物、动物产品	1 201	1 021	17.6	1.3
皮革制品、箱包	1 017	938	8.5	0.9
其他	1 469	1 333	10.2	1.4

数据来源：中国商务部《国别（地区）报告》(2015)。

第二节　新　加　坡

国家名片

国名：新加坡共和国（Republic of Singapore）	人口数量：547 万（2014 年 6 月）
首都：新加坡	国土面积：718.3 平方千米
主要城市：新加坡	GDP 总计：2 957.45 亿美元（2013 年）
国庆日：8 月 9 日	人均 GDP：54 776 美元（2013 年）
国歌：《前进吧，新加坡！》	官方语言：英语、华语、马来语、泰米尔语
主要宗教：佛教、道教、伊斯兰教、基督教、印度教	货币：新加坡元
国花：卓锦·万代兰（也称胡姬花、兰花）	国石：无

开篇故事

热带花园城——新加坡

新加坡环境优美，这与相关各类法规的严格执行不无关系。例如，关于环境方面的规定就包括如下一些内容：

（1）在公共场所如公共汽车、剧场、影院、餐馆和装有空调的商店、政府机关办公室等禁烟区吸烟，要罚款。

（2）在公共厕所方便后不冲水，要罚款。

（3）在地铁等公交系统里喝饮料，要罚款。

（4）随地吐痰、弃物，要惩罚。

（5）口香糖是不被进口、携带、食用的，违者罚款。

新加坡是一个花园城市。它之所以整洁干净，与它的严格管理和严厉罚款是密不可分的。无论是谁，只要违反了新加坡的律法，都不能幸免于它严厉的处罚。如果你在地上吐了一口痰，那么你会很快收到500新加坡元（约合2 500元人民币）的罚单。并且，经济处罚仅仅是一个方面，你还必须接受劳动的处罚。相关部门会发一件黄马褂、一把扫帚、一只撮箕给你，然后请你在新加坡最繁华的路段上清扫马路一天。如果有人拒绝接受处罚，将得到加倍的双重处罚，直到处罚完毕。违反相关规定要被处以动辄上千新加坡元的罚款，甚至会被处以鞭刑。

（资料来源：徐林．“花园城市”的“管”与“治”——新加坡城市管理的理念与实践．北京：中国社会科学出版社，2016）

一、新加坡自然地理

（一）地理位置与领土

新加坡全称“新加坡共和国”（The Republic of Singapore），位于马来半岛南端，由新加坡岛及63个小岛组成，面积718.3平方千米，风景优美，是个城市岛国。北部由长堤与马来西亚西部的柔佛州相连；南部隔新加坡海峡与印度尼西亚的廖内（Riau）群岛相望；东临南中国海，西南临马六甲海峡，海岸线长193千米。新加坡面积虽小，但是地理位置十分重要，它连接着太平洋和印度洋，扼马六甲海峡的咽喉，地处两大洋和两大洲的十字路口，是国际海空运输的中心之一，也是世界著名的转口港及国际贸易中心，有50多条航线通往世界各地，世界上有80多个国家使用新加坡港。得天独厚的地理条件使之发展成为一个主要的商业、运输、通信和旅游中心。

新加坡本岛东西长约42千米，南北宽约23千米，包括所有大小岛屿在内，总面积为682.7平方千米。本岛以外的其余岛屿，较大的有德光岛（24.4平方千米），乌敏岛（10.2平方千米）和圣淘沙岛（3.5平方千米）。

（二）气候

新加坡离赤道仅 136.8 千米，属热带雨林气候，常年高温多雨。年平均气温 24℃ ~ 32℃，日平均气温 26.8℃，年平均降水量 2 345 毫米，年平均湿度 84.3%。新加坡有两个不同的季候风季节，从 12 月到翌年 3 月吹东北季候风，相当潮湿；6 月到 9 月则吹西南季候风，最为干燥。这两个季风期，间隔着季候风交替月，那就是 4 月到 5 月以及 10 月到 11 月。在季候风交替月里，地面风弱多变，阳光酷热，形成下午至傍晚时分全岛经常会有的阵雨及雷雨。

（三）自然资源

新加坡国土适宜各种植物繁殖和生长，植物资源比较丰富，至今已发现的植物物种达 2 000 多种，其中橡胶、椰子是经济价值较高的作物，但现存数量不多。著名的热带观赏花卉——兰花是新加坡的国花，种植普遍，品种很多，四季盛开，也是新加坡重要的出口商品之一，大量销售于西欧、日本、澳大利亚、美国和中国香港等国家和地区。

新加坡矿产资源贫乏，淡水资源缺乏，渔业资源也不丰富，只能满足国内消费需求的 1/4。

新加坡通过两条堤道与马来西亚相连，和印度尼西亚的廖内群岛的主岛仅有一水之隔。从泰国或菲律宾只需经过短途飞行即可抵达新加坡。新加坡的樟宜机场为约 80 家航空公司提供服务，是进出东南亚的门户。

知识窗

新加坡——国名的由来

新加坡是位于马来半岛最南端的一个岛屿，勤劳勇敢的新加坡人民在这片弹丸之地创造出了许多世界奇迹，成为亚洲乃至世界的航运中心。新加坡是一个城市国家，国名的原意为“狮城”。据马来史籍记载，公元 1324 年左右，苏门答腊的室利佛逝王国王子乘船到达此岛，在现今的新加坡河口无意中发现一头动物形若狮子，于是把这座小岛取名 Singapura。Singa 就是狮子的意思，狮子具有勇猛、雄健的特征，而 pura 则代表城市。这就是新加坡狮城的来历。

（资料来源：百度百科同名词条）

二、新加坡人文环境

截至 2014 年 6 月，新加坡常住总人口临时数字为 547 万人，其中 334 万人属于新加坡公民，53 万人属“永久居民”（简称 PR），约 160 万人是居住在新加坡的外籍人士。全体人口中，华人（汉族）占了人口总数的 74.2%，还有马来族（13.3%）、印度裔（9.1%）和欧亚裔/混血（3.4%）等。大多数新加坡华裔的祖先源自于中国南方，尤其是福建、广东和海南省，其中四成是闽南人。

马来渔民是当地的土著居民，但自从史丹福·莱佛士（Stamford Raffles）爵士来到并建立英国贸易中转站后，新加坡逐渐成为一块吸铁石，吸引了成千上万的移民和商人。为了给他们自己和家人寻觅更好的生活，许多人从中国南方省份、印度尼西亚、印度、巴基斯坦、锡兰和中东来到这里。尽管异族通婚早就开始了，但各个种族在融入新加坡这个整体的同时也保持了自己的文化。

知识窗

新加坡的华人文化

新加坡的华人大部分源自中国福建、广东和海南等地，其中大部分是福建人，其次为潮汕人、广府人、客家人和海南人。

新加坡的华人数量众多，中华文化在新加坡文化当中的影响巨大。不仅汉语是新加坡的主要用语，而且衣食住行等人民生活方面也处处看得到中华文化的影响。

比如，有新加坡国宴之称的海南鸡饭。海南鸡饭是20世纪二三十年代由海南移民带到新加坡的，却意外地大受当地人欢迎。最初的海南鸡饭就是白饭配上鸡肉和姜茸，后经过不断演化，也增加了粤式鸡饭和马来鸡饭等口味。

（资料来源：贝新．文化震撼之旅——新加坡．赵菁，译．北京：旅游教育出版社．2015．有修改）

新加坡人信仰的宗教各不相同，华人多数信仰佛教或道教，少数人信仰天主教或基督教，马来人基本上信仰伊斯兰教，印度人信仰印度教，巴基斯坦人大多信仰伊斯兰教。

新加坡国语是马来语，有四种官方语言：马来语、华语（即汉语普通话）、泰米尔语和英语。英语是行政语言，使用最为广泛。大多数新加坡人都会讲母语和英语两种语言。

三、新加坡农业

农业在新加坡国民经济中所占的比重很小，仅为0.1%，主要包括园艺种植、家禽饲养、水产和蔬菜种植。农业地区多处于西北部林厝港，拥有可耕地面积5 900公顷，占国土面积的9.5%。农业中保存高产值出口性农产品的生产，如种植热带兰花、饲养观赏用的热带鱼，种植一些传统的热带经济作物等。随着城市化不断发展以及耕地不断减少，新加坡非常重视都市农业，并向高科技、高产值发展，具体模式有：（1）现代化集约的农业科技园。这是新加坡重点发展的都市农业模式。基本建设由国家投资，然后通过招标方式租给商人或公司，租期为10年，现有耕地约1 500公顷，供500多个不同规模的农场经营。其中有一个用气耕法（即在有空调设施的温室内种植，植物根部暴露在空气中，每隔5分钟喷洒含营养物质和肥料的冷水，不喷农药）种植蔬菜的农场，它是世界上第一个以气耕法来种植蔬菜的热带国家，生产富有营养而安全的新鲜蔬菜供应市场。用气耕法种植不仅比传统的土耕法节省土地，而且明显比传统种植节省水（水可以循环使用），只是此种方式生产成本较高，只适合生产高档蔬菜，普通蔬菜则需进口。（2）农业生物科技园。占地10公顷，拥有现代先进设备，进行新农业技术（如动植物基因研究、新品种选育等）的研究与开发工作。（3）高科技水产养殖场。研发浅水养殖技术，主要研究鱼的喂养、养殖、孵化、健康等方面的内容。（4）食用菌生产工厂。采用空调调温的方式，大规模生产香菇等食用菌。

现在新加坡本国生产的农副产品能满足本国居民和每年来这里旅游的数百万万人之需。而粮食全部靠进口，主要从马来西亚、中国、印度尼西亚和澳大利亚进口。

四、新加坡工业

2012年，新加坡工业产值为1 085.5亿新加坡元，占GDP的25.1%。制造业产品主要包括电子、化学工业、生物医药、精密机械、交通设备、石油产品、炼油等产品。如今新加坡已经成为东南亚最大修造船基地之一。新加坡几乎没有自然资源，但它却与鹿特丹、休斯敦并列为世界三大炼油中心。现在新加坡注重调整炼油业投资结构，促进新产品开发和生产，使石油工业尽快向石油化学工业发展。新加坡也是亚洲最大的修、造船中心之一，运输装备业发展较快。

（一）化学工业

作为新加坡制造业的重要支柱产业，化学工业2013年总产值971.1亿新加坡元，占制造业总产值的33.4%；增加值为39.8亿新加坡元，占制造业增加值的6.9%；就业人数2.49万人，占制造业就业人数的6%。化学工业的主要产品包括石油、石化产品及特殊化学品。

新加坡既是世界三大炼油中心和石油贸易中心之一，又是世界三大液体散货港之一。新加坡着力提高油气产业的研发能力，主要致力于优化炼油厂价值链、开发高值产品和研制替代燃料，并在短时间内取得了良好效果。埃克森美孚化工（ExxonMobil）、壳牌（Shell）、英威达（Invista）、巴斯夫（BASF）、住友（Sumitomo）等众多全球领先的石油化工和专用化学品巨头无一例外地都对新加坡青睐有加。

新加坡的裕廊岛（Jurong Island）是世界排名前十位的石油化工中心。岛上建有一个化工区（Chemicals Complex），现有超过94家世界领先的石油、石油化工、专用化学品及配套服务企业入驻，这些企业在配套设施方面的投资额已超过2 400万新加坡元。化工区内配备了全套的市政公用设施，供能、供水、贮罐、终端设施、仓储和维修服务可谓是一应俱全。此外，裕廊岛上的邦岩物流园区（Banyan Logis Park）和美兰提物流园（Meranti Logis Park）还为入驻企业提供全方位的物流服务和供应链支持。

（二）电子工业

电子工业是新加坡传统产业之一，2013 年总产值 808.6 亿新加坡元，占制造业总产值的 27.8%；增加值 174.7 亿新加坡元，占制造业增加值的 30.3%；就业人数 7.64 万人，占制造业就业人数的 18.4%。主要产品包括半导体、计算机外部设备、数据存储设备、电信及消费电子产品等。

（三）生物医药业

生物医药业是新加坡重点发展的战略性新兴产业之一，其产值所占 GDP 的百分比在不断上升。著名的启奥生物医药研究园和大士生物医药园吸引了世界十大顶尖制药公司前来投资。2013 年总产值 236.8 亿新加坡元，占制造业总产值的 8.2%；增加值 117.9 亿新加坡元，占制造业增加值的 20.5%；就业人数 1.67 万人，占制造业就业人数的 4%。

需要指出的是，由于土地面积的限制及人力成本较贵，新加坡近些年加大了对周边国家的投资力度，转移自身产业，如越南、中国等均有新加坡的工业园区。

（四）精密工程业

精密工程业的主要产品是半导体引线焊接机和球焊机（全球市场占有率 70%）、自动卧式插件机（全球市场占有率 60%）、硬盘驱动器等。总部设在新加坡的伟创力国际集团是新加坡这一领域的代表。

五、新加坡第三产业

第三产业是新加坡经济增长的龙头产业，包括零售与批发贸易、饭店旅游、交通与电信、金融服务、商业服务等，而金融、旅游更是重要的支柱产业。2013 年产值 1 974.58 亿新加坡元，占 GDP 的 52.50%。

（一）金融业

新加坡是亚洲的金融中心，同时是亚洲的美元交易市场。金融业是新加坡最大的产业部门。

新加坡的外汇市场是在 20 世纪 70 年代随着亚洲美元市场的兴起而发展起来的，由于地理位置适中，上午可以与东京、香港进行交易，下午可以与伦敦及中东地区金融市场交易。新加坡现已成为亚太地区的一个重要外汇市场，而且在全球性外汇市场交易中也具有重要的作用。新加坡国际金融交易所创立于 1984 年，是亚洲第一个外汇期货市场，其中欧洲美元占国际金融交易所营业额的 60%，占世界市场上欧洲美元交易额的 8.1%。1989 年推出的燃料油期货合约，又使它成为亚洲第一个能源期货市场。

（二）旅游业

旅游业是新加坡的支柱产业之一。新加坡旅游当局采取各种措施充分利用其优越的地理位置、发达的海空运输以及多种民族、文化和经济的特点，将整个东南亚地区的旅游胜地作为自己发展旅游事业的腹地。在国内不断地整修庙宇，增辟公园、风景区和娱乐场所。除了本岛外，还将周围小岛开拓成游客游览和休假的胜地。新加坡政府非常重视城市的美化和卫生，不断整顿市容，广种花草树木，被誉为“花园城市”。新加坡旅游当局还积极从事有关国外旅游的调查研究和宣传工作，先后在纽约、芝加哥、旧金山、悉尼、墨尔本、东京、大阪、伦敦等大城市设立办事处，并设立了“国际会议局”，专门负责同许多国际机构及团体进行联系，以争取一些国际性会议或展览会到新加坡举行。同时加大宣传力度，把新加坡创造成一个安全的、舒适的、高质量的旅游度假城，与马来西亚和印度尼西亚相联合，将线路扩大到马来西亚和印度尼西亚的美丽沙滩及原始森林、历史古迹上，使游客在现代文明与大自然之间得到充分享受。由于新加坡旅游局在国内外进行的大量工作，旅游业有了长足的进步，旅游人数增多，旅游业成为主要外汇来源之一。游客主要来自东盟、中国、日本、澳大利亚和印度。2013 年旅游业收入 235 亿新加坡元，同比增长 2%。全年到访游客 1 556. 78 万人次，同比增长 7. 4%；前五大客源地依次为印度尼西亚、中国、马来西亚、澳大利亚和印度，其中中国游客 227 万人次，同比增长 11. 6%，占外国游客总数的 14. 6%。新加坡的主要景点有圣淘沙岛、植物园、夜间动物园等。

（三）信息通信业

新加坡重视信息通信业的发展，1998 年 6 月启动遍及全岛的新加坡综合网，以光纤电缆连接互联网，提供多媒体互动服务。1999 年 9 月，新加坡政府推行电子业务计划，鼓励各个行业设立网上机构。新加坡已经推出世界上首个全国性的宽带网络——新加坡综合网。2013 年信息通信产值 138. 23 亿新元，占 GDP 的 3. 7%。新加坡主要电信企业为新电信（Singtel）、星和电信（Starhub）和第一通信（M1）。

（四）运输仓储业

新加坡重要的地理位置与良好的港口条件，成就了其运输业的发达。新加坡是亚洲地区重要的航空运输枢纽。2013 年航空客运量 5 278 万人次，航空货运量 185 万吨。新加坡航空公司等 80 家国际航空公司在新加坡提供航运服务。新加坡是世界上最繁忙的港口和亚洲主要转口枢纽之一，也是世界最大的燃油供应港。新加坡港已开通 200 多条航线，拥有联结 123 个国家和地区的 600 多个港口的 4 个集装箱码头，集装箱船泊位 54 个，为全球仅次于中国上海的集装箱港口。2013 年新加坡港货运量 5. 6 亿吨，集装箱吞吐量 3 258 万标准箱，海运客运量 658 万人次。新加坡的海运企业包括海皇集团（NOL Group）、万邦航运（IMC Group）等。铁路（以地铁为主）全长 109. 4 千米。公路总长约 3 297 千米，其中高速公路 153 千米。

六、新加坡对外贸易

新加坡以贸易立国，经济发展多依赖于出口。新加坡是自由港，除对汽车、烟、酒及石油产品收取进口关税外，其他货物可以自由进出，不构筑关税壁垒，也不实行外汇管制和国内价格控制。出口的商品正由过去的劳动密集型产品转为资本、技术密集型产品，目前主要的出口商品为飞机部件、自动化器材、电子计算机及配件、光学仪器、通信、医疗设备等。进口的商品主要是机械设备、矿物燃料及其他工业品、农产品等。

据新加坡国际企业发展局的统计，2014 年新加坡货物进出口额为 7 760.6 亿美元，同比下降 0.9%。其中，出口额 4 097.9 亿美元，同比下降 0.1%；进口额 3 662.7 亿美元，同比下降 1.8%。贸易顺差额 435.2 亿美元，同比增长 16.8%。

从进出口的国别（地区）看，2014 年新加坡对中国、马来西亚、中国香港和印度尼西亚的出口额分别占其出口总额的 12.6%、12.0%、11.0% 和 9.4%，分别为 514.7 亿美元、490.4 亿美元、450.9 亿美元和 383.7 亿美元，对中国出口额同比增长 6.4%，对马来西亚、中国香港和印度尼西亚出口额同比分别下降 1.8%、1.6% 和 5.4%（见表 11-7），对上述四国（地区）出口额占新加坡出口总额的 44.9%。2014 年新加坡自中国、马来西亚、美国和中国台湾的进口额分别占其进口总额的 12.1%、10.7%、10.3% 和 8.2%，分别为 443.8 亿美元、390.4 亿美元、377.0 亿美元和 300.2 亿美元，中国和中国台湾分别增长 1.6% 和 3.5%，马来西亚和美国分别下降 4.4% 和 2.3%（见表 11-8）。新加坡前五大顺差来源地依次是中国香港、印度尼西亚、澳大利亚、马来西亚和越南，2014 年顺差额分别为 417.9 亿美元、195.8 亿美元、108.2 亿美元、100.0 亿美元和 97.1 亿美元。贸易逆差主要来自美国、中国台湾和沙特阿拉伯，逆差额分别为 149.0 亿美元、138.7 亿美元和 133.8 亿美元，美国同比下降 1.1%，中国台湾和沙特阿拉伯同比分别增长 1.3% 和 15.1%。

表 11-7　　2014 年新加坡对主要贸易伙伴出口额

单位：百万美元,%

国家和地区	金额	同比	占比
总值	409 789	-0.1	100.0
中国	51 471	6.4	12.6
马来西亚	49 041	-1.8	12.0
中国香港	45 088	-1.6	11.0
印度尼西亚	38 373	-5.4	9.4
美国	22 801	-3.1	5.6
日本	16 743	-5.0	4.1
韩国	16 697	0.4	4.1

续表

国家和地区	金额	同比	占比
中国台湾	16 140	5.5	3.9
澳大利亚	15 503	-1.7	3.8
泰国	15 048	-0.9	3.7
越南	12 906	18.7	3.2
印度	11 128	-0.9	2.7
巴拿马	9 222	-18.5	2.3
荷兰	7 299	13.7	1.8
菲律宾	6 867	2.5	1.7

数据来源：中国商务部《国别（地区）报告》（2015）。

表 11-8　　2014 年新加坡自主要贸易伙伴进口额

单位：百万美元,%

国家和地区	金额	同比	占比
总值	366 268	-1.8	100.0
中国	44 376	1.6	12.1
马来西亚	39 042	-4.4	10.7
美国	37 704	-2.3	10.3
中国台湾	30 015	3.5	8.2
韩国	21 602	-10.2	5.9
日本	20 107	-1.4	5.5
印度尼西亚	18 790	-2.2	5.1
阿联酋	15 398	-6.9	4.2
沙特阿拉伯	14 646	13.9	4.0
德国	10 643	-2.1	2.9
泰国	8 768	-5.5	2.4
印度	8 271	-9.3	2.3
法国	8 100	0.2	2.2
俄罗斯	7 927	51.4	2.2
卡塔尔	7 780	-1.5	2.1

数据来源：中国商务部《国别（地区）报告》（2015）。

从外贸商品结构看，机电产品、矿产品和化工产品是新加坡的主要出口商品，2014年出口额分别占新加坡出口总额的43.6%、16.8%和9.3%，为1 787.5亿美元、689.4亿美元和380.5亿美元，机电产品和矿产品同比分别下降0.7%和3.6%，化工产品同比增长2.7%（见表11-9）。机电产品中，电机和电气产品出口1 248.2亿美元，同比增长0.7%；机械设备出口539.3亿美元，同比下降3.8%。机电产品和矿产品是新加坡进口的前两大类商品，2014年进口额分别占新加坡进口总额的38.1%和31.4%，分别为1 393.6亿美元和1 148.5亿美元，同比分别下降3.0%和2.8%（见表11-10）。机电产品中，电机和电气产品进口920.3亿美元，同比下降2.8%；机械设备进口473.3亿美元，同比下降3.5%。

表11-9　　2014年新加坡主要出口商品构成（类）

单位：百万美元,%

商品类别	2014年出口额	上年同期出口额	同比	占比
总值	409 789	410 368	-0.1	100.0
机电产品	178 747	180 032	-0.7	43.6
矿产品	68 939	71 529	-3.6	16.8
化工产品	38 048	37 042	2.7	9.3
塑料、橡胶	17 776	15 931	11.6	4.3
光学、钟表、医疗设备	17 692	17 139	3.2	4.3
运输设备	11 878	13 523	-12.2	2.9
贱金属及制品	11 315	11 068	2.2	2.8
食品、饮料、烟草	8 654	7 901	9.5	2.1
贵金属及制品	8 149	8 060	1.1	2.0
纤维素浆、纸张	7 769	6 542	18.8	1.9
纺织品及原料	2 223	2 210	0.6	0.5
家具、玩具、杂项制品	1 332	2 308	-42.3	0.3
鞋靴、伞等轻工产品	1 108	354	212.8	0.3
植物产品	933	776	20.2	0.2
皮革制品、箱包	889	774	14.9	0.2
其他	34 337	35 180	-2.4	8.4

数据来源：中国商务部《国别（地区）报告》(2015)。

表11-10　　2014年新加坡主要进口商品构成（类）

单位：百万美元,%

商品类别	2014年进口额	上年同期进口额	同比	占比
总值	366 268	373 122	-1.8	100.0

续表

商品类别	2014 年进口额	上年同期进口额	同比	占比
机电产品	139 362	143 676	-3.0	38.1
矿产品	114 846	118 129	-2.8	31.4
化工产品	20 097	20 015	0.4	5.5
贱金属及制品	15 914	15 292	4.1	4.4
光学、钟表、医疗设备	12 787	12 980	-1.5	3.5
运输设备	12 423	12 373	0.4	3.4
贵金属及制品	9 702	8 770	10.6	2.7
塑料、橡胶	9 006	8 860	1.6	2.5
食品、饮料、烟草	6 799	6 754	0.7	1.9
纺织品及原料	3 532	3 940	-10.4	1.0
活动物、动物产品	3 355	3 208	4.6	0.9
植物产品	2 649	2 484	6.6	0.7
家具、玩具、杂项制品	2 533	2 577	-1.7	0.7
纤维素浆、纸张	2 514	2 572	-2.3	0.7
陶瓷、玻璃	1 971	1 855	6.3	0.5
其他	8 777	9 638	-8.9	2.4

数据来源：中国商务部《国别（地区）报告》（2015）。

七、中新双边贸易关系

中国与新加坡两国贸易历史悠久，新加坡一直是中国主要的出口伙伴。而两国间共通的华人文化及血统，为两国人民加强经济交流奠定了良好的基础。据新加坡国际企业发展局的统计，2014 年，中国与新加坡双边货物进出口额为 958.5 亿美元，同比增长 4.1%。其中，新加坡对中国出口额 514.7 亿美元，同比增长 6.4%，占其出口总额的 12.6%，提升 0.8 个百分点；新加坡自中国进口额 443.8 亿美元，同比增长 1.6%，占其进口总额的 12.1%，提升 0.4 个百分点。新加坡贸易顺差额 71.0 亿美元，同比增长 51.8%。中国为新加坡第一大贸易伙伴、第一大出口市场和第一大进口来源地。

机电产品一直是新加坡对中国出口的主力产品，2014 年出口额为 283.8 亿美元，同比增长 6.4%，占新加坡对中国出口总额的 55.1%。塑料橡胶、化工产品和矿产品是新加坡对中国出口的第二至四大类商品，2014 年出口分别为 54.4 亿美元、54.0 亿美元和 52.1 亿美元，分别占新加坡对中国出口总额的 10.6%、10.5% 和 10.1%，塑料橡胶和化工产品同比分别增长 14.9% 和 15.4%，矿产品同比下降 7.0%（见表 11-11）。

机电产品是新加坡自中国进口的首位商品，2014 年新加坡自中国进口机电产品 261.3 亿美元，同比下降 2.2%，占新加坡自中国进口总额的 58.9%。机电产品中，电机和电气产品进口 166.0 亿美元，同比下降 3.3%；机械设备进口 95.3 亿美元，同比下降 0.3%。矿产品和贱金属及制品是新加坡自中国进口的第二和第三大类商品，2014 年进口额分别为 48.7 亿美元和 37.1 亿美元，分别占自中国进口总额的 11.0% 和 8.4%，同比分别增长 15.1% 和 0.5%（见表 11-12）。除上述产品外，化工产品、光学钟表医疗设备和纺织品及原料等也是新加坡自中国进口的主要大类商品。中国是新加坡机电产品、贱金属及制品、纺织品及原料和家具玩具的首位进口来源地，分别占其市场份额的 18.8%、23.3%、31.0% 和 35.3%，中国产品主要竞争者是中国台湾、马来西亚和日本等。

表 11-11　　2014 年新加坡对中国出口主要商品构成（类）

单位：百万美元，%

商品类别	2014 年出口额	上年同期出口额	同比	占比
总值	51 471	48 365	6.4	100.0
机电产品	28 376	26 682	6.4	55.1
塑料、橡胶	5 439	4 732	14.9	10.6
化工产品	5 396	4 674	15.4	10.5
矿产品	5 213	5 605	-7.0	10.1
光学、钟表、医疗设备	2 468	2 190	12.7	4.8
运输设备	1 546	894	73.0	3.0
贱金属及制品	849	1 019	-16.7	1.7
食品、饮料、烟草	731	793	-7.9	1.4
纤维素浆、纸张	192	132	45.5	0.4
贵金属及制品	189	186	1.2	0.4
纺织品及原料	84	79	5.9	0.2
家具、玩具、杂项制品	56	43	31.0	0.1
活动物、动物产品	50	57	-12.7	0.1
陶瓷、玻璃	42	46	-8.7	0.1
皮革制品、箱包	36	18	102.6	0.1
其他	804	1 212	-33.7	1.6

数据来源：中国商务部《国别（地区）报告》（2015）。

表 11-12 2014年新加坡对中国进口主要商品构成（类）

单位：百万美元,%

商品类别	2014年进口额	上年同期进口额	同比	占比
总值	44 376	43 692	1.6	100.0
机电产品	26 127	26 725	-2.2	58.9
矿产品	4 869	4 229	15.1	11.0
贱金属及制品	3 706	3 689	0.5	8.4
化工产品	1 851	1 552	19.3	4.2
光学、钟表、医疗设备	1 124	1 067	5.4	2.5
纺织品及原料	1 096	1 057	3.7	2.5
家具、玩具、杂项制品	893	904	-1.2	2.0
塑料、橡胶	746	748	-0.2	1.7
食品、饮料、烟草	587	517	13.6	1.3
运输设备	562	763	-26.4	1.3
陶瓷、玻璃	405	385	5.1	0.9
贵金属及制品	363	371	-2.2	0.8
植物产品	350	355	-1.2	0.8
皮革制品、箱包	326	301	8.5	0.7
鞋靴、伞等轻工产品	281	280	0.3	0.6
其他	1 089	752	44.9	2.5

数据来源：中国商务部《国别（地区）报告》(2015)。

思 考 题

1. 韩国农业的特征有哪些?
2. 简述韩国对外贸易发展现状。
3. 简述新加坡第三产业的发展情况。

第十二章

澳大利亚和加拿大

澳大利亚与加拿大都是西方发达国家，但是与美国、英国、法国等传统西方资本主义强国不同的是，澳大利亚与加拿大的农业与矿产业产品在其出口产品结构中占有较大比例。同时，澳大利亚与加拿大都曾经是英国殖民地，深受英国文化的影响。接下来，我们共同认识一下这两个国家。

第一节　澳大利亚

国家名片

国名：澳大利亚联邦（The Commonwealth of Australia）	人口数量：2 392 万（2015 年 11 月）
首都：堪培拉	国土面积：769.2 万平方千米
主要城市：悉尼、墨尔本、布里斯班、达尔文	GDP 总计：1.34 万亿美元（2015 年）
国庆日：1 月 26 日	人均 GDP：61 887 美元（2015 年）
国歌：《澳大利亚，前进》	官方语言：英语
主要宗教：基督教	货币：澳元
国花：金合欢	国石：无

开篇故事

澳大利亚的袋鼠肉出口

袋鼠是澳大利亚的国宝，但袋鼠数量众多也一直困扰着这个南半球国家。由于袋鼠在澳大利亚人心目中的国宝形象，国内环保人士的大力宣传，加之作为野生动物的袋鼠肉质较硬，所以国内市场并不被看好。俄罗斯曾是澳大利亚袋鼠肉最大进口国，但自 2009 年俄罗斯颁发食品安全进口禁令后形势一直不乐观。为此，澳大利亚将目光转向中国。澳大利亚袋鼠肉厂家瞄准一些中国人喜好尝试“野味”的特点，欲在中国开辟市场。

（资料来源：百度百科澳大利亚词条）

一、澳大利亚自然地理

（一）地理位置

澳大利亚位于南半球，面积769.2万平方千米，居世界第六，仅次于俄罗斯、加拿大、中国、美国和巴西，约相当于中国面积的五分之四。它东濒太平洋，西临印度洋，由澳大利亚大陆和塔斯马尼亚等岛屿组成。它四面临海，东南隔塔斯曼海与新西兰为邻，北部隔帝汶海和托雷斯海峡与东帝汶、印度尼西亚和巴布亚新几内亚相望。澳大利亚虽四面环水，但由于地形制约、大气环流等的影响，其沙漠和半沙漠面积庞大，草原面积也十分广阔，沙漠与草原占了澳大利亚国家土地面积的约60%。在东部沿海有全世界最大的珊瑚礁群——大堡礁。海岸线长达36 735千米。它是世界上唯一一个独占一个大陆（澳大利亚大陆）的国家。

（二）地形

澳大利亚的地形很有特色。西部和中部有崎岖的多石地带、浩瀚的沙漠和葱郁的平顶山峦，东部有连绵的高原，全国最高峰科修斯科山海拔2 230米，在靠海处是狭窄的海滩缓坡，缓斜向西，渐成平原。沿海地区到处是宽阔的沙滩和葱翠的草木，那里的地形千姿百态：在悉尼市西面有蓝山山脉的悬崖峭壁，在布里斯班北面有葛拉思豪斯山脉高大、优美而历经侵蚀的火山颈，而在阿德雷德市西面的南海岸则是一片平坦的原野。

澳大利亚的大部分国土（约70%）属于干旱或半干旱地带，中部大部分地区不适合居住。澳大利亚有11个大沙漠，它们约占整个大陆面积的20%。澳大利亚是世界上最平坦、最干燥的大陆，中部洼地及西部高原均为气候干燥的沙漠，中部的艾尔湖是澳大利亚的最低点，湖面低于海平面15米。澳大利亚能用来畜牧及耕种的土地只有26万平方千米。沿海地带，特别是东南沿海地带，适于居住与耕种。这里丘陵起伏，水源丰富，土地肥沃。除南海岸外，整个沿海地带形成一条环绕大陆的“绿带”，正是这条“绿带”养育了这个国家。

（三）河流与湖泊

墨累河和达令河是澳大利亚最长的两条河流。墨累河长达2 766千米，是澳大利亚最长的河流。这两大河流系统形成墨累—达令盆地，面积为100多万平方千米，相当于澳大利亚大陆总面积的14%。艾尔湖是靠近大陆中心的一个很大的盐湖，丰水期时，面积超过9 000平方千米，但长期呈干涸状态。

（四）气候

澳大利亚介于南纬10°45′和39°08′间，南北跨近29个纬度，是跨纬度最少的一个大陆，南北间温差小，气温分布比较简单。南回归线横贯大陆中部，99%的面积属于热带和亚热带，全年气温都比较暖热，少雨区和沙漠的面积特别广。澳大利亚大陆轮廓比较完整，增加了内陆离海的距离，最大在1 500千米以上，影响了海洋气流深入内陆。

澳大利亚四季与北半球国家相反，且东南部沿海地区气候宜人，夏天少酷暑，冬季无严寒。夏季气温25℃至35℃，冬季气温10℃至20℃。大部分澳大利亚的居民住在海边城市中。由海上吹来的风形成凉爽的气候，即使最热的季节也不酷热。

澳大利亚的平均年降雨量为465毫米，每年雨量的变化幅度很大，分布情况也很不均匀。最干旱的地区是艾尔湖流域盆地，那里的平均年降雨量不足125毫米。最湿润的地方是东北热带地区和塔斯马尼亚州西南地带。

澳大利亚的气候成半环状分布，东北部是热带雨林气候，东部为亚热带季风气候，东南部和西南部是地中海气候，最东南角是温带海洋性气候，中西部为热带沙漠气候，热带沙漠气候的南北两侧是热带草原气候。

（五）自然资源

澳大利亚的矿产资源丰富，拥有为数可观的石油和天然气，矿产资源种类至少有70余种。澳大利亚是世界上最大的铝土矿、氧化铝、钻石、铅、钽生产国之一，黄金、铁矿石、煤、锂、锰矿石、镍、银、铀、锌等的产量也居世界前列。同时，澳大利亚还是世界上最大的烟煤、铝土、铅、钻石、锌及精矿出口国，第二大氧化铝、铁矿石、铀矿出口国，第三大铝和黄金出口国。已探明的有经济开采价值的矿产蕴藏量：铝矾土约31亿吨，铁矿砂153亿吨，烟煤5 110亿吨，褐煤4 110亿吨，铅1 720万吨，镍900万吨，银40 600吨，钽18 000吨，锌3 400万吨，铀61万吨，黄金4 404吨。澳大利亚原油储量2 400亿公升，天然气储量13 600亿立方米，液化石油气储量1 740亿公升。水力资源主要集中在塔斯马尼亚岛。森林覆盖面积占国土的20%，天然森林面积约1.55亿公顷（三分之二为桉树），用材林面积122万公顷。澳大利亚渔业资源丰富，捕鱼区面积比国土面积还多16%，是世界上第三大捕鱼区，有3 000多种海水鱼和淡水鱼以及3 000多种甲壳及软体类水产品，其中已进行商业性捕捞的约600种。澳大利亚最主要的水产品有对虾、龙虾、鲍鱼、金枪鱼、扇贝、蚝、牡蛎等。

澳大利亚的陆上生物资源也十分丰富，被称为“世界活化石博物馆”。据统计，澳大利亚有植物12 000种，有9 000种是其他国家没有的；有鸟类650种，其中450种是澳大利亚特有的。全球的有袋类动物，除南美洲外，大部分都分布在澳大利亚。

知识窗

考拉——最可爱的澳大利亚特色物种

考拉也叫树袋熊（koala），生活在澳大利亚，既是澳大利亚的国宝，又是澳大利亚奇特的珍贵原始树栖动物，属哺乳类中的有袋目树袋熊科。它分布于澳大利亚东南部的尤加利树林区。树袋熊身体长70~80厘米，成年体重8~15千克，长相酷似小熊，有一身又厚又软的浓密灰褐色短毛，胸部、腹部、四肢内侧和内耳皮毛呈灰白色，生有一对大耳朵，耳有茸毛，鼻子裸露且扁平，没有尾巴，它性情温顺，体态憨厚，深受人们喜爱。

（资料来源：朗格．动物萌宝贝：考拉宝宝．北京：电子工业出版社，2012）

二、澳大利亚人文环境

（一）人口

2015 年，澳大利亚总人口 2 392 万。澳大利亚是典型的移民国家，作为英国的早期殖民地，澳大利亚人中 74% 是英国及爱尔兰后裔，18. 3% 为欧洲其他国家后裔，亚裔 5%，土著人占 2. 7%。

（二）宗教

澳大利亚是一个宗教自由的国家，各种宗教信仰，包括基督教、印度教、犹太教、伊斯兰教和佛教等，在这个国家并存。根据澳大利亚的平等机会法，任何人不会因是否有宗教信仰或有何种宗教信仰而受到歧视。约 63. 9% 的居民信仰基督教，5. 9% 的居民信仰佛教、伊斯兰教、印度教等其他宗教。无宗教信仰或宗教信仰不明人口占 30. 2%。

三、澳大利亚农业

澳大利亚农牧业十分发达，且在国内经济甚至是国际经济中占有重要地位。澳大利亚农产品出口占出口总值的 40%。澳大利亚农业机械化水平很高。农业经营以家庭农场为主，大农场的耕地面积占全国耕地面积的 70% 以上。小麦播种面积占耕地总面积的一半以上，小麦产量的 3/5 供出口。小麦种植区主要分布在东南部墨累河—达令河流域和西部。畜牧业在国民经济中占据突出地位。畜牧业产值占农业总产值的 3/5，出口值约占出口总值的 1/3。

养羊业历史悠久，是澳大利亚地位最重要的部门。澳大利亚草原面积辽阔，气温、降水适宜，大自流盆地的水源，为养羊业的发展提供了极为有利的条件。在澳大利亚毛羊的品种中，有 3/4 是世界有名的优良畜种——美利奴细毛羊。这种羊具有毛质细长、光泽良好、质地柔韧、单产毛量高等特点，澳大利亚所产的美利奴细羊毛（简称澳毛）占世界总产量的 1/2 以上。养羊业主要分布在大陆内部和北半部广阔的天然草地牧场。牧场分布广、规模大、地广人稀，机械化程度较高。羊的数量远高于人，是人们对澳大利亚的一个主观印象。在畜牧业中，澳大利亚人口与羊只的比率约为 1∶11。羊的数量在 1 亿 7 000 万只左右，澳大利亚的羊只数量占全世界总数的近 1/5，羊毛产量居世界第一位，人们形象地称澳大利亚为“骑在羊背上的国家”。

主要农作物有小麦、大麦、油菜籽、棉花、蔗糖和水果。总之，澳大利亚是一个高度发达的农牧业国家。

四、澳大利亚工业

澳大利亚的工业以矿业、制造业和建筑业为主。2009—2010 财年制造业产值 1 108 亿澳元，占国内生产总值的 8.7%。矿业产值 1 210 亿澳元，占国内生产总值的 9.5%。建筑业产值 900 亿澳元，占国内生产总值的 7.2%。

（一）采矿业

澳大利亚的矿产资源极为丰富，采矿业历史悠久。主要矿产是煤、铁、铝土、锰等，这些矿产的储量均居世界前列。澳大利亚矿产品出口值约占全国出口值的 1/4。澳大利亚煤矿探明储量达 700 亿吨，储量大、质地好、易于开采，煤产量的约 1/3 供出口，是世界煤的主要生产与出口国家。煤的产量在南半球居首位。煤产品主要输往日本和西欧，尤其是向日本出口的煤占了其进口的绝大部分。澳大利亚铁矿的储量居世界前列。铁矿石品种齐全，且品位高，埋藏较浅，便于开采。近年来，澳大利亚已成为世界三大铁矿石生产国之一，所产铁矿石 90% 供出口，大部分运往日本。最近几年来，澳大利亚向中国出口的铁矿石数量逐渐增多。

（二）钢铁工业

钢铁工业是澳大利亚工业中最主要的部门。第二次世界大战后澳大利亚对这个部门的投资占全部工业投资总额的 1/10，加之发展钢铁工业条件比较有利，所以钢铁工业是发展最快的部门之一，目前能生产各种不同的特殊钢材。钢铁工业中心有肯布拉港、纽卡斯尔、怀阿拉、克维纳纳等，其中前三者钢年产量占全国的 4/5 以上。

（三）机械制造业

机械制造业中最突出的是外国垄断资本占统治地位的汽车制造业，主要生产小汽车、卡车等，汽车制造中心以墨尔本为最大，其次为悉尼、吉朗等。产品大多销往亚太地区。飞机制造业发展较快，能生产各种民用和军用飞机。墨尔本生产喷气式飞机，不但供应本国空军的需要，而且还有出口。制造工业比较发达，以悉尼为中心。电动机和内燃机产量也较高，有相当一部分是以从英国、美国进口的零部件装配而成的。此外，还生产电子计算机、电视机、电冰箱、洗衣机、空调器等。

（四）纺织工业

纺织工业是澳大利亚历史最悠久的部门之一，产品主要有毛纺织品、棉纺织品等，其中以毛纺织工业最为重要，产品主要满足国内市场的需要，对外出口毛条和毛纱。近年来由于化纤产品不断增加，对毛纺织品的生产有所影响，致使毛织品产量较以前有所下降。棉纺织工业目前仅能满足国内需要的一半左右。维多利亚和新南威尔士两州是澳大利亚纺织工业的中心。澳大利亚全国纺织工业年产值和产品增加的附加值的 80% 都来自上述两州。按照年销售总值计算，化学纤维工业是澳大利亚纺织工业的最大部门。

五、澳大利亚的第三产业

第三产业对澳大利亚的经济增长起着重要的支撑作用。伴随着经济全球化的进程以及电子通信技术的发展，澳大利亚服务业发展迅猛。电信、金融服务、法律服务、环保、软件、娱乐节目、旅游、教育出口等极大地促进了澳大利亚的经济增长。服务业中产值最高的行业是房地产及商务服务业、金融保险业。

旅游业是澳大利亚发展最快的行业之一。根据澳大利亚当地著名报刊——《澳大利亚人》的报道，2008 年，赴澳旅游人数为 556 万人次，旅游收入达 900 亿澳元。近十年来，海外游客来澳人数总体呈波动上升趋势，但仍只占澳旅游业产值的约四分之一，国内游客仍是旅游业的主导。海外游客主要来自新西兰、英国、美国和中国。其旅游资源丰富，著名的旅游城市和景点有悉尼、墨尔本、布里斯班、阿德莱德、珀斯、大堡礁、黄金海岸和塔斯马尼亚等。

六、澳大利亚的对外贸易

对外贸易是澳大利亚经济的重要组成部分，澳大利亚农业产品的 70%、资源产品的 80% 以及制造业的 18% 用于出口，出口额占有相当大比重，出口额达到 480 亿美元。澳大利亚政府不断完善国际贸易环境，2004 年以来，先后与新加坡、美国、泰国签订自由贸易协定。在多边贸易合作方面，澳大利亚积极推动多哈回合谈判，并在全球气候变暖和环境等问题上，发挥积极作用。

2014 年，澳大利亚货物贸易同比小幅下降，据澳大利亚统计局的统计，货物贸易进出口额 4 687.3 亿美元，同比下降 3.3%。其中，出口额 2 410.0 亿美元，同比下降 4.6%；进口额 2 277.3 亿美元，同比下降 1.9%。贸易顺差额 132.8 亿美元，同比下降 35.3%。

从进出口的国别（地区）来看，2014 年澳大利亚对中国、日本、韩国和美国的出口额分别占澳大利亚出口总额的 33.8%、17.9%、7.4% 和 4.2%，分别为 814.0 亿美元、431.3 亿美元、179.1 亿美元和 101.4 亿美元，对中国、日本、韩国三国出口同比分别下降 10.4%、4.9% 和 3.5%，对美国出口同比增长 13.5%，对上述四国的出口额占澳大利亚出口总额的 63.3%（见表 12-1）；自中国、美国、日本和新加坡的进口额分别占澳大利亚进口总额的 20.5%、10.5%、6.8% 和 5.0%，分别为 467.7 亿美元、238.6 亿美元、155.2 亿美元和 114.2 亿美元，自中国和美国的进口额同比分别增长 3.1% 和 0.5%，自日本和新加坡的进口额同比分别下降 15.1% 和 8.9%（见表 12-2）。2014 年澳大利亚前五大顺差来源地依次是中国、日本、韩国、印度和中国台湾，顺差额分别为 346.4 亿美元、276.1 亿美元、73.0 亿美元、52.1 亿美元和 22.7 亿美元；逆差主要来自美国、德国和泰国，逆差额分别为 137.2 亿美元、91.8 亿美元和 51.7 亿美元，对美国和泰国的逆差额同比分别下降 7.3% 和 16.9%，对德国逆差额同比增长 0.2%。

表 12-1　　2014 年澳大利亚对主要贸易伙伴出口额

单位：百万美元,%

国家和地区	金额	同比	占比
总值	241 004	-4.6	100.0
中国	81 403	-10.4	33.8
日本	43 132	-4.9	17.9
韩国	17 911	-3.5	7.4
美国	10 136	13.5	4.2
印度	7 980	-13.6	3.3
新加坡	7 618	41.2	3.2
新西兰	7 187	1.7	3.0
中国台湾	6 236	-10.6	2.6
马来西亚	5 418	7.3	2.3
泰国	4 653	-2.7	1.9
印度尼西亚	4 541	2.6	1.9
英国	3 326	-9.4	1.4
越南	2 748	34.1	1.1
阿联酋	2 637	4.0	1.1
中国香港	2 569	2.4	1.1

数据来源：中国商务部《国别（地区）报告》(2015)。

表 12-2　　2014 年澳大利亚自主要贸易伙伴进口额

单位：百万美元,%

国家和地区	金额	同比	占比
总值	227 729	-1.9	100.0
中国	46 768	3.1	20.5
美国	23 858	0.5	10.5
日本	15 520	-15.1	6.8
新加坡	11 423	-8.9	5.0
德国	10 699	-2.9	4.7
韩国	10 614	8.4	4.7
马来西亚	10 100	10.8	4.4
泰国	9 820	-10.7	4.3

续表

国家和地区	金额	同比	占比
新西兰	7 084	-0.7	3.1
印度尼西亚	5 503	-2.1	2.4
英国	5 489	-8.3	2.4
意大利	5 443	-2.6	2.4
越南	4 472	22.1	2.0
中国台湾	3 971	3.0	1.7
法国	3 836	-1.0	1.7

数据来源：中国商务部《国别（地区）报告》（2015）。

从进出口的商品结构来看，矿产品、动物产品和贵金属及制品是澳大利亚的主要出口商品，2014年出口额分别占澳大利亚出口总额的57.1%、6.4%和5.8%，分别为1 376.4亿美元、153.3亿美元和140.3亿美元，其中，矿产品和贵金属及制品出口额同比分别下降5.8%和13.1%，动物产品出口额同比增长22.4%。另一主要出口产品植物产品出口降幅亦超过10%（见表12-3）。机电产品、矿产品和运输设备是澳大利亚进口的前三大类商品，2014年合计进口1 223.3亿美元，占澳大利亚进口总额的53.7%。澳大利亚主要进口产品呈现全面下降态势，前五类进口产品中只有贱金属及制品进口微增1.5%，其余四类产品进口均出现不同程度下降，矿产品进口降幅超过10%（见表12-4）。

表12-3　　2014年澳大利亚主要出口商品构成（类）

单位：百万美元，%

商品类别	2014年出口额	上年同期出口额	同比	占比
总值	241 004	252 645	-4.6	100.0
矿产品	137 641	146 127	-5.8	57.1
活动物、动物产品	15 327	12 527	22.4	6.4
贵金属及制品	14 026	16 148	-13.1	5.8
贱金属及制品	12 898	12 778	0.9	5.4
植物产品	12 219	14 038	-13.0	5.1
化工产品	10 892	11 849	-8.1	4.5
机电产品	8 505	8 463	0.5	3.5
运输设备	4 735	4 687	1.0	2.0

续表

商品类别	2014 年出口额	上年同期出口额	同比	占比
纺织品及原料	4 467	5 474	-18.4	1.9
食品、饮料、烟草	4 347	4 621	-5.9	1.8
光学、钟表、医疗设备	2 957	2 745	7.7	1.2
纤维素浆、纸张	1 318	1 346	-2.1	0.6
木及制品	1 228	1 007	21.9	0.
皮革制品、箱包	1 212	1 263	-4.0	0.5
塑料、橡胶	1 092	1 101	-0.8	0.5
其他	8 141	8 471	-3.9	3.4

数据来源：中国商务部《国别（地区）报告》(2015)。

表 12-4　　2014 年澳大利亚主要进口商品构成（类）

单位：百万美元,%

商品类别	2014 年进口额	上年同期进口额	同比	占比
总值	227 729	232 143	-1.9	100.0
机电产品	55 926	56 654	-1.3	24.6
矿产品	37 245	41 549	-10.4	16.4
运输设备	29 157	31 627	-7.8	12.8
化工产品	19 630	20 247	-3.1	8.6
贱金属及制品	13 242	13 045	1.5	5.8
塑料、橡胶	9 118	9 259	-1.5	4.0
光学、钟表、医疗设备	8 987	8 554	5.1	4.0
食品、饮料、烟草	8 900	8 561	4.0	3.9
纺织品及原料	8 836	8 493	4.0	3.9
家具、玩具、杂项制品	7 573	7 189	5.4	3.3
贵金属及制品	5 966	6 904	-13.6	2.6
纤维素浆、纸张	3 530	3 482	1.4	1.6
植物产品	2 530	2 272	11.3	1.1
活动物、动物产品	2 506	2 250	11.4	1.1
陶瓷、玻璃	2 264	1 979	14.4	1.0
其他	12 318	10 079	22.2	5.4

数据来源：中国商务部《国别（地区）报告》(2015)。

七、中澳双边贸易概况

据澳大利亚统计局的统计，2014 年中澳双边贸易额为 1 281.7 亿美元，同比下降 5.9%。其中，澳大利亚对中国出口额 814.0 亿美元，同比下降 10.4%，占澳大利亚出口总额的 33.8%，降低了 2.2 个百分点；澳大利亚自中国进口额 467.7 亿美元，同比增长 3.1%，占澳大利亚进口总额的 20.5%，提高了 1.0 个百分点。澳方贸易顺差额 346.4 亿美元，同比下降 23.8%。截止到 2014 年 12 月，中国继续保持为澳大利亚第一大贸易伙伴、第一大出口目的地和第一大进口来源地。

矿产品一直是澳大利亚对中国出口的主力产品，2014 年出口额为 591.8 亿美元，同比下降 9.9%，占澳大利亚对中国出口总额的 72.7%。贵金属及制品是澳大利亚对中国出口的第二大类商品，出口额 63.4 亿美元，同比下降 19.1%，占澳大利亚对中国出口总额的 7.8%。纺织品及原料是澳大利亚对中国出口的第三大类商品，出口额 25.6 亿美元，同比下降 27.9%（见表 12-5）。由于矿产品在对中国出口产品中的份额极高，因此，矿产品对中国出口的表现基本决定了澳大利亚对中国出口的整体表现，由于下半年来国际原油价格大幅下挫，导致澳大利亚对中国矿产品出口下降较多。澳大利亚对中国出口降幅也超过其总体出口降幅。

澳大利亚自中国进口的主要商品为机电产品、纺织品及原料和家具玩具杂项制品，2014 年合计进口额 290.8 亿美元，占澳大利亚自中国进口总额的 62.2%。除上述产品外，贱金属及制品、塑料橡胶、化工产品等也为澳大利亚自中国进口的主要大类商品（HS 类）。2014 年澳大利亚进口总体呈现下降态势，但澳大利亚自中国的进口仍保持一定增长，各主要大类商品进口额增长幅度不一，只有运输设备进口额出现较大幅度下降（见表 12-6）。

表 12-5　　2014 年澳大利亚向中国出口主要商品构成（类）

单位：百万美元,%

商品类别	2014 年出口额	上年同期出口额	同比	占比
总值	81 403	90 829	-10.4	100.0
矿产品	59 183	65 704	-9.9	72.7
贵金属及制品	6 340	7 834	-19.1	7.8
纺织品及原料	2 556	3 544	-27.9	3.1
贱金属及制品	2 447	3 130	-21.8	3.0
活动物、动物产品	1 698	1 728	-1.7	2.1
植物产品	1 534	1 787	-14.1	1.9
皮革制品、箱包	823	861	-4.4	1.0
机电产品	573	559	2.4	0.7

续表

商品类别	2014年出口额	上年同期出口额	同比	占比
化工产品	453	803	-43.7	0.6
食品、饮料、烟草	381	409	-6.8	0.5
木及制品	286	256	11.6	0.4
纤维素浆、纸张	197	221	-10.9	0.2
光学、钟表、医疗设备	143	120	18.5	0.2
塑料、橡胶	88	99	-11.2	0.1
动植物油脂	86	82	4.4	0.1
其他	4 616	3 691	25.1	5.7

数据来源：中国商务部《国别（地区）报告》（2015）。

表 12-6　　2014年澳大利亚自中国进口主要商品构成（类）

单位：百万美元,%

商品类别	2014年进口额	上年同期进口额	同比	占比
总值	46 768	45 365	3.1	100.0
机电产品	18 850	18 589	1.4	40.3
纺织品及原料	5 473	5 357	2.2	11.7
家具、玩具、杂项制品	4 759	4 452	6.9	10.2
贱金属及制品	4 101	3 914	4.8	8.8
塑料、橡胶	2 421	2 296	5.4	5.2
化工产品	1 845	1 796	2.8	4.0
运输设备	1 666	2 092	-20.3	3.6
鞋靴、伞等轻工产品	1 203	1 205	-0.2	2.6
光学、钟表、医疗设备	951	844	12.6	2.0
陶瓷、玻璃	933	830	12.3	2.0
纤维素浆、纸张	925	808	14.5	2.0
皮革制品、箱包	765	761	0.5	1.6
矿产品	593	214	176.4	1.3
食品、饮料、烟草	507	512	-1.0	1.1
木及制品	382	334	14.3	0.8
其他	1 393	1 361	2.4	3.0

数据来源：中国商务部《国别（地区）报告》（2015）。

第二节 加 拿 大

国家名片

国名：加拿大（Canada）	人口数量：3 502.5 万（2013 年）
首都：渥太华	国土面积：998 万平方千米
主要城市：多伦多、蒙特利尔、温哥华	GDP 总计：1.827 万亿美元（2013 年）
国庆日：7 月 1 日	人均 GDP：51 962 美元（2013 年）
国歌：《哦！加拿大》《天佑女王》	官方语言：英语、法语
主要宗教：天主教、基督教新教	货币：加拿大元
国花：枫叶	国石：无

开篇故事

枫叶之国——加拿大

加拿大素有“枫叶之国”之称。国旗中央，绘着巨大的红艳艳的枫叶。日常生活里枫叶图案随处可见。人们以象征火红、热烈、赤诚的枫叶为骄傲。

糖槭又叫糖枫，是一种高大落叶乔木，其叶是加拿大的国花。糖槭高达 40 米，径 40~100 厘米，树龄可达 500 年。树干中含大量淀粉，冬天成为蔗糖。天然蔗糖变成香甜的树液。如在树上钻孔，树液便源源流出。树汁熬制成的糖叫枫糖或槭糖。加拿大是世界上出产枫糖最多的国家。

（资料来源：博锋．枫叶之国加拿大．北京：外文出版社，2013）

一、加拿大自然地理

（一）地理位置

加拿大位于北美洲北半部，约在北纬 41°至 83°、西经 52°至 141°之间。它包括北美大陆北半部除阿拉斯加以外的地区以及除格陵兰岛以外的全部北极群岛。整体面积仅次于俄罗斯，超过世界上其他国家。它东濒大西洋，西滨太平洋，西北部邻美国阿拉斯加州，南接美国本土，北临北冰洋达北极圈。在经度上，东起纽芬兰斯皮尔角，西到阿拉斯加边界，直线距离约 5 360 千米。加拿大是世界上海岸线最长的国家，约 24 万多千米。

（二）地形

加拿大国土的主体部分是波状起伏的低高原和平原低地。全国总面积 51% 的土地海拔不足 500 米，28% 的地区海拔为 500～1 000 米。山地主要分布在周缘，海拔 1 000 米以上的山地约占全国面积的 21%，其中西部为高大连续的年轻褶皱山脉，东南边缘以及北极群岛的北缘和东缘为久经侵蚀的古老山地。第四纪冰期时，全境几乎全被冰川覆盖，地形深受冰川作用影响，冰蚀地貌广布。西沿太平洋的洛基山脉，有许多海拔 4 000 米以上的高峰，最高峰洛根峰海拔 6 046 米。中部为大平原。

（三）气候

加拿大大部分地区属大陆性温带针叶林气候。东部气温稍低，年平均降水量为 1 000～1 400 毫米。南部气候适中。西部气候温和湿润，年平均降水量为 2 400～2 700 毫米。北部为寒带苔原气候，一年仅两三个月温度在 0℃ 以上。北极群岛，终年严寒。

（四）河流与湖泊

加拿大主要河流有马更些河、育空河和圣劳伦斯河等。其中以马更些河最长，全长 4 241 千米，它流经阿瑟巴斯卡湖、大奴湖和大熊湖等大型湖泊，下游除一段 25 千米长的险滩外，其余 2 700 千米可以通航。圣劳伦斯河历来是五大湖通向大西洋的咽喉，但因水流湍急，故航运不便。自从 1958 年美国和加拿大两国共同建成圣劳伦斯河水道后，从大西洋上来的远洋船舶就可以从圣劳伦斯河上溯 3 800 千米，直达五大湖周围的北美内陆，而五大湖周围的商品及矿产也可由此入大西洋而运往世界各地。加拿大北部的河流多而短，河道中多石滩、急流、瀑布，河湖不分，水系紊乱。西部河流多过境河。

世界著名的北美五大湖——苏必利尔湖、密歇根湖、休伦湖、伊利湖、安大略湖，是世界上最大的淡水湖群，总面积超过 25 万平方千米，其中 36% 在加拿大境内，64% 在美国境内。除密歇根湖完全在美国境内外，其他四湖为美国和加拿大两国所共有，加拿大拥有 92 600 多平方千米湖面。五大湖的储水量为 22 800 多立方千米，相当于地球上淡水总量的四分之一。此外，加拿大著名的湖泊还有大熊湖、大奴湖等，加拿大最大的湖是大熊湖，面积达 31 300 多平方千米，比五大湖中的伊利湖（25 800 平方千米）和安大略湖（19 000 平方千米）还大。其次是大奴湖，面积 28 600 多平方千米。加拿大是世界上湖泊最多的国家之一，其面积为 3 平方千米以上的湖泊有 31 752 个，100 平方千米以上的湖泊有 561 个。不过，湖泊大多集中于加拿大北部地区，南部农业区的供水还是以地下水补给为主。

（五）自然资源

加拿大地域辽阔，森林和矿产资源丰富。矿产有 60 余种，镍、锌、铂、石棉的产量居世界首位，铀、金、镉、铋、石膏的产量居世界第二位，铜、铁、铅、钾、硫黄、钴、铬、钼等产量丰富。钾矿储量居世界首位，铀、钨、镍等矿产储量居世界前列。已探明的原油储量为 80 亿桶。森林覆盖面积达 440 万平方千米，占全国领土面积的 44%，居世界第二位。而加拿大的产材林面积 286 万平方千米，占全国领土面积的 29%；木材总蓄积量为 172.3 亿立方米。其领土面积中有 89 万平方千米被淡水覆盖，可持续性淡水资源占世界的 7%。

二、加拿大人文环境

2013 年，加拿大总人口 3 502.5 万，人口密度 3.5 人/平方千米。其中英裔居民占 42%，法裔居民约占 26.7%，其他欧洲人后裔占 13%，土著居民（印第安人、米提人和因纽特人）约占 3%，其余为亚洲、拉美、非洲裔等。其中，华裔人口超过百万，已占加拿大总人口的 4.5%，成为加拿大最大的少数族裔，即白种人和原住民以外的最大族裔。华裔人口中 25% 的人是在加拿大本土出生的，其余大部分来自中国。居民中信奉天主教的占 45%，信奉基督教新教的占 36%。官方语言为英语（加拿大使用最广泛的语言）、法语（主要是魁北克省）。

三、加拿大经济发展情况

加拿大是世界上最富有的国家之一，也是西方七大工业国家和世界十大贸易国之一。制造业和高科技产业发达。加拿大重工业的代表有庞巴迪公司（Bombardier Inc.，以制造高级交通工具如喷气式飞机、高速列车为主）；而高科技的代表有 ATI 技术公司（ATI Technologies，显示芯片两大巨头之一）、动态研究（Rearch In Motion/RIM，黑莓手机生产商）、KANDU 核反应堆、Kanadarm（加拿大太空臂，用于美国航天飞船上）等。而资源型工业（采矿、能源、森林工业）、初级制造业和农业也是国民经济的主要支柱。加拿大以贸易立国，对外资、外贸依赖很大，经济上受美国影响较深。高债务、高失业率是制约加拿大经济发展的主要因素。其经济结构与其他发达国家既有共性，也有特点：共同之处是都是以服务业为主，服务业从业人口多、产值大，而加拿大的特点则是农业、矿业等比重较大。

四、加拿大农业

加拿大是世界上农业机械化程度最高的国家之一。2013 年农、林、渔业总产值 279.3 亿加拿大元，占国内生产总值的 1.76%。主要种植小麦、大麦、亚麻、燕麦、油菜籽、玉米、饲料用草等作物。可耕地面积约占国土面积的 16%，其中已耕地面积约 6 800 万公顷，占国土面积的 7.4%。2013 年，农业人口 65 万，占全国就业人口的 1.84%。谷物年产量 5 000 多万吨，其中小麦年产量近 3 000 万吨，玉米近 700 万吨，每年出口小麦可达 2 000 万吨。草原诸省是农业中心地区，有“加拿大谷仓”之称。畜牧业在农业中占有重要地位，加拿大在第二次世界大战后实行农牧并重、以牧为主的方针，目前，畜牧业产值已超过种植业。目前加拿大的农业人口约 34 万，约占全国就业人口的 2%。渔业产值虽只是约占其国内生产总值的 1%，但渔业发达，80% 的渔产品出口，是世界上最大的渔产品出口国。加拿大的纽芬兰渔场是世界著名渔场之一，太平洋沿岸也是重要渔场。其主要畜牧业产品有牛肉、猪肉、家禽肉、奶制品等，上述产品均在 2007 年至 2011 年呈现增长趋势。

五、加拿大工业

（一）采矿业与能源工业

加拿大矿产资源丰富，矿产品种 60 余种，采矿业发达，是世界第三矿业大国（仅次于美国和俄罗斯）。碳酸钾、钴、铀、镍、铜、锌、铝、石棉、钻石、镉、钛精矿、盐、铂族金属、钼、石膏等金属和矿物产量均居世界前列。2004 年的统计资料显示加拿大约有 300 个金属、非金属和煤矿，3 000 多个采石场和砂石坑道，50 多个有色金属冶炼厂和炼钢厂。矿产品对加拿大的经济贡献率大，矿产品运输量占加拿大铁路和其他陆路货物运输量的 60%，为超过 34 万人提供就业，并提供相当多的附加就业，如矿物勘探、生产加工、环保服务、运输、设备保养等。2015—2016 年，加拿大的采矿业因为世界市场需求退化，景气指数下降。加拿大电力工业发达，年发电量达 6 000 亿千瓦时，其中水力与地热发电约占 50%，核电占 25% 以上。另外，2013 年全国产铁矿砂 4 277 万吨，煤 6 833 万吨，金 12. 14 万千克，铜 61. 35 万吨，铀 0. 75 万吨。

（二）森林工业

加拿大森林资源丰富，是世界林产品的主要生产国和出口国之一。森林工业产值目前仅次于美国、俄罗斯，居世界第三位。除木材加工（包括锯材、胶合板等）外，还有纸浆和造纸业。加拿大新闻纸的产量占世界产量的 40%，居世界首位，并大量输往美国。林业生产主要分布于安大略省、魁北克省和不列颠哥伦比亚省，这里木材产量占全国的 80% 以上。蒙特利尔是最大的造纸工业中心。

（三）冶金工业

加拿大煤、铁资源丰富，为钢铁工业的发展提供了优越条件。钢铁工业主要分布在安大略湖沿岸城市，哈密尔顿为最大的钢铁生产中心，其次为苏圣玛丽。加拿大有色冶金工业也很重要，铝、锌、镍、铜的冶炼也很发达，并且是铝、锌、铜的重要出口国。

（四）机械制造业

制造业是加拿大的重要部门，圣劳伦斯河谷和五大湖下游低地是全国最大的机器制造工业区，林业机械、矿山机械、农业机械、电机等产品都有出口，不少产品已达到世界先进水平。轻型机械主要分布于多伦多，重型机械主要分布于哈密尔顿。汽车工业发达，是第二次世界大战后新兴的最重要的工业部门，多被美国跨国公司控制，2013 年生产汽车 230 万辆。

（五）化学工业

由于加拿大的石油、天然气资源及其生产皆具雄厚基础，石油化学工业也较发达。加拿大化学工业行业产值超过500亿加拿大元。该国最重要的化工产品为塑料和石化产品。据加拿大工业部的统计，加拿大石化产品产量排前三位的为乙烯、丙烯和苯，比重分别为57%、11%、10%；塑料原料产量前三位分别为聚乙烯、聚氯乙烯和聚苯乙烯，比重分别为48%、12%、10%。加拿大的化学工业集中在三个地区——阿尔伯塔省、安大略省和魁北克省。其中，阿尔伯塔省作为石化基地，集中了全国38%的石化企业，石化业产值占全国的54%。

（六）航空航天工业

加拿大航空航天工业在国内占有重要地位，是国内两个投资最多的产业之一。现阶段，代表加拿大航空航天工业高技术水平的产品有：涡扇/涡桨支线客机、喷气公务飞机、水陆两用灭火飞机、民用直升机、涡轮发动机、飞机部件、起落架系统、飞机环境系统、无人驾驶飞行器、航空电子产品、卫星遥测和通信系统、飞行模拟器及空间产品。加拿大的航空航天工业企业科研实力较强，如庞巴迪宇航公司研制的超远程公务机——“全球快车XRS”，该机型比以往环球快车各机型性能更加优越。其产业70%以上的产品用于出口，与美国、欧洲许多国家、亚太地区部分国家一直保持着密切的外经贸联系。

六、加拿大的服务业

加拿大服务业近年发展较快，2013年产值为11 125亿加拿大元，约占当年国内生产总值的69.9%，从业人员1 384.77万人，占当年全国总劳动力的78%。

（一）旅游业

加拿大的旅游业十分发达。据世界旅游组织统计，加拿大在世界旅游组织收入最高国家中排名第九。2013年旅游收入164亿加拿大元，接待外国游客166万人。直接从事旅游服务业的人数180万人。主要旅游城市有温哥华、渥太华、多伦多、蒙特利尔、魁北克等。

（二）交通运输业

加拿大交通运输发达，人均铁路、公路长度均居世界第一。加拿大铁路几乎全部集中在南部。加拿大有两条横贯东西的铁路干线：一条东起大西洋沿岸的哈利法克斯，到魁北克向西经温尼伯、埃德蒙顿，至太平洋沿岸的鲁琅特港；另一条东起大西洋沿岸的圣约翰，经蒙特利尔、渥太华、温尼伯，向西直至太平洋沿岸的温哥华。铁路在货运方面一向占有统治地位。铁路总长72 245千米，货运量约2.777 97亿吨。公路（包括高速公路和普通公路）全长140.89万千米。圣劳伦斯运河深水航道全长3 769千米，是世界最长的运河，船舶通航可从大西洋抵达五大湖水系。加拿大全国共有 25 个大的深水港和 650 个小港口，年吞吐量总计 4.7 亿吨。最大的港口是温哥华港，年吞吐量达 7 630 万吨。空运的年客运量约 1.185 亿人千米，货运量约 107.6 万吨。

七、加拿大的对外贸易

加拿大是典型的外贸强国，国家 GDP 有 40% 依赖于贸易，2014 年加拿大货物贸易保持增长态势。加拿大统计局的数据显示，2014 年，加拿大货物进出口额为 9 373.5 亿美元，同比增长 1.9%。其中，出口额 4 746.8 亿美元，同比增长 3.6%；进口额 4 626.7 亿美元，同比增长 0.2%。贸易顺差额 120.2 亿美元，而上年同期为逆差。

从国别（地区）看，2014 年，加拿大对美国、中国、英国和日本的出口额分别占加拿大出口总额的 76.8%、3.7%、2.9% 和 2.1%，出口额分别为 3 647.2 亿美元、174.5 亿美元、137.9 亿美元和 97.3 亿美元，其中对美国和英国出口额同比分别增长 4.9% 和 1.3%，对中国和日本出口额同比分别下降 12.3% 和 5.8%（见表 12-7）。自美国、中国、墨西哥和德国的进口额分别占加拿大进口总额的 54.3%、11.5%、5.6% 和 3.1%，进口额分别为 2 513.9 亿美元、530.5 亿美元、260.3 亿美元和 144.7 亿美元，自美国、中国和墨西哥的进口额同比分别增长 4.5%、3.7% 和 0.3%，自德国进口额同比下降 3.2%（见表 12-8）。美国是加拿大最主要的顺差来源地，顺差额达 1 133.3 亿美元，其次分别是英国、中国香港和阿联酋；逆差主要来自中国、墨西哥和德国，逆差额分别为 356.0 亿美元、210.6 亿美元和 116.2 亿美元。英国作为加拿大的宗主国，至今仍享受加拿大的税收优惠，而加拿大与美国的双边贸易依然是其主要的贸易方向。中国、日本、韩国等亚太地区国家的经济兴起，使加拿大外贸伙伴日趋多元化。

表 12-7　　2014 年加拿大对主要贸易伙伴出口额

单位：百万美元,%

国家和地区	金额	同比	占比
总值	474 681	3.6	100.0
美国	364 715	4.9	76.8
中国	17 451	-12.3	3.7
英国	13 787	1.3	2.9
日本	9 727	-5.8	2.1
墨西哥	4 966	-5.1	1.1
中国香港	4 136	-12.8	0.9
意大利	3 781	100.5	0.8
韩国	3 775	11.2	0.8

续表

国家和地区	金额	同比	占比
荷兰	3 476	0.5	0.7
比利时	3 077	27.3	0.7
法国	3 004	-1.6	0.6
印度	2 854	5.0	0.6
德国	2 841	-15.4	0.6
挪威	2 027	1.4	0.4
巴西	1 973	-17.3	0.4

数据来源：中国商务部《国别（地区）报告》(2015)。

表 12-8　　2014 年加拿大自主要贸易伙伴进口额

单位：百万美元,%

国家和地区	金额	同比	占比
总值	462 666	0.2	100.0
美国	251 387	4.5	54.3
中国	53 052	3.7	11.5
墨西哥	26 025	0.3	5.6
德国	14 465	-3.2	3.1
日本	12 025	-9.8	2.6
英国	8 287	1.2	1.8
韩国	6 569	-7.8	1.4
意大利	5 808	2.6	1.3
法国	5 358	2.5	1.2
中国台湾	4 190	-8.5	0.9
瑞士	3 525	-8.5	0.8
荷兰	3 344	1.7	0.7
加拿大	3 265	-3.9	0.7
巴西	3 139	-10.8	0.7
印度	2 871	-0.6	0.6

数据来源：中国商务部《国别（地区）报告》(2015)。

从进出口商品结构上看，矿产品、运输设备和机电产品是加拿大的主要出口商品，2014 年，出口额分别为 1 385.4 亿美元、729.9 亿美元和 462.3 亿美元，分别占加拿大出口总额的 29.2%、15.4% 和 9.7%（见表 12-9）。机电产品、运输设备和矿产品是加拿大进口的前三大类商品，2014 年合计进口 2 440.1 亿美元，占加拿大进口总额的 52.7%，其中，机电产品进口保持微弱增长，运输设备和矿产品进口出现下降，且矿产品进口降幅较大（见表 12-10）。原料与初级制成品出口的比重大，而工业制成品进口的比重也大。

表 12-9　　2014 年加拿大主要出口商品构成（类）

单位：百万美元,%

商品类别	2014 年出口额	上年同期出口额	同比	占比
总值	474 681	458 233	3.6	100.0
矿产品	138 544	129 998	6.6	29.2
运输设备	72 985	70 580	3.4	15.4
机电产品	46 225	45 140	2.4	9.7
贱金属及制品	33 809	32 259	4.8	7.1
化工产品	28 562	28 937	-1.3	6.0
植物产品	23 292	21 987	5.9	4.9
贵金属及制品	21 510	23 422	-8.2	4.5
塑料、橡胶	16 942	16 559	2.3	3.6
纤维素浆、纸张	16 369	16 245	0.8	3.5
木及制品	12 714	12 358	2.9	2.7
活动物、动物产品	12 350	10 836	14.0	2.6
食品、饮料、烟草	12 304	11 968	2.8	2.6
家具、玩具、杂项制品	6 858	6 572	4.4	1.5
光学、钟表、医疗设备	6 244	6 055	3.1	1.3
纺织品及原料	3 160	3 135	0.8	0.7
其他	22 812	22 182	2.8	4.8

数据来源：中国商务部《国别（地区）报告》(2015)。

表 12-10　　2014 年加拿大主要进口商品构成（类）

单位：百万美元,%

商品类别	2014 年进口额	上年同期进口额	同比	占比
总值	462 666	461 779	0.2	100.0
机电产品	111 695	111 105	0.5	24.1
运输设备	80 468	80 538	-0.1	17.4
矿产品	51 851	54 578	-5.0	11.2
化工产品	38 827	38 917	-0.2	8.4

续表

商品类别	2014 年进口额	上年同期进口额	同比	占比
贱金属及制品	32 457	30 518	6.4	7.0
塑料、橡胶	22 837	22 180	3.0	4.9
食品、饮料、烟草	19 212	18 544	3.6	4.2
家具、玩具、杂项制品	14 886	14 574	2.1	3.2
纺织品及原料	13 977	13 833	1.0	3.0
光学、钟表、医疗设备	13 531	13 950	-3.0	2.9
贵金属及制品	12 782	13 896	-8.0	2.8
植物产品	11 772	11 238	4.8	2.5
纤维素浆、纸张	8 645	8 885	-2.7	1.9
活动物、动物产品	5 521	5 319	3.8	1.2
陶瓷、玻璃	5 402	5 285	2.2	1.2
其他	18 801	18 420	2.1	4.1

数据来源：中国商务部《国别（地区）报告》（2015）。

八、中加双边贸易

据加拿大统计局的统计，2014 年，加拿大与中国双边货物进出口额为 705.0 亿美元，同比下降 0.8%。其中，加拿大对中国出口额 174.5 亿美元，同比下降 12.3%（见表 12-11），占加拿大出口总额的 3.7%，降低 0.6 个百分点；加拿大自中国进口额 530.5 亿美元，同比增长 3.7%（见表 12-12），占加拿大进口总额的 11.5%，提高 0.4 个百分点。中国是加拿大的最大逆差来源国，逆差额为 356.0 亿美元，同比增长 13.9%。中国是加拿大第二大出口目的地和第二大进口来源地。

表 12-11　　2014 年加拿大对中国出口主要商品构成（类）

单位：百万美元，%

商品类别	2014 年出口额	上年同期出口额	同比	占比
总值	17 451	19 889	-12.3	100.0
植物产品	3 124	3 099	0.8	17.9
矿产品	2 926	4 681	-37.5	16.8
纤维素浆、纸张	2 618	2 696	-2.9	15.0
木及制品	1 745	1 833	-4.8	10.0
化工产品	1 387	1 372	1.1	8.0
机电产品	1 094	1 030	6.1	6.3

续表

商品类别	2014 年出口额	上年同期出口额	同比	占比
贱金属及制品	1 041	1 103	-5.5	6.0
运输设备	916	755	21.4	5.3
活动物、动物产品	719	745	-3.5	4.1
动植物油脂	453	1 037	-56.3	2.6
塑料、橡胶	436	476	-8.4	2.5
皮革制品、箱包	378	527	-28.2	2.2
光学、钟表、医疗设备	297	288	3.3	1.7
食品、饮料、烟草	118	89	31.7	0.7
家具、玩具、杂项制品	80	47	71.0	0.5
其他	119	113	5.4	0.7

数据来源：中国商务部《国别（地区）报告》(2015)。

植物产品是加拿大对中国出口的第一大类产品，2014 年出口额为 31.2 亿美元，同比增长 0.8%，占加拿大对中国出口总额的 17.9%。矿产品是加拿大对中国出口的第二大类商品，出口额 29.3 亿美元，同比下降 37.5%，占加拿大对中国出口总额的 16.8%。纤维素浆纸张是加拿大对中国出口的第三大类商品，出口额 26.2 亿美元，同比下降 2.9%，占加拿大对中国出口总额的 15.0%（见表 12-11）。2014 年加拿大对中国出口总体呈现下降态势，尤以矿产品、动植物油脂等的出口降幅居前。出口实现增长的主要大类产品有机电产品、运输设备等。加拿大自中国进口的主要商品为机电产品、家具玩具杂项制品和纺织品及原料，2014 年合计进口额 345.7 亿美元，占加拿大自中国进口总额的 65.2%。中国在劳动密集型产品的出口上继续保持优势，家具玩具杂项制品、纺织品及原料、鞋靴伞、皮革箱包等轻工产品分别列加拿大自中国进口大类商品（HS 类）的第二位、第三位、第七位和第十位。但高附加值产品（如运输设备等）自中国进口则出现下降，进口降幅接近 10%（见表 12-12）。

表 12-12　　2014 年加拿大自中国进口主要商品构成（类）

单位：百万美元，%

商品类别	2014 年进口额	上年同期进口额	同比	占比
总值	53 052	51 149	3.7	100.0
机电产品	23 248	22 521	3.2	43.8
家具、玩具、杂项制品	6 112	5 880	3.9	11.5
纺织品及原料	5 208	5 204	0.1	9.8

续表

商品类别	2014 年进口额	上年同期进口额	同比	占比
贱金属及制品	4 526	3 954	14.5	8.5
塑料、橡胶	2 607	2 478	5.2	4.9
运输设备	1 914	2 109	-9.2	3.6
鞋靴、伞等轻工产品	1 873	1 804	3.8	3.5
光学、钟表、医疗设备	1 232	1 216	1.3	2.3
化工产品	1 170	1 051	11.3	2.2
皮革制品、箱包	1 098	1 073	2.3	2.1
陶瓷、玻璃	1 031	956	7.9	1.9
纤维素浆、纸张	707	712	-0.7	1.3
木及制品	629	610	3.1	1.2
活动物、动物产品	389	366	6.3	0.7
食品、饮料、烟草	378	375	0.8	0.7
其他	932	841	10.8	1.8

数据来源：中国商务部《国别（地区）报告》（2015）。

思考题

1. 澳大利亚和加拿大与传统的西方发达国家有什么差别？
2. 比较中澳、中加之间的贸易有什么共同特点。
3. 简述加拿大的主要工业部门及工业发展条件。

参 考 文 献

[1] 张宗成，王俊．世界铁矿石的生产与贸易和我国铁矿石供需的经济学分析．经贸论坛，2005（9）．

[2] 陶应虎，顾晓燕．实用国际贸易地理．北京：清华大学出版社，2009.

[3] 何云魁，于志达．国际贸易地理概论．3 版．天津：南开大学出版社，2010.

[4] 竺仙如．国际贸易地理．4 版．北京：对外经济贸易大学出版社，2009.

[5] 李仙维．国际贸易地理．北京：对外经济贸易大学出版社，2005.

[6] 潘宏，袁志彦．国际贸易地理．北京：对外经济贸易大学出版社，2006.

[7] 世界地理概览编写组．世界地理概览．上海：东方出版中心，1997.

[8] 国家食物营养咨询委员会赴日考察团．日本食物发展状况对我国的启示．中国食物与营养，2005（4）．

[9] 张圣坤．中国船舶工业现状与发展趋势．上海造船，2009（3）．

[10] 周莉．日本机器人产业的发展趋势．机器人技术与应用，2008（1）．

[11] 赵苏．国际贸易地理．2 版．北京：高等教育出版社，2010.

[12] 李志强．中国产业结构的现状分析与调整．中国矿业，2010（S1）．

[13] 顾晓燕．实用国际贸易地理．北京：清华大学出版社，2009.

[14] 包宗顺．世界粮食生产、贸易、价格波动与中国的粮食安全应对策略．世界经济与政治论坛，2011（1）．

[15] 谌园庭，冯峰．北美自由贸易协定对墨西哥经济的影响．拉丁美洲研究，2005（4）．

[16] 赵东．中美贸易关系现状及其发展趋势．商情，2014（3）．

后　　记

当我第一次走上讲台，成为一名教师时，我就一直期待能有机会编写一部有水准的教材，为教育事业贡献自己的一份力量。与傅龙海老师一起合作编写，让我能够将自己平时积累的教学经验、学到的教学理念，演化为一本较为成熟的国际贸易地理教材。

在编写之初，我就想到：一本好的教材，需要充足的素材、详实的资料、良好的思路。因此，在编写任务开始时，我广泛参考了此前各种版本的《国际贸易地理》教材，比较查对，取长补短，希望新编写的《国际贸易地理》能在此基础上有所突破。

2016 年 5 月 8 日，经多方的努力，编者终于完成了《国际贸易地理（第二版）》的编写工作。新版本中增加了新的数据，并对原有的一些错误进行了修改，在此真诚感谢之前读者提出的宝贵意见，感谢你们的支持，让编者的编写工作变得十分有意义，数据的更新，表格的重塑，图像的变更，任务繁重，但所有的付出都十分必要。

在本书编写的过程中，编者遵循系统性与开放性结合的原则。系统性，即围绕着国际贸易地理学这门学科理论，涵盖了学科概论、主要商品贸易地理学、世界主要贸易区域、中国主要的贸易伙伴国家。考虑到可读性，本书并不完全排斥相关知识，书中加上知识窗等栏目，以满足学生学习时的多元需要。这本教材采用了较为新颖的理念，而且案例与数据也多采用最新资料，因而教材的内容有较强的可读性。

由于本书完成时间紧，在编辑及写作过程中，可能存在一些误差甚至是错误，真诚希望读者能在阅读后多提宝贵意见，电子邮箱是 ssx87513330@ 163. com。

编者

2016 年 5 月 8 日于福州